编委会

一流高职院校旅游大类创新型
人才培养"十三五"规划教材

顾问

郑　焱　湖南师范大学教授、博士生导师
　　　　湖南省旅游首席专家团专家

许春晓　湖南省旅游研究院常务副院长
　　　　湖南师范大学旅游学院副院长，教授、博士生导师

总主编

江　波　湖南省职业教育与成人教育学会高职旅游类专业委员会秘书长，教授

编委　（排名不分先后）

陈　朝　陈晓斌　韩燕平　刘韵琴　李　蓉
皮　晖　覃业银　王志凡　伍　欣　肖　炜
叶　宏　余　芳　翟　丽

一流高职院校旅游大类创新型人才培养"十三五"规划教材

总主编 ◎ 江 波

导 游 湖 南

Tour guide Hunan

主 编 ◎ 覃业银　沈 芳　陈 艳
主 审 ◎ 郑 焱　李 晖

华中科技大学出版社
http://www.hustp.com
中国·武汉

内 容 提 要

《导游湖南》是一本为旅游者来湖南旅游提供导游服务的指南书。本书从"认识湖南"开始,分模块介绍湖南旅游的"吃、住、行、游、购、娱"六要素,最后以"展望湖南"结束。全书注重理论与实践结合,采用任务引领,选用了大量来自企业一线新颖鲜活的案例。框架设计科学合理,有利于培养学生的终身发展能力。

本书适合作为高校旅游管理专业、导游专业的教材和教学参考书,也可供旅游产业部门和旅游者参考。

图书在版编目(CIP)数据

导游湖南/覃业银,沈芳,陈艳主编. —武汉:华中科技大学出版社,2019.4(2024.1重印)
一流高职院校旅游大类创新型人才培养"十三五"规划教材
ISBN 978-7-5680-4997-9

Ⅰ.①导… Ⅱ.①覃… ②沈… ③陈… Ⅲ.①旅游指南-湖南-高等职业教育-教材 Ⅳ.①K928.964

中国版本图书馆 CIP 数据核字(2019)第 055839 号

导游湖南
Daoyou Hunan

覃业银 沈 芳 陈 艳 主编

策划编辑:	李家乐 周 婵
责任编辑:	倪 梦
封面设计:	廖亚萍
责任校对:	李 琴
责任监印:	周治超
出版发行:	华中科技大学出版社(中国·武汉) 电话:(027)81321913
	武汉市东湖新技术开发区华工科技园 邮编:430223
录 排:	华中科技大学惠友文印中心
印 刷:	武汉邮科印务有限公司
开 本:	787mm×1092mm 1/16
印 张:	18.75 插页:2
字 数:	478 千字
版 次:	2024 年 1 月第 1 版第 4 次印刷
定 价:	49.80 元

本书若有印装质量问题,请向出版社营销中心调换
全国免费服务热线:400-6679-118 竭诚为您服务
版权所有 侵权必究

总 序

全域旅游时代,旅游业作为国民经济战略性支柱产业与改善民生的幸福产业,对拉动经济增长与满足人民美好生活需要起着重要作用。2016年,我国旅游业总收入达4.69万亿元,旅游业对国民经济综合贡献高达11%,对社会就业综合贡献超过10.26%,成为经济转型升级与全面建成小康社会的重要推动力。"十三五"期间,我国旅游业将迎来新一轮黄金发展期,旅游业消费大众化、需求品质化、竞争国际化、发展全域化、产业现代化等发展趋势将对旅游从业人员的数量与质量提出更高的要求。因此,如何培养更多适合行业发展需要的高素质旅游人才成为旅游职业教育亟待解决的问题。

2015年,国家旅游局联合教育部发布《加快发展现代旅游职业教育的指导意见》,提出要"加快构建现代旅游职业教育体系,培养适应旅游产业发展需求的高素质技术技能和管理服务人才",标志着我国旅游职业教育进入了重要战略机遇期。同年,教育部新一轮的职业教育目录调整,为全国旅游职业教育专业群发展提供了切实指引。高职院校专业群建设有利于优化专业结构、促进资源整合、形成育人特色。随着高职教学改革的逐渐深入,专业群建设已成为高职院校迈向"一流"的必经之路。教材建设是高职院校的一项基础性工作,也是衡量学校办学水平的重要标志。正是基于旅游大类职业教育变革转型的大背景以及高职院校"争创一流"的时机,出版一套"一流高职院校旅游大类创新型人才培养'十三五'规划教材"成为当前旅游职业教育发展的现实需要。

为此,我们集中了一大批高水平的旅游职业院校的学科专业带头人和骨干教师以及资深业界专家等,共同编写了本套教材。

本套教材的编写力争适应性广、实用性强、有所创新和超越,具备以下几方面的特点。

一是定位精准、具备区域特色。教材定位在一流高职培养层次,依托高职旅游专业群,突出实用、适用、够用和创新的"三用一新"的特点。教材编写立足湖南实际,在编写中融入湖南地方特色,以服务于区域旅游大类专业的建设与发展。

二是教材建设系统化。本套教材计划分批推出30本,涵盖目前高等职业院校旅游大类开设的大部分专业课程和院校特色课程。

三是校企合作一体化。教材由各高职院校专业带头人、青年骨干教师、旅游业内专家组成编写团队,他们教学与实践经验丰富,保证了教材的品质。

四是配套资源立体化。本套教材强化纸质教材与数字化资源的有机结合,构建了配套的教学资源库,包括教学课件、案例库、习题集、视频库等教学资源。强调线上线下互为配套,打造独特的立体教材。

　　希望通过这套以"一流高职院校旅游大类创新型人才培养"为目标的教材的编写与出版，为我国高职高专旅游大类教育的教材建设探索一套"能显点，又盖面；既见树木，又见森林"的教材编写和出版模式，并希望本套教材能成为具有时代性、规范性、示范性和指导性，优化配套的、具有专业针对性和学科应用性的一流高职院校旅游大类教育的教材体系。

湖南省职业教育与成人教育学会
高职旅游类专业委员会秘书长
湖南省教学名师
江波　教授

前 言

湖南是旅游资源大省，山水风光秀美奇特，历史文化底蕴深厚，民俗风情多姿多彩，也正在向旅游产业大省转变。本教材根据旅游类专业人才培养目标，通过深度调研，确定未来岗位；通过岗位分析，确定岗位胜任能力，进而根据职业能力构建课程领域，进一步确定教材内容。这一教材因是创新，有可能不够完善，但编者的目的是把湖南推向世界，该教材为湖南打造世界旅游目的地培养适应性人才的最佳用书。

本教材编写人员及任务分工如下：郑焱、李晖两位教授担任主审；覃业银、沈芳、陈艳任主编，负责教材的整体设计。具体编写分工是：黄武负责模块一认识湖南，陈艳负责模块二"吃"在湖南和模块三"住"在湖南之项目一了解湖南酒店之工作任务一了解湖南星级酒店，沈芳负责模块七"娱"在湖南、模块八展望湖南和模块三"住"在湖南之项目一了解湖南酒店之工作任务二了解湖南经济型酒店、项目二了解湖南省特色住宿，胡建英负责模块四"行"在湖南之项目二认识湖南省的轨道交通、项目三认识湖南省的公路和水路，戴冬香负责模块四"行"在湖南之项目一认识湖南省的航空、项目四认识湖南省的特色小交通，蒲艳负责模块五"游"在湖南之项目一介绍张家界生态旅游度假区、项目五介绍南岳祈福康养旅游区、项目六介绍炎陵神龙文化旅游区、项目七介绍环洞庭湖生态旅游区，梁琴负责模块五"游"在湖南之项目二介绍凤凰文化体验旅游区、项目八介绍韶山红色经典旅游区、项目九介绍长株潭都市旅游区、项目十介绍梅山文化体验旅游区，易红兵负责模块五"游"在湖南之项目三介绍崀山生态文化旅游区、项目四介绍东江湖休闲度假旅游区、项目十一介绍雪峰山生态文化旅游区、项目十二介绍九嶷山生态文化旅游区，郭鹏负责模块六"购"在湖南的编写。

该教材的编写既是一种荣誉，更是一份沉甸甸的责任。我们组合湖南高职院校从事导游教学的优秀教师和企业优秀导游形成团队，在以讲义的形式进行教学的基础上进行反复研讨、打磨，使本书形成了一些鲜明的特点。

一、针对企业导游岗位实际，适用性强

本书在进行企业导游岗位人才需求特征透彻分析的基础上，采用了大量来自企业一线的鲜活的案例，旨在通过感性材料激发学生学习的积极性，培养学生的实践能力。

二、设计科学合理，有利于培养学生的终身发展能力

本书在章节内容的安排上，遵循学生的认知规律和教师的教学规律，从"认识湖南"开始，分模块介绍湖南旅游的"吃、住、行、游、购、娱"六要素，最后以"展望湖南"结束，其中的体例形式编排既遵从任务导向展开，也充分考虑了学生课前、课中、课后的学习状况。这种形式上的创新，实际上体现了本书学以致用和终身发展的编写思路。

三、注重导游实战经验的总结、提升,知识的新颖性和科学性比较强

对湖南及其周边省区主要线路、景区景点带团及讲解经验总结到位,理论提升出彩,新颖别致。

四、教学资源丰富,方便教师教学和学习

编者制作了大量的辅助学习材料,使用者如需要可登录长沙商贸旅游职业技术学院旅游学院网站免费下载,并根据实际情况合理采用。

本教材在编写过程中,汲取许多兄弟院校同仁的智慧,参阅过大量已经出版的相关著作,浏览过相关的网站,尤其是得到湖南省旅游局、湖南省教育厅、长沙商贸旅游职业技术学院有关领导的有力指导,在此一并表示感谢!

由于编写人员经验不足,水平有限,本书难免存在一些纰漏和不足之处,还望同仁和读者提供宝贵意见,以便今后做进一步的修改和完善。

编者

2019 年 1 月

目 录

模块一　认识湖南

项目一　掌握湖南概貌　/1
项目二　了解湖南各州市概况　/9
项目三　掌握湖南旅游资源　/19
项目四　认识湖南旅游产业　/24

模块二　"吃"在湖南

项目一　了解湘菜特色　/30
项目二　掌握湘菜的三大流派及其代表菜　/36
项目三　认识湖南风味小吃　/44

模块三　"住"在湖南

项目一　了解湖南酒店　/49
项目二　了解湖南省特色住宿　/56

模块四　"行"在湖南

项目一　认识湖南省的航空　/68
项目二　认识湖南省的轨道交通　/75
项目三　认识湖南省的公路和水路　/85
项目四　认识湖南省的特色小交通　/94

模块五　"游"在湖南

项目一　介绍张家界生态旅游度假区　/100
项目二　介绍凤凰文化体验旅游区　/112
项目三　介绍崀山生态文化旅游区　/121
项目四　介绍东江湖休闲度假旅游区　/127
项目五　介绍南岳祈福康养旅游区　/137
项目六　介绍炎陵神农文化旅游区　/144

项目七 ▎介绍环洞庭湖生态旅游区　　　　/153
项目八 ▎介绍韶山红色经典旅游区　　　　/161
项目九 ▎介绍长株潭都市旅游区　　　　/169
项目十 ▎介绍梅山文化体验旅游区　　　　/179
项目十一 ▎介绍雪峰山生态文化旅游区　　　　/188
项目十二 ▎介绍九嶷山生态文化旅游区　　　　/198

模块六　"购"在湖南

项目一 ▎导购湖南特色食品　　　　/211
项目二 ▎导购湖南特色工艺美术品　　　　/224
项目三 ▎导购湖南特色日用品　　　　/235

模块七　"娱"在湖南

项目一 ▎唱"湘"字特色民歌与戏曲　　　　/240
项目二 ▎讲"湘"字特色故事　　　　/252
项目三 ▎做"湘"字特色游戏　　　　/266
项目四 ▎观"湘"字特色节目　　　　/272

模块八　展望湖南

项目一 ▎推介湖南向世界展开旅游新蓝图　　　　/283
项目二 ▎宣传旅游满意在湖南　　　　/285

参考文献

模块一
认识湖南

湖南自古有"惟楚有材,于斯为盛"之誉,是一块神奇的土地。旅游者初来湖南,首先便需要大概地了解湖南的基本情况,如面积、人口、地貌、气候、交通、经济、文化、民风民俗等。湖南概况介绍可以由导游在致完欢迎词后在首次沿途导游中讲解,也可在其他旅游时间穿插讲解。本模块主要从湖南概貌、湖南各市州情况、湖南特色旅游和湖南全域旅游四个方面来介绍。

项目一　掌握湖南概貌

◇ 知识目标

1. 了解湖南的区位与面积、人口与行政区划、民族与地形地貌。
2. 熟悉湖南的人文历史。
3. 掌握湖南的旅游资源。

◇ 能力目标

1. 能在沿途导游过程中讲解湖南概况。
2. 能介绍湖南名人。

◇ 素质目标

1. 培养对湖南概貌学习的兴趣。

2. 培养学生对湖南的热爱。

3. 培养学生继承和弘扬湖南人文精神的意识。

工作任务一　掌握湖南概况

任务导入

地陪小胡 10 月 1 日接待了一个北京考察旅游团,且很多旅游者是第一次来湖南,从下飞机开始,旅游者便纷纷表现出对湖南这方地域的好奇和兴趣,如果你是小胡,你应如何为游客介绍湖南基本情况?

任务解析

作为湖南地陪导游,小胡可以分三步完成该任务。

1. 安排好讲解时机

游客初来乍到,对完全陌生的地域充满新鲜与好奇,导游应抓住这个时机,满足游客的好奇心。具体来讲,导游在引导游客登上旅游车后,先致欢迎词,然后进行沿途导游,在沿途导游过程中可结合沿途风景介绍湖南概况。

2. 介绍内容

在进行沿途风光介绍时,导游可结合沿途风景讲解湖南面积、人口、地形、区位、气候、风土人情、历史文化等基本概况,让游客对湖南有一个基本的了解。

3. 结束介绍,下车前讲解景区游览注意事项

在即将抵达下榻酒店或第一站景点时,导游应及时停止介绍湖南,开始讲解目的地(酒店或景点)概况和要注意的事项。

知识链接

一　湖南地貌

(一) 地理位置

湖南省位于长江中游,大部分地区在洞庭湖以南,故称湖南。位于中国中南部,北枕长江、接壤湖北,南临两广,西连贵州、重庆,东接江西。紧靠东南沿海开放带和港澳地区,是"沿海的内地,内地的前沿"。面积 21.18 万平方千米。

(二) 地形地貌

湖南省东南西三面环山,东有罗霄山脉,南有南岭,西有武陵、雪峰山脉,北部为洞庭湖平

原,中部多为丘陵、盆地。炎陵县与江西交接处的酃峰海拔2120米,是湘东也是全省最高点。东南部的罗霄山脉和南岭山脉向北倾斜,形成朝东北开口的不对称马蹄形。全省地形轮廓以雪峰山为界,以西为全国地势第二阶梯,以东为第三阶梯。在21.18万平方千米的国土总面积中,大致构成"七山一水二田土"的格局。

(三) 行政区划

全省13个地级市、1个民族自治州。按地理位置,大致分为湘北(常德、益阳、岳阳)、湘中(长沙、株洲、湘潭、邵阳、娄底)、湘南(衡阳、永州、郴州)和湘西(怀化、张家界、湘西土家族苗族自治州)4个区域。

(四) 人口和民族

截至2017年年末,湖南省常住人口6800多万人,是全国人口聚居最稠密的地区之一。湖南是多民族省份,有汉族、土家族、苗族、瑶族、白族、回族等55个民族。在少数民族人口中,苗族和土家族人口最多。少数民族大多聚居在湘西和湘南山区。

二 湖南历史

湖南历史悠久、文化源远流长,有30多处旧石器时期遗址、900多处新石器时期遗址,是中华农耕文化、世界龙舟文化、陶瓷釉下彩技艺的重要发源地。

(一) 历史沿革

湖南在周朝为荆州南境,春秋战国时期纳入楚国版图,楚设"黔中郡";秦始皇统一中国后,设"黔中""长沙"二郡;唐朝设"湖南观察使"衙署;宋朝设"湖南路";元、明朝设"湖广行省";清朝设"湖南省"。

(二) 历史遗址

世界最早的水稻:道县玉蟾岩出土的4粒稻谷,是世界上发现的最早的古栽培稻谷,距今10000多年。

中国最早的城市:澧县城头山遗址是我国发现的最早的古城遗址,距今5000多年。

马王堆汉墓:1972年至1974年在长沙市发掘的东郊马王堆三座汉墓,分别是汉初长沙丞相轪侯利苍、利苍的妻子辛追及其儿子的墓,出土3000多件珍贵文物和一具距今2100多年的保存完整的女尸,堪称世界考古发现的一大奇迹。

龙山里耶秦简:2002年在湘西龙山县里耶镇出土3.7万枚秦代简牍,内容涉及邮传、历术、法律、军事等各个方面,是当时的官署档案,为研究秦代政治、经济、法律和社会制度提供了极为难得的文献资料。这在当年中国十大考古发现中排第2位。

长沙走马楼三国吴简:1996年10月在长沙市走马楼建设工地的一口古井中发掘三国时期孙吴纪年简牍,共计14万余枚,超过中国历年出土简牍的总和,是继殷墟甲骨卜辞、敦煌文书之后,古文献资料方面的又一重大考古成果。主要有券书、司法文书、长沙郡所属人名民簿、名刺和官刺、账簿五类,涵盖了基层人民的社会生活、经济关系、土地制度、赋税制度等,具有重大的考古价值。

长沙铜官窑：唐代长沙铜官窑被誉为"天下第一窑"，是我国釉下彩技艺的最早发源地，代表唐代陶瓷艺术的最高水平。该窑生产的瓷器主要以销售海外为主，国内并不多见，在东南亚、印度、波斯湾地区和东非有大量唐代铜官窑彩瓷出土。英国牛津大学和日本、朝鲜等国家的博物馆内，陈列着烧有"天下第一""天下有名"字样的中国彩瓷，都出自唐代长沙铜官窑。

任务拓展

10月5日，小胡作为地陪带领一批江西的游客进行了一次长沙—岳阳的二日游，小胡在岳阳前往长沙的路上进行了沿途导游讲解，并介绍了湖南。其间，有游客问道："我们江西人爱吃辣椒，为什么湖南人也爱吃辣椒？"请问导游如何从湖南地貌的角度予以回答？

工作任务二　熟悉湖南名人

任务导入

2017年国庆期间，小胡作为地陪接待了一个广东旅游团，在从长沙前往张家界的途中，有游客提出："湖南人杰地灵，人才辈出。当地流传着'一群湖南人，半部近代史'的说法。这说明湖南人才在中国的重要地位。小胡，你能给我们介绍一下湖南的名人吗？"请问，导游应该如何进行介绍？

任务解析

作为湖南地陪导游，小胡可以分三步完成该任务。

1. 引用游客的提问

向游客说明从晚清的湖南人曾国藩带领湘军登上历史舞台开始，一直到新中国成立，湖南为中华民族贡献出了大量的、顶级的杰出人物。岳麓书院的"惟楚有材，于斯为盛"道出了湖南作为英才荟萃之地的历史事实。

2. 介绍湖南名人

可具体介绍湖南名人，如曾国藩、左宗棠、胡林翼、郭嵩焘、魏源、谭嗣同、黄兴、宋教仁、陈天华、毛泽东、蔡和森、刘少奇、彭德怀、罗荣桓、贺龙、齐白石、田汉、沈从文、朱镕基等。

3. 总结湖南文化背景

介绍完湖南名人后，可深入讲解湖南的文化现象，因为只有肥沃的湖湘文化土壤才能孕育出湖南出类拔萃的名人、伟人。

知识链接

一 湖南本土名人

（一）蔡伦

蔡伦（约61年—121年），耒阳人。东汉宦官，主管制造御用器物。是我国古代"四大发明"之一造纸术的发明者，造出了世界上第一张植物纤维纸，时称"蔡侯纸"，为人类文明的传播做出了重大贡献。

（二）欧阳询

欧阳询（557年—641年），潭州临湘（今长沙）人，唐代书法家。笔法险劲刻厉，结构严整，称为"欧体"，为"唐初四大家"之一。传世碑刻有《九成宫醴泉铭》《皇甫诞碑》等，行书墨迹有《卜商》《张翰》《梦奠》等帖。

（三）周敦颐

周敦颐（1017年—1073年），道县人。理学创始人之一，传世著作有《太极图说》和《通书》，后人又编有《周子全书》。晚年居庐山莲花峰下，筑室讲学，取营道故里濂溪名为濂溪书院，世称其为"濂溪先生"。47岁时作《爱莲说》，以"出淤泥而不染，濯清涟而不妖"自勉。

（四）王夫之

王夫之（1619年—1692年），衡阳人。明末清初哲学家、文学家。晚年定居南岳衡山下的石船山，世称其为"船山先生"。总结和发展了传统的朴素唯物论和辩证法，强调行是知的基础，"行可兼知，而知不可兼行"，形成了以务实、能动、思辨为特征的启蒙哲学，是中国古典哲学的集大成者。著作100余种，1000多万字。今有岳麓书社《船山全书》。

（五）罗典

罗典（1719年—1808年），湘潭县人。清学政，岳麓书院山长，主持岳麓书院27年，教人治学以坚毅为要，力求读书明理、兼通时务。著有《凝园读书管见》《凝园诗钞》《罗鸿胪集》等。

（六）曾国藩

曾国藩（1811年—1872年），湖南湘乡人。清末大臣，湘军首领，道光进士。曾任内阁学士、两江总督等职。1853年为对抗太平天国，奉命在湖南办团练，1月在长沙编练陆师，9月至衡阳创立水师，后称为"湘军"。兵员由将官招募，所募兵勇，需取保具结。这种"兵为将有"的格局，使"湘军"具有强战斗力。曾国藩率湘军与太平军及捻军作战十余年。1864年派曾国荃部攻陷天京（今南京）。与李鸿章、左宗棠创办上海江南制造局、福建马尾船政局等军事工业。1870年查办天津"教案"，残民媚外，受到舆论谴责。有《曾文正公全集》。

（七）左宗棠

左宗棠（1812年—1885年），湖南湘阴人。晚清重臣，军事家、政治家、湘军著名将领，洋务派代表人物之一。历任闽浙总督、陕甘总督、两江总督,官至东阁大学士、军机大臣,封二等恪靖侯。与曾国藩、李鸿章、张之洞并称"晚清中兴四大名臣"。参与平定太平天国运动,兴办洋务运动,镇压捻军,收复新疆,抗击了沙俄和法国的入侵。

(八) 齐白石

齐白石(1864年—1957年),湖南湘潭人。书画家、篆刻家。早年曾为木工。后习绘画、诗文、书法、篆刻,以卖画、刻印为生。60岁后画风遽变,重视创作,融合了传统写意画与民间绘画的技法,形成独特艺术风格。擅画花鸟鱼虾,亦画人物山水。论画"妙在似与不似之间"。篆刻单刀直下,苍劲有力。曾任中国美术家协会主席。1953年文化部授予"人民艺术家"称号。曾获世界和平理事会1955年度国际和平奖金。

(九) 谭嗣同

谭嗣同(1865年—1898年),湖南浏阳人。中国近代维新派政治家、思想家。1897年协助湖南巡抚陈宝箴等设立时务学堂,筹办内河轮船、开矿、修铁路等。次年又倡设南学会,办《湘报》,宣传维新救国之道。8月被征入京,任四品卿衔军机章京,参与戊戌变法。9月政变遇害,为史称"戊戌六君子"之一。有《谭嗣同全集》。

(十) 宋教仁

宋教仁(1882年—1913年),湖南省常德市桃源人。中国"宪政之父"。1902年考入武昌普通中款学堂,常议论时政,萌生了"实行革命,推翻帝制"的思想,走上了反清革命道路。1904年2月华兴会在长沙成立,黄兴任会长,宋教仁任副会长。1904年因长沙起义失败,前往日本,入日本东京法政大学学习西方政治。1905年加入中国同盟会。1912年8月中国同盟会改组为国民党。1913年3月在上海火车站被暗杀。

(十一) 黄兴

黄兴(1874年—1916年),湖南长沙人。中国近代民主革命家。1902年被湖广总督张之洞选派赴日留学,回国后和宋教仁等组织华兴会,被推为会长。1904年策划长沙起义,未成。次年在日本协助孙中山建立中国同盟会,任庶务长。1907年先后参与或指挥了钦廉防城起义、镇南关(今友谊关)起义、云南河口起义、广州新军起义、黄花岗起义等。武昌起义后,被推为革命军总司令,在汉口、汉阳对清军作战。1912年南京临时政府成立,任陆军总长兼参谋总长。1913年袁世凯妄图复辟帝制,黄兴任江苏讨袁总司令,失败后流亡日本。1916年回上海后病逝。有《黄兴集》。

(十二) 蔡锷

蔡锷(1882年—1916年),湖南邵阳人。辛亥革命元勋,讨袁护国军首领。原名艮寅,字松坡。1904年留日回国。1911年响应武昌起义,成立云南军政府,任都督。1915年发动护国军起义,任第一军总司令。后被任为四川都督。1916年病逝于日本。遗著有《蔡松坡先生集》。

(十三) 毛泽东

毛泽东(1893年—1976年),湖南湘潭人。中国无产阶级革命家、政治家、军事家。中国共产党和中华人民共和国的主要缔造者和领袖。"毛泽东思想"的主要创立者。早期即开始革命活动,接受并传播马克思列宁主义,组织社会主义青年团和共产主义小组。毛泽东领导全党进行了社会主义三大改造运动和抗美援朝保家卫国战争。胜利完成了国民经济的恢复和第一个五年计划。但1958年后错误地发动了"大跃进""人民公社化"运动和"文化大革命",使党和国家遭到严重挫折和损失。1976年9月在北京病逝。1981年中共十一届六中全会对毛泽东的一生做出了全面评价,肯定了毛泽东的历史地位,指出毛泽东思想是马克思列宁主义在中国的运用和发展,是被实践证明了的关于中国革命和建设的正确的理论原则和经验总结,是中国共产党集体智慧的结晶。

(十四) 刘少奇

刘少奇(1898年—1969年),湖南宁乡人。中国无产阶级革命家、政治家,中国共产党和中华人民共和国主要领导人之一。1921年加入中国共产党。1922年在中国劳动组合书记部工作。1925年任中华全国总工会副委员长,参加领导"五卅"运动和省港大罢工。1931年当选为中央政治局候补委员,任中共临时中央职工部长、全国总工会党团书记。1934年参加长征,先后任红军第八军团、第五军团中央代表和第三军团政治部主任。1943年任中央书记处书记和军委副主席。1945年在中共"七大"上当选为中央政治局委员,在"八大"上当选为中央政治局委员、常委、副主席。建国后历任中央人民政府副主席、军委副主席、全国人大常委会委员长。在第二届(1959年)、第三届(1965年)全国人大代表会上均当选为中华人民共和国主席兼国防委员会主席。在文化大革命中受到错误批判。1969年在河南病逝。1980年中共十一届五中全会为其恢复名誉。主要著作有《刘少奇选集》。

(十五) 彭德怀

彭德怀(1898年—1974年),湖南湘潭人。中国无产阶级革命家、军事家。中国人民解放军的创建人和领导人之一。1928年加入中国共产党,同年领导平江起义,任红军第五军军长。开辟了湘鄂赣苏区,参与指挥中央苏区历次反"围剿"作战。1934年率部长征。后任八路军副总指挥、中共中央军委副主席兼总参谋长。开辟了华北抗日根据地,指挥了"百团大战"。1947年起任解放军副总司令、第一野战军司令员兼政委。指挥了"延安保卫战"。建国后历任中共中央军委副主席、中国人民志愿军司令员兼政委、国防委员会副主席、国务院副总理兼国防部长等职。1955年被授予中华人民共和国元帅军衔。是中共第六届至第八届中央政治局委员。1959年"庐山会议"上因对"大跃进""人民公社化"运动提出意见,遭到错误批判。1974年11月在北京逝世。1978年中共十一届三中全会为其恢复名誉。

(十六) 贺龙

贺龙(1896年—1969年),桑植人。原名贺文常,字云卿。无产阶级革命家,中国人民解放军和中华人民共和国的主要缔造者和领导人。1955年授元帅军衔。曾任中央军委副主席、国务院副总理。"文化大革命"中遭残酷迫害,于1974年逝世。

二 外省入湘名人

(一) 屈原

屈原(公元前340年—公元前278年),中国东周战国时期伟大的爱国诗人。

屈原一生中写过许多著名的爱国诗篇,后来由于楚王不接受他的爱国主张,致使国土沦丧,他满怀忧愤之情,跳江自尽。屈原是中国最伟大的浪漫主义诗人之一,也是我国已知最早的著名诗人、世界文化名人。主要作品有《离骚》《九章》《九歌》等。

(二)贾谊

贾谊(公元前200年—公元前168年),汉族,洛阳(今河南洛阳东)人,西汉初年著名政论家、文学家,世称贾生。贾谊少有才名,十八岁时,以善文为郡人所称道。文帝时任博士,迁太中大夫,受大臣周勃、灌婴排挤,谪为长沙王太傅,故后世亦称贾长沙、贾太傅。三年后被召回长安,为梁怀王太傅。梁怀王坠马而死,贾谊深自歉疚,抑郁而亡,时仅33岁。司马迁对屈原、贾谊都寄予同情,为二人写了一篇合传,后世因而往往把贾谊与屈原并称为"屈贾"。

贾谊著作主要有散文和辞赋两类,深受庄子与列子的影响。散文的主要文学成就是政论文,评论时政,风格朴实峻拔,议论酣畅,鲁迅称之为"西汉鸿文",代表作有《过秦论》《论积贮疏》《陈政事疏》等。其辞赋皆为骚体,形式趋于散体化,是汉赋发展的先声,以《吊屈原赋》《鹏鸟赋》最为著名。

(三)杜甫

杜甫(公元712年—公元770年),字子美,自号少陵野老。汉族,祖籍襄阳,河南巩县(今河南省巩义市)人。唐代伟大的现实主义诗人,与李白合称"李杜"。为了与另两位诗人李商隐与杜牧即"小李杜"区别,杜甫与李白又合称"大李杜",杜甫也常被称为"老杜"。

56岁的杜甫曾携家人入湖南,并在湖南留下了许多诗,著名的有两首。一是《登岳阳楼》,二是《江南逢李龟年》。诗人和李龟年是多年前的老相识了,阔别重逢于山明水秀的湖南。本该极为高兴,却是相逢于"落花时节",这四个字,既指实景,又将二人皆已衰老飘零、社会动荡凋敝都包含在其中。

(四)滕子京

滕子京(990年—1047年),字子京,河南洛阳人,北宋官员,庆历四年春被贬到岳州巴陵郡(今湖南岳阳一带),滕子京到巴陵后,不计个人荣辱得失,以国事为重,勤政为民,办了几件好事,如扩建学校、修筑防洪长堤和重修岳阳楼等。这些事受到百姓称赞,结果两年时间就政通人和,百废俱兴,"治为天下第一"。在重修岳阳楼之后,他写信给好友范仲淹,请他作记,共襄这"一时盛事"。后因范仲淹的《岳阳楼记》而为世人所知,岳阳楼的双公祠中有范仲淹与滕子京的雕像(右)。

(五)朱熹

朱熹(1130年—1200年),字元晦,又字仲晦,号晦庵,晚称晦翁,谥文,世称朱文公。祖籍江南东路徽州府婺源县(今江西婺源),出生于南剑州尤溪(今属福建省尤溪县)。宋朝著名的理学家、思想家、哲学家、教育家、诗人,闽学派的代表人物,儒学集大成者,世尊称为朱子。朱熹曾两次来岳麓书院讲学,一次是乾道三年的朱张会讲。南宋乾道三年(1167年),朱熹不远千里从福建崇安启程,至九月八日抵达长沙。朱熹当时就是一名颇有名望的学者,来听讲学的人很多,盛况空前,开创了岳麓自由讲学的风气,这次岳麓会讲开创了不同学派在书院会讲的先河。另一次是绍熙五年(1194年),朱熹任湖南安抚使再到潭州,在任期间,他着手振兴岳麓书院教育。朱熹兴学岳麓，对书院影响最大的举措是颁布"朱子书院教条"，使岳麓书院第一次有了正式的学规。

（六）张栻

张栻（1133年—1180年），字敬夫，后避讳改字钦夫，又字乐斋，号南轩，学者称南轩先生，谥曰宣，后世又称张宣公。南宋汉州绵竹（今四川绵竹市）人，右相张浚之子。南宋初期学者、教育家。

南宋乾道元年（1165年），刘珙任湖南安抚使知潭州，开始修复岳麓书院。岳麓书院修成后，由张栻主持书院教事。张栻和朱熹、吕祖谦齐名，并称"东南三贤"。他为这次重建岳麓撰写了《岳麓书院记》。他主教书院之后，除了继续实现其教育功能外，又增加了学术研究的功能。在教学过程中，张栻和学生一起讨论学术上重要的疑难问题，推动学术研究的深入。

> **任务拓展**

11月1日，湖南地陪小张带领一位浙江游客进行了一次长韶张凤的锦绣潇湘游。在凤凰返回长沙的途中，因为途中时间较长，小张开展了一个专题介绍活动，即介绍湖南的名人。请问，如果你是小张，你应如何开展此次活动？

项目二　了解湖南各州市概况

◇知识目标

1. 了解湖南各州市区位、面积、人口、民族、交通。
2. 熟悉湖南各州市的发展历史。
3. 掌握湖南各州市的旅游资源。

◇能力目标

1. 能为游客介绍湖南各地州市的概况。
2. 能根据游客的需要规划交通路线。
3. 能根据游客的需求制定旅游线路。

◇素质目标

1. 培养学生对湖南人文历史的喜爱和学习的兴趣。
2. 培养学生继承和弘扬湖湘文化的意识。

工作任务一　了解湖南各州市的基本情况

任务导入

地陪小扶接待了一个来自河北省的旅游团,大多数游客都是第一次来到湖南,游客此次在湖南旅游的线路为长沙—南岳,游客乘坐旅游大巴车从长沙抵达南岳。如果你是小扶,在转移过程中你将如何介绍所经过的地州市概况?

任务解析

在此次旅游行程中,游客从长沙转移至南岳。地陪小扶可以分两步完成该任务。

1. 分析转移过程中会经过的地州市

如果选择京珠高速前往南岳衡山的话,导游员带领游客从长沙出发前往南岳的过程中会经过株洲、湘潭,然后进入衡阳境内。

2. 介绍主要内容

对于初次来到湖南的游客来说,他们对所经过的地方均充满了好奇,导游员可以介绍一些游客感兴趣的地名,如株洲境内的王十万,导游员可以介绍王十万名字的由来;所经过的市县的主要特色,如株洲是交通枢纽,是中国电力机车的摇篮,是中华民族炎黄子孙的朝圣之地,是湘潭市湖湘文化重要的发祥地等。

知识链接

一　长沙市

长沙又称星城。是湖南省省会,全省政治、经济、文化中心。"长沙"之名始于西周,有3000多年历史,为国务院公布的首批24个国家级历史文化名城之一。面积1.18万平方公里,截至2017年年底,常住人口790多万。连续5年被评为全国十大最具幸福感城市。

辖6区1市2县:芙蓉区、天心区、岳麓区、开福区、雨花区、望城区、浏阳市、长沙县、宁乡县。

自然资源:已发现矿藏50余种,有全国独一无二的菊花石、储量居全国首位的海泡石、生产规模居全省第一的永和磷矿。

旅游资源:全国第一批优秀旅游城市。拥有人文景观、水域风光、生物景观、古迹与建筑、休闲购物等旅游资源。铜官窑、爱晚亭、贾谊故居、岳麓书院等名胜古迹保存完好,三国东吴简牍、青铜器人面鼎、四羊方尊等历史文物名扬中外。

二 株洲市

株洲市古称建宁,位于湖南省东部、湘江下游。

辖4区1市4县:天元区、芦淞区、荷塘区、石峰区、醴陵市、炎陵县、茶陵县、攸县、株洲县。

作为湖南重要的工业基地,株洲拥有第一台航空发动机、第一台电力机车、第一块硬质合金等100多个"全国第一"。已形成以铁路交通装备制造、冶金、化工、新材料、生物医药、绿色食品和陶瓷等为支柱的产业体系。拥有南车株洲电力机车、电力机车研究所、株洲冶炼集团、唐人神集团等多家大型企业。

交通:江南最大的交通枢纽,今有"北有郑州、南有株洲""南北通衢"之说。有京广、沪昆铁路干线交汇,武广客运专线铁路贯穿全境,株洲火车站为全国五大客货运输特级站之一。京珠高速、上瑞高速、106国道、107国道、320国道以及连接闽南、赣南、湘南的公路都在境内穿过。长株高速公路建成通车,从株洲到长沙黄花国际机场仅需20分钟车程;湘江内河千吨级船舶四季通航,出洞庭、入长江,东到上海出海口,西抵大西南。

旅游资源:全国优秀旅游城市。现有旅游景区(点)30余个,炎帝陵、云阳山、酒仙湖、神农谷均为国家4A级旅游景区。位于炎陵县鹿原陂的炎帝陵被称为"神州第一陵",是华夏儿女寻根祭祖的圣地。国家级地质公园攸县酒埠江景区有目前世界最长的地下河。神农谷国家森林公园的空气负氧离子含量每立方厘米在14万个以上,为亚洲之最,有"天然氧吧"之称。作为井冈山革命根据地的重要组成部分,有洣泉书院、水口叶家祠、先农坛、红军标语博物馆等为代表的革命遗址。

三 湘潭市

湘潭市因盛产湘莲而被称为"莲城",是中国人民的伟大领袖毛泽东和世界文化名人齐白石的故乡。

辖2区2市1县:雨湖区、岳塘区、湘乡市、韶山市、湘潭县。

湘潭有世界最大的氟化盐生产企业——湘乡铝厂,中国最大的电解二氧化锰生产企业——湘潭电化集团,中国最早的电工器材生产企业——湘潭电机厂,中国最大的金属铬生产企业——湖南铁合金厂,中国最大锰矿——湘潭锰矿。已形成以先进装备制造、新能源、精品钢材及深加工、汽车及零部件、电子信息、食品加工产业和现代物流业为支撑,特色鲜明、协调发展的产业体系。

交通:京广、湘黔、武广、沪昆等铁路及107、320国道过境。高速公路通长沙、广州。距长沙黄花国际机场仅半小时车程。湘江可长年通航。

旅游资源:境内有韶山等全国重点风景名胜区和革命纪念地,是全国"红色旅游"的重点区域。有潇湘八景之一的昭山、齐白石纪念馆、东山书院等110多处重要旅游景点和名胜古迹。

（四）衡阳市

衡阳市位于湖南省南部、湘江中游，素有"雁城"之称，为湘南最大的城市和经济文化区域中心。

辖5区2市5县：雁峰区、石鼓区、珠晖区、蒸湘区、南岳区、耒阳市、常宁市、衡阳县、衡南县、衡山县、衡东县、祁东县。

国民经济：衡阳是我国粮、猪、油重点生产基地之一，也是国内最大的矿山设备制造基地及小口径钢管生产、超高压变压器制造、精细化工生产基地和中南地区最大的生物制药基地。

交通：区位优越，交通便利。京广、湘桂、武广客运专线铁路贯穿全境，京珠、沪昆高速公路与107、322国道纵横交错，千吨级轮船顺湘江而下可直达长江及沿海各地，市区距长沙黄花机场仅两个小时车程。2011年高速公路通车总里程449公里，铁路通车里程383公里。

旅游资源：衡阳历史悠久，是一座具有2000年历史的古城，旅游资源十分丰富。南岳衡山"五岳独秀"，为宗教名山；有杜甫、柳宗元、刘禹锡、韩愈、吕温、朱登、张栻、徐霞客等名人的足迹、诗文；孕育了蔡伦、王船山、彭玉麟、夏明翰、罗荣桓等古今发明家、思想家、军事家、革命家，留下了大量历史遗存。

（五）邵阳市

邵阳市地处湘中偏西南，资江与邵水交汇穿城而过，史称"宝庆"，是一座具有2000多年历史的古城，为湖南人口第一大市。

辖3区1市8县：双清区、大祥区、北塔区、武冈市、邵东县、新邵县、邵阳县、隆回县、洞口县、绥宁县、新宁县、城步苗族自治县。

国民经济：工业已形成机械、冶金、食品、纺织、医化、建材、造纸、能源8大主导产业。盛产各种农副产品，雪峰蜜桔、新宁脐橙、绥宁板栗、杨梅、南山奶粉、邵东黄花、宝庆辣椒等蜚声海内外，香菇、玉兰片、龙牙百合、茶叶、大蒜、薏米、生姜、绞股蓝等也久负盛名。

自然资源：境内矿产资源较为富足。石膏矿远景储量4.4亿吨，居全省第一，邵东县是全国八大石膏矿产地之一。

交通：沪昆高速铁路途经邵阳并设站，连接重庆至厦门的怀邵衡铁路使湖南高铁网络形成"金三角"闭环。铁路运输通过娄邵线接湘黔线通达全国各地，洛湛铁路邵阳段建成通车并开通直达广州的特快列车，上海至昆明的320国道和内蒙古至梧州的207国道交汇于市区。全市建成和在建的高速公路共10条。随着沪昆高速潭邵和邵怀段、二广高速邵永段的建成通车，交通日趋便捷。水路通航河道7条，航道800余公里。资水水运可通洞庭湖而达长江。武冈机场现已通航，邵东机场为军民合用的国内支线机场。

旅游资源：境内有大小旅游资源350处。新宁崀山是世界自然遗产，被誉为"丹霞之魂、国之瑰宝"；南山风景区有南方的"呼伦贝尔"草原之誉；绥宁黄桑被联合国称为"神奇绿洲"。

(六) 岳阳市

岳阳市古称巴陵,又名岳州,临长江,位于湖南东北部,素称"湘北门户"。是一座有2500多年历史的文化名城。

岳阳市为国家首批长江沿岸对外开放城市、国家历史文化名城、中国优秀旅游城市、国家卫生城市、国家园林城市,被授予"中国观鸟之都"和"最值得驻华大使馆向世界推荐的中国生态城市"称号,入选"新中国成立60年城市发展60强城市"。

辖3区2市4县:岳阳楼区、云溪区、君山区、汨罗市、临湘市、平江县、岳阳县、华容县、湘阴县。

国民经济:水产品产量居全省第一;拥有全国最大的黄茶基地,被授予"中国黄茶之乡"称号。初步形成石化、食品、造纸、电力、纺织、医药、机械、饲料、建材等优势产业集群,打造了"正虹""岳泰""福湘""义丰祥"等一批中国名牌产品和国家驰名商标。是中南地区最大的石化工业基地。

交通:京广铁路、武广高速铁路、荆岳铁路、京港澳高速公路、随岳高速公路和106、107国道纵横穿越。正在加快建设岳长、岳常、岳临、通平、石华等高速公路;岳阳机场进入国家支线机场计划,预计2018年年内完成通航。长江黄金水道东进出海,洞庭湖大桥沟通巴东鄂西,城陵矶港为对外开放一类口岸和海峡两岸首批货运直航港口,开通了海轮航道。

旅游资源:以"洞庭天下水、岳阳天下楼"名闻中外,境内风景名胜193处、革命文物纪念地22处。有闻名中外的岳阳楼、被誉为"东方伊甸园"的君山岛、被誉为"天下第一村"的明清古建筑群张谷英村、"华人精神家园"屈子祠、瑶族先民遗址千家峒等人文景观;有列入联合国湿地公约的东洞庭湖国家级自然保护区、享有"东方日内瓦"美誉的南湖、碧荷连天的团湖、丹霞奇观石牛寨、度假胜地幕阜山等自然风光;有平江起义旧址、任弼时故居等革命纪念地。岳阳是中国龙舟文化的发祥地。

(七) 常德市

常德市位于湖南西北部,地处湘鄂边境、洞庭湖滨,自古有"黔川咽喉、云贵门户"之称。其中,回族群众有4万多人,维吾尔族群众有6000多人。桃源县枫树维回乡是维吾尔族集中聚居区,有"维吾尔族第二故乡"之称。明洪武五年(1372年),维吾尔族将领哈八士、回族将领马德成奉令各率其本民族籍官兵进入常德戍守,嗣后乃落籍常德及其附近各县。此后,历代又复有人迁来,通过长期繁衍形成了今天的规模。

辖2区1市6县:武陵区、鼎城区、津市市、安乡县、汉寿县、桃源县、临澧县、石门县、澧县。

国民经济:稻、棉、油总产量居全省首位,生猪、鲜鱼产量居全省前列,淡水珍珠产量居全国首位。已形成烟草、装备制造、食品、纺织、新材料、电子信息等支柱产业,培育了常德卷烟厂、创元铝业、恒安纸业等一批骨干企业,拥有芙蓉王、金健、心相印、中意、陬福、古洞春、武陵、德山等中国驰名商标。已建成11个工业园区,其中常德经济技术开发区是国家级经济技术开发区。

自然资源：探明矿藏145种，其中雄磺储量亚洲第一，金刚石、石煤、芒硝储量为全国之首，磷矿、石膏矿、膨润土等蕴藏量和产量均居全省前列。

交通：常德是全国公路交通枢纽城市和区域性铁路枢纽城市；桃花源机场开通到北京、上海、广州、深圳等城市的航班；常德港、津市港年吞吐量百万吨以上，经沅水、澧水可过洞庭入长江，上达重庆，下抵上海。

旅游资源：中国优秀旅游城市之一。拥有桃花源、澧县城头山古城遗址、石门前唐古刹夹山寺、壶瓶山原始次森林、花岩溪等著名旅游景区以及西洞庭湖国际湿地保护区、柳叶湖旅游度假区和国家重点保护文物单位城头山、铁经幢等。常德诗墙、太阳山天然太阳神像载入吉尼斯世界纪录。

（八）张家界市

张家界市位于湖南省西北部，原名大庸，是古庸国所在地，国内重点旅游城市和国际知名旅游胜地。近年来先后荣获世界特色魅力城市200强、中国最具海外影响力城市、中国最佳旅游目的地等称号，并成为首批国家旅游综合改革试点城市。市内分布着土家族、白族、苗族、回族等少数民族，少数民族中以土家族人口居多，其次是白族、苗族和回族。还有少数满族、侗族、瑶族。

辖2区2县：永定区、武陵源区、慈利县、桑植县。

交通：枝柳、石长铁路交会于此，旅游列车可直达北京、上海、广州等50多个国内大中城市。荷花机场可供多种大型飞机起降，开通日韩等国际航线18条、国内航线50多条。公路运输网络覆盖湘、鄂、川、黔、渝5省市边区40余县市。

旅游资源：以得天独厚的旅游资源闻名于世。由中国第一个国家级森林公园张家界森林公园和天子山、索溪峪两个自然保护区组成的武陵源风景区面积达到369平方公里，区内以世界罕见的张家界地貌为主体，集桂林之秀、黄山之奇、华山之险、泰山之雄于一体，藏路、桥、洞、湖、瀑于一身，有"扩大的盆景、缩小的仙山"之美称。区内有木本植物110科1409种，脊椎动物109种，国家一、二级保护珍稀动植物达到81种。珍奇树种有银杏、珙桐、红豆杉、樱花等；名贵药材有灵芝、天麻、何首乌、杜仲等；珍稀动物有娃娃鱼、独角兽、苏门羚、云豹、猕猴、灵猫等。

（九）益阳市

益阳市地处湖南省北部，境内由南至北呈梯级倾斜，南半部是丘陵山区，属雪峰山余脉；北半部为洞庭湖淤积平原，一派水乡景色。

辖3区1市3县：资阳区、赫山区、大通湖区、沅江市、南县、桃江县、安化县。

益阳是洞庭湖区著名的"鱼米之乡"，我国重要的粮食、棉花、油料、生猪、水产等农副产品生产基地。安化黑茶享誉国内外，被誉为"中国黑茶之乡"。工业以装备制造、食品加工、电子信息、造纸、建材、纺织等最具特色。

交通：中心城区距长沙不到50公里，经高速公路到长沙黄花国际机场仅一小时车程。长石铁路与洛湛铁路在此交汇，319国道、207国道、长张高速及二广高速、杭瑞高速穿越境内，水运经洞庭湖可通江达海。

自然资源：被誉为"有色金属之乡""苎麻之乡""芦苇之乡""竹子之乡"。主要矿产资源丰富，其中锑保有量36万吨。水域广阔，大通湖面积12.4万亩，是湖南最大的内陆养殖湖泊。

旅游资源：益阳是一座文化古城。龙洲书院是古代湖南四大书院之一；会龙山上的栖霞寺系东晋古刹，相传是明代建文帝避难的地方；坐落在资江大桥南端的裴公亭，是唐代宰相裴休攻读诗书的故地。安化茶马古道、桃花江竹海、南洞庭湖湿地等景区风景宜人，声名远播。

（十）郴州市

郴州有文字可考的历史已有两千余年。"郴"字最早见于秦朝，为篆体"郴"，由林、邑二字合成，意谓"林中之城"。位于湖南省东南部，有湖南"南大门"之称。

辖2区1市8县：北湖区、苏仙区、资兴市、桂阳县、永兴县、宜章县、嘉禾县、临武县、汝城县、安仁县、桂东县。

交通：武广铁路客运专线、京广铁路、京珠高速公路和106、107国道以及京港澳高速公路复线贯通南北，郴资桂和桂嘉高等级公路横贯东西。

自然资源：郴州有"中国有色金属之乡""微晶石墨之乡""南方重点林区""湖南能源基地""中国温泉之乡""中国银都"之称。有色金属储量占全省2/3，其中钨、铋、钼储量居全国第1，锡、锌储量分别居全国第3位和第4位，石墨储量占全国储量的一半以上，煤炭储量占全省储量的1/4。

旅游资源：有苏仙岭、东江湖、莽山国家森林公园、飞天山国家地质公园、五盖山国际狩猎场，以及龙女温泉、天堂温泉、悦来温泉、热水温泉等110多处风景名胜。

（十一）永州市

永州市位于湖南省南部、湘粤桂三省区交界处，是湖南连通两广、对接东盟的重要门户。古称零陵，因舜帝南巡崩于宁远九嶷山而得名。又因潇水与湘江在城区汇合，自古雅称"潇湘"。

辖2区9县：零陵区、冷水滩区、祁阳县、东安县、双牌县、道县、江永县、宁远县、蓝山县、新田县、江华瑶族自治县。

交通：湘桂、洛湛铁路在此交汇，泉南、二广、厦蓉、永贺四条高速公路相互连通，322、207国道贯穿境内。永州机场已开通至北京、长沙、深圳、昆明航线。潇湘水运可直达洞庭，入长江、出上海。

自然资源：永州位于我国著名的"南岭多金属成矿带"，已探明的矿藏75种，稀土、锰、锂、铷、铯保有储量居湖南省第一位，矿产资源潜在经济价值3500亿元以上。水能、土地资源丰富，可开发利用水能约160万千瓦，待开垦耕地150多万亩，开发潜力巨大。

旅游资源:永州被称为世界稻作农业之源、中国制陶工业之源、中华道德文明之源和大舜文化之乡。中华人文始祖之一舜帝的陵寝坐落在境内潇湘源头之一的九嶷山。唐代著名文学家柳宗元在永州谪居10年,留有《永州八记》《捕蛇者说》等佳作。有江南最大的摩崖石刻——浯溪碑林,湖南最大的文庙——宁远文庙,纪念柳宗元的胜迹柳子庙,大书法家"草圣"怀素练习书法的绿天庵,被誉为瑶族世外桃源的千家峒,人类最早种植稻谷的遗址玉蟾洞,湖南保存最完整的明代古塔回龙塔和唐代名岩朝阳岩;有上甘棠千年古村、龙溪李家大院、零陵周家大院等"三古"资源。东安武术、祁阳祁剧、瑶族歌舞、农民磨漆画、"江永女书"等具有浓郁的地方特色。

十二 怀化市

怀化市有湖南"西大门"之称,其中侗族、苗族、土家族、瑶族等少数民族人口约占总人口的40%。

辖1区1市10县:鹤城区、洪江市、中方县、沅陵县、辰溪县、溆浦县、会同县、麻阳苗族自治县、新晃侗族自治县、芷江侗族自治县、靖州苗族侗族自治县、通道侗族自治县。

交通:怀化市被称为"火车拖来的城市"。湘黔铁路、焦柳铁路及渝怀铁路呈"大"字在城区交汇,贯穿境内11个县市区;320、209、319国道及沪昆高速、杭瑞高速公路穿境而过。正在建设中的沪昆客运专线在怀化市境内正线里程175.5公里,途经怀化七个县(区),境内将设四个站。芷江机场已开通到北京、长沙、广州、上海、昆明航线。

旅游资源:现有国家A级景区20个,国家级工、农业旅游示范点各1个,国家级文物保护单位11个,省级以上自然保护区、森林公园、风景名胜区、地质公园、历史文化名城23个。有万佛山168平方公里丹霞地貌、五强溪170平方公里浩渺泽国、"第二兵马俑"美誉的秦代"黔中郡"古城、被赞誉为"楚南上游第一胜迹"的芙蓉楼等。龙底河和夜郎谷的漂流惊险神奇,芷江龙津风雨桥、通道皇都侗民族文化村、怀化中国侗文化城等侗文化旅游景点特色鲜明。芷江有中国最长的侗乡风雨桥、中国最具特色的侗族鼓楼群、内陆最大的妈祖庙、全国纪念抗战胜利的4A级旅游景点——受降纪念馆,"中国芷江国际和平文化节"是有名的节会品牌。

十三 娄底市

娄底市地处湖南中心位置,因相传位于天上28个星宿中的"娄星"和"氐星"交相辉映之处而得名,素有"湘中明珠"之称。

辖1区2市2县:娄星区、冷水江市、涟源市、双峰县、新化县。

国民经济:2017年娄底市的国民生产总值为1544.98亿元。煤炭、钢材、锑等是娄底的支柱产业,享有冶金基地、建材之乡、百里煤海、十里钢城、世界锑都的美誉,是中南地区重要的能源、原材料供应基地。

交通:湘黔铁路、上瑞高速和沪昆铁路客运专线横穿东西,洛湛铁路纵贯南北,娄新、新溆、安邵、娄衡、娄益、娄长等6条高速正在加快建设,初步形成了"米字型"铁路网与"十字形"

高速公路网。

自然资源：娄底市已探明可开采矿藏48种。锑矿储量世界第一，冷水江市号称"世界锑都"。煤炭、白云石、石灰石等储量居全省首位。煤储量占全省储量的三分之一，是全国19个年产煤1000万吨以上的地级市之一。

旅游资源：拥有各类景区（点）70多处，其中紫鹊界梯田被列入世界自然与文化双遗产预备名录，梅山龙宫、曾国藩故居均为4A级景区。先后获得省级园林城市、卫生城市、文明城市、全国绿化模范城市、中国优秀旅游城市和国家园林城市等称号。

（十四）湘西土家族苗族自治州

湘西土家族苗族自治州地处湖南省西北部，是湖南"西北门户"，与湖北、贵州、重庆3省市接壤。其中土家族、苗族等少数民族人口占78%。

辖1市7县：吉首市、龙山县、永顺县、保靖县、花垣县、古丈县、凤凰县、泸溪县。

国民经济：农业初步形成了以椪柑、猕猴桃、优质烟叶、茶叶为主的高效经济作物，以牛、羊为主的畜牧业，以青蒿、百合为主的中药材产业三大特色产业。工业初步形成了以锰、锌为主的矿产品加工业，以白酒为主的食品加工业，以中药材加工为主的生物制药业，以民族工艺品为主的旅游商品加工业四大产业集群。湘泉酒、酒鬼酒、乌龙山特曲、土家织锦、苗族绣衣等产品有较高知名度。初步形成了凤凰、吉首、芙蓉镇和里耶四大旅游板块。

湘西自治州是湖南唯一进入国家西部大开发范围的地区，享有西部大开发的优惠政策。州府吉首市为湘黔边区重要的物资集散地。

交通：枝柳铁路贯穿5县市，319国道、209国道、常吉高速公路和吉茶高速公路过境。铜仁凤凰国际机场距凤凰县城34公里，机场服务武陵山铜仁、湘西等两地。

人文风情：培育了"中华民国"内阁总理熊希龄、文学家沈从文、画家黄永玉、歌唱家宋祖英等一批政治文化名人。拥有苗族鼓舞、苗族银饰、土家织锦、打溜子、摆手舞、茅古斯等一批国家级非物质文化遗产。

自然资源：矿产资源丰富，探明的汞金属远景储量居全省第1位、全国第4位。锰矿石工业储量居全省首位、全国第2位。花垣矿区属特大矿床，是我国南方最大的锰矿床，有"东方锰都"之称。

旅游资源：湘西素以美丽神奇著称，与国家森林公园张家界毗邻，境内景观密布，异彩纷呈。有蜿蜒近200公里的中国南方古长城，有景色溶漓江之秀丽、集三峡之雄伟的猛洞河，有由212个洞组成的龙山火岩溶洞群，有历史悠久、被称为我国南方最美的两座小城之一的凤凰古城。永顺老司城、明代建筑祖司殿等是湘西重要的人文景观。农历四月初八为苗族、土家族民族传统节日，百狮会、苗族鼓舞、篝火晚会等吸引众多海内外游客。

特色产品：湘西是有名的"生漆之乡"，龙山被列为全国生漆基地；泸溪浦市柑橘是湖南名橘之一；"织锦"在五代时曾作为贡品进贡朝廷；"古丈毛尖"茶和"七叶参"保健茶是全国名茶；"湘泉""酒鬼"为酒中佳酿，享誉海内外；土家织锦、苗家绣品以其鲜明的民族特色和独特的传统工艺受到人们的青睐。

任务拓展

地陪小张接待了一个从北京来的旅游团,游客中大多数游客都是第一次来到湖南。他们此次湖南之行的线路是长韶张凤。如果你是导游员小张,在沿途导游中你会如何介绍经过的各地州市?

工作任务二　了解各州市的主要特点和优势

任务导入

地陪小扶接待了某旅游资源评估团,他们要求对湖南各州市的主要特点和优势作介绍,以便他们加深对湖南资源评估的印象。

任务解析

这个任务的关键是要非常简练、准确地描述湖南各州市的主要特点和优势。导游员小扶可以用一个字这样介绍。

长沙"壕"。长沙作为湖南的省会城市,"壕"是毋庸置疑的。2015 年湖南各市 GDP 总值排名第一;"2016 年中国最有钱城市排行榜"挺进全国 20,拿下全国资金总量第 16。随后在《第一财经周刊》发布的"新一线"城市榜单中,长沙以 89.7 的指数入选"新一线"城市,以实力征服了榜单。世界最大冰雪乐园、全国第三家海洋主题类综合性公园落户长沙……未来的长沙发展越来越好,也越来越"壕"。

株洲"通"。株洲是"火车拉来的城市",是中国中南部重要的铁路十字枢纽。京广、沪昆两大铁路干线在这里交汇,株洲站是中国客货运输特等站之一,平均每 3 分钟接发列车一次,日接发车达 230 趟之多。2018 年 9 月,株洲火车站启动重建,并且以其重建为契机,配套建成集长途客运、城市公交、轨道交通等于一体的综合交通枢纽。

湘潭"教"。湘潭是湖湘文化的重要发祥地、中国红色文化的摇篮,有"小南京""金湘潭"的美誉。湘潭伟人、巨匠灿若星辰,蜀汉名相蒋琬、晚清重臣曾国藩、文化名人齐白石、一代领袖毛泽东、开国元勋彭德怀、著名将领黄公略、开国大将陈赓等都诞生于此。历经千年积淀,科教人力资源丰富,科教实力居湖南省第二位,拥有湘潭大学、湖南科技大学等大中专院校 12 所。

衡阳"景"。衡阳是中国优秀旅游城市、中国抗战纪念城,境内旅游资源较为丰富。以石鼓书院为代表的人文景观与以南岳衡山为代表的自然景观遍布。

邵阳"宜"。邵阳是一座适合生活的城市,气候舒适,四季分明,环境优美。邵阳人热情豪爽,特别适合交朋友。最重要的是,邵阳房价低,对于白领买房再合适不过了。

常德"史"。常德,古称"武陵",别名"柳城",是一座拥有二千年历史的文化名城。三十万年前就有原始人群在沅、澧二水流域的平原山川生活、聚居,澧县澧南乡、张公庙镇、津市市窑坡乡、石门溇水下游一带,以及鼎城区灌溪镇岗市等处有旧石器时代的遗迹 40 多处。7000 多年的石门皂市下层文化是中国新石器早期文化的代表之一。用"史"字概括常德再合适不过了。

张家界"秀"。张家界因旅游建市,是国内重点旅游城市。武陵源风景名胜区拥有世界罕见的石英砂岩峰林峡谷地貌,中国第一个国家森林公园——由张家界国家森林公园和天子山自然保护区、索溪峪自然保护区、杨家界景区组成,风景游览区面积264.6平方公里。

益阳"银"。益阳别名"银城",倒不是因为银矿资源而得名,而是因为水路运输。鸦片战争时期,益阳人将上游收购来的煤炭、矿石、木材和药材等通过货船运到湖北汉口,从此便启动了益阳成为"大码头"的商机,财富滚滚而来,所以从十九世纪末就流传着一种说法:铁打的宝庆,银铸的益阳。

娄底"矿"。娄底矿产资源丰富,境内已发现47个矿种,其中探明储量的有25种,占湖南省探明储量矿种的30%,是湖南矿种较齐全的地区之一。保有储量占中国、全世界第一位的有锑,占湖南省第一位的有煤、白云石、石灰岩和大理石,占湖南省第二位的有石墨等,占第三位的有石膏和黄铁矿,其他如金、铅、锌、锰、钨等矿种的探明储量也在湖南省占有重要地位。

郴州"门"。郴州市位于湖南省东南部,地处南岭山脉与罗霄山脉交错、长江水系与珠江水系分流的地带,自古以来为中原通往华南沿海的"咽喉"。东界江西赣州,南邻广东韶关,西接湖南永州,北连湖南衡阳、株洲,素称湖南的"南大门"。

怀化"绿"。怀化生态环境优良。地处湘中丘陵向云贵高原的过渡地带,全市森林覆盖率达到68.7%,是全国9大生态良好区域之一,被誉为一座"会呼吸的城市"。怀化是国家环保部正式命名的湖南省首个市级"国家生态示范区"。

湘西"秘"。湘西州的土家族、苗族历史悠久,无论是居住、服饰、饮食、嫁娶、节庆和文化艺术各个方面,都具有各自独特的风俗习惯和民族特色。土家族的摆手舞、起秋节、吊脚楼,苗家的芦笙、木鼓舞驰名遐迩,久负盛名。土家刺绣、苗家蜡染堪称一绝。

任务拓展

来自陕西革命老区的老干部将在湖南开展为期5天的旅游活动,请为该团设计一条以历史文化游为主题的旅游线路。

项目三 掌握湖南旅游资源

知识目标

1. 了解特色旅游的内涵。

2. 熟悉湖南特色旅游资源。

3. 掌握湖南特色旅游的项目。

能力目标

1. 能列举湖南特色旅游项目。

2. 能分析湖南特色旅游开发途径。

◇ 素质目标

1. 培养学生对湖南特色旅游景点学习的兴趣。
2. 培养学生开发特色旅游项目的意识。

工作任务一 掌握湖南特色旅游资源的优势与特色

◆ 任务导入

2017年国庆期间,小吴接待了几个广东的红色旅游散客,他们的目的地是长沙、花明楼、韶山。通过了解,这几个游客是旅游爱好者,但他们不喜欢跟团进行观光旅游,希望导游能给他们推荐一些湖南的特色旅游项目。请问,小吴应该如何介绍湖南的特色旅游?

◆ 任务解析

特色旅游项目是指为满足旅游者某方面的特殊兴趣与需要,定向开发组织的一种特色专题旅游活动,例如探险旅游项目、红色旅游项目、康乐旅游项目。

(1) 分析散客旅游特点。散客旅游较之团队旅游具有价格高、自由度高、行程灵活、零星付费等特点。行程灵活、自由度高是游客选择散客旅游的主要原因。导游在接待散客时,根据游客的需求推荐当地特色旅游项目,与游客共同商议旅游行程。

(2) 向游客介绍湖南的特色旅游项目,如历史文化旅游线路、红色旅游线路、民俗风情旅游线路、生态旅游线路、地质旅游线路、探险旅游线路、宗教旅游线路等。

◆ 知识链接

特色旅游是一种新兴的旅游形式,它是在观光旅游和度假旅游等常规旅游基础上的提高,是对传统常规旅游形式的一种发展和深化。"特色旅游",通常也被称为"专题旅游""专项旅游"和"特色旅游"等。其是指为满足旅游者某方面的特殊兴趣与需要,定向开发组织的一种特色专题旅游活动。此种旅游活动面大,可能涉及边远、人迹罕见的地域,旅游活动方式超乎寻常,难度极大。就目前我国的实际情况来看,地区跨度大,使用汽车、自行车、摩托车作为旅游交通工具的旅行和非赛事的滑雪、攀岩、漂流、热气球、滑翔等体育旅行,到高山、峡谷、沙漠、洞穴、人迹罕至区域的探险旅行,以及短期观赏、踏勘、参观为主要旅游形式的自然、人文景观科考旅游等均可列入特色旅游的范围。

湖南省是旅游资源大省,旅游资源类型多样,具有开发特色旅游的优势。湖南历史悠久,古迹众多,文化璀璨,有长沙、岳阳、凤凰等国家级历史文化名城3个,龙山县里耶镇、望城区靖港镇、永顺县芙蓉镇、绥宁县寨市镇、泸溪县浦市镇、洞口县高沙镇、花垣县边城镇等7个国家级历史文化名镇,岳阳县张谷英镇张谷英村、江永县夏层铺上甘棠村、永州市零陵区富家桥镇干岩头村、永顺县灵溪镇老司城村等15个历史文化名村,长沙铜官窑遗址、城头山遗址、玉蟾岩遗址、老司城遗址、里耶遗址、炭河里遗址等42处古遗址,岳阳楼、岳麓书院、屈子祠、柳子庙、张谷英村古建筑群、南岳庙、夹山寺、天心阁古城墙、王船山故居及墓、芙蓉楼等多处古建筑;溪州铜柱、常德铁幢、浯溪摩崖、禹王碑、南岳摩崖石刻等石窟寺及石刻;炎帝陵、马王堆汉墓、曾国藩墓、陶澍墓等古墓葬。

　　湖南名人辈出,特别是在近现代涌现出了大批名人志士,在三湘大地上留下了大量值得后人永远纪念的遗迹与古建筑,如韶山冲毛泽东旧居、刘少奇故居、任弼时故居、谭嗣同故居及墓、魏源故居、彭德怀故居、沈从文故居、贺龙故居、黄兴故居及墓、富厚堂、东山书院旧址、爱晚亭、新民学会旧址、湖南省立第一师范学校旧址、中共湘区委员会旧址、抗日胜利芷江洽降旧址等。依托这些旅游资源,开发了名人故里主题旅游产品、红色经典主题旅游产品、湖湘文化主题旅游产品、考古探幽主题旅游产品、宗教文化旅游产品等。

　　湖南山水兼备,地形多样,景观丰富,有东洞庭湖自然保护区、壶瓶山自然保护区、八大公山自然保护区、莽山自然保护区、白云山自然保护区、东安舜皇自然保护区等23个国家级自然保护区,有张家界国家森林公园、神农谷国家森林公园、大围山国家森林公园、南华山国家森林公园、桃花源国家森林公园、天际岭国家森林公园、雪峰山国家森林公园等51个国家森林公园,有崀山国家地质公园、酒埠江国家森林公园、古丈红石林国家地质公园等10个国家地质公园,有东江湖国家湿地公园、水府庙国家湿地公园、东江湖国家湿地公园等49个国家湿地公园,有新化县紫鹊界国家水利风景区、千龙湖国家水利风景区、双牌县阳明山国家水利风景区、长沙市湘江风光带国家水利风景区、汉寿县清水湖国家水利风景区等33个国家水利风景区。依托这些旅游资源已打造绿色生态游、地质奇观游、水上游乐、特色漂流等旅游产品。

　　湖南少数民族众多,民俗风情异彩纷呈。依托湘西少数民族风情旅游资源,形成民俗风情旅游产品;利用湖南省境内比亚迪、三一、中联重科等大型制造工业企业,蓝猫、山猫等动漫企业,湘窖、酒鬼酒等白酒生产企业等大型企业设计工业观光产品。

任务拓展

　　11月10日,湖南地陪小张接待了一个由户外活动爱好者组成的散客拼团,他们的目的地是张家界八大公山,此次他们出行的目的是探险。请问,如果你是小张,你会如何为游客介绍探险类旅游产品及其注意事项?

工作任务二　熟悉湖南特色旅游的开发途径

任务导入

　　11月2日,地陪小李接待一个由上海某旅行社员工组成的旅游考察团,他们此行的目的是考察湖南的特色旅游开发状况。请问,作为地陪,小李应如何在接待过程中为游客介绍湖南特色旅游的开发情况？

任务解析

1. 为游客介绍湖南特色旅游的开发现状

为游客介绍湖南特色旅游资源和以此为依托开发的特色旅游线路，如以张家界为龙头的生态旅游、以韶山为龙头的红色旅游、以南岳衡山为龙头的文化旅游、以湘西为龙头的民俗旅游的精品格局和以长沙为中心的八条黄金特色旅游线路，即长沙—常德—张家界—湘西山水风光旅游线；长沙—屈子祠—岳阳楼楚湘文化旅游线；长沙—韶山—花明楼名人故里旅游线；长沙—南岳—郴州宗教文化湘南风光旅游线；长沙—张家界—湘西—怀化民俗风情旅游线；长沙—娄底—邵阳—南山地质奇观旅游线；长沙—炎帝陵—舜帝陵寻根祭祖旅游线；长沙—益阳—常德田园风光旅游线。

2. 与游客共同探讨开发特色旅游的注意事项

可结合湖南的特色旅游项目开发情况，引导游客讨论他们当地的特色旅游项目开发情况，并总结出开发特色旅游项目的一般规律和注意事项。

知识链接

一 湖南特色旅游资源开发的现状

大力发展湖南旅游业并尽快将其培育成为湖南的主导产业，是实现湖南经济发展的战略性选择。湖南旅游的发展已经初步形成了"以长沙为中心，以张家界为龙头"的格局，特色旅游开发建设方面也取得了一定的成绩，但是还是存在一些不足和问题。一是对特色旅游的宣传力度不够，特色旅游景区知名度低。以国家森林公园为例，地方虽已对东台山国家森林公园、中坡国家森林公园等国家森林公园投资规划建设，但是至今还鲜为人所知。二是缺乏合理科学的长远规划，各景区缺乏整体筹划和有机组合，从而降低了总体吸引力。三是全省强势品牌企业不多，旅游品牌创建的滞后是湖南旅游产业集群发展的软肋。四是特色不突出，市场定位不清。由于没有认真分析市场需求，盲目开发，旅游开发缺乏特色，且旅游项目建设出现重复建设的现象。五是管理体制仍有待理顺。国内外旅游市场依然存在销价竞争、购物欺诈、宰客等问题。

二 湖南开发特色旅游的必要性

（一）特色旅游有利于提升湖南旅游业的竞争力

个性与主题是特色旅游的灵魂，是旅游吸引力的主要源泉和市场竞争的核心。没有个性的旅游形式就没有生命力，不能激起旅游者的任何兴趣，没有主题的特色旅游项目或旅游产品，就失去了存在的意义和价值。旅游产品及线路的主题设计与塑造要有个性，而个性要通过主题来体现。唯有充分挖掘与众不同的风采、独特的个性、特有的文化内涵和底蕴,突出主题,才能将其特色旅游形象具体而鲜明地映入旅游者的心目中,产生巨大的旅游吸引力。

(二) 特色旅游更能满足消费者的需要

随着社会经济的发展和人们生活水平的不断提高,旅游逐渐向多元化、多领域发展,当今的旅游消费呈现出"求精求新"的特点,而特色旅游是以"产品个性化、专业化、精品化"为主的特色品牌竞争格局,满足消费者个性化、多样化的旅游需求,这就要求特色旅游供给内容丰富,形式多样。

(三) 特色旅游有利于开拓旅游客源市场

特色旅游往往是针对某一特定的旅游市场而开发设计的,具有强烈的市场导向性。发展特色旅游必须注意对市场和潜在客源的调查研究,充分了解游客市场的心理需求和偏好,从本区域特有的环境背景、文化传统、资源条件出发,以自身优势为依托,从旅游者的角度去透视和设计特色旅游产品,开发具有新、奇、特、有内涵、有品位的旅游产品。

三 湖南特色旅游的开发途径

(一) 线路设计

特色旅游的性质决定了它必须具备旅游对象的独特新奇性与旅游方式的特殊性相结合的特征。首先,在旅游对象的选择上应有较大突破,不能只局限在传统模式上。不同地区的特色旅游发展,应该建立在该地区相应的自然生态环境和人文资源的基础之上。根据国内外已有的经验,具有独特自然地理特征和生态系统的高山地区、草原地带、湖泊河流、戈壁沙漠、峡谷丛林等,都具有发展特色旅游的潜在资源基础。但是,有资源基础并不意味着能够立即发展特色旅游。重要的是根据这个基础,通过对国内外市场的调研,把资源转化为具体项目和对线路的研究和设计上,包括项目在具体地理与人文环境中的时间或空间内容,对历史、文化、宗教等内容的利用,以及考虑项目的经济效益等。此外,在旅游方式上要充分考虑和注意多样性、新奇性。由于特色旅游活动涉及诸因素,因此在推出项目和设计线路时,要动员学术界人士参与论证。同时,一个项目或线路在实施过程中,应随着市场反馈不断进行修正和补充,那些凡是具有贴近自然、富有挑战性的旅游方式均有尝试的价值,诸如徒步、登山、潜水、漂流、攀岩、探洞、滑雪、热气球旅行、骑自行车、自驾车船、乘伞滑翔等。

(二) 行程的控制

由于特色旅游的特殊性,其旅游的相关环境及有关条件必然不同于常规旅游,因而在操作及旅游的实施控制上会比常规旅游复杂和困难,同时旅游风险性也比常规旅游的风险性大。这就要求必须特别注意以下两点:第一,线路的安全性。由于特色旅游的特殊性,其旅游过程中将会遇到种种不可抗拒的或无法预料的自然因素,面临种种可能性。因此,在设计线路及实施操作时,应尽可能地避免人们能够预料的风险,把风险性控制在最低的程度。第二,控制的严密性。由于特色旅游方式的多样性和旅游对象的奇特性,以及旅游中的配套服务各个环节不可能全部完善,因此必然存在着许多难以预测的特殊因素和不利因素,这就要求在组织实施上应把握各个环节,备有行之有效的各种应急措施和手段,对行程的各个细节严密分析控制,从而使旅游者得到较满意的服务。

(三) 规范化管理

特色旅游活动通常是由若干特殊旅游点、特殊地域单元通过线路组合起来的综合性产品,管理工作的协调和各点之间业务操作的衔接,均要求达到较高的水平。为确保特色旅游活动的顺利进行,应逐渐地创造条件,使管理活动规范化、程序化和标准化,逐步减少人为因素和随机因素的干扰。为此要做到以下几点:第一,特色旅游的管理应以维护我国旅游业声誉和国家安全为前提,旅游主管部门应尽快按国家有关法规制定出特色旅游的管理细则,让从事特色旅游经营的各旅行社有章可循。第二,应为各从事特色旅游业务的旅行社提供一个接受国家安全机关审批的通道。第三,对已基本具备开办特色旅游业务的旅行社进行必要的考核,并授予特色旅游经营权,在短期内为全国旅行社开办特色旅游业务的规范化做出科学、可行的样板,再推而广之。

(四) 协调机制

特色旅游业务的开展目前没有太多的实践经验可借鉴,是以对现存的各种可能性因素的挖掘和组合为基础的,这就决定了开发特色旅游产品的复杂性。经营者在开发特色旅游产品的过程中,要直接面对各种各样的矛盾,需要军事、交通、海关、外交、宗教、文化甚至一些特定自然人等的支持和帮助。怎样才能用制度或政策为经营者打开方便之门,并规范各方面的行为,形成规范性的运作机制,减少不必要的消耗和障碍,这单靠经营者的自发性行为是不够的。旅游行政主管部门如果能考虑建立一个协调机构,加以指导或帮助解决矛盾和困难,必然会增强经营者对开发特色旅游的信心。

(五) 队伍的专业化

从事特色旅游作业的人员素质直接关系到接待质量,而接待质量不仅关系到能否获得完善的经营效益,而且关系到特色旅游产品的寿命。特色旅游接待不同于常规旅游接待,主要表现在难度更大、要求更高、操作规律和方式更具有专门性,这就需要经营者的产品开发部门与接待部门密切配合,形成相对稳定的接待班子。从事特色旅游的相关人员如外联、计调、导游、司机等,都必须具备丰富的特色旅游的相关知识、经验和技能。从事该项业务的旅行社,应培养和拥有一支自然、历史知识丰富,能吃苦耐劳,国家安全意识强,熟悉民俗民风的导游队伍。

任务拓展

11月20日,地陪小李接待了一个小镇特色旅游考察团,他们的目的地是参观长沙铜官窑古镇。请问,导游应如何结合铜官窑古镇开发情况为游客讲解湖南特色旅游?

项目四　认识湖南旅游产业

知识目标

1. 了解全域旅游的概念。

2. 熟悉全域旅游的特征。

3. 掌握湖南全域旅游的发展方向。

能力目标

1. 能列举湖南省的国家全域旅游示范区。

2. 能分析发展全域旅游模式的优势。

素质目标

1. 培养创新意识。

2. 培养质量意识。

工作任务一 认识全域旅游

任务导入

游客小王每年暑假都会带着小孩去旅游,每次旅游回来都要抱怨景点内人山人海,在这些景点不是看景而是看人,以后不想参加这样的旅游活动了。请问如何才能帮助小王消除这种旅游活动带来的痛苦回忆呢?

任务解析

游客小王所遇到的困扰也是很多其他游客所遇到的。现阶段,在旅游旺季,拥挤已经成为许多知名景点的常态。解决该问题需要转变旅游发展模式,将"景区旅游"向"全域旅游"发展模式转变,促进旅游业转型升级、提质增效。目前,全国范围内都在开展全域旅游建设,正在打造全域旅游示范区。国家旅游局先后公布了2批国家全域旅游示范区创建名单;2016年2月,国家旅游局公布了首批国家全域旅游示范区创建名录,共计262个。2016年11月,国家旅游局公布了第二批国家全域旅游示范区创建名录,共计238个。建议游客小王在暑假选择全域旅游示范区作为旅游目的地。根据全域旅游示范区的验收基本标准,验收后的全域旅游示范区将实现良好的旅游秩序、齐全的旅游设施和方便自由行的智慧旅游网络等。

知识链接

一 全域旅游的形成背景

(一)边界扩展成"大旅游"

2013年10月2日,九寨沟发生大规模游客滞留事件。因不满长时间候车,部分游客围堵景区接送车辆，导致上下山通道陷入瘫痪，大批游客被迫步行十几公里下山。入夜后，游客围住售票处要求退票，并一度"攻陷"售票处。九寨沟的滞留时间折射出了每年的黄金周著名旅游景区都会出现井喷式的游客爆满现象。针对这种黄金周爆满的现象，需要全面拓展旅游时空。另外，观光旅游日益火爆，休闲娱乐全面成长。多要素旅游的出现，如康养、研学、运动等成为新要素。

（二）休闲时代造"大市场"

随着大众休闲时代的来临，国务院颁布了《国民旅游休闲纲要（2013—2020年）》，有闲时、有闲钱的"两个闲"中，"有闲时"将更加有保障。旅游需求正逐渐由游览广度向体验深度转变，对旅游产品和服务的要求也越来越高，需要创新旅游活动空间、旅游活动内容，要求达到空间全景化、体验全时化、休闲全民化的境界。

（三）旅游成长为"大产业"

2013年，我国第三产业（服务业）增加值占国内生产总值（GDP）比重达46.1%，首次超过第二产业。作为现代服务业的龙头产业，旅游业具有生产性服务业和生活性服务业的双重属性，应以"出游型消费经济"进行全域全产业融合，发展"泛旅游产业"。

（四）政策支持变"大环境"

《国务院关于加快发展旅游业的意见》提出把旅游业培育成"国民经济的战略性支柱产业"和"人民群众更加满意的现代服务业"，明确了"旅游产业"和"旅游事业"的双重定位，实现两手抓。

（五）出游行为成"大散漫"

大数据时代来临，大散漫将更加凸显，散客潮越来越明显。消费需求常态化，消费主体大众化，消费结构多元化，消费载体智慧化，消费行为个性化。

二、全域旅游的概念

（一）全域旅游的定义

全域旅游是将一定区域作为完整旅游目的地，以旅游业为优势产业，进行统一规划布局、公共服务优化、综合统筹管理、整体营销推广，促进旅游业从单一景点景区建设管理向综合目的地服务转变，从门票经济向产业经济转变，从粗放低效方式向精细高效方式转变，从封闭的旅游自循环向开放的"旅游+"转变，从企业单打独斗向社会共建共享转变，从围墙内民团式治安管理向全面依法治理转变，从部门行为向党政统筹推进转变，努力实现旅游业现代化、集约化、品质化、国际化，最大限度满足大众旅游时代人民群众消费需求的发展新模式。

（二）全域旅游的特征

在全域旅游中，各行业积极融入其中，各部门齐抓共管，全城居民共同参与，充分利用目的地全部的吸引物要素，为前来旅游的游客提供全过程、全时空的体验产品，从而全面地满足游客的全方位体验需求。"全域旅游"所追求的,不再是停留在旅游人次的增长上,而是旅游质量的提升,是旅游对人们生活品质提升的意义,是旅游在人们新财富革命中的价值。

相应地,全域旅游目的地就是一个旅游相关要素配置完备、能够全面满足游客体验需求的综合性旅游目的地、开放式旅游目的地,是一个能够全面动员资源、立足全面创新产品、可以全面满足需求的旅游目的地。从实践的角度,以城市(镇)为全域旅游目的地的空间尺度最为适宜。总的来说,全域旅游具有全社会、全要素、全行业、全过程、全时空、全方位六大特征。

任务拓展

游客经常向导游员抱怨上卫生间需要排长队、卫生间不清洁、卫生间数量不足等问题,如果你是导游员,你将如何使用全域旅游的理论知识回答游客的抱怨?

工作任务二　熟悉湖南全域旅游

任务导入

今年夏天,郴州的导游员小王接待了一批来自广州的自驾游游客,他们均来过湖南并且已经游览了湖南省内知名的旅游景点,此次来湖南是想避开游客量大的热门景点,来一次慢旅游,真正享受一下湖南乡村的美景,放松一下心情。游客要求导游员小王给他们推荐旅游目的地和旅游项目。

任务解析

导游员小王可以按以下步骤完成。

1. 分析游客的需求

自驾游客的需求不同于团队游客的需求,他们对旅游的要求更高,希望能自由自在地游玩,享受不一样的美景。

2. 根据游客的需求推荐旅游目的地

考虑到游客已经游览了湖南的著名景点,加之游客想去感受湖南乡村的美景,导游员小王可以推荐郴州桂东县作为自驾游旅游目的地。

3. 根据游客的需求和目的地的特征推荐旅游项目

桂东县以"美丽乡村"为核心,把乡村旅游与特色产业、文化资源等深度融合,重点建设了万亩茶叶观光园、万亩花卉苗木观光园,同时建设了以农村家庭为单位,以自然生态、民居古宅、民俗文化、特色基地和旅游点为依托,以提供"吃农家饭、住农家屋、游农家景、享农家乐"等服务为主的养生休闲避暑旅游项目。

知识链接

一 实施湖南区域旅游合作计划

围绕湖南十二大功能区建设,强化功能区内县域旅游合作;以"一带四圈"为基础,强化跨市州旅游合作;依托沿边市县,加强与周边省区、泛珠三角区域、中部地区、高铁沿线的旅游交流与合作;深化湘鄂赣黔渝桂旅游合作;依托我省优越的交通区位优势,加强与港澳台地区的交流合作;对接"一带一路"和"长江经济带"等国家战略,强化国际旅游合作。着力打造19条精品旅游线路,其中,省级精品线路8条、跨省精品线路6条、跨境精品线路5条。

(一)省级精品旅游线路

世界遗产精品旅游线(长沙—武陵源—老司城—崀山)、张吉怀生态文化精品旅游线(长沙—常德—张家界—吉首—凤凰—怀化—邵阳)、湘南寻根祭祖精品旅游线(长沙—南岳—炎帝陵—舜帝陵)、湘东红色文化与休闲精品旅游线(长沙—平江—浏阳—醴陵—攸县—茶陵—炎陵—桂东—汝城)、湘中大梅山文化精品旅游线(双峰—涟源—冷水江—新化—隆回—溆浦—安化—桃江)、湘北环洞庭湖生态文化度假精品旅游线(岳阳—益阳—常德)、伟人故里"红三角"精品旅游线(韶山—花明楼—乌石)、湘江生态旅游精品线(永州—衡阳—湘潭—株洲—长沙—岳阳)。

(二)跨省精品旅游线路

京广高铁精品旅游线(北京—石家庄—郑州—武汉—岳阳—郴州—广州—深圳)、沪昆高铁精品旅游线(上海—杭州—南昌—株洲—怀化—贵阳—昆明)、长江黄金水道游轮线(上海—南京—芜湖—九江—武汉—岳阳—宜昌—重庆)、湘鄂赣红色文化旅游线(井冈山—株洲—湘潭—长沙—武汉)、张吉怀桂山水民族精品旅游线(张家界—吉首—凤凰—怀化—桂林)、湘赣闽红色文化与生态休闲精品旅游线(郴州—赣州—瑞金—龙岩—漳州—厦门)。

(三)跨境精品旅游线路

日韩—长江—岳阳—长沙邮轮度假旅游线、俄罗斯—北京—长沙—韶山红色文化休闲旅游线、韩国—张家界—凤凰观光与民俗体验旅游线、东南亚—港澳台—株洲—永州海外同胞寻根祭祖旅游线、港澳台—衡阳—长沙—张家界—凤凰观光度假旅游线。

二 湖南全域旅游发展方向

湖南全域旅游发展总的方向是将湖南建设成为闻名海内外的全域旅游示范区。

(一)以市场为导向,创新产品,调整产业结构

一是以"锦绣潇湘"和"伟人故里"品牌为引领,打造内涵丰富、独具特色的"湖湘文化符号"系列产品。不断提升产品品质,扩大中高档旅游产品和新产品的有效供给。二是创新业态。推进旅游、文化、农业、林业、工业、生态、互联网、金融、体育、医药等多业态全面融合,大

力培育发展自驾车房车营地、湖湘文化风情旅游小镇、研学旅行、中医药康养旅游、特色民俗等新产品新业态,丰富产品供给,形成旅游综合新动能。三是做大做强产业集群。应以长沙为中心,以张家界为龙头,做大做强长株潭、武陵山、雪峰山、幕阜山、罗霄山脉、大南岭、环洞庭湖、湘粤赣"红三角"(郴州、韶关、赣州)区域旅游产业集群。

(二)制度创新,形成旅游经济增长新机制

打破部门、条块和区划分割,形成政出一门、多方联动的全域旅游领导体制。一是统筹谋划,多管齐下,强化资源整合职权,强化政策集成,汇聚旅游业改革发展合力;二是深化旅游管理体制、旅游投融资体制、市场监管体制、景区体制、旅行社体制、导游体制等的改革,加强旅游市场综合整治和旅游环境治理,建立责权明确、执法有力、行为规范、部门联动的综合监管机制,充分发挥行业协会在旅游市场管理中的重要作用,切实提高旅游发展质量和效益。

(三)有序发展和平衡发展,避免有的地方热,有的地方冷

发挥旅游业的综合带动作用,推进旅游和相关产业融合发展,提升第三产业占比,促进湖南经济转型升级。

任务拓展

今年暑假,长沙导游员小王接待了一个来自广州的研学旅行车队,他们并未来过湖南,他们此次旅行的目的是深入了解湖南的苗族、土家族等少数民族的风情,最后形成调查报告。请问,如果你是导游员小王,你会如何推荐旅游目的地并规划研学线路?

模块二 "吃"在湖南

常言道,民以食为天,食以菜为先。饮食是人类生活的重要组成部分,不可或缺。人们在外出旅游时,每到一地便是寻找当地的特色美食。饮食是文化的载体,人们享用饮食,不仅是一种物质享受,更是一种文化的品位。湖南饮食文化内涵深厚,地方特色鲜明,品种丰富。本模块主要介绍湖南导游在导游服务过程中的饮食安排。

项目一 了解湘菜特色

◇知识目标

1. 了解湘菜产生和发展的历史。
2. 熟悉发展湘菜的战略意义。
3. 掌握湘菜基本特点。

◇能力目标

1. 能推介湘菜名店和主要菜品。
2. 能根据游客要求合理安排湘菜团餐。

◇素质目标

1. 培养学生对湘菜的喜爱和学习的兴趣。
2. 培养学生继承和弘扬湘菜文化的意识。

3. 培养学生湘菜审美素养。

工作任务一　荐品传统湘菜

任务导入

湖南××旅行社何导将作为地陪于8月30日接待一个来自广东的8人散拼团，游客主要是中老年人，他们到湖南的第一站是长沙，在长沙停留时间为一天，晚上住在长沙，中餐和晚餐均要求吃传统湘菜，导游员应该如何落实安排？

任务解析

为了满足客人在长沙品尝传统湘菜的要求，导游员小何可以按以下五个环节完成任务。

1. 向客人介绍湘菜老字号，与客人沟通安排

向客人介绍经营湖南传统湘菜的两个具有代表性的湘菜馆——玉楼东和长沙蓉园宾馆，并与其沟通协商具体安排。

2. 与店家联系

在用中餐和晚餐前的三至四小时分别与玉楼东和蓉园宾馆联系、订餐，告之在玉楼东用餐的时间为12点半，在蓉园宾馆用餐的时间为下午6点半，用餐人数为8人，因为客人来自广东地区，而且为老年游客，口味比较清淡，要求餐馆少辣、少油、少盐。

3. 席间巡餐

客人用餐期间导游员小何巡餐1—2次，询问客人的用餐意见并解决客人在用餐过程中的问题，如口味、菜品质量等问题。

4. 核算、结账

一般为旅游团直接结账，导游引领结账者付款和开具发票即可。

任务拓展

湖南××旅行社导游员小何将作为地陪于9月4日接待一个来自陕西革命老区的旅游团，团队游客人数为23人，均为退休老干部。游客是第一次到湖南旅游，他们到湖南旅游的一个重要目的是缅怀主席，追寻主席足迹。旅游团到湖南的第二站是湘潭，在湘潭停留时间为一天，中餐要求吃传统湘菜，导游员应该如何落实安排？

工作任务二 荐品新派湘菜

任务导入

湖南××旅行社导游员小谷本次的带团任务是接待来自四川的三口之家游览美丽的湖南,他们的行程是游览长沙橘子洲、岳麓书院,随后去韶山,参观毛泽东故居、铜像广场和滴水洞,再去张家界、凤凰,从凤凰回到长沙后,第二天去南岳祈福。小谷已经带客人游玩了长沙、韶山、张家界、凤凰,欣赏到了各地的美景,体验到了各地的风情,同时也品尝到了不同风味的正宗湘菜。客人在从凤凰回到长沙的路上说了这么一段话:"小谷,这一路走来,我们去了韶山毛主席的故乡,已经欣赏到了张家界壮美的风景,体验了苗族姑娘的热情,也品尝了你们湖南百年老店玉楼东的正宗湘菜,还有湘西的酸鱼、腊肉都让我印象深刻。今天晚上能不能带我们吃一些不太辣、油不太重的、比较新颖、有特色,我们没有吃过的湘菜呢?"导游员小谷应该如何满足客人的要求?

任务解析

为了满足客人在长沙品尝到与玉楼东、毛家饭店、湘西湘菜馆不同的新颖的湘菜,导游员小谷可以分两步完成本任务。

1. 按照客人的特点和要求介绍新派湘菜名店

长沙新派湘菜以海食上、新长福等餐馆为代表,导游员可向游客介绍海食上和新长福等餐馆。

2. 提供餐饮预订、席间服务等用餐服务

征求游客意见,选定晚餐用餐餐馆,并在用餐前三至四小时跟海食上餐厅联系、订餐,按时带领游客到餐馆用餐,处理席间发生的突发事件,协助客人餐后结账。

任务拓展

湖南××旅行社导游小谷将作为地陪于10月15日接待一个来自广东的亲子旅游团,孩子年龄为5到10岁,孩子的父母已经是第二次来湖南旅游了。本次旅游到湖南的第一站是衡阳,在衡阳停留时间为一天,晚上住衡阳。客人这次因为团队中有小孩,所以要求口味比较清淡,对于家长来说,也希望品尝创新湘菜,导游员应该如何落实安排?

知识链接

湘菜基本知识介绍如下。

一 湘菜的产生和发展

湘菜美食历史悠久,源远流长。早在新石器时代,潇湘先民就掌握了一定的烹调之术,开始吃熟食了。到商周时期，楚地的肴馔已达到相当水平。诗人屈原所撰《楚辞·招魂》中提到了楚人已经掌握的烧、烤、焙、焖、煎、煮、蒸、炖、醋烹、卤、酱等十多种烹调方法。西汉时期，烹饪技术渐趋成熟，在原料、烹饪方法和风味特点上已经形成了较为完整的体系。长沙马王堆西汉古墓出土了迄今最早的一批竹简菜谱，记录了103种名贵菜品和9大类烹调方法。南宋以后，湘菜的一些佳肴和烹饪技艺由官府盛行逐步步入民间，并逐渐自成体系，以其独特的地方风味著称全国。元朝时期，湖南的饮食文化更是逐渐丰富和活跃起来。

明清两代，湖南门户开放，商旅云集，市场繁荣，社会经济全面发展，湘菜烹饪技艺也随之进入全盛时期。当时，官府衙门、士大夫文士以及商人贾客为了能用湖湘地方风味的特色菜肴款待宾客以满足交往的需要，他们竞相雇佣湘厨主理家菜。官僚显贵的家厨们精心烹制特色菜品，极大提高了湘菜品味质量和烹饪技术，使湘菜形成了独具一格的湘菜派系。湘菜中有一批颇有特色的名菜，长沙曲园酒楼的"奶汤生啼筋""花菇无黄蛋""松鼠活桂鱼"和"火方冬笋尖"等，玉楼东酒家的"麻辣仔鸡""鸭掌汤泡肚尖"等名菜享负盛名。清末翰林曾国藩之孙曾广均曾登楼用膳，留下了"麻辣仔鸡汤饱肚、令人常忆玉楼东"的脍炙人口佳句。

谈到湘菜大师，不得不提的就是湘菜大师——曹敬臣。他是民国获得陆军上将军衔，曾任湖南督军、省长、湖南陆军总司令、南京政府行政院院长等职的湖南茶陵人谭延闿的家厨。湘菜中的一个流派——祖庵菜系就是由谭延闿和曹敬臣所创，因谭延闿的字"祖庵"而得名。曹敬臣带着好手艺随谭延闿走出了湖南，湘菜也随之声名鹊起。谭延闿去世后，曹敬臣回到长沙在坡子横街开设健乐园，便将这些菜肴均以"祖庵菜"的品牌烹制应市，并大事宣传，因而生意兴隆。这是第一家湘菜馆走向市场。

民国初年到抗战时期，湘菜进入鼎盛时期，长沙有萧荣华、柳三和、宋善斋、毕河清四大名厨，名菜有潇湘酒家的东坡方肉、"李合盛"的牛中三杰、"徐长兴"的一鸭四吃等，名目繁多，令人垂涎。

新中国成立后，湘菜曾有过一段不景气时期，"文革"中极"左"的发展，导致长沙李合盛、徐长兴等老店号和招牌被作为"四旧"砸烂，湘菜遭到同样的命运。在十一届三中全会后，随着改革开放而来的经济日益发展和人民生活的逐步改善，湘菜得以恢复、发展。在1988年5月举行的全国第二届烹饪比赛中，我省湘菜厨师一举获得奖牌十一枚，其中金牌三枚、银牌三枚、铜牌五枚。

湘菜不断求新求变，为了适应消费者求实惠、讲口味，并且上菜快的市场需求，聪明的湖南人及时把农家土菜引入城市，那原汁原味、价廉物美、又适合批量生产的乡间土菜立即引来人们的追捧。常德钵子菜、宁乡口味菜、浏阳蒸菜、湘西腊菜等，一个接一个"大闹江湖"。现在，在广州、深圳、上海、南京、济南等大中型城市中，湘菜已与粤菜、川菜一道，成为主流美食。在乌鲁木齐和武汉等地，湘菜已成为第一美食，把粤菜、川菜的风光也抢了。保持这种良好的发展势头，广大湘菜厨师在菜品的选料、配色、成形、调味、烹制等方面进行了大胆探索和尝试，从而使湘菜这朵祖国烹饪万花园中的"奇葩"开得更加灿烂无比，不断扩大湘菜知名度，促使湘菜走出湖南，走向世界。

（二）湘菜的基本特点

湘菜在八大菜系中具有明显的地域特色和浓郁的地方风味。湘菜用料注重本地特色，兼具酸、辣、麻、焦、香的特点。其酸辣有别于四川,湘菜大师善于掌握辣椒的"辣而不烈""盖味而不抢味"的特性,在辣味之下调和百味。无论水产抑或山珍,其风味均能于"辣口不辣心"的独特辣味中透溢而出,做到去异味、增美味,交汇融合。

湘菜的甜淡有别于江浙,鲜嫩有别于两广,从而形成味道浓郁、风格清新、不饰奢华、不尚尊荣、亲近百姓的独特风味。湘菜强调精致而求"和",兼有粤菜之鲜香,不失鲁菜之气派,不缺淮扬菜之文气雅致,别具一格。

湘菜的烹调方法多样,炒、熘、炸、蒸、烩、煨、烤、烧、卤、炖,都能出"鲜"、出"味"、出"脆"、出"酥"、出"爽"。其诀窍,湘厨认为有"五准":配料、调味、调色比例准,烹调用技时间准,投料投味顺序准,烹制环节用火准,配菜成菜味型准。其中,湘菜尤以煨、炖、蒸、煎、炒、烧、炸见长。煨、炖讲究微火制作,煨则软糯汁浓,炖则烂腻汤清;煎炒注重火候(湖南民间炒菜即有"好火当油盐"之说),起锅到上桌,菜肴生熟均需恰到好处,熟而不烂,脆而不生,蒸则保持家常风味。湘菜厨师善于用火,湘菜大师石荫祥说:"在炉灶上,分旺火、温火和微火。炸、爆、氽、炒、蒸一般用旺火,熬、煎、贴、熘一般用温火,炖和焖一般用微火。"酱汁肘子经历旺火断生,温火煨烂,这样做的酱汁肘子色泽红润、肉烂味香、肥而不腻、落口消融。厨师做菜有时能一夜不睡守在炉子旁,不到火候不揭锅。

湘菜是一个大系列,各地又有各自的特色菜,如长沙的传统湘菜、岳阳的水产河鲜菜、益阳的笋子菜、常德的钵子菜、张家界的野生菌菜、湘西的酸味菜、怀化的麻鸭菜、娄底的全牛菜、邵阳的铜鹅菜、永州的蛇菜、郴州的野味菜、南岳的素菜等,都各具地方风味。湘菜三脉(湘江流域菜系、环洞庭湖区菜系、湘西菜系)正是其地域特色的突出显现。

湘菜依人文而论,有四大类:正宗精品菜、家常怀旧菜、地方特色菜、时尚保健菜。按主料,则可分为海味、肉食、家禽、水产、蛋品、甜品、素菜、冷盘、野味、酸食、汤等各类。知名菜品达4000多个品种,其中名菜有300多个。全家福、百鸟朝凤、组庵鱼翅、子龙脱袍、霸王别姬、三层套鸡、牛中三杰、一鸭四吃、花菇咸蛋黄、洞庭银鱼、大烩鱿鱼、红烧鱼肚、五花扣肉、烧方、粉蒸肉、红烧狮子头、油爆肚尖、麻辣仔鸡、清蒸水鱼、冰糖湘莲、金钱蛋、八宝果饭、金勾菜心、东安仔鸡、湘西酸肉、红烧蹄筋、腊味合蒸、油淋糯米鸡、乘火麒麟、湘江叉烧鱼、宁远肉馅豆腐、油焖火焙鱼、冬笋腊肉、鸡汤蘑菇、湘味小河虾、石灰蒸蛋、剁椒鱼头、祁阳笔鱼、红烧龟肉、酱汁肘子、网油酥方、红烧寒菌等均具有浓郁的地方特色。各式特色菜品,用料考究,制作精细,堪称名副其实的美味佳肴。其中,不少菜目还伴随着广为流传的人文典故,寓意深刻,底蕴深厚,耐人寻味。

(三) 湘菜的核心理念

随着人们生活水平的日益提高,湘菜产业不再是单纯的为充饥果腹,而是为大众高品质生活提供相关产品和服务的大规模商业活动的集合。湘菜链接的是一个大产业。从田间到餐桌,从乡村到城市,从物质到文化,作为终端消费的湘菜,纵向连着种植、养殖、加工以及物流等产业,横向连着旅游、文化、陶瓷以及酒、茶等产业。湘菜联合湘瓷、湘酒、湘茶、湘绣共同发展,目的在于聚合力量,整合资源,融合发展,形成"湘菜舞龙头,湘农夯湘菜,湘瓷配湘菜,湘茶润湘菜,湘酒醉湘菜,湘绣映湘菜,湘景韵湘菜,湘旅融湘菜,湘女颂湘菜"的良好局面。

(一)湘菜舞龙头

突出湘菜产业的核心地位。湘菜产业的发展坚持湘菜烹饪技术这条主线,继承传统、挖掘文化、不断创新以适应现代社会对湘菜的需要。

(二)湘农夯湘菜

突出农业的基础地位。湘菜产业的发展离不开湖南农业的壮大。湘菜的最初原料全部来自湖南农业,农产品质量的高低在一定程度上决定了湘菜产业的发展未来。大力发展湖南农业,为湘菜产业提供符合标准的原料。

(三)湘瓷配湘菜

湘瓷的历史悠久,从魏晋时代起,就有了胎质坚硬、彩面光滑的瓷器产品。湘瓷从唐代开始,经丝绸之路运往国外。它曾创下了不朽的辉煌:铜官窑首开釉下彩先河;光绪年间,醴陵釉下彩荷花瓷曾在巴拿马万国博览会上荣获一等奖,新化县的瓷器作品"鹰",被评为优秀作品,荣获轻工业部的嘉奖。湘瓷的名品有釉下五彩瓷和红瓷,它们工艺复杂、制作难度大,是瓷中珍品。美器配美食,精美的湘瓷与精美的湘菜相结合,如用铜官窑出品的瓦罐煨炖的汤菜,就有一种独特的清香,似清水出芙蓉,天然去雕饰。清新爽口,浓而不稠,肥而不腻。湘瓷企业用新材料、新工艺、新技术提高湘菜餐饮企业用瓷品质,根据餐饮企业所需的款式、颜色、图案等专门开发适合的美食器具。湘菜企业使用、展示和推介湘瓷,以实现"哪里有湘菜,哪里就有湘瓷"的和谐发展局面。

(四)湘茶润湘菜

湖南素有"茶乡"之称,湖南的气候适宜茶树生长,是中国重点产茶省之一,产茶量居全国第二位。湖南省茶叶品多样,君山银针、高桥银峰、古丈毛尖、金井毛尖、兰岭绿之剑、东山秀峰、南岳云雾茶、石门银峰、安化松针、怡清源野针王被称为湖南十大名茶,其中君山银针被列入中国十大名茶之列。湘茶的文化底蕴特别深厚,其中中国茶道的四字真诀"茶禅一味"被日本茶学界确认出自湖南石门夹山寺。饮和食是分不开的,将湘茶与湘菜相结合,在湘菜餐厅客人既品茗又品湘菜。客人在餐前欣赏茶艺师精彩的茶艺表演,感受博大精深的茶道文化,鉴品甘甜的湖南名茶,不能不说是一种超凡脱俗的享受。另外,将茶加入湘菜或是特色风味小吃中,使湘菜和湘茶相互衬托。

(五)湘酒醉湘菜

湘酒的历史十分悠久,至今已有4000多年。中国目前最古老的酿酒工艺记载也出自湖南。早在西晋太康元年(280年),产于衡阳酃湖的酃醁酒就被列为朝廷贡品。到20世纪90年代,邵阳酒厂、回雁峰酒厂、湘泉酒厂、白沙液酒厂、常德酒厂"五朵金花"娇艳绽放,同时,湘酒阵营中还涌现出金六福、邵阳大曲、开口笑等多个知名白酒品牌。另外,还有永州的蛇酒也是远近闻名。美酒佐美食,将湘酒与湘菜相结合。通常,宴席少不了美酒的身影,常言道,无酒不成宴。一桌美味的湘菜宴席配上湖南的名酒酒鬼酒、湘窖、金六福或是开口笑才称得上是完美的、富有湖湘特色的宴席。席间,相互敬酒、敬菜,充满了欢声笑语,真可谓是其乐融融。都市居民利用节假日开展近郊的农家乐,点一桌农家特色湘菜,上一壶农家自酿的米酒或是自制的蛇酒、鞭酒,边吃边聊,实属乐事。

(六)湘绣映湘菜

湘绣是中国四大名绣之一(四大名绣是苏绣、湘绣、粤绣和蜀绣)。湘绣以中国画为基础,运用70多种针法和100多种颜色的绣线,充分发挥针法的表现力,细致入微地刻画物象外形、内质的特点,绣品形象色彩鲜明,生动逼真,质感强烈,形神兼备,风格豪放,曾有"绣花花生香,绣鸟能听声,绣虎能奔跑,绣人能传神"的美誉。近年来,相继绣出了一批双面全异刺绣作品。尤其是《养在深闺人未识》的双面全异绣人物题材作品,经专家们鉴定,是一幅"超级绣品"。湘绣映湘菜,湘绣与湘菜相结合,为突出湘菜宴席主题,在宴席上配上用湘绣装饰的椅套、餐布等。

(七)湘景韵湘菜,湘旅融湘菜,湘女颂湘菜

这是湘菜传播,并进一步走向世界的重要载体。湘菜产业享誉全球是一个长期目标。该目标的实现可以将发展势头正猛的湖南旅游业、闻名已久的"湘妹子"作为媒介。以潇湘美景吸引国内外游客,游客在赏景的同时品尝湘菜。品湘菜即品文化,通过品尝湘菜美食,深入了解地域风俗习惯、风土人情和文化特征,并获得丰富深刻的感官和审美体验。湘菜口味以酸辣为主要特点,湖南人食辣、嗜酸的饮食特点与地域性有着直接的关系。火辣已经成为湖南人性格中的一种成分,湖南女子有"辣妹子"之称。虽然此辣非彼辣,这里的辣指的是泼辣、耿直、淳朴。但"辣妹子"已经成为湖南湘菜的代言人。

项目二 掌握湘菜的三大流派及其代表菜

◇知识目标

1. 了解湘菜三大流派。
2. 熟悉湘菜三大流派的特点。
3. 掌握湘菜三大流派代表菜。

能力目标

1. 能根据游客的行程和要求安排湘菜菜品。
2. 能介绍三大流派湘菜的特点和代表菜。

◇素质目标

1. 培养学生对湘菜喜爱和学习的兴趣。
2. 培养学生继承和弘扬湘菜文化的意识。
3. 培养学生的湘菜审美素养。

工作任务一　长潭衡美食游线路设计

任务导入

湖南××旅行社地接导游小刘于 7 月 20 日接待了一个来湖南开展大学同学聚会活动的旅游团,该团的行程为南岳衡山两日游,游客选择南岳衡山的原因有两个,一是南岳衡山是避暑胜地,二是在南岳可以品尝到有名的衡东土菜。请为该团的游客设计一条南岳衡山美食游线路。

任务解析

地接导游员小刘接到将在南岳衡山开展同学聚会活动的游客之后,可以按照以下六个步骤完成任务。

1. 确定南岳衡山美食游行程安排

美食旅游是指以品尝各国或各地区美食为主要目的的旅游活动。但美食旅游不是完全以品尝美食为动机的旅游活动,美食旅游以当地人文景观和自然景观作为辅助。因此,设计美食线路的重点是让游客能品尝各地具有鲜明地方风味特色的美食和体验独特的饮食文化。同时,各地具有特色的自然和人文景观也不可忽视。具体行程安排如表 2-1 所示。

表 2-1　南岳衡山美食游行程安排

日期	行　　程	早餐	中餐	晚餐	住宿
D1	乘车前往南岳衡山景区(车程约 2.5 小时),参观江南第一庙【南岳大庙】,晚餐后入住酒店			南岳素斋	南岳
D2	早餐后游览【衡山景区】,(景区必须换乘环保车,自理 80 元/人),经过半山亭,直奔南天门。步行上衡山主峰——祝融峰(约 100 分钟),参观千年老庙——祝融殿,朝拜南岳圣帝,乘车观南岳忠烈祠,下山后返回长沙。	衡山	衡东土菜		

2. 进行南岳衡山特色美食介绍

(1) 南岳素斋介绍。

素斋由素食菜肴发展演变而来。有文字记述的素食历史可追溯到周代,《墨子》《庄子》《管子》等书均有记载。汉传佛道主张六道轮回不杀生以素食,本土道教从延年益寿需养生而素食。至此,素斋传入南岳。

南岳衡山素席以独特的魅力名闻中外。南岳佛门素席是宗教美食文化的精华,也是南岳旅游传统文化的结晶。据《南岳志》记载:南岳素食已有 600 年历史,是南岳僧人为接待达官贵人,专门研究烹调出味美而富有营养价值的筵席。其味道清淡爽口,色泽悦目,造型精选,色香味俱全,是中国屈指可数的正宗素席。南岳素席不仅因其精美的菜色,更因其"绿色""健康"的理念,吸引了大批游客。山上山下十余家寺庙可以享用,其中最负盛名的当数祝圣寺,寺内香积厨可日做千余人的素席。

南岳素席往往就地取材,主要用茄类、豆类、面粉、子面筋、百合、荸荠、莲藕、红白萝卜以及各种瓜菜作为原料,仿制成鸡、鱼、肉、蛋,办成与荤食同名的酒席。从外形来看,达到了以假乱真的程度;从味道上讲,其清香、鲜嫩则往往为荤菜所不及。南岳素食内容丰富,异彩纷呈。十样景(一品香,二度梅,三鲜汤,四季清,五灯会,六子莲,七层楼,八大碗,九如意,十样景)堪称代表作,它们大多由玉米片、冬菇、珍珠米、油捆鸡、油豆笋、冰糖湘莲、子面等烩焖而成,用料多样,制作精细,酸甜软脆俱备。

至于制作技艺,更是巧夺天工,菜色形神兼备且风味出众。例如,"皆大欢喜"貌似炸鲜鱿,其实是用片片鲜嫩的菊花绿叶沾上生粉后油炸而成,味道香中有甘,口感脆而不松。"不可思议"看上去与扣肉无异,"肉香"四溢,起筷方知一片片肥肉原来是用冬瓜制作而成的。还有一种嫩竹食法,更让人叫绝。该食法犹如广东培养的韭王,待竹笋破土而出时,即用大水缸罩压,使笋子在缸内盘旋而生,嫩如白葱,不论煎炒烩锅,味道甚为可口。

素菜馆为了制作纯正精良的素菜,往往聘请佛道素斋掌勺大厨,店主很多都是在家居士,菜馆的布局清静雅致、供奉佛道名主,厅名、菜名会选取佛道典故,背景音乐使用佛道音乐,用具也会体现佛道特色,总之在整体设置、细节安排上都会亲近佛道,同时往往会流通、助印佛道文化方面的善本。

据传,古代就有很多名人来南岳品尝斋菜,如李泌、李白、唐徽宗、王船山、乾隆等都在南岳品尝过斋菜;近代有毛泽东、周恩来、叶剑英、郭沫若、蒋介石等在南岳吃过斋菜;当代有江泽民、华国锋、朱镕基等国家领导人尝过斋菜,并称道南岳斋菜很有特色,味道可口。

(2)衡东土菜介绍。

衡东,在五岳独秀的南岳衡山之东,为罗荣桓元帅故乡,是一个山美、洞奇、水秀的地方,被人们誉为湖南的"小桂林"。衡东土菜就是在这美丽的山水之间萌生、成长和壮硕。衡东土菜属于湘菜菜系分支衡阳地方菜之一,融入了博大精深的湘菜风格,又极富地方风味。衡东县是湖南唯一挂牌的"土菜名县"。衡东土菜以本地所产食用农产品为原料,用传统的烹饪方法制作,是具有独特地方性口味的菜肴,香色俱佳、美味可口、营养保健,从田间地头登上了大雅之堂,誉满三湘、蜚声湖广。衡东土菜的最大特点之是"土"。"土"即"朴实粗拙",一是食材土生土长,以本地所产的土畜产品作主料,以衡东山茶油、米烧酒、黄贡椒三件宝作辅料,多山珍,简称主料"土产",辅料"土配"。俗话说"炒好土菜三件宝,调味米酒黄贡椒,荤菜讲究茶油烧"。衡东茶油在20世纪70年代初,由衡东林业科研人员在杨林镇的潭江村选育精培,"衡东大桃"油茶品种在闽、浙、赣、鄂大面积推广,所榨山茶油芳香浓郁,余味绵长,为佐菜之宝。取优质大米煮饭,拌上草药酒曲粉发酵,连糟带汁用木甑蒸馏。酒精浓度在18—28度的米烧酒能去腥增味,醇香独特,成为衡东人炒鱼、肉、鸡等荤腥菜之必备。衡东三樟乡(镇)独产的黄贡椒佐菜,彰显中辣、微甜、微香特质。二是土法烹调,简称烹饪"土制"。烹调方法以烧、炒为主,以蒸、煮为辅,讲究火候和炒功。三是装盘"土式"。装盘不事雕饰、清爽自然,筵宴恪守"八大碗"。衡东土菜的第二大特点是食材鲜活、鲜嫩。"鲜"为衡东土菜的第一要素。衡东人做家常菜,极为讲究原材料的鲜活、鲜嫩。有诗云:"炒青蔬于滴露,烧畜禽于余腔。"每当曙光初启,衡东城乡的菜市场已是人头攒动,家庭主妇、食堂采买、酒店老板在各个菜摊上、禽笼前争相选购当天新摘的各种食材,极尽挑选,量少而精。这体现了衡东人崇高的"猪吃叫,鱼吃跳,隔夜蔬菜不上灶"的传统。衡东土菜的第三个特点是"甜脆辣",即辣中带甜、辣中带脆、辣而不火、辣后留香。这是因为衡东土菜使用了衡东特产黄贡椒。黄贡椒是黄椒中的极品,盛产于衡东县三樟乡。三樟乡有一块约十平方公里的地方,自清初始种下,历经筛选,在红壤土和湘江水的滋养下,逐渐形成了一种特有的地方品种。它的外形小而短,肉厚多皱,黄澄澄,晶莹闪亮,微甜微香,中等辣度,取鲜椒佐菜,甜脆可口,以米烧酒浸泡,则辣香盈室,晒干后干煸,余香绵长。衡东土菜的第四个特点是"简便"。"简便"是衡东人的行事风格。衡东厨师恪守"一主一配""一菜一法"的古老技艺,即每个菜保持一种主料和一种配料搭配,菜品清靓素净;采用一种烹调方法,制作简便。有人调侃衡东菜时说:"不放味精会放盐,一瓶酱油吃三年,烧酒调出香中甜。"衡东土菜源远流长,最早出处至今已不可考,流传最早最广的便是清朝年间,状元彭俊进京,从家乡带了点自产的黄辣椒作为礼物进献皇帝。皇帝开始觉得很辣,但过后食欲大开,齿颊留香,回味无穷,大悦,便要彭俊家乡年年进献。黄辣椒因此身价倍增,"黄贡椒"也因此得名。

2004年、2006年,衡东县分别举办了两届土菜文化节,文化搭台,土菜唱戏,四方商贾,八方食客,云集衡东,衡东土菜从此声名鹊起,身价倍增。2006年12月,衡东向国家工商总局申报"衡东土菜"集体商标。因两届土菜文化节的举办,新塘味美思、冬初、景然、福湘源、醉好、胡子等酒家名声大振,"石湾脆肚""杨桥麸子肉""土匪猪肝""杨梓坪萝卜皮""霞流咸鸭蛋""石滩真塘鱼"等一批衡东独有菜、特色菜、特色土产让食客们印象深刻。衡东土菜馆遍布全县,新塘土菜馆一条街,档次较高,菜谱丰富。衡东土菜除了本地菜馆外,衡东人在衡阳、长沙、广州、深圳、珠海、郑州、北京等地开办的衡东土菜特色店多达50多家连锁店和分店,在外地也可以吃到正宗衡东土菜。火爆的餐饮业,亦带动了衡东经济快速向前发展。如今,衡东土菜已形成了以餐饮业为龙头,以养殖种植为四足,以加工运输服务为双翼的衡东土菜一条龙产业。杨林的野鸡基地、苗圃的野猪基地、三樟的黄椒基地、石湾的野菜基地等农产品基地已具有一定的规模。自2004年以来,衡东一批农产品加工企业大量涌现,全县拥有规模以上农产品加工企业49家,其中省、市级龙头企业13家,衡金公司生产的"金黄牌"咸鸭蛋还卖进了人民大会堂。衡东土菜还吸引了各界媒体的高度关注,《地理·中国》栏目摄制组曾进驻衡东开展拍摄工作,走访80个调研地点,拍摄720分钟素材和100余张照片。重点呈现衡东土菜的鲜、辣、美的地方风味特性,追寻美味背后普通衡东人的人生百味,透过美食来看衡东的发展。

现在衡东土菜又走上了规范化发展的道路,2017年湖南省质监局发布了中国湘菜标准——衡东土菜地方湘菜标准,对入选的衡东土头碗、酒糟鱼、石湾脆肚、新塘削骨肉、草市豆腐等十五道衡东土菜的烹饪制作进行了规范引导。

3. 与客人沟通安排并联系

该旅游团在本次行程中的用餐为"一早两正",为了满足客人品尝地方特色美食的需要,给客人推荐地方特色浓郁的南岳素斋和湘菜分支衡阳地方菜之一的衡东土菜。第一天晚餐推荐品尝福缘素菜堂的南岳素斋,第二天上午游览完南岳衡山景区以后,乘车前往衡东县的新塘镇土菜一条街中的味美思品尝正宗衡东土菜。

南岳福缘素菜堂位于南岳牌坊旁的华升娱乐城内,其十样景的制作在南岳民间斋堂内较为出名,工艺保存十分完整,选料严密,工艺讲究,制作精湛,风味独特。推荐十样景:皆大欢喜(俗名头碗)、顽石点头(俗名素排骨)、磨砖成镜(俗名素肚子)、麻姑庆寿、晨钟常鸣(俗名素鸡)、不可思议(俗名素扣肉)、海会麒麟(俗名素脚鱼)、罗汉汤、香积佛饭、清蒸糕(俗名素蒸蛋)。

衡东味美思是衡东土菜馆的杰出代表,早在2004年的第一届土菜文化节就被评为"土菜名店"。推荐品尝衡东土菜的代表菜:衡东土头碗、黄鳝炒蛋、石湾脆肚、棋子肉、黄贡椒炒羊肉、茶油叫鸡公、杨桥麸子肉、新塘削骨肉、草市豆腐、紫苏田螺、芋头和萝卜菜、泥鳅炖丝瓜、青椒刁子鱼。

任务拓展

1. 长沙××旅行社地接导游员小刘在国庆节期间接待了一个会议团,他们在长沙开完会适逢国庆节,会务组给他们安排了韶山一日游的活动。游客觉得国庆节前往毛主席故里具有非凡的意义,他们想利用这次机会缅怀主席,对这位开国元勋有更多了解。请为该旅游团设计一条具有特色的韶山红色旅游线路。

2. 小美一家五口准备在秋高气爽的秋日里,利用周六的时间从长沙前往宁乡灰汤泡温泉,并品尝宁乡特色美食,请为小美一家设计一条完美的灰汤美食旅游线路。

工作任务二　洞庭湖美食线路设计

任务导入

湖南长沙地接导游员小刘接待了一个长沙某单位的旅游团,他们想利用周末开展张谷英村、岳阳楼一日游,该团一共有28名游客,均为成年游客。他们除了想感受具有"天下第一村"美誉的张谷英村和具有"洞庭天下水,岳阳天下楼"的岳阳楼的神韵以外,还想品尝岳阳的美食。如果你是地接导游员小刘,你会如何设计该条张谷英村、岳阳楼美食线路?

任务解析

地接导游员小刘可以按照以下六个步骤完成该任务。

1. 按照单位团的特点进行接待

按照单位团的特点进行接待就是独立包团,即几个亲朋好友,或一个家庭、一个单位的人自己单独组团前往一个或几个旅游景点旅游。

2. 确定张谷英村、岳阳楼行程安排

早上8点集合出发,乘车前往张谷英村(2.5小时),抵达后参观素有"江南第一村"之美誉的张谷英村(2小时),享用农家风味中餐,中餐后前往岳阳楼景区(1.5小时),参观江南三大名楼之一的岳阳楼(2小时),参观完岳阳楼后自由活动,在岳阳市用完餐后返回长沙。

3. 进行岳阳美食介绍

（1）岳阳县农家菜。

（2）巴陵全鱼席。

4. 与客人沟通安排

中餐安排在张谷英村附近的农家餐馆，推荐的菜品有特色砂锅鱼头、铁板香煎鲫鱼、砂锅美味牛蛙、猪脚烧油豆腐等。

工作任务三　湘西美食线路设计

任务导入

湖南××旅行社的导游小陈在长沙接待了18名来自安徽的散客，他们将要游览的目的地是张家界、凤凰，时间为四天。这批客人之前没有去过张家界和凤凰。来之前他们就听说湘西菜肴很有特色。因此，他们除了欣赏当地美景以外，还想品尝当地特色菜肴，作为导游员，小陈应该如何为这批散客设计一条湘西美食线路？

任务解析

在设计美食游线路时，应该将当地特色美食作为设计重点，让游客品尝到地方独特的美食。地接导游员小陈接到游客之后，可以按照以下四个步骤完成任务。

1. 设计张家界、凤凰行程

考虑到游客是第一次去张家界和凤凰，可以给游客安排张家界、凤凰的常规旅游线路。

2. 根据行程，确定用餐安排，如表2-2所示。

表2-2　张家界、凤凰美食游用餐安排

日　期	用　餐　安　排	具　体　安　排
第一天	午餐：大峡谷，土家乙号生态农庄	三下锅
	晚餐：武陵源，印象鲵宴	全鱼宴（娃娃鱼）
第二天	中餐：袁家界山顶，阿凡达生态餐厅	自助餐
	晚餐：张家界，野味辣味	以野菜为主
第三天	中餐：张家界，昌盛野菌宴	以野菌为主
	晚餐：凤凰，德源山寨	特色苗家菜
第四天	中餐：凤凰，印象凤凰	特色苗家菜

3. 介绍湘西特色菜肴并预订

（1）娃娃鱼宴席。

早在明朝就有宫廷八宝娃娃鱼这道名菜。经过代代相传，并加以改进，现在的娃娃鱼菜品已自成体系,已开发出三十几道娃娃鱼菜品,成为当地的独特风味。娃娃鱼口感纯正、肉质鲜嫩、色泽鲜亮,被誉为"菜中珍品"。娃娃鱼肉含17种氨基酸,其中有8种是人体必需的氨基酸,自古以来娃娃鱼就是药食两用动物,长期食用具有补气降血脂、舒经活络、滋阴补肾、美容养颜、强身健体、防癌抗癌等功效。

(2) 三下锅。

三下锅,又名土家三下锅。是将腊肉、豆腐、萝卜一锅炖,做成"合菜",味道爽口。相传明嘉靖三十三年(1555年),由于朝政腐败,倭寇在我国东南沿海地区不断大肆袭扰,朝廷曾多次派大军抗倭,都惨败告终。尚书张经上奏朝廷,请征湘鄂西士兵平倭,明世宗准奏,派经略使胡宗宪督办。永定卫茅岗土司覃尧之与儿子覃承坤及桑植司向鹤峰、永顺司彭翼南、容美司(今湖北鹤峰)田世爵等奉旨率士兵出征。时值阴历年关,覃尧之深知一去难返,决定与亲人过最后一个年,于是下令:"蒸甑子饭,切砣子肉,斟大碗酒,提前一天过年再出征。"因时间紧,来不及做许多菜,就来个腊肉、豆腐、萝卜一锅炖,叫作"合菜",吃了好出征。这道菜之后演变成"三下锅"。士兵上前线后,很快打败倭寇,收复失地,世宗亲赐匾额,上书"东南战功第一"。

如今张家界的三下锅不再是腊肉、豆腐、萝卜一锅炖,多为肥肠、猪肚、牛肚、羊肚、猪蹄或猪头肉等选其中二、三样或多样经过本地的土厨师特殊加工成一锅炖。

(3) 野菌宴。

张家界独特的气候条件和生态环境为各种菌类的生长提供自然条件。生长在张家界高山峻岭里的菌类可分为药食两用菌类,有野枞菌、鸡血菇、真姬菇、金针菇、丝毛菌、茶树菇等。这些菌类营养成分丰富,富含人体所需要的蛋白质、氨基酸、维生素等,还含有丰富的抗癌、抗核辐射、抗衰老的药物成分,具有营养保健、养颜益寿的功效。

枞菌香气浓郁、味道鲜美,因而是荤、素菜中常用配料。自古以来就是国宴及高级宴会上的名贵菜肴。野生红菇又名鸡血菇,是食用真菌,也是山珍之一。红菇也是孕妇的补给食品,它含有人体必需的多种氨基酸和维生素,可加强肌体免疫力,有益智开心、益气不饥、延年轻身等作用。茶树菇味道鲜美,用作主菜、调味均佳。民间称之为"神菇",对肾虚、尿频、水肿、风湿有独特疗效,对抗癌、降压、防衰、小儿低热、尿床有辅助治疗功能。

(4) 张家界野菜。

张家界野菜是大山赐予当地人的天然美食。张家界野菜品种繁多,有野蕨菜、银笋丝、山竹笋、金针菜、香椿、龙筋菜等。野蕨菜亦称"乌糯",又名龙头菜,蕨菜吃起来,不仅鲜嫩滑爽,而且营养价值很高。金针菜是名贵的蔬菜,口感香甜滑润,有很高的营养价值。金针菜的食用方法很多,可做汤,可煮面,可炖肉等。宋朝大文学家苏东坡曾这样赞道:"莫道农家无宝玉,遍地黄花是金针。"香椿是一种落叶乔木,我们平常吃的香椿,是其幼芽和嫩叶。人们将其幼芽嫩叶洗净之后,用开水烫过,切成小丁常伴以豆腐,再加油、盐、辣椒等,便成为美味的家常小菜。香椿也可以炒鸡蛋、炸椿鱼,吃起来满口溢香,别有一番风味。此外,用盐渍的香椿、香椿酱菜,四季皆可食用。

任务拓展

湖南××旅行社的导游员小刘接待了一个在怀化开会的会议团,该旅游团将在怀化结束会议后开展怀化洪江和芷江一日游。该旅游团的人数较多,为40人,均来自湖南各地州市。游客除了参观洪江古城和芷江抗战纪念地以外,希望品尝当地特色美食。请为该旅游团设计一条从怀化出发的洪江、芷江一日游美食旅游线路。

知识链接

一 湘菜的三个流派

湖南地广,生活在不同地域的人们,利用各地不尽相同的原材料和调料(包括飞禽、走兽、游鱼、野味、瓜果、蔬菜等各类土特产)做成菜肴,经过长期的烹饪实践,逐步形成与湖湘"人文圈"相关的三大菜系:湘江流域菜系(以长沙、湘潭、衡阳为中心)、环洞庭湖区菜系(以常德、益阳、岳阳为中心)、湘西菜系(以吉首、怀化、张家界为中心)。三个菜系虽皆一脉相承,但在口味、品味上又各有千秋。由此形成了三种各具特色、彼此交融、同中有异的地方风味,构成了湘菜多姿多彩的格局。

二 湘江流域湘菜流派

湘江流域湘菜流派以长沙、湘潭和衡阳为中心,以长沙为代表,这一地区因政治、经济、文化相对发达,加之交通便利,物产富饶,饮食业较为发达,厨师中大师辈出,湘菜中的特色酒宴大菜大都出自这一地域派系。因此,湘江流域湘菜流派是湘菜主流。

湘江流派湘菜的特点是用料广泛、口味多变、品种繁多、制作精细,特别注重刀工火候;所烹制的菜肴浓淡分明,色彩清晰;品味多以酸辣、软嫩、香鲜、浓香为主,口味适中。常用的烹饪方法有煨、炖、腊、蒸、爆、炒、熘等;炒见长,突出鲜、嫩、香、辣;煨、炖讲究微火加热,煨可以突出主料的原汁原味,质软汤浓,鲜香醇美,许多煨出来的菜肴成为湘菜中的名馔佳品。在色泽变化上可分为红煨、白煨,在调味方面有清汤煨、浓汤煨和奶汤煨。小火慢炖,原汁原味;腊味制法包括烟熏、卤制、叉烧,著名的湖南腊肉属于烟熏制品,既作冷盘,又可热炒,或用优质原汤蒸;爆炒也是湖南人做菜的拿手好戏,是指脆性材料以油为主要导热体,在大火上、极短的时间内灼烫而成熟,调味成菜的烹调方法。脆嫩爽口是爆炒做出来的菜的最大特点。另外,急火起味用"熘",调味用"烤",边入味边烹制用"蒸"等。

三 洞庭湖区湘菜流派及其风味特色

洞庭湖区以常德、益阳、岳阳等地为中心,素称"鱼米之乡",水产品资源特别丰富。唐代诗人李商隐在《洞庭鱼》一诗中咏叹道:"洞庭鱼可拾,不假更垂罾,闹若雨前蚁,多于秋后蝇。岂思鳞作簟,仍计腹为灯,浩荡天池路,翱翔化为鹏。"丰富的水产资源使得这些地区的鱼馔源远流长。该地区以烹制河鲜、水禽见长,民间以鱼待客蔚为风俗,民间流传着"无鱼不成席"的俗谚。洞庭湖区菜肴的烹制方法有炖、烧、腊、煨、蒸、氽;炖菜常用火锅上桌热煮,乡间则用蒸钵置泥炉上炖煮,俗称"蒸钵炉子"。通常是边煮边吃边下料,滚热鲜嫩。过去就流行有"不愿皇宫招驸马,只愿炖炉"的谚语,究其源,湖区人常赖船只而生活,在船上吃饭,只能用砂钵就着河水或湖水煮鱼。年长日久,这种自然、古朴的烹调方式,渗透进厨师的烹饪技艺。菜品往往色重、芡大、油重,口感以咸辣香软为主。代表菜有蝴蝶漂海、洞庭野鸭、翠竹粉蒸鱼、鲜藕鸡片、武陵水鱼裙腿、蓬莱虾茸、青龙戏珠等。其中最有特色的是蝴蝶漂海。

(四) 湘西山区湘菜流派及其风味特色

湘西山区以湘西土家族苗族自治州、怀化、张家界等地为中心,也包含湘南山区。这些地区盛产山珍野味,民间擅长制作各种烟熏腊味和腌制肉品,以烹制各种熏腊制品见长。湖南名菜"腊味合蒸"即自湘西传出。主要的烹饪方式有蒸、炖、煨、煮、炒、炸等。以咸香酸辣为主要特色。代表菜有"腊味合蒸""红烧酸辣""板栗烧菜心""炒血粑鸭""湘西酸肉"等。此外,永州血鸭、东安鸡、临武鸭、邵阳猪血丸子、武冈烤铜鹅、新化三合汤等菜品都具特色,有着上百年的历史。

项目三 认识湖南风味小吃

◇ 知识目标

1. 了解湖南风味小吃名店。
2. 熟悉湖南风味小吃相关文化。
3. 掌握湖南主要风味小吃品种及其分布。

◇ 能力目标

1. 能有针对性地推荐小吃名店。
2. 能结合实际情况推荐风味小吃品种。
3. 能介绍与湖南风味小吃有关的文化。

◇ 素质目标

1. 培养对小吃文化的热爱。
2. 培养主动搜集信息、积累知识的意识。

◆ 任务导入

湖南××旅行社导游小陈将作为地陪于8月30日接待一个来自福建的散拼团,详细行程如表2-3所示。他们都是第一次来到湖南,团队中有学生(小学生、初中生)及其父母,还有结伴出行的女士,游客对湖南的风味小吃特别感兴趣,希望能在湖南旅游期间品尝到特色风味小吃。如果你是导游小陈,你会如何安排或推荐游客品尝风味餐?

表 2-3　长沙、韶山、袁家界、天子山、金鞭溪、大峡谷、玻璃桥、
天门山、凤凰古城品质纯玩 5 晚 6 日游行程

日期	行　　　程
第一天	长沙—橘子洲头—岳麓书院　含:中、晚餐　住:长沙 长沙接站,中餐后游橘子洲头、岳麓书院
第二天	长沙—花明楼—韶山—张家界　含:早、中、晚餐　住:武陵源 早餐乘车赴毛主席的故乡——韶山(车程 1.5 小时),游览新韶山红太阳升起的地方【毛泽东同志故居】、韶山最具有神奇色彩的【毛泽东铜像广场】、【滴水洞】等(含韶山换乘景区交通费用 20 元),中餐后游刘少奇故居——花明楼(含景区电瓶车费用 15 元),乘空调旅游车赴张家界(全程 4.5 小时左右),抵达武陵源景区,入住酒店。 晚上可欣赏大型歌舞晚会【魅力湘西 VIP】(自费)
第三天	张家界大峡谷、玻璃桥　含:早、中、晚餐　住:武陵源 早餐后乘空调旅游车前往张家界大峡谷,挑战世界最高、最长首座斜拉式高山峡谷玻璃桥【云天渡】(上桥游览时间为 20—30 分钟),观彩虹广场,望仙人洗面,听蝴蝶泉,穿一帘幽梦,走摸摸洞,游神泉湖;行程结束后返回武陵源,入住酒店
第四天	袁家界、天子山、十里画廊　含:早、中、晚餐　住:市内 早餐后乘景区环保车前往天下第一梯【百龙天梯】(费用已含)直达【袁家界景区】,观神兵聚会、后花园、天下第一桥、电影《阿凡达》外景拍摄地——"哈利路亚山"; 中餐后乘景区环保 BUS 赴【天子山景区】,乘车 40 分钟左右。游览天子山景区(不少于 1 小时),包括贺龙公园、御笔峰、仙女献花等。乘坐天子山索道(索道费用已含)下山;山下乘小火车游【十里画廊景区】(不少于半小时),欣赏采药老人、三姊妹峰、寿星迎宾等景点;行程结束后返回市内酒店休息。 晚上欣赏《天门狐仙》晚会(自费),入住酒店
第五天	天门山、凤凰古城　含:早、中、晚餐　住:凤凰 乘车前往游览被誉为世界最美的空中花园和天界仙境的张家界第二个国家森林公园【天门山国家森林公园】。坐高山观光索道览 99 弯公路奇观,走惊险刺激玻璃栈道。 下午乘车经张花高速赴【凤凰古城】,途经矮寨大桥,晚上可自由欣赏美丽的凤凰夜景
第六天	凤凰古城—长沙—送团　含:早、中餐 早餐后游览曾被新西兰著名作家路易艾黎称赞为"中国最美的小城"的中国历史文化名城【凤凰古城】(门票已含,游览时间 2.5 小时)。 中餐后乘车前往长沙(车程约 5.5 小时),行程圆满结束,返回温馨的家

任务解析

湖南地方导游员在安排或推荐客人品尝风味小吃时,应该考虑旅游团的行程和各地风味美食的具体情况。具体安排如下。

第一天:长沙风味餐具体安排。

(1) 选择品尝风味小吃的餐馆。

(2) 推荐品尝的风味小吃。

(3) 安排并带领游客品尝风味小吃。

第二、三天:武陵源风味小吃推荐。

(1) 特色风味小吃街推荐:武陵源有一条溪布街,这是一条民俗老街。晚上,游客可以结伴逛逛这条古街,感受当地风情。

(2) 特色风味小吃品种推荐:在溪布街上,游客可以品尝到具有当地特色的葛根粉、蕨粑粑、蒿子粑粑等小吃。这些小吃均由当地人采用天然原料做成,味道纯正。

第四天:张家界市小吃推荐。

(1) 特色风味小吃街推荐:张家界市的南门口,这里小吃云集。

(2) 特色风味小吃品种推荐:在张家界的南门口可以品尝到的张家界特色小吃有蒿子粑粑、庸城十八子的正宗泡菜、张家界金鞭溪小鱼、孙氏龙虾(与长沙风味不一样的张家界风味小龙虾)、二姐两面和猪脑壳两面以及铁板烧、草帽面。

第五天:凤凰小吃推荐。

(1) 特色风味小吃街推荐:到达凤凰的当晚,根据行程,游客在古城内观赏夜景,古城内有许多特色小吃店,游客可以在这里细细品尝。

(2) 特色风味小吃品种推荐:凤凰古城内有品种丰富的,具有苗族、土家族风味的特色小吃,如泡菜、社饭、香草肉、土家香酥条、糍粑、米豆腐、香豆腐、葛根饼等。

知识链接

一 湖南风味小吃概述

湖南的风味小吃品种多样,各地均有风味小吃,有着显著的地域特色。湖南的传统风味小吃文化意蕴深厚,历史悠久,可以追溯到春秋战国时期。

二 湖南主要风味小吃

(一) 长沙风味小吃

省会长沙的风味小吃数不胜数,大街小巷随处可见,真可谓是美食天堂。长沙风味小吃以火宫殿传统小吃为代表。火宫殿作为美食城,现在在长沙有5处,1家总店,4家分店。

位于黄兴路步行商业街西边的坡子街是长沙有名的美食一条街,是三湘第一美食街——坡子街民俗名食街,驰名中外的"中华老字号"企业火宫殿正是位于这条美食街上。火宫殿,又名乾元宫,取《易经》"乾元亨利贞"之义。火宫殿有着深远的历史渊源,最早兴起于明朝万历年间,距今已有430余年的历史,原是一座供奉火神祝融君的火神庙,香火旺盛。自有火神庙之后便有了庙会、庙戏。旧时,火宫殿庙会十分著名,除了规模宏大的祭祀仪式,说书、杂耍等精彩纷呈的地方民俗艺术表演,还有在火神庙前搭起的几溜食棚,它们用代表湖南最高水平的经典民间小吃吸引着人们。现在,火宫殿每逢春节、五一、国庆等节日,都要举办火宫殿庙会。庙会上,湘剧、花鼓戏、皮影戏、罗汉舞、蚌壳舞、扇子舞、威风锣鼓、舞龙、舞狮汇集一堂,"火神庙会"已被列为国家级非物质文化遗产名录(见图2-1)。

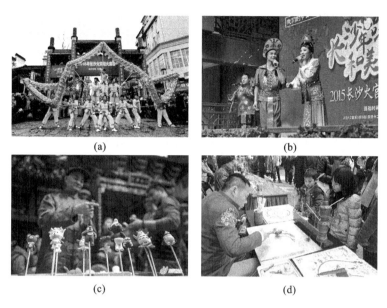

图 2-1　火宫殿庙会

火庙文化孕育出了火宫殿美食,火宫殿成了长沙乃至湖南的集宗教文化、民俗文化、美食文化于一体的具有代表性的大众活动场所。在这里汇集了大量长沙地方传统小吃。经过几百年的发展,火宫殿传统小吃品种越来越多,逐步发展为长沙的小吃闹市,成为湖南饮食文化,尤其是小吃文化的源头、活化石。它与北京天桥、上海城隍庙、天津"三不管"、南京夫子庙齐名。

火宫殿传统小吃历经百年长盛不衰,是湖湘饮食文化不可或缺的组成部分,也是不可多得的非物质文化遗产。顺口溜"火宫殿样样有,饭菜小吃热甜酒;油炸豆腐香喷喷,姊妹团子数二姜;徽子麻花嘣嘣脆,猪血蹄花味道美;各式小吃尝不完,乐得食客笑呵呵。"形象描绘了长沙火宫殿最负盛名的传统小吃。火宫殿传统小吃以八大传统名小吃为主体,即油炸臭豆腐、姊妹团子、龙脂猪血、三角干子、牛肉蒸撒、红煨蹄花、荷兰粉、八宝果饭。八大传统小吃都有其独特制作工艺,风味别具,为市民所广泛认同和欢迎,并传承已久。其他小吃如糖油粑粑、百粒圆、兰花干子、神仙钵饭、肉丝徽子等,都有其特色和独到技艺。

(二) 湘江流域其他地区

衡阳地区流行夏天吃凉粉,以当地山上产凉粉藤的果心为原料,将凉粉果削皮、剖开、晒干,装入布袋中用清水浸泡并反复搓揉而成。凉粉晶莹剔透,外形上有点像果冻,有"水晶冻"之称。南岳古镇的寿饼已有四千多年的历史,即大舜南巡时尝过的"豌菽饼",后经各部落首领推介,取名"万寿饼"。每逢南岳香期或斋会,争相供奉,约定成俗,遐迩闻名。万寿饼融合了南岳高僧高道的养生秘籍,采用现代科技精心制作而成,口味甜而不腻,香而爽口,老少皆宜。豆腐花口感绝妙,由师傅精心挑选的上好黄豆,还有山上的甘甜的山泉做成,嫩滑滑的,甜丝丝的。

栖凤渡鱼粉是湖南郴州的著名小吃,许多外地人慕名来栖凤渡吃鱼粉。有一句流传千百年的古话叫"走千里路、万里路,舍不得栖凤渡!",夸的就是栖凤渡的独树一帜的传统小吃栖凤渡鱼粉。制作方法:将鲢鱼杀了熬成鱼汤,加入当地的五爪朝天红椒粉,调入当地特产豆膏、茶油等佐料,再用干切粉做成鱼粉。

(三) 湘西山区风味小吃

湘西是少数民族聚居的地区,湘西地区的传统风味小吃具有民族特色,是少数民族风情的载体。

湘西人嗜酸的饮食习俗也体现在风味特产中。泡菜在怀化、湘西自治州、张家界、永州等地都很流行,是湘西山区人们喜爱的特色小吃,香飘四溢,有酸、甜、苦、辣、色、香等味,味道奇特,十分脆爽,回味无穷。有酸萝卜、酸甜萝卜、泡黄瓜、海白菜、泡凤爪等几十个品种。说到湘西酸萝卜,怀化辰溪一带的最有名。当地村民都有腌制酸萝卜的习惯,他们采用传统土家制作工艺以及独特的油辣子佐料,使成品颜色鲜、质地脆,酸辣香甜,美味可口。

(四) 洞庭湖地区及其他地区

常德最有名的特色小吃要算常德米粉了,常德米粉历史悠久,闻名三湘,是中国三大米粉之一。它的主要原料是大米,经过特殊工艺制成洁白、浑圆、细长且有弹性的粉条。常德的米粉有很多种:牛肉粉、鸡肉粉、排骨粉、猪脚粉、肉丝粉、牛筋粉、鸡杂粉,配上各种佐料,加上炖出的"浇头"浓香,让人不觉口水直流,其中又以牛肉粉最为有名。壹德壹和津市刘聋子牛肉粉馆的牛肉粉都是远近闻名。麻辣肉是湖南常德有名的传统小吃,名字带个"肉"字,却是一种豆腐皮制品。以北堤麻辣肉口感最为独特,让人余味无穷。石门五香丸,又名舒筋丸。制作方法是先将鲜蕃薯洗净、去皮、煮熟、捣成糊状,与磨成粉子的黍子、粟米、高粱、玉米、糯米(俗称五谷粉)以及辣椒、花椒、胡椒、桂皮、陈皮、茴香、苍蒲末充分拌匀,制成皮子,再将捣烂了的蒜果、葱头、生姜、碎素猪肉做成馅子,包在皮子内,做成丸子。石门五香丸色泽金黄,其味香甜可口,具有较高的营养价值,而且具有通气活血强筋的效力。相传李自成兵败受伤退居石门夹山,一老翁收留了他,每天做五香丸给他吃,使他很快恢复了健康。现在,石门澧水一带的人受了一点伤,都喜食用,故又称为"舒筋丸"。

临近岳阳楼景区的巴陵中路步行街上汇聚了众多风味小吃。用洞庭湖一带出产的鲜虾拌以面粉糊炸制成的虾饼,具有味鲜香嫩,焦脆可口的特点。兰花萝卜又名蓑衣萝卜,是以明末清初由洞庭湖区盛产的皮薄、肉嫩、光洁的鲜萝卜为原料,辅之以辣椒粉、盐创制而成。后经改进,萝卜经数刀切后,仍为一个整体,提起时形同盛开的兰花,又如过去农民的雨具蓑衣,故得名。它保存了传统的鲜辣风味,又有脆嫩郁香的余味。汨罗长乐甜酒,营养丰富,清凉透明,口感醇甜,相传乾隆皇帝下江南时,经过长乐,闻甜酒香而试之,满口生津,甜彻心脾,御赐"长乐甜酒",长乐甜酒因此得名,酿造长乐甜酒必须使用长乐的酒曲、"三粒寸"糯米、清澈的井泉水。

任务拓展

湖南××旅行社地接导游××于8月10日接待了一个来自湖北的旅游团,目的地是长沙、南岳和岳阳。游客对湖南的风味小吃特别感兴趣,希望能在湖南旅游期间品尝到特色风味小吃。如果你是××导游,你会如何安排或推荐游客品尝风味小吃?

模块三 "住"在湖南

湖南酒店业在全国发展属于上等水平,五星级或按五星级标准经营的酒店占比21.97%,四星级酒店占比49.41%;长沙酒店数量几乎占据全省数量的半壁江山(46.11%),五星级或五星级标准酒店则占全省近7成。并且湖南酒店住宿业不断推进"旅游+"新的生活方式,突出旅游住宿关键要素,以创建主题特色精品住宿示范点为突破口,巩固提升星级酒店管理服务水平,大力发展主题酒店、经济型酒店和商务酒店,积极培育汽车旅馆、房车营地、船屋、树屋、客栈、度假公寓、青年旅舍、集装箱旅馆、民宿等住宿新业态,以住宿新业态撬动旅游体验升级,引导游客从"跑得多"向"住得下"转变。

项目一 了解湖南酒店

◇ 知识目标

1. 了解星级酒店的定义、各星级酒店的特点。
2. 熟悉星级酒店的分类。
3. 掌握星级酒店的主要对客服务部门的接待服务。

◇ 能力目标

1. 能根据游客的要求合理安排住宿。
2. 能向客人介绍酒店。

◇ **素质目标**

1. 培养学生综合考虑问题的习惯。
2. 培养学生服务意识。

工作任务一　了解湖南星级酒店

◎ **任务导入**

湖南某旅行社的地方导游员小何接待了一个来自北京的豪华旅游团共33人,开展长沙、韶山、花明楼、张家界、凤凰六日游。第一天在长沙接团,游览岳麓书院和橘子洲,晚上观看田汉大剧院的演出;第二天参观完花明楼、韶山以后赴张家界;第三天游览张家界大峡谷和玻璃桥;第四天游览袁家界、天子山、十里画廊;第五天游览天门山,下午返回长沙。请问,地陪小何应该如何为该团安排在湖南旅游期间的住宿?

◎ **任务解析**

为旅游团安排住宿时应该考虑的要素有:豪华团如何接待,应设计较高规格的服务;选择的酒店要满足游客对酒店服务水平的要求;酒店的周边环境;酒店位置要方便游客开展旅游活动;酒店具有特色;足够的客房数量。

具体分析:从房间数量来说,安排16间豪华双床房和1间豪华大床房;该团是北京来的豪华旅游团,对服务水平要求高,在选择宾馆时可以选择五星级、四星级酒店。

◎ **知识链接**

一　星级酒店的概念

1. 星级酒店的定义

星级酒店是由国家(省级)旅游局评定的能够以夜为时间单位向旅游客人提供配有餐饮及相关服务的住宿设施,按不同习惯它也被称为宾馆、酒店、旅馆、旅社、宾舍、度假村、俱乐部、大厦、中心等。要求达到一定的条件、一定的规模。

根据《中华人民共和国星级酒店评定标准》将酒店按等级标准以星级划分,分为一星级到五星级5个标准。用星的数量和设色表示旅游饭店的等级。星级分为五个等级,即一星级、二星级、三星级、四星级、五星级(含白金五星级)。五颗白金五角星表示白金五星级。所取得的星级表明该饭店所有建筑物、设施设备及服务项目均处于同一水准。最低为一星级,最高为白金五星级。星级越高,表示旅游饭店的档次越高。

2. 各星级酒店的特点

（1）五星酒店。

五星酒店是旅游酒店的最高等级。设备十分豪华，设施更加完善，除了房间设施豪华外，服务设施齐全。有各种各样的餐厅，较大规模的宴会厅、会议厅，综合服务比较齐全，是社交、会议、娱乐、购物、消遣、保健等活动的中心。常德共和酒店、澧县运达瑞高酒店、株洲华天大酒店、张家界京武铂尔曼酒店、张家界青和锦江国际酒店、湘潭鑫田国际大酒店、湘潭盘龙山庄大酒店、浏阳银天大酒店、长沙明成国际大酒店、长沙神农大酒店、长沙通程国际大酒店、长沙运达喜来登酒店、长沙芙蓉国温德姆至尊豪庭大酒店等为五星级酒店。

（2）四星酒店。

设备豪华，综合服务设施完善，服务项目多，服务质量优良，室内环境艺术，提供优质服务。客人不仅能够得到高级的物质享受，也能得到很好的精神享受。湖南的四星级酒店有长沙的南方明珠国际大酒店、湖南芙蓉华天大酒店、长沙君逸康年大酒店、湖南天玺大酒店、郴州国际大酒店、衡阳神农大酒店等。

（3）三星酒店。

设备齐全，不仅提供食宿，还有会议室、游艺厅、酒吧间、咖啡厅、美容室等综合服务设施。这种属于中等水平的饭店在国际上最受欢迎，数量较多。湖南的三星级酒店有长沙的留芳宾馆、长沙友谊宾馆、长沙新怡园酒店、长沙全季酒店、岳阳金海大酒店、怀化大酒店等。

（4）二星酒店。

设备一般，除具备客房、餐厅等基本设备外，还有卖品部、邮电、理发等综合服务设施，服务质量较好，属于一般旅行等级。如长沙金沙大酒店为二星级 A 类酒店。

（5）一星酒店。

设备简单，具备食、宿两个最基本功能，能满足客人最简单的旅行需要。如南岳的魔镜台宾馆。

（二）星级酒店的分类

1. 按地理位置分类

（1）风景区酒店：位于旅游风景区、森林、湖滨等地，环境优美，空气质量好，适宜发展以度假游客为主的旅游酒店。如位于张家界市郊风景秀丽的天门山脚下的天门山大酒店，位于武陵源风景区附近的张家界武陵源天恒大酒店、张家界武陵源天宇国际酒店，位于崀山附近的邵阳小百花度假酒店、新宁崀泉度假酒店、张家界武陵源南方明珠大酒店等。

（2）中心城市酒店：一般位于城市中心或商业区等繁华地带，地理位置优越，适宜发展以商务游客为主的旅游酒店。例如省会长沙的长沙华天大酒店、长沙通程大酒店、神农大酒店、长沙北辰洲际大酒店、长沙运达喜来登酒店、长沙皇冠假日酒店等。

(3) 机场酒店：一般位于机场附近，为乘坐飞机的旅客提供住宿、餐饮及其他需要的旅游酒店，以便利、安全为主。如位于长沙黄花机场附近的机宾大酒店、花港国际大酒店（长沙黄花机场店）。

(4) 郊区酒店：一般位于城市郊区或交通便利之地的酒店，包括建在市郊的车站、码头等地的酒店。如位于长沙高铁南站附近的琅瑾山尚酒店、长沙泓天大酒店等。

(5) 公路酒店：一般位于公路沿线，为适应汽车旅游需要而设置的各种酒店，适宜发展以汽车旅游方式为主的旅游酒店。如京珠高速入口附近的郴州仙居岭·京伦酒店、郴州温德姆至尊豪廷大酒店。

2. 按用途分类

(1) 商业酒店。

商业酒店是指建在城市之内的酒店，能提供国内主要城市、世界上主要国家和地区的主要城市的直拨电话及总机服务；有电脑订房、中央空调、中央音响、闭路电视、中央消防系统、各种类型和风格的餐厅及宴会场所、会议场所及娱乐设施；还有24小时洗衣服务等。如位于市中心商务及金融区黄金地段的长沙运达喜来登酒店、由享誉世界的新加坡华厦酒店管理有限公司全面管理的湖南天玺大酒店。

(2) 公寓酒店。

公寓酒店主要为旅游者提供常住或经常性居住的服务接待设施。这类酒店多采用公寓式布局，配有完善的生活设施及服务设施。例如位于长沙火车南站附近的长沙鼎镇公寓酒店，配有空调、电视、冰箱、洗衣机等一系列家用电器。

(3) 度假酒店。

度假酒店是以接待休闲度假游客为主，为休闲度假游客提供住宿、餐饮、娱乐与游乐等多种服务功能的酒店。与一般城市酒店不同，度假酒店不像城市酒店多位于城市中心位置，而是大多建在滨海、山野、林地、峡谷、乡村、湖泊、温泉等自然风景区附近。如位于宁乡灰汤的华天城温泉度假酒店、紫龙湾温泉度假酒店和位于郴州莽山森林公园附近的万盈瑞凯森林温泉酒店等。

(4) 会议酒店。

会议酒店主要是为召开各种会议，如展销会、博览会、国内国际会议、经贸洽谈会等提供保障会议需求的各种类型的会议室、住宿及餐饮等综合服务设施的酒店。这类酒店对会议室的各项配套设施有较高的要求，对住宿和餐饮的要求也较高。如吉美国际会展酒店、林子翔天会展酒店、湖南圣爵菲斯大酒店（原湖南国际影视会展中心）等是湖南省五星级专业化会展酒店。

(5) 汽车酒店。

汽车酒店主要提供满足当前驾车旅游者需求的旅游住宿服务设施，通常设在城市边缘和公路干道旁，一般对停车场要求较高，并配有简单的餐饮和住宿设施。随着经济的发展，汽车旅馆的经营方式走向休闲的方式，装潢设计达到甚至超越高级饭店的水准，住房的客人也不再仅限于旅客，更扩展到能够满足一般民众的休闲娱乐需求。例如位于G4附近的郴州宝莲花酒店等。

3. 按经营方式分类

（1）集团经营酒店。

集团经营酒店一般是由旅游酒店集团以各种不同方式经营的酒店，有由集团总公司直属控制的酒店，有由集团公司依据合同管理的联号酒店，也有由集团总公司授权特许的酒店。这种经营方式可使集团公司在统一品牌下打开市场、树立形象、统一管理；但也由于这种统一管理的束缚，使得旗下各家酒店在其控制下难以突出自己的特色。

长沙华天大酒店、潇湘华天大酒店、常德华天大酒店、株洲华天大酒店、娄底九龙华天大酒店等酒店均属于湖南华天国际酒店管理有限公司。湖南华天国际酒店管理有限公司是以华天品牌为依托，通过以投资经营、托管经营、租赁经营、特许经营等多种方式，对酒店业、餐饮业等进行投资、管理并提供咨询服务的专业公司；位于河西的五星级酒店湖南佳兴世尊酒店由德国世尊国际酒店及度假村集团管理。湖南首家白金五星级酒店——长沙芙蓉国温德姆至尊豪庭大酒店由世界上最大的酒店公司美国温德姆至尊豪庭酒店集团管理。神农大酒店是湖南省首家由国际酒店管理公司管理的五星级大酒店。长沙北辰洲际国际大酒店由北辰洲际酒店集团管理。

（2）独立经营酒店。

独立经营酒店一般是由投资者独立经营的单个酒店。在目前酒店业界，绝大多数中小型酒店都属于独立经营酒店。湖南省首家严格按国际五星级标准建造的豪华酒店——长沙通程国际大酒店属于独立经营酒店。张家界大成山水国际大酒店是中国客房数量最多的单体酒店，客房数量为2143间。

（3）联合经营酒店。

联合经营酒店一般是由多家单个酒店联合而成的酒店企业，借联合的力量来对抗集团经营酒店的竞争。此种经营方式在保持各酒店独立产权、自主经营的基础上，实行联合统一的对外经营方式，如建立统一的订房协议系统、统一对外的质量标准、统一的公众标志等，并可以开展联合对外的促销、宣传和内部互送客源等，形成规模经济。

 任务拓展

长沙某旅行社的导游员小何接待了长沙某单位27人周末两天郴州汝城温泉之旅，具体行程为周六乘坐高铁前往郴州，中餐后前往莽山（约2.5小时），抵达后泡浴莽山森林温泉。晚餐品尝莽山土菜，安排合适的住宿。周日早餐后游览蟒山森林景区，中餐后集合乘坐高铁返回长沙。如果你是导游小何，请为该旅游团安排合适的住宿。

工作任务二　了解湖南经济型酒店

任务导入

2017年某日，小李作为全陪兼地陪接待了一个长沙的大学生旅游团，他们的目的地是张家界和凤凰。由于学生们经济能力有限,因此他们提出请导游全程安排经济实惠、性价比高的酒店。请问,小李应如何安排?

任务解析

作为地陪导游,小李可以分两步完成该任务。

1. 根据学生特点,选择性价比高的经济型酒店

对于学生旅游者来说,经济实惠的行程安排是最大的吸引力。而住宿在旅游费用中占有较大比重,因此,选择性价比高的酒店至关重要,在所有酒店类型中,经济型酒店符合这一要求。

2. 为游客简单介绍所选择的经济型酒店

此旅游团的目的地是张家界、凤凰,以张家界为例,可在参观完天门山后选择锦江之星(张家界天门山店)作为住宿地点,晚上还可向游客们推荐《天门狐仙》的表演。导游在确定本酒店后,应为游客简单介绍,如酒店的地理位置及其交通便利性、特点及选择该酒店的理由等。

知识链接

一 经济型酒店的定义与特点

(一) 定义

目前,学术界对经济型酒店还没有形成一个公认的定义。国外对经济型酒店的划分主要以价格为标准,例如 Powers(1995)认为,经济型酒店是指不提供全面服务(full service)的、房价在 1991—1993 年期间维持在 33 美元以下的酒店。根据经济型酒店的特点和中国的实际情况,经济型酒店的定义可以总结为:"以大众旅行者和中小商务者为主要服务对象,以客房为唯一或核心产品,价格低廉(一般在 300 元人民币以下),服务标准,环境舒适,硬件上乘,性价比高的现代酒店业态。"

(二) 特点

经济型酒店作为一种新兴业态,是经济发展和社会生活的产物,它完全区别于面对社会上流阶层的全服务酒店,是满足一般平民旅行住宿需求的产品设施。其基本特征如下。

第一,产品的有限性。经济型酒店紧扣酒店的核心价值——住宿,以客房产品为灵魂,去除了其他非必需的服务,从而大幅度削减了成本。一般来说,经济型酒店只提供客房和早餐,一些有限服务酒店还提供简单的餐饮、健身和会议设施。

第二,产品和服务的优质性。与一般社会旅馆不同的是,经济型酒店非常强调客房设施的舒适性和服务的标准化,突出清洁卫生、舒适方便的特点。

第三,价格适中。相对于高档饭店动辄上千元的房价,经济型酒店的价格一般在人民币

300元以下,一些青年旅舍和汽车旅馆的房价甚至只有几十至一百元左右。

第四,经济型酒店的目标市场是一般商务人士、工薪阶层、普通自费旅游者和学生群体等,而高档酒店往往以高端商务客人、高收入阶层、公费旅客为主要目标市场。

第五,从外在表现来说,经济型酒店一般采取连锁经营的方式,通过连锁经营达到规模经济,提高品牌价值。这也是经济型酒店区别于其他星级酒店和社会旅馆的一个明显特征。

(二) 湖南省具有代表性的经济型酒店简介

(一) 7天连锁酒店

7天连锁酒店集团(7 Days Group Holdings Limited),自2005年成立以来,经过快速发展,分店总数已经超过2000家,覆盖全国300座城市,成为中国经济型酒店行业的第一品牌。

2014年,7天品牌家族正式增加的两位新成员:7天优品和7天阳光。现7天品牌拥有定位为商务时尚的高端经济型酒店产品"7天优品",定位为都市时尚的经济型酒店产品"7天阳光",定位为方便快捷倍受消费者欢迎的"7天酒店"。三大酒店产品共同诠释"年轻的选择"这一核心价值主张。这一核心价值主张在表达"7天"与时代同步,永远代表年轻的同时,更希望消费者都能选择年轻的生活态度——年轻人应该活出自信,活出真我,用个性与激情点缀青春的精彩;年长者也可以像年轻时那样活着,改变自己,重温青春的感动,寻找简单纯粹的快乐。

(二) 如家

如家酒店是如家酒店集团旗下3大品牌之一,是温馨舒适的商旅型连锁酒店品牌,通过标准化、简洁、舒适、便捷的酒店住宿服务,使大众商务以及休闲旅行宾客收获温馨、便捷的住宿体验。如家酒店是国内商务酒店品牌中规模最大的品牌,在全国300个城市拥有近2000家酒店。如家酒店多年获得中国金枕头奖"中国最佳经济型连锁酒店品牌"殊荣。2014年,如家酒店以4.2亿美元的品牌价值入选中国品牌100强,居酒店行业之首。

如家酒店的使命是:通过公司专业和激情的工作,引领大众旅行住宿方式,满足顾客的旅行住宿需求;把公司"快乐的微笑,亲切的问候,热情的服务,真心的关爱"献给每一位顾客、同事和合作伙伴;为股东创造持续稳定的回报,为社会承担企业公民的责任。

(三) 锦江之星

锦江之星旅馆有限公司是亚洲规模最大的综合性旅游企业集团——锦江国际集团旗下的一家经营管理国内首创、中国最大的经济型连锁旅馆"锦江之星"的专业公司,是亚洲最大酒店集团——上海锦江国际酒店(集团)股份有限公司的子公司。从1997年第一家锦江之星开业至今,公司始终围绕市场、关注客人需求,以全心全意为客人、让客人完全满意为企业服务理念;以共商发展、共创双赢、回馈社会为企业经营宗旨;以创新发展、铸造细节、追求卓越为企业精神,创造了国内经济型酒店业界的多个第一。目前,锦江之星80%以上的客源是商务散客,其中会员等中央支持系统客源消费份额约为35%,且呈逐年上升的态势。

(四)今天连锁酒店

香港今天连锁酒店的经营理念是"你不是住在这里,你属于这里","享受今天的家"。以家的文化为主导,力求让每一位住店的客人感受家的温馨。

今天连锁酒店在设计理念上摈弃传统酒店单一的白色,大胆采用红、绿、黄、蓝等缤纷明快的色彩,每一间房都充分考虑到客人的需求,设施齐备、精致,简约而不简单。彰显出时尚、轻松、愉悦之感,构建出独具特色的"今天之家"。从2006年落子岳阳的第一家店开始,今天连锁酒店就坚持走产品创新的经营路线,根据消费者需求不断提升产品品质,对产品不断进行升级换代,给消费者温馨的家的感觉。截至2011年3月,今天连锁酒店已拥有21家分店,遍布湖南长沙、株洲、湘潭、岳阳、衡阳、益阳、常德、邵阳、怀化、永州、郴州、湘西、耒阳等多个市州及地区。今天连锁酒店立足湖南,着眼全国,以充满活力的"今天"企业文化,为公司的快速扩张与发展奠定了坚实基础。

任务拓展

长沙××旅行社小李带领一支由年轻人组成的旅游团在湖南游览,游客提出希望导游在住宿方面能为他们安排经济实惠的经济型酒店,以降低他们的旅行成本。请问,小李应如何安排?

项目二 了解湖南省特色住宿

知识目标

1. 了解湖南特色住宿的种类。
2. 熟悉民宿、露营帐篷等特色住宿的特点。
3. 掌握湖南民宿和露营帐篷等特色住宿的适应范围。

能力目标

1. 能合理为游客介绍和安排湖南民宿的住宿方式。
2. 能合理为游客安排露营帐篷的住宿方式。

素质目标

1. 培养学生对湖南特色住宿方式学习的兴趣。
2. 培养学生的旅游服务意识。

工作任务一　了解湖南特色民宿

任务导入

2017年9月10日,小何作为湖南地陪接待了一个来自北京的教师团,他们的目的地是长沙和凤凰,他们此行的目的是放松身心,过一个愉快的教师节,因此,游客提出他们希望行程安排要轻松,在凤凰的住宿应体现当地特色,且适宜观看凤凰美景。请问,小何应如何安排?

任务解析

作为湖南地陪导游,小何可以分四步完成该任务。

1. 根据教师团和北京特点进行接待

教师具备出游的客观条件:有钱而且有闲,也具备外出旅游的动机。教师团是比较挑剔的团队。来自北京的教师团的文化素质很高,对于导游的讲解要求很高,导游的讲解稍微出错就会被教师们指出来。而且教师也很精明,对于每一笔消费都要问得清清楚楚,导游一定要在出团前说明哪些地方可能需要自费。与教师交流的语气也要非常的注意,因为教师一直是以一个管理者的身份自居,所以如果在导游的过程中语气不对,可能会引起他们的不悦。有什么事情都要和他们商量,让他们感受到导游对他们的尊重。

2. 根据游客要求,为客人推荐凤凰的临江客栈或其他特色民宿

既然游客提出在凤凰的住宿应体现当地特色,且适宜观看凤凰美景,那么导游可为游客推荐凤凰的临江客栈,如金水桥客栈、幸福缘宿临江客栈、翠翠客栈、苗家临江吊脚楼客栈、凤凰等李庭院客栈、湘西凤凰西原民宿等。

3. 为游客简单介绍凤凰独具特色的吊脚楼客栈或其他特色民宿

若选择的是吊脚楼客栈,导游一方面可为游客简单介绍凤凰古城里古香古色、富有浓郁土家族风韵的吊脚楼,另一方面可为游客介绍客栈的位置、特色、可观的美景等。若选择的是其他特色民宿,则可介绍其装修特色、地理位置及其交通便利性、周围景观等。

4. 协助游客办理入住服务

落实好住宿地点后,导游应协助游客办理好入住手续,分发房卡,告知自己的房号及联系方式,并处理在住宿过程中出现的各种问题,如设施设备问题、卫生问题等。还应提醒游客在自由活动时的相关注意事项。

5. 离店

次日,团队若需离开凤凰,导游应提前到达客栈,协助游客办理好退房手续,并提醒游客携带好所有的行李物品等。

任务拓展

地陪小何带领一长沙旅游团前往世界灌溉工程遗产——娄底紫鹊界游览,游客提出希望能在紫鹊界住上一晚,更深入地感受其田园风光。请问,小何应如何安排?

工作任务二　了解露营帐篷

任务导入

2017年8月5日,小李作为湖南全陪兼地陪带领了长沙的15名户外活动爱好者前往江西武功山旅游,此时正值武功山国家帐篷节,游客们也都准备了自己的帐篷准备在武功山露营,并参与景区安排的篝火晚会和各项活动。请问,小李应如何安排?

任务解析

作为湖南全陪兼地陪导游,小李可以分三步完成该任务。

1. 为游客简要介绍武功山国际帐篷节

导游首先可为游客介绍武功山国际帐篷节的基本情况,例如,武功山国际帐篷节是一个以露营为媒介,融合旅游休闲、文化娱乐、户外赛事于一体的大型户外节庆活动。一方面促进驴友群体之间的交流,另一方面促进当地驴友经济文化的发展。武功山帐篷节活动包括露营、山地车赛、高山拔河比赛、户外电影、营地嘉年华等丰富的线下活动,线上活动有美文大赛、摄影大赛等,由户外网平台进行支持,也可引导游客参与其中的一些活动。

2. 为游客讲解帐篷露营的注意事项

在搭建帐篷之前,应为游客讲解露营的注意事项,例如,帐篷的入口要背风;帐篷要远离有滚石的山坡;为避免下雨时帐篷被淹,应在篷顶边线正下方挖一条排水沟;帐篷四角要用大石头压住;帐篷内应保持空气流通;在帐篷内做饭要防止着火;晚间临睡前要检查是否熄灭了所有火。

3. 协助游客搭好帐篷,处理各种突发问题

讲完注意事项后,导游应引导游客选择好帐篷的搭建位置,并协助游客搭好帐篷,并处理好在搭建、住宿过程中的各种突发问题。

任务拓展

地陪小李带领一长沙户外爱好者旅游团前往张家界八大公山原始森林进行穿越活动,游客们自备帐篷,以露营的方式住宿。请问,小李应如何安排?

知识链接

一、民宿和帐篷的定义

(一) 民宿的定义

民宿是指利用自用住宅空闲房间,或者闲置的房屋,结合当地人文、自然景观、生态、环境资源及农林渔牧生产活动,以家庭副业方式经营,提供旅客乡野生活之住宿处所。此定义完全诠释了民宿有别于旅馆或饭店的特质,民宿不同于传统的饭店旅馆,也许没有高级奢华的设施,但它能让人体验当地风情、感受民宿主人的热情与服务,并体验有别于以往的生活。

(二) 帐篷的定义

帐篷是撑在地上遮蔽风雨、日光并供临时居住的棚子。多用帆布做成,连同支撑用的东西,可随时拆下转移。帐篷是以部件的方式携带,到达现场后才加以组装,所以,需要各种部件和工具。了解各个部件的名称和使用方法,熟悉帐篷的构造,才能快速、方便地搭起帐篷。

二、民宿的类型

(一) 按发展类别,可分为传统民宿和现代民宿

传统民宿多以民间百姓的民居为依托改造而成,这类民宿在外观上基本保留原貌,内部进行适当的改造装修,一般具有一定的历史年限,比较多地保存了当时当地的建筑风格和文化遗存,具有一定的历史文化价值和研究价值,是民宿当中的主流;现代民宿以新建为主,一般依照当地的建筑风格辟地新建,也可移植域外名宅、名村,形成反差效应,增强吸引力。

(二) 按地理位置,可分为乡村民宿和城市民宿

乡村民宿分布在广大农村,具有比较浓厚的"村"味。也可以把建在城市或城郊的、按照乡村风格建设的民宿称为乡村民宿;城市民宿坐落在城区,它可以是城中的古民居,也可以是城市居民利用自家空余房,以家庭副业的形式对外接待客人的民房。

(三) 按服务功能,可分为单一服务型民宿和综合服务型民宿

单一服务型民宿是指只提供住宿服务的民宿,此类民宿一般紧靠大型景区、旅游综合功能区和城市,因为所依托的区域旅游功能比较齐全,住宿以外的服务能够方便地得到解决;综合服务型民宿是指除住宿外,还能满足其他的服务需要的民宿,如餐饮等。有的民宿自身就是旅游吸引物,除解决吃住外,本身还有观光、休闲、养生等功能。

(四) 按规模,可分为居家散落型民宿、单独打造型民宿、小簇集群型民宿和连片新建型民宿

居家散落型民宿的主要功能是居家,即房屋主人还住在该处,在满足居家条件的前提下,

把多余的房间整理出来做接待客人用;单独打造型民宿是指一两户人家择一个合适的地点建造几栋民宅打造成民宿,这类民宿多见于交通要道旁,多以提供特色餐饮为主,兼作住宿,往往功能比较齐全,除食宿外,还注意环境和景观的打造;小簇集群型民宿把一个村庄、一条街道或者其中的一部分进行整体规划,连片打造成民宿,这类民宿主要依托的是古村古镇、民族地区;连片新建型民宿,即完全在一块新的土地上,规划建设成片的民宿。这类民宿有的移植国内外某一名村名镇异地打造,如深圳东部华侨城的茵特拉根小镇;有的是恢复已经消失了的历史名村名镇;有的是根据某一文化主线或某一特色资源打造的特色小镇。

(五)按层级,可分为一般民宿、精品民宿和潮流民宿

一般民宿,主要以居家民宿即传统民宿为主,其特点是原始、朴实、真实;精品民宿主要体现在一个"精"字上,与一般民宿不同,它在保留原建筑物外观特色的基础上,对内部装饰会做较大的调整,体现一种"金包银"的状态;潮流民宿是指根据异国异地、名村名镇建设的,恢复重建的古村古镇和主题主线清晰的民宿。

(六)按产权,可分为私有民宿、集体所有民宿、国有民宿和社会民宿

私有民宿是指产权在每家每户,属个体私人所有,其主体是大量的民居型民宿。其产权归个人所有,自主管理、自主经营、自负盈亏。集体所有民宿分为两种,一种是产权为宗族、家族集体所有,如南方地区的客家围屋。这种围屋规模大,房间多,功能全,历史较为悠久,由于牵扯的家庭多,一直没有进行产权分割。用这种民居改造成的民宿,其所有权为家族集体所有。一般由家族组成理事会进行管理和经营。另一种是我国不少农村还保留的集体所有制的民居,用这种民居做成的民宿其产权仍归集体所有。国有民宿是近些年来新出现的民宿类型。主要是各级政府的国有企业收购的民居或新建的成片民居。社会民宿主要是指由社会资本,如私营企业、企业集团等投资建设和经营的民宿。

三 帐篷的类型

(一)按功能划分

帐篷按功能,可分为高山帐、四季帐、三季帐和家庭帐。

高山帐的功能性主要体现在抗风,抗风主要靠支架来体现,支架多采用多杆交叉结构,通过形成杆与杆的辅助受力达到最好的抗风效果。当然这种结构的弊端就是帐篷会有超出异常的重量,所以这类装备针对性很强,一般是针对专业探险人士,高山帐还有一个主功能是保暖,但应注意内帐的材料应该是高密度的透气性布料,否则很容易结露或结霜。

四季帐顾名思义,是为那些对露营极其热爱的消费者设计的,与高山帐不同的是它未必有很强的抗风性,但是有很好的通风透气功能,相对高山帐较轻的重量,能兼顾春夏秋冬,一般这类产品都有双层的大型门,一层是采用网布用来三季通风,另一层是采用透气布用来冬季保暖,这种结构是四季帐最大的特点。

三季帐是针对春、夏、秋季而设计的,是占据全球帐篷市场的主导产品。因为三季帐占据普通消费者主要的露营季节,也是各大品牌产品线最丰富的原因之一。在我国的南方地区,

一顶好的三季帐甚至能应对一个基础山友一年的基本露营需求,这种功能的帐篷主要是针对它的通风性做文章。

家庭帐在欧美以及日韩地区非常流行,这种帐篷空间大,一般由主厅与卧室构成,是很好的家庭聚会装备。

(二)按空间划分

帐篷按空间可分为单人帐、1.5人帐、双人帐、三人帐、4人帐……多人帐、会议帐(不具有睡眠功能的帐篷)等。

(三)按帐篷的形状划分

帐篷按形状可分为蒙古包帐、隧道帐、青蛙帐、金字塔帐、鱼脊帐、屋型帐、人字帐、球帐等。

四 湖南特色民宿代表和最佳露营地

(一)湖南特色民宿代表

1. 怀化黔阳古城:老爷巷客栈(见图3-1)

黔阳古城小巷中的老客栈,是一种古朴木质房屋,简单大气的竹质桌椅,泡着茶的女老板,给人一种古代客栈的历史感。地址:怀化市洪江市黔阳古城景区老爷巷13号。

图3-1 老爷巷客栈

2. 花垣县边城:悠然居(见图3-2)

"忙时井然,闲时自然;顺多偶然,逆多必然;得之坦然,失之怡然;捧则淡然,贬则泰然;悟通八然,此生悠然。"悠然居的格局是典型中国传统建筑的格局,宽敞明亮,精致典雅。走进院落,躁动的心也会逐渐平复、沉淀。地址:花垣县边城镇老码头旁。

图 3-2 悠然居

3. 张家界：米兰客栈（见图 3-3）

米兰客栈主体为土家风情建筑，客栈外观呈现出土家族建筑风情，淡蓝外墙、黑瓦阁楼、绛红窗套窗格、青竹栅栏，给人以田园人家的温馨体验。地址：张家界武陵源区天子山顶丁香榕村。

图 3-3 米兰客栈

4. 凤凰古城：印象凤凰公馆（见图 3-4）

印象凤凰公馆地处古城核心景点虹桥边的一条古老的巷子——兵房弄，周边环境优美，古色古香，印象凤凰公馆是凤凰古城保存最完好的两个四合院建筑风格古老民居，是极具文化底蕴的五星级民俗文化主题民宿。高高挂起的红灯笼，古朴大气的红漆雕花床，只在电视剧和博物馆中看到过的老式梳洗台……不禁让人想起巴金笔下的高家公馆。地址：凤凰古城虹桥东路后兵房弄 31 号。

5. 怀化黔阳古城：粟桐客栈（见图 3-5）

粟桐客栈为黔阳古城中新开的一家民宿，以店主本人的名字命名。店主将客栈定位为作家客栈，以接待文人骚客为主，但同时也接待其他客人。粟桐客栈的主人粟桐，谈不上是作家，是一个文学爱好者，所以客栈的房间命名带着浓浓的文学气息。1 号房"玉梅轩"，2 号房"昌龄庐"，3 号房"砚香斋"，4 号房"安达居"，5 号房"道丰阁"。这 5 号房是作家创作间，适合

图 3-4　印象凤凰公馆

图 3-5　粟桐客栈

边旅行边创作的朋友。地址:黔阳古城南正街 29 号。

6. 永顺县芙蓉镇:土司别院(见图 3-6)

土司别院是芙蓉镇唯一一家土家四合院纯吊脚楼客栈。在这里可以享受土家风情,领会湘西土司文化。值得一提的是,土司别院还接待过湖南省委书记杜家毫,演员刘晓庆、唐国强、孙海英、郑国霖等。地址:芙蓉镇核心景区内大瀑布旁。

图 3-6　土司别院

7. 凤凰古城:沱水人家客栈(见图 3-7)

沱水人家客栈是沱江边的一座吊脚楼,推开窗赏古城夜景,闭上眼听沱江流水潺潺。伴着流水声入梦,听着苗家山歌苏醒。跪坐蒲团,带你回到当年文学大家沈从文在这古城里生活的时代……地址:凤凰县沱江镇北边街 15 号。

图 3-7　沱水人家客栈

8. 张家界:冒骚客栈(见图 3-8)

冒骚客栈为张家界首家带游泳池和玻璃栈道的客栈。湘西人最常用的老坛子、木摇椅、竹筐竹篮、石磨石槽、衣柜和书案等老物件散落在客栈的各个角落,让人能真真切切体味到最地道、最质朴、最真实的大湘西民俗文化。地址:武陵源区武陵路工商银行斜对面。

图 3-8　冒骚客栈

9. 长沙:白沙民宿(见图 3-9)

远远望去,白沙民宿就是一户背依山林,前临池塘的农家,普通无奇。走进去却别有一番天地,俨然一个风格清新的乡村酒吧,可见民宿的主人才是真正懂得乡野之乐、懂得生活的隐世之人。地址:长沙县白沙镇的锡福村白沙民宿营地。

图 3-9　白沙民宿

10. 张家界:五号山谷乡村度假民居(见图 3-10)

远离城市喧嚣嘈杂,身边只有青草的芳香,耳边只有虫鸣蛙声,头顶只有浩瀚星空。到五号山谷乡村度假民居栖息留宿,"偷得浮生半日闲"。地址:张家界市中湖乡野鸡铺杨家界门票站旁。

图 3-10　五号山谷乡村度假民居

(二)湖南最佳露营地

1. 宁乡板仓国际露营基地

板仓国际露营基地位于长沙县开慧镇,其休闲、娱乐设施均很完善,环境清幽,不仅可以欣赏田园风光,体验农家乐,品尝农家特色菜,还可以进行 K 歌、排球、乒乓球、拓展、观看露天电影等活动。

2. 大围山国家森林公园

大围山是华中大三角(长沙、武汉、南昌)周边重要的森林生态景区,以山清水秀林幽而著称,被誉为"湘东绿色明珠"。大围山空气中负氧离子含量极高,天然水质含丰富的矿物质,是理想的避暑、休闲圣地。动植物资源丰富,堪称"动植物基因库"。地貌奇特,有比较完整的第四纪冰川分期、发生、发展及消亡系统。

3. 湘江巴溪洲

巴溪洲的优势是近,适合带孩子来此处体验露营的乐趣。巴溪洲就在岳麓区,洲上有温馨的洲岛风情、无人之境的静谧。面积1400亩,比橘子洲还大。洲上可用的建筑房屋15栋,可活动面积600亩以上,是以美丽的自然风光和古旧建筑为特色的露营旅游好去处。巴溪洲如一艘修长的航母静泊湘江,北部绿树丛林、群莺纷飞,南部银白的沙滩吻着湘水碧波,很是诱人。巴溪洲所处位置在猴子石大桥往南,坪塘镇汽车站对面。从南大桥到坪塘,约30分钟车程。

4. 道吾山/天湖

道吾山/天湖位于浏阳市北郊六公里处。道吾山峻特奇耸,峰岭起伏,素有一湖、三洞、六泉、十潭、十三溪、二十八岩、七十一峰之美景,其中"三绝(引路古松群、千年古刹兴华禅寺、高山天湖)、四奇(烟雨、雾霾、云瀑、雪霁)"更是久负盛名。天湖,即道吾山水库。炉罐潭,位于道吾山普安冲狮子溪中段的关门石上方,是溪流落水处,潭长约15米,宽10米,水深2—3米,形似炉罐,故曰"炉罐潭"。有鱼虾可捞,背风,远处有山崖,适宜扎营。

5. 香山冲水库

香山冲水库位于宁乡境内,水库不大,水质也一般,但里面风景优美。满山的翠竹,欢快流淌的小溪,让人顿感耳目一新。可以烧烤、野炊,也可露营。香山风景区作为"县城后花园",与香山冲竹林风景区连成一片的龙凤山旅游度假区,有丰富的自然景观和人文资源,凤栖湖幽深雅致,天圣寺香火旺盛,杨幺寨古朴神秘,是集休闲、旅游、度假于一体的风水宝地。

6. 茶亭水库

茶亭水库位于长沙望城区茶亭镇九峰山一带,是长沙近郊环境最好的水库之一,特别适合露营、烧烤、看星星、自行车骑行。周边有九峰山、西湖林场等可以游玩的地方。水库分为两梯级,第一级为大坝,放眼远望,视野开阔,空清气爽。沿大坝左方的水泥路向上为第二级小坝,周围青山绿水,空谷静谧。

7. 黑麋峰国家森林公园

黑麋峰相信大家已经很熟悉了,因山上有"变态坡",吸引了不少骑行爱好者前去挑战。同时,因山上有水库,也吸引了众多户外爱好者到此露营。有很多游客扎营于水库周边,在这里放风筝、爬山、烧烤、野餐。山上不乏山羊、牛、马等动物。山上一些农家的野味也不错。黑麋峰景色宜人,有佛家石、鹰嘴石、洞宾岩等奇石,颇引人遐想。茶花拥翠、湘水扬帆等景观也能使人游兴盎然。清代高僧常静等人在此圆寂后葬于此山,佛家多来此拜谒。

8. 白鹭湖水库

白鹭湖水库原名桐仁桥水库,位于长沙县高桥镇。因为生态、水质都较好,许多白鹭在此栖息、捕食,故称白鹭湖,是近年兴起来的一个旅游风景区。沿库区植树造林1200多亩,封山育林3000余亩,还修造了水榭亭台、休闲宾馆、竹篱茅舍,制定了爱鸟、护鸟公约,不仅近年引来大批游客,也引来大批野生动物和候鸟。方圆数十里,峰峦叠嶂,丛林茂密,薄雾缭绕,山花烂漫,有南方镜泊湖之美。每年三月至十月,数以万计的白鹭展翅飞翔,栖息林间,为度假村特有的景观。

9. 丰梅岭水库

丰梅岭水库位于长沙县北山镇,地处长沙森林公园黑糜峰之南,因盛产著名的正宗青梅,所以称丰梅岭。位于此处的峰梅湖水库,总面积200多亩,烟波浩渺,景色动人。四周群山环抱,山峦起伏,冬暖夏凉,风景秀丽。沿芙蓉路过伍家岭,再往北约20公里即到,生态水库,水质良好,适合扎营烧烤。

10. 武冈云山露营公园

武冈云山露营公园是2018湖南春季乡村旅游节的主场地之一,其总投资为1.8亿元,位于云山旅游区,以营地驿站、文化餐饮、生态休闲、野外拓展等项目为主,建设独立的5星级营地,打造4A级旅游区,将于2019年完成全部建设,届时可实现年接待游客20万人次。

模块四 "行"在湖南

项目一 认识湖南省的航空

航空运输作为交通运输的一个组成部门,与铁路、公路、水路和管道运输共同组成了国家的交通运用系统。航空运输凭借其运行速度快、机动性能好及高效益的特点,在经济全球化的浪潮中和国际交往上发挥着不可替代的作用。改革开放以来,我国旅游业与航空运输持续快速发展,机场作为民航主要基础设施得到不断建设,在为航空运输提供安全、正常、高效的运营保障的同时,为促进国家经济特别是带动地区经济和对外开放发挥了重要作用。截至2018年10月,湖南省拥有长沙黄花国际机场、张家界荷花国际机场2个国际机场和常德桃花源机场、永州零陵机场、怀化芷江机场、衡阳南岳机场、邵阳武冈机场5个国内机场,它们在促进湖南省区域旅游联系中发挥了越来越重要的作用。

知识目标

1. 了解湖南省航空的基本概况。
2. 熟悉湖南省航空的代表机场及航线。
3. 掌握湖南省代表机场的主要航线。

能力目标

1. 能说出湖南省的代表机场。
2. 能分析湖南旅游线路中涉及的机场及主要航线。

◎ 素质目标

1. 培养学生的信息素养。
2. 培养学生读图的能力。
3. 培养学生线路交通的分析、设计等综合职业素养。

◎ 任务导入

衡山＋长沙＋韶山＋张家界＋凤凰8日7晚跟团游·湖南精华景点全含,赠402元大礼包(资料来源:携程旅游网 http://vacations.ctrip.com/grouptravel/p2664300s2.html.)。

第1天:上海—长沙。

16:55从上海南乘火车赴长沙,开启震撼的湖南之旅(需自行前往火车站乘车,请提前1小时抵达候车),车程约1142公里,行驶时间约14小时。

住宿:火车硬卧。

第2天:长沙—南岳衡山—长沙。

上午7:15抵达长沙后,前往衡山风景名胜区(约140公里,行驶时间约2小时30分钟),游览约3小时30分钟。

下午14:30乘车(汽车或火车)返回星城长沙(约140公里,行驶时间约2小时30分钟)。

用餐:早餐(敬请自理),中餐√,晚餐√。

住宿:长沙晓园宾馆或长沙广圣风景酒店。

第3天:长沙—韶山—张家界。

上午7:40前往橘子洲、韶山(长沙至韶山约100公里,行驶约1小时30分钟)。

下午13:30乘车前往张家界武陵源(约310公里,行驶时间约5小时)。

用餐:早餐(敬请自理),中餐√,晚餐√。

住宿:张家界粤海楼酒店或张家界光宇酒店。

第4天:张家界国家森林公园(金鞭溪—杨家界—天子山—袁家界)。

上午8:00前往百龙天梯、金鞭溪大峡谷、张家界国家森林公园,游览约4小时。

下午13:00前往天子山、百龙天梯、袁家界,游览约2小时30分钟。

用餐:早餐√,中餐√,晚餐√。

住宿:张家界粤海楼酒店或张家界光宇酒店。

第5天:黄龙洞—天门山。

上午8:30前往黄龙洞,游览时间约2小时30分钟;12:00前往景点湖南印象(购物约1小时)。

下午 13:00 前往鬼谷栈道、天门山通天大道、天门山玻璃栈道与天门山国家森林公园,游览时间约 4 小时。

用餐:早餐√,中餐√,晚餐√。

住宿:张家界森林公园经济酒店或当地经济型酒店。

第 6 天:张家界—墨戎苗寨—凤凰。

上午 8:30 前往墨戎苗寨(约 313 公里,行驶约 3 小时),游览约 1 小时 30 分钟。

下午 13:00 乘车前往美丽的古城——凤凰古城(行驶距离约 150 公里,行驶时间约 2 小时),游览时间约 3 小时。

用餐:早餐√,中餐苗家宴,晚餐√。

住宿:凤凰煜华大酒店或凤凰江源宾馆。

第 7 天:凤凰古城—吉首(怀化)—火车硬卧。

上午 8:30 自由活动,漫步古城……

下午 13:30 乘车前往火车站,吉首火车站乘 K808(13:47)/K1374(16:23),或张家界火车站乘 K808(15:56)/K1374(18:28),火车硬卧返上海(备注:均为参考车次,具体以实际出票为准)。

用餐:早餐√,中餐√,晚餐(敬请自理)。

住宿:火车上。

第 8 天:抵达上海。

15:10 抵达上海南站,自行返回温馨的家,结束愉快行程(或 12:58 左右抵达上海,结束愉快行程)。

湖南机场分布如图 4-1 所示。

请阅读"衡山+长沙+韶山+张家界+凤凰 8 日 7 晚跟团游"的行程安排和湖南机场分布图,在保持原有旅游线路游览顺序基本不变的情况下,如果要把本线路中上海往返湖南的大交通换成航空运输,作为旅行社计调人员,小杨应该如何把本线路调整好?

任务解析

作为旅行社的计调人员,小杨可以分五步完成该任务。

1. 找出本旅游线路往返湖南所到达的市州

通过阅读本线路,我们发现上海往返湖南的大交通主要是上海至湖南长沙,怀化吉首至上海,涉及湖南的地州主要是长沙市和怀化市。该旅游线所涉及的旅游目的地涉及了长沙市、湘潭市、衡阳市、张家界市、湘西土家族苗族自治州和怀化市。衡山、长沙、韶山、张家界、凤凰的景点在地图上差不多呈长方形分布(见图 4-2)。

2. 找出并介绍本旅游线路湖南省境内所涉及的旅游目的地的机场

通过阅读旅游行程可以发现:本次旅游线路旅游目的地涉及的机场主要有长沙黄花国际

图 4-1 湖南机场分布图

图 4-2 衡山＋长沙＋韶山＋张家界＋凤凰 8 日 7 晚线路图

机场、张家界荷花国际机场、怀化芷江机场和衡阳南岳机场，它们当中的每一个机场距离此次行程中的旅游目的地之一（衡山、长沙、韶山、张家界、凤凰）都不远，在图上找出这些机场，并对这些机场的基本情况进行简单介绍，并重点关注这些机场是否开通了往返上海的航班，思考如果把旅游线路中上海往返湖南的大交通换成飞机是否可行。

3. 在保持原有旅游线路游览顺序基本不变的情况下所涉及的机场

通过步骤2可知：长沙黄花国际机场、张家界荷花国际机场、怀化芷江机场和衡阳南岳机场都有往返上海的航班。在保持原有旅游线路游览顺序基本不变的情况下，如果将上海往返湖南的大交通由铁路运输换成航空运输的话，我们可以从上海坐航班到达湖南长沙黄花国际机场，根据旅游线路环线设计的原则，依次游览衡山、长沙、韶山、张家界、凤凰，结束行程从离凤凰最近的怀化芷江机场坐航班返回上海，即上海往返湖南所涉及的长沙市和怀化市的机场主要有长沙黄花国际机场和怀化芷江机场。

4. 根据航线航班的分布，把旅游线路中上海往返湖南的大交通换成飞机

根据本旅游线路中涉及的旅游目的地，可知上海浦东\上海虹桥机场飞往长沙黄花国际机场和怀化芷江机场飞往上海浦东\上海虹桥机场的两条航线都已开通并且每天都有航班。其中，上海浦东\上海虹桥机场至长沙黄花机场的航班每天不少于10班，怀化芷江机场飞往上海浦东\上海虹桥机场的航班每天只有下午一班。除此之外，上海浦东机场至张家界荷花机场，上海浦东机场至衡阳南岳机场每天也有航班。

5. 优化旅游线路，确定合理方案

仔细阅读旅游线路，不难发现该线路在第二天的行程中（长沙—南岳衡山—长沙）存在走重复线路的现象，在保持原有旅游线路游览顺序基本不变的情况下，为减少线路安排中转乘次数，我们可以对该段行程稍作调整，将上海浦东\上海虹桥机场飞往长沙黄花国际机场的航班调整为上海浦东机场飞往衡阳南岳机场。结合线路中的时间节点安排，可知上海浦东机场飞往衡阳南岳机场的航班和怀化芷江机场飞往上海浦东机场的时间跟原有线路的时间节点基本差不多，并可减少长沙往返衡阳次数。

知识链接

一 湖南航空运输概况

航空运输是以民用客机为主要运输工具、以航空交通线为线路、以机场为始终停靠站的一种运输方式。与其他运输方式相比，其最大的特点是快捷、舒适、安全，能跨越地面各种天然障碍，尤其能满足现代旅游者惜时如金的心理需求。因此，航空运输是长途、远距离旅行的理想运输方式，在长距离国际、国内旅游中处于绝对垄断地位。其不足之处是载运能力小、能源消耗大、运输成本高、受天气的影响较大。另外，由于飞机起落时噪声污染较大，机场一般选择建设在离市中心有一定距离的郊区，为此航空交通必须与其他交通工具相互配合，才能完成旅游交通服务。

湖南航空业起步于三线建设时期，起步早，基础牢，在全国具有举足轻重的地位。改革开

放以来,湖南民航事业在为航空运输提供安全、正常、高效的运营保障的同时,为促进地区经济社会发展,扩大对外开放,拉动旅游产业,在提升国际竞争力、区域竞争力、城市竞争力等方面发挥了重要的支撑作用。截至2018年10月,湖南省拥有长沙黄花国际机场、张家界荷花国际机场2个国际机场和常德桃花源机场、永州零陵机场、怀化芷江机场、衡阳南岳机场、邵阳武冈机场5个国内机场,在建岳阳机场、湘西机场、郴州机场,并且规划了邵阳邵东机场、娄底机场;累计引进62家航空公司,开通航线330条,通航城市达136个,构建了通达亚、欧、美、非、大洋洲的国际航线网络。

二 湖南现有机场

截至2018年10月,湖南省已建成机场分别为长沙黄花国际机场、张家界荷花国际机场、常德桃花源机场、永州零陵机场、怀化芷江机场、衡阳南岳机场和邵阳武冈机场共7个机场。

(一) 长沙黄花国际机场

长沙黄花国际机场(Changsha Huanghua International Airport,IATA:HHA,ICAO:ZGH),位于湖南省长沙市长沙县黄花镇,距离长沙城区10公里,为4F级民用国际机场,是中国十二大干线机场之一、国际定期航班机场、对外开放的一类航空口岸。2016年1月,机场成为实行72小时过境免签政策的航空口岸。

长沙黄花国际机场于1986年动工兴建,于1989年8月29日正式启用;2011年7月19日,T2航站楼启用;2017年3月30日,按照4F标准建设的第二跑道正式投入运营,机场长3800米、宽60米。截至2017年8月,长沙黄花国际机场总建筑面积达21.2万平方米,有长3200米的4E级跑道,可满足年吞吐量3300万人次;拥有基地航空公司四家,分别是中国南方航空、海南航空、厦门航空、奥凯航空。

截至2017年10月,黄花机场拥有通往国内、国际共100余条定期航线,机场每周航班执行密度超过2700余架次,直飞航线已经包括首尔、曼谷、洛杉矶、安克雷奇、济州岛、马尔代夫等30多个国际航点。黄花机场还与国际知名的法国巴黎戴高乐国际机场、美国亚特兰大国际机场、比利时布鲁塞尔国际机场和阿联酋迪拜国际机场被一同列入"国际三星机场"名录。

(二) 张家界荷花国际机场

张家界荷花国际机场(Zhangjiajie Hehua International Airport,IATA:DYG,ICAO:ZGDY)(曾称大庸机场、张家界荷花机场),位于湖南省张家界市,为湖南省第二大国际机场。是中国自然风景最漂亮的机场之一,可远观天门洞。于1991年11月正式动工,1994年8月竣工,机场总占地面积363公顷,现为4D级民用机场,跑道长2600米,宽60米,共有19个停机位。近年来,该机场分别成功举办了世界特技飞行大赛暨飞行"穿越天门洞"活动、全国跳伞锦标赛和中俄空军特飞表演,使张家界和该机场的知名度大大提高,极大地推动了旅游业的发展,2011年升级为国际机场。

张家界荷花机场从1994年8月18日正式通航至今,旅客吞吐量逐年攀升,先后开通了至北京、上海、广州等59条国内航线,开通了韩国首尔、日本大阪、泰国曼谷和香港、台北、高雄等20个境外直航点,实现旅客年吞吐量近160万人次。但除上海、北京、广州、天津、成都、长沙、西安、青岛、沈阳、南京之外，其他城市并不是每天都有航班，航空时刻表经常变化，因此要以当地售票处电脑上显示的班次为准。

（三）常德桃花源机场

作为湖南省第三大机场，常德桃花源机场始建于1958年，1964用"运五"飞机开通了常德至长沙客货航班。1991年经扩建为3C级机场。为适应航空市场的飞速发展，机场多次扩建，2015年12月23日新机场正式启用，以中南地区一流的4D级机场标准面向游客，新航站楼可满足年度吞吐量旅客220万人次。

截至2018年4月，常德桃花源机场通航城市已有北京、上海、广州、深圳、昆明、天津、南宁、海口、成都、西安、杭州、郑州、济南、兰州、珠海、温州等16个大中城市。

（四）永州零陵机场

永州零陵机场始建于1938年，1965年中央军委改建零陵机场，1966年8月动工，1969年10月竣工，同年海军航空兵部正式接收使用。1993年经国务院、中央军委批准海军零陵机场实行军民合用，按4C级机场标准进行改、扩建。2001年4月30日，零陵机场正式通航，并先后开通过永州至长沙、海口、深圳、广州等航线。

（五）怀化芷江机场

怀化芷江机场，始建于1936年10月，建成于1942年。抗战时期为中美空军重要军事基地，有"远东第二大机场"之称。1945年，中日双方曾在此举行了举世瞩目的"洽降会议"，宣告侵华日军的最后失败。

2003年元月，芷江机场改扩建项目开工，经过两年建设，2005年12月正式通航，可满足波音737型飞机全载起降。2014年，芷江机场年旅客吞吐量首次突破20万人次大关。截至2018年4月3日，芷江机场已开通至广州、北京、上海、昆明、西安、海口等地的航线。

（六）衡阳南岳机场

衡阳南岳机场位于湖南省第二大城市、中南重镇、全国重要综合交通枢纽——衡阳市衡南县城云集镇，衡阳中心城区通过蒸湘南路直达南岳机场。2014年12月23日，衡阳南岳机场正式通航。2017年，衡阳南岳机场运输航班4962架次，同比增长37%，运输旅客470519人次，同比增长51%，其中吞吐量位居全省第三。截至2018年6月，衡阳南岳机场已开通了北京、上海、昆明、三亚、西安、杭州、海口、青岛、贵阳、南宁、济南、张家界、重庆、大连、珠海、天津、北海、福州、兰州、汕头、太原等地多条航线，以衡阳为核心，辐射邵阳、郴州、永州、娄底和炎陵、攸县、茶陵、湘潭县、株洲县等周边多个市县，受益人口超过3000万。湘南航空枢纽网络已初具雏形，成为展现衡阳经济社会发展成果的一个重要窗口。

（七）邵阳武冈机场

武冈机场是湖南省目前海拔最高的支线机场，距离邵阳市区120公里、武冈市区约9公里，距长沙黄花国际机场约360公里、张家界荷花国际机场约450公里、桂林两江国际机场约260公里，距世界自然遗产崀山30公里，距湖南唯一一个国家公园——湖南南山国家公园50公里，地理位置处于湖南省西南部区域中心，可辐射周边衡阳、怀化、永州、桂林等地，人口

2500多万,是湘西南乃至中国西南黄金旅游线上的一个重要节点。于2017年6月28日正式通航,截至2018年6月28日,武冈机场已相继开通了北京、郑州、长沙、海口、昆明、杭州、重庆、兰州、深圳等九个城市的航线。

任务拓展

湖南××旅行社计调小杨准备针对北京游客设计一条湖南省境内精华景点七日游旅游线路,其中,北京往返湖南的大交通为航空运输,线路涉及湘潭(韶山)—张家界(武陵源、天门山景区)—湘西(凤凰古城)—邵阳(崀山),如果你是××旅行社计调,请把本线路涉及的机场及主要航线找出来,并设计好该线路的主要大交通(详见湖南景点分布图4-3)。

图 4-3 湖南景点分布图

项目二 认识湖南省的轨道交通

轨道交通是指运营车辆需要在特定轨道上行驶的一类交通工具或运输系统。湖南省位于中国的南部,处于长江中游,轨道交通发展迅速,是华南轨道交通的重要枢纽。目前境内有普通铁路、高速铁路、地铁和磁悬浮轨道等系统。其中湖南铁路交通有京广客运专线、沪昆客运专线两大高速铁路干线,有京广线、沪昆线、湘桂线、石长线、洛湛线、焦柳线、渝怀线等7大铁路干线。此外,连接长株潭城市群的城际快速铁路已部分通车;长沙地铁1号线、地铁2号线、长沙磁浮快线也已开通运营。发达的轨道交通为湖南省旅游业的发展创造了较好的出行条件。

知识目标

1. 了解湖南省轨道交通的基本概况。

2. 熟悉湖南省的轨道交通的主要类型和主要枢纽。

3. 掌握湖南省轨道交通的主要干线。

能力目标

1. 能识别湖南省不同的轨道交通。

2. 能找出湖南省轨道交通的主要枢纽和主要干线。

3. 能分析湖南旅游线路中涉及的轨道交通的特色。

素质目标

1. 培养学生的信息素养。

2. 培养学生读图的能力。

3. 培养学生线路交通的分析、设计等综合职业素养。

任务导入

长沙到张家界天门山玻璃栈道、黄龙洞、凤凰城纯玩五日游

第1天：长沙早发车，赴张家界，下午游览黄龙洞。

上午行程：导游或者司机早上7:30在长沙火车站广场与客人集合，乘33座、37座或45座大巴车，走长张高速赴美丽的张家界，沿途观三湘四水，中午抵达张家界。

下午行程：游览享有"世界溶洞全能冠军"之称的【黄龙洞景区】（门票100元已含）。黄龙洞2005年被评选为"中国最美的旅游溶洞"，洞中灯火阑珊、石笋林立，犹如一株株古木错节盘根，洞中有洞，洞中有河，无奇不有，真乃名副其实的"地下魔宫"，洞中还有投保一亿元的石笋定海神针、响水河、龙王聚会厅、天仙水、天柱街等著名景点。参观洞中著名景点：龙舞厅、响水河、天仙水、天柱街、龙宫、迷宫、定海神针等景点。

用餐：早餐（敬请自理），中餐√，晚餐√。

住宿：武陵源。

第2天："世界峰林之王"天子山景区、阿凡达圣地——袁家界景区、十里画廊景区一日游。

上午行程：酒店出发赴索溪峪门票站，进入张家界国家森林公园（245元门票+5元保险已含，游览两天），可乘天下第一梯——百龙天梯（赠送百龙天梯单程72元/人），到达袁家界景区，游览袁家界景区。袁家界地处张家界世界自然遗产的核心，海拔1000余米，四周陡壁悬崖，矗立在武陵山区之中。乘坐高达326米的百龙天梯，不到两分钟，袁家界景区便赫然展现在面前。极目远眺，峰峦叠嶂，武陵千山万壑霎时奔向眼底，千姿百态的奇峰怪石，宛若一柄柄利刃齐刺蓝天，好似一派"峡谷翻澜千柱抵"的壮丽景象。俯瞰清幽壑谷，云雾缭绕，一种"人在壁上走，云在脚下飘"的神奇感觉油然而生。

下午行程:乘车前往世界峰林奇观——天子山风景区,游览天子阁、西海石林、御笔峰、仙女献花、贺龙公园、石船出海、采药老人、贺龙铜像等景点,天子山下山有两种方式:索道或步行,要求乘索道下的旅游者需自行排队购票,单程为72元/人/次(时长为7分钟),或步行(步行2.5个小时),下山后游览巧夺天工的十里画廊景区(可选择步行或乘坐观光小火车,单程为38元/人/次,费用自理),沿途可欣赏天台、三姐妹峰、向王观书、寿星迎宾、采药老人、锦鼠观天、猛虎啸天等景点,乘环保车到武陵源门票站,出景区。入住酒店后当天旅游行程结束,到次日早餐前为自由活动时间,游客需注意自身安全。晚上,可以选择观看《星光大道》合作伙伴、央视春晚《追爱》节目原型——魅力湘西大型民俗歌舞演出,品鉴中国入座率排行第一的旅游视听盛宴(晚会票228元/人,游客自行购买,观演时间约2个小时)。

用餐:早餐√,中餐√,晚餐√。

住宿:武陵源。

第3天:张家界国家森林公园:黄石寨景区、金鞭溪景区一日游。

上午行程:漫步"中国最美丽的大峡谷"——金鞭溪。金鞭溪全长7.5公里,步行游览约2.5小时。金鞭溪是天然形成的美丽溪流,因金鞭岩而得名,溪谷植被繁茂,溪水四季清澈,被称为"山水画廊""人间仙境"。沿途游览金鞭岩、神鹰护鞭、劈山救母、醉罗汉、文星岩、紫草潭、千里相会、水绕四门、观音送子、师徒取经、长寿泉、蜡烛峰、双龟探溪、秀才藏书等著名景点(说明:金鞭溪全长7.5公里,本社只安排客人游览最精华的部分,即母子峰、金鞭岩、师徒取经、神鹰护鞭、劈山救母)。

下午行程:游览大氧吧广场(每立方厘米空气中含8—10万个负氧离子),登海拔1200米,到达有"不上黄石寨,枉到张家界"之美誉的黄石寨景区(可自费选择乘黄石寨索道上下山,单程65元/人/次或选择步行)。千山万壑尽收眼底,沿着山顶环寨游道行走,可欣赏黄石寨绝美的自然风光,沿途有六奇阁、摘星台、双门迎宾、五指峰、雾海金龟、天然壁画、黄石松、回音壁、九重壁等景点,游览结束后返回市区酒店住宿。

用餐:早餐√,中餐√,晚餐(敬请自理)。

住宿:市区。

第4天:游览"美丽张家界的新传奇"天门山国家森林公园,乘车赴凤凰古城。

上午行程:早餐后乘车前往天门山风景区(门票258元已含)乘坐世界最长的高山客运索道——天门山索道(门票包含大索道费用),索道全长7455米,高差1279米,体验凌空飞仙般的神奇感觉,感受腾云飞翔带给您的刺激与震撼,空中欣赏壮丽的山水画长卷,历经40分钟左右直达天门山山顶。登张家界之巅云梦仙顶俯瞰张家界全景,体验凌空独尊的豪情,一览山河壮美。乘山顶小缆车(自费项目:单程25元/人)至樱桃湾,在树梢上飞渡欣赏原始空中花园美景——游天界佛国天门山寺,感悟仙山名刹的神圣、朝拜释迦牟尼舍利子等;前往天门山西线体验鬼谷栈道的惊心动魄,体验"云生脚下、奇峰尽览、万象目中"的豪迈感觉,在峭壁云端纵情尖叫,返凌霄台欣赏城区风光,领略山水长卷的磅礴气势,最后返回索道上站广场。

下午行程:乘索道下山至中站,换乘观光汽车体验99弯通天大道奇绝,感受"天下第一公路奇观"通天大道的惊奇体验,攀登999级台阶的上天梯,至天门洞体验自然造化的神奇和震撼冲击,参观1999年世界特技飞行大师驾机穿越的天门洞、2006年俄罗斯空军重型战斗机试图穿越的天门洞,乘观光汽车下山,16:30左右赴人杰地灵、民族风味浓郁的凤凰古城。

夜游凤凰:凤凰古城是中国最美丽的古城之一,夜景更是让人痴迷。在沱江边上放飞河灯,为家人、朋友祈祷、祈福,泛泛沱江之水伴着你美好的愿望,在凤凰之夜成为一道亮丽的风景线;凤凰古城的酒吧,更是喧闹而不失浪漫情调;走在明清风格的石板街上,感受沈从文笔下《边城》的古朴,丰富繁多的当地特产、手工艺品更是让你爱不释手。

用餐:早餐(敬请自理),中餐(敬请自理),晚餐(敬请自理)。

住宿:凤凰。

第5天:中国最美丽的小镇——凤凰古城一日游,车赴长沙送团。

上午行程:酒店用完早餐后,游览中国最美的古城——凤凰,欣赏明清风情石板街、万名塔、跳岩、沙湾吊脚楼、北门城楼、凤凰文化广场、古城墙等凤凰古城佳景(凤凰古城通票148元已含),游览沈从文故居、杨家祠堂、沱江泛舟、东门城楼、虹桥艺术楼、熊希龄故居等故居类型的景点。

下午行程:中餐后,乘坐旅游专车赴长沙(约6个小时),大约晚上21:00抵达长沙,在长沙火车站结束行程,自由散团。

用餐:早餐√,中餐√,晚餐(敬请自理)。

(资料来源:欣欣旅游网.http://www.cncn.com/xianlu/381213836193.)

请阅读"长沙到张家界天门山玻璃栈道、黄龙洞、凤凰城纯玩五日游"的行程安排和湖南省政区图(请自行查阅),如果要把本线路的主要交通换成轨道交通,作为旅行社计调人员,小杨应该如何把本线路调整好?

任务解析

作为旅行社的计调人员,小杨可以分五步完成该任务。

1. 找出本旅游线路沿途所经过的主要市州

通过阅读本线路发现,本线路的主要交通路线是从长沙乘汽车出发经长张高速到达张家界,再从张家界乘汽车到达湘西土家族苗族自治州的凤凰古城,最后从凤凰古城再乘汽车返回长沙。而通过读湖南省政区图可以发现,本线路沿途经过的主要市州是长沙市、益阳市、常德市、张家界市、湘西土家族苗族自治州。

2. 找出并介绍本旅游线路沿途所经过的市州之间的铁路干线

通过读湖南省政区图可以发现,长沙过益阳到常德有石长铁路干线,常德过张家界到湘西土家族苗族自治州有焦柳铁路干线。而从湘西土家族苗族自治州返回长沙,可以原路返回;也可以由焦柳线到达怀化,再从沪昆线经怀化、娄底、益阳、湘潭、株洲,再经京广线或京广高速铁路或城际铁路到达长沙,还可以由焦柳线到达怀化,再从沪昆高速铁路经邵阳、娄底、湘潭,到达长沙。在图上找出这些铁路干线,并进行简单介绍,重点介绍这些干线在湖南省的情况。

3. 找出本旅游线路沿途所经过的铁路干线之间的主要铁路枢纽,并简单介绍其火车站

通过读图可以发现,石长铁路干线与焦柳铁路干线相交于石门,焦柳线与沪昆线相交于怀化,沪昆线与京广线相交于株洲,沪昆高速铁路在长沙与京广高速铁路交会。在图上找出这些枢纽城市,并对其火车站进行简单介绍。

4. 把旅游线路中的大交通调整为火车或高铁

根据本旅游线路沿途所经过的市州之间的铁路干线及其铁路枢纽,尽可能地把所有调整方案写出来。本线路大致可以有5种调整方案,其一是长沙经石长铁路干线到达常德,再经焦柳铁路干线过张家界,到达湘西土家族苗族自治州,然后原路返回长沙。其二是长沙经石长铁路干线到达常德,再经焦柳铁路干线过张家界,到达湘西土家族苗族自治州,再由焦柳线经怀化从沪昆线到株洲,再经京广线到长沙。其三是长沙经石长铁路干线到达常德,再经焦柳铁路干线过张家界,到达湘西土家族苗族自治州,再由焦柳线经怀化从沪昆线到株洲,再经京广高速铁路到长沙。其四是长沙经石长铁路干线到达常德,再经焦柳铁路干线过张家界,到达湘西土家族苗族自治州,再由焦柳线经怀化从沪昆线到株洲,再乘城际铁路到达长沙。其五是长沙经石长铁路干线到达常德,再经焦柳铁路干线过张家界,到达湘西土家族苗族自治州,再由焦柳线经怀化从沪昆高速铁路经邵阳、娄底、湘潭,到达长沙。

5. 比较调整方案,确定一个合理的方案

根据交通选择以迅速、舒适、安全、方便为基本标准的原则,线路中应该尽量减少候车时间,即要尽量减少转乘次数;按照时间合理性原则,尽量选择距离短、车速快的线路,尽量缩短交通运行时间,选择正点、准时的交通工具。由于高速铁路比普通铁路乘车环境舒适、方便、快速而且准时,因而在轨道交通的选择中,尽量选择高速铁路出行。基于以上原因,上述5种调整方案中,最合理的是第五种,即长沙经石长铁路干线到达常德,再经焦柳铁路干线过张家界,到达湘西土家族苗族自治州,再由焦柳线经怀化从沪昆高速铁路经邵阳、娄底、湘潭,到达长沙。

知识链接

一 湖南轨道交通概况

轨道交通是指运营车辆需要在特定轨道上行驶的一类交通工具或运输系统。常见的轨道交通有传统铁路(国家铁路、城际铁路和市域铁路)、地铁、轻轨和有轨电车,新型轨道交通有磁悬浮轨道系统、单轨系统(跨座式轨道系统和悬挂式轨道系统)和旅客自动捷运系统等。轨道交通普遍具有运量大、速度快、班次密、安全舒适、准点率高、全天候、运费低和节能环保等优点,但同时常伴随着较高的前期投资、技术要求和维护成本,并且占用的空间往往较大。

湖南省轨道交通发达。其中铁路交通在湖南境内已形成了"田"字形网络。湖南省东西南北均有干线贯穿,进出省通道11个,高速铁路通车里程已超过1000公里,居全国第一。在路网中担负着承东启西、沟通南北的功能。目前,湖南正加快蒙华铁路荆岳段和岳吉段、怀邵

衡铁路、黔张常铁路等项目的建设,推进张吉怀铁路、洛湛铁路益娄段和邵永段等项目前期工作,加快形成"六横六纵"的干线网格局。

目前湖南省南北有京广高速铁路通过,东西有沪昆高速铁路通过,而境内还有娄邵快速铁路和湘桂快速铁路,高速铁路的通车里程居全国第一,高铁枢纽有长沙南站、衡阳东站、怀化南站,目前常德市、益阳市、张家界市、湘西自治州还没有通高铁。

湖南城际铁路近年来也发展较快,连接湖南省长沙、株洲、湘潭三个城市的长潭株城际铁路的长沙站以南段于2016年12月26日建成通车,长沙站以西段于2017年12月26日建成通车。规划中的还有"3+5"长株潭城市群城际铁路和长益常城际铁路。"3+5"长株潭城市群城际铁路规划有7条线路,线网规划1200公里;主干线网结构可以描述为"一竖两横加半圆":"一竖"是岳阳—长株潭—衡阳;"两横"分别是长沙—益阳—常德,湘潭—娄底;"半圆"是汨罗—益阳—娄底—衡阳。另外还有支线,分别为:长沙—浏阳,株洲—醴陵,湘潭—韶山—宁乡,长沙—湘潭(西线)。长益常(长沙—益阳—常德)城际铁路总长170公里,线路位于湖南省西北部,处在长株潭城市群以及环洞庭湖生态经济圈的长株潭—益阳—常德城镇产业聚合带内。

长沙地铁第一条线路于2014年4月29日开通,目前共开通了两条地铁线,在建的有四条,至2030年长沙将建设6条地铁骨干线和6条补充线共12条地铁线路,线路总长约456公里。连接长沙火车南站和长沙黄花国际机场的长沙磁浮快线已于2016年5月6日正式通车试运营。

二 湖南主要火车站

湖南省境内铁路呈"田"字形网络,有南北方向的京广线、洛湛线、焦柳线和东西方向的石长线、沪昆线、湘桂线等铁路干线。长沙、株洲、衡阳、益阳、娄底、石门、怀化等是重要的铁路交会点。高铁枢纽则主要有长沙南站、衡阳东站、怀化南站。目前形成了长沙、株洲、衡阳、怀化4大铁路中心和一些主要客运车站,其中特等站有长沙南站、株洲站、衡阳站、怀化站,一等站有长沙站、岳阳站、岳阳北站、娄底站、永州站、郴州站等。

(一) 长沙市

1. 长沙站

长沙站,隶属于广州铁路(集团)公司,是中国铁路客运一等站。车站位于湖南省长沙市芙蓉区车站中路与五一大道交汇处以东、东二环荷花路口以西之间。车站始建于1912年,1975年重建,2015年改扩建。

京广铁路、石长铁路及长株潭城际铁路在本站交汇,并规划兴建长益常城际铁路、长浏城际铁路在本站接轨。站场分为京广场和长株潭城际场,全站总面积达6.8万平方米,其中京广线石长线所在的普速场(西站房)位于西广场,长株潭城际站场(东站房)位于东广场。东西两个站房均可以持车票享受快速便捷换乘。

2. 长沙南站

长沙南站(高铁车站)位于长沙市雨花区黎托乡花侯路,是连接京广高速铁路与沪昆高速铁路的重要枢纽,也是中南地区的区域性铁路客运中心、长沙高铁新城的重要组成部分。

长沙南站设有京广、沪昆2个车场,站房建筑面积27.8万平方米,新建东广场16.9万平方米,于2016年底启用。车站配套设有黎托高速汽车站、地铁站进出口、公交汽车站、出租车经停区等,实现铁路、公路及城市轨道交通的无缝对接。

(二)株洲火车站

株洲火车站位于湖南省株洲市芦淞区人民中路103号。为中国中南部国家级铁路枢纽,和郑州并称为"北郑南株"。株洲有"被火车拖来的城市"之称,是中国中南部重要的铁路十字枢纽。京广、沪昆两大铁路干线在这里交汇,株洲站是中国客货运输特等站之一,平均每3分钟接发列车一次,日接发车达230趟之多,日均客流量约1.6万人。

(三)衡阳市

1. 衡阳火车站

衡阳火车站位于衡阳市东部珠晖区车坪1号,站型为纵列式两级两场,分为南场和北场,车站按业务性质为客货运综合性车站。途经铁路有京广铁路、湘桂铁路、衡茶吉铁路。

2. 衡阳东站

衡阳东站位于衡阳市区最东部的珠晖区耒水河东岸(在衡阳站之东),西临衡阳大学城。衡阳东站是湖南省第二大高铁站,其建筑规模及客流量在湖南省的高铁站中仅次于长沙南站。途经铁路有京广高铁、湘桂高铁、吉衡铁路、怀邵衡快铁及未来的安张衡铁路、衡福高铁。

(四)永州火车站

永州火车站位于湖南省永州市冷水滩区河西珊瑚路与潇湘大道的交会处,现为一等站,是湘南地区最大的铁路枢纽站和最大的客运站,途经铁路有湘桂线、衡柳线、洛湛线。永州站是湘南地区最大的一个高铁动车组和普速列车同时上下乘运行的车站,是湖南省去往广西的主要通道。

(五)怀化市

1. 怀化南站

怀化南站位于湖南省怀化市鹤城区湖天南大道的南端东侧,是沪昆高铁、怀邵衡快铁和张吉怀高铁(在建)的高铁、普铁共用的枢纽站,主要以高铁客运业为主。车站已设沪昆、怀邵衡两场,总面积约17.2万平方米。

2. 怀化火车站

怀化火车站位于湖南省怀化市鹤城区鹤洲路,建于1972年,原为二等站,由于服务水平的提高,客流增加,现为一等站。怀化市素有"火车拖来的城市"之喻,国家重要铁路动脉沪昆铁路和焦柳铁路及渝怀铁路呈"大"字在城区交汇。

(六)娄底市

1. 娄底火车站

娄底火车站在湖南省娄底市区氐星路与月塘街交汇处,建于1958年,位于沪昆铁路、洛湛铁路交会处,现为一等站。娄底火车站是国家铁路网规划"八纵八横"重要枢纽站,是东西方向的物流运输重要关口,是南北大(同)湛(江)重要出海通道。2016年6月底,娄底站升级改造完成。实现了客货分流,旅客上下方便快捷,大大提高了娄底站的运输能力。

2. 娄底南站

娄底南站位于湖南省娄底市万宝镇,是沪昆高铁长昆段重要站点之一。在湖南高铁站中,娄底南站的规模只小于长沙南站、衡阳东站、怀化南站,是湖南高铁第四大站,是沪昆高铁长沙南至新晃西第三大高铁站。

根据国家发改委发布的《中长期高速铁路网规划图》,届时娄底南站将形成沪昆高铁连接东西、呼南高铁纵贯南北的"双高铁"格局,娄底将成为继长沙之后,湖南省第二个境内有两条国家高铁主通道呈"十"字形贯通的城市。另外,娄邵快速铁路进这里上高铁线,未来规划的铁路线有安张衡快铁、呼南高铁、长株潭城际铁路延长线等。

(七)益阳火车站

益阳火车站位于湖南省益阳市高新区,建于1997年,现为二等站。是湘北地区重要的交通枢纽,途经铁路有石长线、洛湛线、石长复线。

(八)石门县北站

石门县北站位于湖南省常德市石门县东城开发区,1993年10月14日,石门县北站破土动工。1995年石门县北站开站办理行车和货运业务。2009年石门县北站改扩建工程客运站房奠基,2013年6月竣工,2013年7月1日重新开通客运。途经铁路有焦柳线、石长线、洛湛线。

三 湖南省境内的主要铁路干线

(一)普通铁路

湖南省境内铁路呈"田"字形网络,有南北方向的京广线、洛湛线、焦柳线和东西方向的石长线、沪昆线、湘桂线等铁路干线。

1. 南北向的主要干线

京广线在湖南省境内经湘北岳阳市向南过省会长沙,沿湘江经过株洲、衡阳、郴州,之后再进入广东省。京广线与湘桂线相交于衡阳,与沪昆线相交于株洲。

洛湛线经常德石门县进入湖南境内,过湖南常德、益阳、娄底、邵阳、永州,之后进入广西境内。洛湛线与湘桂线相交于永州,与沪昆线相交于娄底。

焦柳线向南过界溪河进入湖南境内,在石门县北站与石长铁路连接,在怀化与沪昆铁路、渝怀铁路相交;在彭莫山进入广西境内。焦柳线在湖南省境内经常德、张家界、湘西土家族苗族自治州、怀化。

2. 东西向的主要干线

石长线是石门到长沙的一条铁路,全线位于湖南境内。西起焦柳铁路石门县北站,东接京广铁路捞刀河站,全长 264 公里。石长铁路是湖南第一条股份制铁路,由中国铁道部和湖南省政府合资兴建,由石长铁路有限责任公司管理和经营。石长铁路北起石门县,经常德、益阳到达长沙,北接焦柳线,中连洛湛铁路娄益段,东南接京广线,其石门至益阳段与洛湛通道兼容。

沪昆线的湘黔铁路段自京广线上的株洲田心站出岔,经湘潭、娄底、益阳、怀化进入贵州。

湘桂线自京广线上的衡阳站向西南引出,经永州,在越城岭东侧进入广西壮族自治区境内。

(二) 高铁

目前湖南省南北有京广高速铁路通过,东西有沪昆高速铁路通过,而境内还有娄邵快速铁路和湘桂快速铁路。根据 2009 年试行的《高速铁路设计规范(试行)》规定,高速铁路是指新建铁路旅客列车设计最高行车速度达到 250 公里/小时及以上的铁路。根据以上定义,设计时速 250 公里以下(到时速 160 公里)的就只是快速铁路,快速是相比于时速 160 公里以下的普速铁路。中国铁路扩能改造最高只能修建快铁(而高铁规定是新建)。所谓湘桂高速铁路其实是湘桂铁路扩能改造,如娄邵铁路扩能改造而产生娄邵快速铁路一样,只是快铁。

1. 京广高速铁路

京广高速铁路(又称京广客运专线、京广客专、京广高铁)是中国运营中的高速客运专线之一,始于北京西站,经过北京、河北、河南、湖北、湖南、广东 6 省市,止于广州南站,基本与京广铁路平行。京广高速铁路在湖南省境内与京广线穿过的地市基本一致,即经湘北岳阳市向南过省会长沙,沿湘江经过株洲、衡阳、郴州,之后再进入广东省。

2. 沪昆高速铁路

沪昆高速铁路(又称沪昆铁路客运专线、沪昆高铁或沪昆客专),2014 年 12 月 16 日开通长沙南站—新晃西站,在湖南省境内经过长沙、湘潭、娄底、邵阳、怀化。沪昆高速铁路在长沙与京广高速铁路交会。沪昆高铁途经长沙、韶山、邵阳、娄底、新化、怀化、凤凰等多个旅游景点,贯通湖南东、中、西。

3. 湘桂快速铁路

湘桂快速铁路由衡柳高速铁路和柳南客运专线组成,起于湖南省衡阳市,接京广高速铁路,经永州进入广西壮族自治区。湘桂快速铁路是中国大批旧铁路扩能改造浪潮里修建的一条铁路,连接湖南衡阳市区和广西南宁市区,正线全长 721 公里,客运时速 200 公里(预留 250

公里),客货共线。2013年12月全线建成通车,被误称为湘桂高速铁路。

4. 娄邵快速铁路

娄邵快速铁路是娄邵铁路以扩能改造名义做的新线,连接湖南娄底市区和邵阳市区,正线93公里,客运时速200公里/小时(预留250公里),客货共线。是洛湛铁路一段,也是长娄邵快速通道的一段,2016年1月6日全线建成通车。

(四) 长沙磁悬浮列车

长沙磁浮快线于2014年5月16日开工,2015年12月26日试运行,2016年5月6日正式通车试运营。长沙磁悬浮快线连接长沙火车南站和长沙黄花国际机场,全程高架铺设,线路全长18.55公里,设磁浮高铁站、磁浮榔梨站和磁浮机场站三座车站。设计最高时速为100公里,平均时速65公里,每列最大载客量363人,并预留了半节行李车厢供城市值机行李托运。平稳、安静、无噪音。磁浮的磁辐射强度比电视机、电磁炉和微波炉还低。全线由蓝白和红白黑相间的5辆列车运行,每10分钟双向开行一趟列车,约20分钟行完全程。同时,乘客在车上可以享受4G的免费Wi-Fi网络和一站式的一卡通服务。

(五) 长株潭城际铁路

长株潭城际铁路,是连接湖南省长沙、株洲、湘潭三个城市的城际铁路,项目于2010年6月30日正式开工建设,其中长沙站以南段于2016年12月26日建成通车,长沙站以西段于2017年12月26日正式开通运营,这意味着贯穿湖南省会长沙与株洲、湘潭的长株潭城际铁路全线通车运营,三城开启"同城"模式。

长株潭城际铁路线路呈"人"字形走向,以长沙站为中心,向南至暮云后分岔,分别接入株洲站和湘潭站。长沙站向北至开福寺,然后向西穿越湘江至雷锋大道,再向西延伸至望城区长沙西站。全线共设站点24个,总里程105公里,设计时速200公里/小时。其中长沙站以南至株洲、湘潭段于2016年12月建成通车。全线开通后,运营车站由目前的16个站增加到23个站(其中株洲站城际场未开通)。全线通车后,起点长沙西至株洲南最快70分钟、至湘潭最快64分钟即可到达。

(六) 长沙地铁

截至2017年,长沙地铁运营线路共2条:长沙地铁1号线、长沙地铁2号线。截至2017年,长沙地铁在建线路共有4条:3号线一期、4号线一期、5号线一期、6号线中段。依据长沙市城市总体规划和综合交通规划,至2030年长沙轨道交通共建设6条地铁骨干线和6条补充线共12条地铁线路,线路总长约450公里。长沙轨道交通线网方案总体结构布局为"米字形构架,双十字拓展",整体上呈主副中心轴带放射形态。

(一) 长沙地铁1号线

长沙地铁1号线(Line1/红线),规划自长沙湘江航电枢纽到暮云街道的尚双塘站,全长

39.5公里,共规划设有28站,其中有8个与地铁的换乘站以及2个与城际铁路的换乘站。目前,该线一期工程(开福政府站—尚双塘站)已经开通运营。

长沙地铁1号线是长沙轨道交通南北向的核心线路,与地铁2号线五一广场站形成地铁"十字"。1号线与2号线的交汇,同时实现了与铁路、公路、航空、城铁的快速换乘,连通了伍家岭、五一广场、东塘、长株潭等核心商圈。此外,该线列车在国内首次实现永磁牵引系统在整列地铁车辆上的装载运营,可实现全线NFC手机支付乘地铁。1号线票价与2号线相同,均为2元6公里起步,超过6公里采用"递远递减"原则计价,全程最高票价6元,与2号线换乘最高票价7元。

(二) 长沙地铁2号线

长沙地铁2号线(Line2/冰蓝线),规划始于望城区的金桥交通枢纽附近到城东黄梆组团的光达站,全长42.1公里,共规划设有38个站,其中有13个站与地铁换乘以及3个站与城铁换乘。目前,该线一期工程、西延一期(梅溪湖西站—光达站)已开通运营。

长沙地铁2号线是长沙市地铁网络的东西向核心骨干线路,也是长沙市最早开工建设的地铁项目。线路自西端梅溪湖西站起,沿枫林路、五一路等城市主次干道,经岳麓区、天心区、芙蓉区、雨花区、长沙县,东段终于光达站。

长沙地铁2号线贯通长沙东西,连接城市"一主、两次",连接长沙汽车西站、长沙火车站、长沙火车南站三大客运枢纽,并与长沙地铁1号线十字交叉于五一广场站,开启了省会地铁的"换乘时代"。从始站梅溪湖西站到末站光达站需约48分钟,单程票最低2元,最高6元。

任务拓展

湖南××旅行社××计调准备设计一条以湖南轨道交通为主的湖湘文化之旅,线路涉及岳阳(岳阳楼、屈子祠)—长沙(岳麓书院)—湘潭(隐山)—娄底(曾国藩故居)—衡阳(南岳、石鼓书院)—永州(周敦颐故里)。如果你是该计调,请把本线路涉及的主要轨道交通枢纽和主要轨道干线分析出来,并设计好该线路的主要大交通。

项目三 认识湖南省的公路和水路

湖南省公路网络纵横交错,四通八达,目前已形成了以省会长沙为中心,以高速公路为主骨架,以国省干线公路为依托,以县乡公路为脉络的覆盖全省、辐射全国的布局合理的公路交通网络。湖南水资源丰富,内河航道条件优越,已初步形成了以洞庭湖为中心,以长沙、岳阳为湘江枢纽,湘、资、沅、澧四大干流为主干,沟通湖南省、通达长江及沿海的航道网。

知识目标

1. 了解湖南省公路、水路交通的基本概况。

2. 熟悉湖南省的主要国道和主要水路交通。

3. 掌握湖南省的主要高速公路。

◇ 能力目标

1. 能识别湖南省不同的公路和水路交通。
2. 能找出湖南省主要国道和高速公路的主要沿线城市。
3. 能分析湖南旅游线路中涉及的公路和水路交通的特色。

◇ 素质目标

1. 培养学生的信息素养。
2. 培养学生的读图能力。
3. 培养学生线路交通的分析、设计等综合职业素养。

任务导入

郴州到张家界国家森林公园、天子山、黄石寨汽车3日游

行程安排如下。

第1天:郴州张家界。

用餐:早餐(无),中餐(无),晚餐√。

在郴州指定地点集合乘大巴,沿途欣赏美丽的自然风光,抵达张家界入住宾馆(大约8个半小时抵达张家界)。

第2天:张家界—天子山风景区。

用餐:早餐√,中餐√,晚餐(无)。

早餐后参观天子山风景区,游览西海、贺龙公园、御笔峰、仙女散花等景点。天子山被誉为"天下峰林之王",千座山峰兀立云雾中,峰峦层列,犹如仙景,观自然风光原始风景区,山下游览十里画廊漫游而下,其溪流流淌其间。游览结束后出景区返回宾馆,自由活动。

第3天:张家界郴州。

用餐:早餐√,中餐(无),晚餐(无)。

早餐后参观张家界国家森林公园黄石寨、金鞭溪,此地风景独特,被世人誉为"巧夺天工的画廊"。两岸群峰耸立,人在画中游,走进金鞭溪,溪水轻漾,鸟语花香,如置身于世外桃源,令人心旷神怡。中餐后返回,结束愉快的旅行。

请阅读"郴州到张家界国家森林公园、天子山、黄石寨汽车3日游"的行程安排和"湖南省政区图""湖南省高速公路图"(自行上网下载查看)。如果要把本线路中的公路交通的具体线路设计出来,作为旅行社计调人员,小赵应该如何完成此任务?

任务解析

作为旅行社的计调人员,小赵可以分五步完成该任务。

1. 找出本旅游线路沿途所经过的主要市州

通过阅读本线路发现,本线路是从郴州乘汽车出发到张家界市,再从张家界市返回郴州

市。通过读图可以发现,本线路沿途经过的主要市州是郴州市、衡阳市、株洲市、湘潭市、长沙市、益阳市、常德市、张家界市。

2. 找出本旅游线路沿途所经过的主要市州之间的主要公路交通

从图 4-5 可以看出这些城市之间的公路交通主要有国道和高速公路,其中郴州市、衡阳市、株洲市、湘潭市到长沙市,在湖南东部由南往北有高速公路和国道相连,长沙市、益阳市到常德市在湖南由东南往西北也有高速公路和国道相连,而常德市到张家界市之间则是高速公路和省级公路。

3. 找出本旅游线路沿途所经过的市州之间的高速公路和国道

通过读图可以发现,从郴州市、衡阳市、株洲市、湘潭市到长沙市有京港澳高速公路和 107 国道、106 国道,长沙市、益阳市、常德市到张家界有长张高速公路,长沙市、益阳市到常德市有 319 国道,京港澳高速公路转长张高速公路有长沙绕城高速公路。

4. 分析本旅游线路沿途所经过的市州之间的高速公路和国道

根据以上分析,本线路区域内涉及的国道有 106、107 和 319 国道,其中 106 国道在湖南省境内由北往南途经岳阳、长沙、株洲、郴州桂东县、汝城县;107 国道在湖南省境内由北往南途经岳阳、长沙、湘潭、衡山、衡阳、耒阳、郴州等市县。319 国道在湖南省境内由东往西途经长沙、益阳、常德等市县。

根据以上分析,本线路区域内涉及的高速公路有京港澳高速公路、长张高速公路、长沙绕城高速公路。其中京港澳高速公路在湖南经岳阳、长沙、湘潭、株洲、衡阳至郴州,包括临长段、长潭段、潭耒段、耒宜段;长张高速公路全程分两段,一段是长沙至常德,二段是常德至张家界;长沙绕城高速公路也称为三环线,北与京港澳高速公路杨梓冲互通,西穿长张高速,南段西起黑石铺大桥,东与京港澳高速李家塘互通相连。

5. 写出本线路的公路交通的具体线路

本线路公路交通主要有两种方式,即国道和高速公路。所以可以有两种方案,如果时间充裕,要求尽可能地节约成本,那么可以走国道,又因本线路是从郴州市出发,因而 106 国道不适合,那具体线路应该走 107 国道,从郴州出发往北经衡阳市、株洲市、湘潭市到长沙市,再走 319 国道往西北过益阳市到常德市,再经省道或上常张高速公路到达张家界,再由原路返回。而如果对费用不敏感,又希望能快速到达目的地,那么应该走高速公路,具体线路是走京港澳高速公路,从郴州出发往北经衡阳市、株洲市、湘潭市到长沙市,通过长沙绕城高速公路,再经长张高速公路往西北过益阳市、常德市到达张家界,再由原路返回。

知识链接

一、湖南省公路与水路概况

(一)湖南省公路交通概况

1913 年长(沙)潭(湘潭)公路破土动工,开湖南公路建设之先河。目前湖南已形成了以省会长沙为中心,以高速公路为主骨架,以国省干线公路为依托,以县乡公路为脉络的覆盖全省、辐射全国的布局合理的公路交通网络。截至 2016 年年末,湖南省公路通车里程约 24 万公里。其中,高速公路通车总里程达 6080 公里。省会长沙与湖南省其他 13 个市州全部实现高速公路相连,洞庭湖区国省道主要渡口一律改渡为桥,形成了以长株潭、衡阳、岳阳、常德、怀化等地为中心,联络湖南省 99% 以上的乡镇公路网。国家级公路运输枢纽城市有长株潭、衡阳、邵阳、岳阳、常德、郴州、怀化。

湖南省公路网络纵横交错,四通八达。目前,湖南省境内有 106、107、207、209、319、320、322 七条国道。其中,G106、G107、G207、G209 线从北到南纵贯湖南东、中、西部,G319、G320、G322 线由东到西横穿湖南北、中、东南部。

湖南省高速公路网组成路线按照纵横网络的形式进行归纳,大致形成 2 条环线、5 条南北纵线和 7 条东西横线组成的格局,可以简单定义为"两环五纵七横"网,总规模超过 5000 公里。"两环"即长沙绕城高速与长株潭大外环;"五纵"即平汝、京港澳、岳临(京港澳复线)、益娄衡、二广高速公路;"七横"即平益、浏花(浏阳—慈利)、沪昆、长邵娄、衡邵、泉南、夏蓉高速公路。到 2020 年,"两环五纵七横"网将全面形成。

(二)湖南省水路交通概况

湖南水资源丰富,内河航道条件优越。水运是湖南省传统的运输方式。改革开放以来,湖南省的水运业得到了长足发展,通航条件明显改善,初步形成了以洞庭湖为中心,以长沙、岳阳为湘江枢纽,湘、资、沅、澧四大干流为主干,沟通湖南省、通达长江及沿海的航道网。通航里程 11968 公里,约占中国内河通航里程的十分之一。湖南省有 1 个吞吐量 1 亿吨以上的国际贸易口岸——岳阳港,也是中国内陆省市里最大的国际航运港口,长江溯流而上的最后一个海运港,省内唯一一个直航中国香港、中国台湾、日本、韩国的港口,国家一类港口。岳阳是湖南国际航运中心。长沙、株洲、衡阳、湘潭、益阳、津市等港口年通过能力均在 200 万吨以上。

湖南省现有通航河流 370 多条,全省通航里程达到 1.19 万公里,约占中国内河通航里程的十分之一,居中国第 3 位,次于江苏、浙江。

二 湖南省的主要公路和水路

(一)湖南省的主要公路

1. 国道

(1) 106 国道。

106 国道(或"国道 106 线""G106 线")起于北京,止于广州。这条国道经过北京、河北、河南、山东、湖北、湖南和广东 7 个省市。106 国道在湖南省境内由北往南途经岳阳平江县、长沙浏阳市、株洲醴陵市、攸县、茶陵县、郴州桂东县、汝城县。

(2) 107 国道。

107 国道(或"国道 107 线""G107 线"),是我国最繁忙的国道,是中国唯一加入亚洲公路网的国际公路,是贯通中国南北的公路交通大动脉。G107起点为北京广安门,终点为广东深圳南头关。这条国道经过北京、河北、河南、湖北、湖南和广东6个行政区。107国道在湖南省境内由北往南途经岳阳、长沙、湘潭、衡山、衡阳、耒阳、郴州等市县。

(3) 207国道。

207国道(或"国道207线""G207线"),起点为内蒙古锡林浩特市,终点为广东徐闻县海安镇。这条国道经过内蒙古、河北、山西、河南、湖北、湖南、广西和广东8个省份。207国道在湖南省境内由北往南途经澧县、常德鼎城区、涟源、邵阳、东安、双牌、道县等市县。

(4) 209国道。

209国道(或"国道209线""G209线""呼北线"),最新起点为内蒙古苏尼特右旗,终点为广西北海的国道,全程3435公里。经过内蒙古、山西、河南、湖北、湖南和广西6个省份。209国道在湖南省境内由北往南途经龙山、永顺、保靖、花垣、吉首、凤凰、怀化、中方、洪江、会同、靖州、通道等市县。

(5) 319国道。

319国道(或"G319线"),起点为福建厦门,终点为四川成都。途经长沙、重庆、成都等城市。319国道在湖南省境内由东往西途经浏阳市、长沙县、芙蓉区、天心区、岳麓区、望城区、宁乡市、益阳、常德武陵、沅陵、芦溪、吉首、花垣等市县。

(6) 320国道。

320国道(或"国道320线""G320线"),起点为上海,终点为云南瑞丽姐告口岸。320国道途经上海、浙江、江西、湖南、贵州、云南6个省市。320国道在湖南省境内由东往西途经醴陵、株洲、湘潭、湘乡、双峰、邵东、邵阳、隆回、洞口、怀化、芷江、新晃等市县。

(7) 322国道。

322国道(或"国道322线""G322线"),起点为湖南衡阳市,终点为广西凭祥市友谊镇友谊关的国道,全程1039公里。这条国道经过湖南和广西2个省份。320国道在湖南省境内由东往西途经衡阳、祁东、祁阳、零陵等市县。

2. 高速公路

湖南高速公路建设起步较晚,最早修建的高速公路为莲易高速公路,始建于1988年11月,1993年10月28日建成通车,全长72.3公里,其中高速路段长26公里,充其量为高等级公路。湖南"五纵七横"高速路网规划中,国家高速公路有三纵四横,即京港澳、二广、包茂、杭瑞、沪昆、泉南、厦蓉,长沙绕城高速为环线,长张高速为联络线。

(1) G4京港澳高速湖南段。

北京—港澳高速公路,简称京港澳高速,又称京港澳高速公路,中国国家高速公路网编号:G4。京港澳高速是一条首都放射型国家高速,是连接北京和广州、珠海、香港、澳门等南部重要城市的高速公路,为中国的南北交通大动脉。G4京港澳高速在湖南省境内,北起鄂界的临湘市坦渡河,经岳阳、长沙、湘潭、株洲、衡阳、郴州,南至宜章小塘粤界,接广韶高速公路。G4京港澳高速湖南境段包括临长段、长潭段、潭耒段、耒宜段。

临长段(旧名临长高速公路),为京港澳高速公路湖南段最北段,北起鄂界的临湘市坦渡河,南至长潭段牛角冲,途径岳阳、长沙二市辖域的临湘、岳阳、汨罗、平江和长沙5县(市)。全线采用改性沥青铺成,为湖南省境内第一段沥青路面高速公路。2002年11月30日,临长高速公路正式建成通车,标志着全长532公里的京珠路湖南段这一国家重点工程全线贯通。

长潭段(旧名长潭高速公路)为京港澳高速公路湖南境内临长与潭耒之间路段,该路段北起长沙市区牛角冲互通,南至湘潭市马家河,途径长沙和湘潭两市,是湖南省第一条高速公路。它的建成开创了湖南省高速公路发展史的新纪元,是湖南省高速公路发展史的里程碑。工程于1994年7月开工,于1996年12月15日建成通车。长潭高速公路因地处湖南省经济发达地区长株潭城市群,为其他主要公路交通干道的重要联络线,也是湖南省境内最繁忙的高速公路路段。其北接319国道、107国道,中连320国道,南接107国道南段,与长沙绕城高速、长沙机场高速、长浏高速、长常高速、长潭西线高速、长株高速设有互通连接线,担负着长株潭地区主要的交通疏浚功能。

潭耒段(旧名潭耒高速公路)为京港澳高速公路湖南境内长潭与耒宜之间湘潭至耒阳路段。路段北起湘潭市马家河,南至耒阳市陈家坪,途径湘潭、株洲和衡阳三市。

耒宜段(旧名耒宜高速公路)为京港澳高速公路湖南境内最南段,处耒阳至宜章之间。路段北起耒阳陈家坪,与潭耒段相连,南至宜章小塘粤界,接广韶高速公路。途径耒阳、永兴、苏仙、北湖和宜章五个县区。

(2) G55二广高速湖南段。

二连浩特—广州高速公路,简称二广高速,又称二广高速公路,中国国家高速公路网编号:G55。二广高速是国家高速公路网规划(2013年—2030年)中一条南北纵线,北起中蒙边境的内蒙古自治区二连浩特市,南至广东省广州市。G55二广高速公路在湖南省境内,起于澧县东岳庙(鄂湘界),经常德、桃江县武潭、安化县梅城、涟源市湄江、新邵县、邵阳县、永州市、蓝山县,止于蓝山县(湘粤界)。由东常高速公路、常安高速公路、安邵高速公路、邵永高速公路、永蓝高速公路组成。2016年12月31日,常(德)安(化)高速正式全线通车,标志着由北至南贯穿湖南省中部地区二广高速湖南段584.6公里全线贯通,湖南又新增一条与京港澳高速平行的纵贯中国南北的大动脉,湘西北、湘中地区再添前往珠三角和大西北便捷高速大通道。

东常高速公路,起于澧县东岳庙(鄂湘界),接湖北省荆州至东岳庙(鄂湘界)高速公路,经复兴厂、梦溪、澧东、泉灵、烽火、双桥坪,在肖伍铺与G56杭瑞高速公路岳(阳)常(德)段相交,经柳叶湖以东、白鹤山、卢荻山,止于石门桥镇张家店枢纽互通,与G5513长张高速公路形成立交互通,顺接常安高速公路。

常安高速公路,起于常德市石门桥镇张家店枢纽互通,顺接东常高速公路,经黄土店镇、钱家坪乡至益阳市武潭镇,在马迹塘镇西侧约2公里处跨越资江与S308交叉后,经长塘镇、仙溪镇,止于安化县梅城镇联丰村,接安邵高速公路。

安邵高速公路,起于益阳市安化县梅城联丰村,顺接常安高速公路,途经清铺塘、涟源市湄江、龙塘、新邵县、大祥区,止于邵阳市邵阳县楂木山枢纽互通,与G60沪昆高速公路邵(阳)怀(化)段相交,和已建成通车的邵永高速公路连接。

邵永高速公路,起于邵阳县长阳铺镇桔木山,向南经邵阳县、东安县、永州市冷水滩区,止于永州市零陵区接履桥互通。

永蓝高速公路,起于湖南永州零陵区东北的接履桥镇,与已经建成通车G72泉南高速公路衡(阳)枣(木铺村)段相交,北接邵永高速公路,经邮亭圩、茶林、麻江、清水桥、柏家坪、礼仕湾、宁远县禾亭镇、上宜圩、祠堂圩、总管庙,从蓝山县城西通过,经所城镇,止于蓝山县南风坳(湘粤界),顺接广东省连怀高速公路。

(3) G65包茂高速湖南段。

包头—茂名高速公路,简称包茂高速,又称包茂高速公路,中国国家高速公路网编号:G65。包茂高速起点为内蒙古自治区包头市,终点为广东省茂名市,途经陕西、四川、重庆、贵州、湖南、广西壮族自治区。G65包茂高速公路在湖南境内线路,起于花垣县茶峒镇渝湘界,经花垣、吉首市、凤凰县、麻阳苗族自治县、怀化市、中方县、洪江市、会同县、靖州苗族侗族自治县、通道侗族自治县湘桂界。由吉茶高速公路、吉怀高速公路(其中吉凤段39.25公里与G56杭瑞高速公路共线)、邵阳—怀化高速公路怀化连接线、怀通高速公路组成。

吉茶高速公路,起于湘黔渝三省(市)交界处的花垣县茶洞镇(现叫"边城镇"),途经花垣县的团结镇、道二乡、窝勺乡、麻栗场镇、排碧乡,吉首市的矮寨镇、寨阳乡,与G56杭瑞高速常德至吉首段相接。该路段上的矮寨特大悬索桥已成为湖南省的著名景点。

吉怀高速公路,起自吉首市东小庄村,向南经三拱桥、吉信、凤凰县北枢纽互通、石羊哨、麻阳县、隆家堡,止于怀化市鹤城区牛栏坡互通。

牛栏坡互通至竹田互通段,起于怀化市牛栏坡互通,止于中方县竹田枢纽互通。

怀通高速公路,起于G60沪昆高速邵阳至怀化段竹田枢纽互通,经怀化市中方县、洪江市、洪江区、会同县、靖州县、邵阳市的绥宁县,止于怀化市通道县坪阳乡湘桂界,在广西龙胜县瓢里镇思陇村设互通枢纽接入G76厦蓉高速桂林至三江段。

(4) G56杭瑞高速湖南段。

杭州—瑞丽高速公路,简称杭瑞高速,又称杭瑞高速公路,国家高速公路网编号:G56。杭瑞高速起于浙江杭州,经安徽、江西、湖北、湖南、贵州,终于云南瑞丽,是中国高速公路网中的一条东西横线。其中曲靖至昆明段与G60沪昆高速重线,常德境内与常吉高速重线。G56杭瑞高速公路在湖南省境内路段自东向西,经过岳阳、益阳、常德、怀化、湘西土家族苗族自治州等市县。湖南境内路段分为大岳高速公路、岳常高速公路、常德绕城高速、常吉高速和凤大高速公路。

大岳高速公路,为杭瑞高速湖南境内的最东段,位于湖南省的东北部,横向贯穿岳阳,路线起点为临湘大界,经詹桥、贺畈、横铺、君山区,止于建新农场十大队。

岳常高速公路,为湖南岳阳至常德高速公路,是国家高速公路网中第十二横线杭瑞高速公路的组成部分,是湖南省高速公路网规划"五纵七横"中的第一横,起于岳阳市君山区建新农场,途径华容县、南县、安乡县,止于常德市肖伍铺与二广高速相接。

常吉高速公路,起于常德市斗姆湖,与常德至张家界高速公路相连,沿线经过常德市的鼎城区、桃源县,怀化市的沅陵县,湘西自治州的泸溪县、吉首市,在吉首城区乾州跨越209国道及焦柳铁路到达终点林木冲。

凤大高速公路,位于湖南省"五纵七横"高速公路网规划中第一横的重要组成部分、湖南省第一横的最西端,起于凤凰县城北,与吉怀高速公路凤凰枢纽互通对接,途经凤凰县沱江镇、廖家桥镇、都里乡、阿拉营镇、落潮井乡和贵州省的大兴镇6个乡镇,最后与杭瑞高速贵州境大兴至思南段相接。其中吉首枢纽至凤凰枢纽为G56杭瑞/G65包茂高速共线段。

(5) G60沪昆高速湖南段。

上海—昆明高速公路,简称沪昆高速,又称沪昆高速公路,中国国家高速公路网编号:G60。沪昆高速起于上海,经浙江、江西、湖南、贵州,止于云南昆明。G60沪昆高速公路在湖南省境内路段自东向西,经过株洲、长沙、湘潭、娄底、邵阳、怀化等市县。湖南境内路段分为醴潭高速公路、潭邵高速公路、邵怀高速公路和怀新高速公路四段。

醴潭高速公路,即湖南省境内醴陵至湘潭段,起点始于湖南江西两省交界处金石鱼(接上瑞高速公路江西段),至醴陵市的八步桥乡,经芷钱桥跨入浏阳官桥乡,在宋家桥进入株洲市,在青草坝跨省道S211线,至株洲市龙头铺镇,进入长沙县的跳马乡,跨京广铁路进入湘潭市易家湾镇,终于长潭高速公路殷家坳互通收费站。

潭邵高速公路,起于湘潭市境内莲易高速公路的终点株易路口,接京珠高速公路殷家坳互通,沿线穿越湘潭、娄底、邵阳三市,止于邵阳市隆回县周旺铺镇,与320国道相接。

邵怀高速公路,越资水、沅水两河穿越雪峰山脉的长龙,开创了湖南山区高速公路建设之先河。起于潭邵高速公路终点周旺铺互通,途经邵阳市的隆回、洞口两县和怀化市的洪江、鹤城、中方三县(市、区),止于中方县竹田,与怀化至新晃高速公路(怀新高速公路)相连。跨资江、沅水,穿雪峰山。

怀新高速公路,起于邵怀高速公路终点湖南省怀化市中方县牌楼镇竹田互通,五跨320国道与湘黔铁路,经芷江县、新晃县,止于新晃县鲇鱼铺。主线中的隧道、桥梁长达23.5公里。全线最高切方达67米,桥梁超长立柱最高达57米。

(6) G72泉南高速湖南段。

泉州—南宁高速公路,简称泉南高速,也称泉南高速公路,中国国家高速公路网编号:G72。泉南高速途经福建、江西、湖南、广西。G72泉南高速公路在湖南境内线路,起于界化垄湘赣省界,经株洲、衡阳,止于永州枣木铺湘桂界。由垄茶高速、衡枣高速、衡炎高速公路组成。

垄茶高速公路,起自茶陵县界化垄(湘赣界),接江西省吉安至莲花(湘赣界)高速公路,止于孟塘村,接衡阳至炎陵高速公路。

衡枣高速公路,起于京珠高速公路潭耒段衡阳洪市,穿越衡阳市、永州市,止于与广西接壤的枣木铺。衡枣高速公路是国家规划"五纵七横"之一的衡昆高速公路国道主干线的起始段,是泉(州)南(宁)高速湖南段。

衡炎高速公路,西起京港澳高速(G4)衡阳大浦,于衡阳市境内经衡东县进入株洲市,然后穿过株洲市境内的攸县、茶陵县,直达炎陵县分路口,与炎陵高速公路对接。

(7) G76 厦蓉高速湖南段。

厦门—成都高速公路,简称厦蓉高速,也称厦蓉高速公路,中国国家高速公路网编号:G76。厦蓉高速起于福建厦门,经江西、湖南、广西、贵州,止于四川成都,是我国西南腹地通往东南沿海地区的主要出海通道。G76厦蓉高速公路在湖南省境内路段自东向西,起于汝城县热水镇,经郴州市、桂阳县、嘉禾县、永州蓝山县楠市镇、宁远县,止于道县湘桂界。湖南境内路段分为汝郴高速公路、郴宁高速公路和宁道高速公路三段。2016年10月28日,厦蓉高速赤石大桥正式通车试营运,这意味着厦蓉高速公路湖南段全线贯通。

汝郴高速公路,起于汝城县热水镇百担丘村东,止于郴州市苏仙区,顺接郴宁高速公路。其中赤石大桥被称为"超级大桥",其主跨380米、桥面离地186米,是同类型桥梁中世界第一大跨径高墩多塔混凝土斜拉桥。大桥位于郴州市宜章县赤石乡,设计为四塔双索面预应力混凝土斜拉桥,主桥全长1470米,跨越约1500米的大峡谷。

郴宁高速公路,起于郴州市苏仙区坳上镇水龙村附近,接汝郴高速公路,途经北湖区、桂阳县、嘉禾县,止于蓝山县祠堂圩镇,接宁道段。

宁道高速公路,起于蓝山县祠堂圩镇大基嗣村,止于道县仙子脚乡永安关(湘桂界)。

(8) G0401长沙绕城高速公路。

长沙绕城高速公路也称为三环线,北与京港澳高速公路杨梓冲互通,西穿长张高速,南跨107国道与京港澳高速公路李家塘互通,东边与长株高速公路相连。全线分为北段、西段、南段和东段。绕城高速公路第一期工程建设为北段,北段西起319国道望城区黄花塘,过湘江月亮岛大桥和开福区捞刀河镇,在107国道长沙县安沙镇与京港澳高速杨梓冲互通相连。西段北起西黄花塘,南达黑石铺大桥,还包括与二环线相通的联络线。南段西起黑石铺大桥,东与京港澳高速李家塘互通相连。

(9) G5513长张高速。

长沙—张家界高速公路,简称长张高速,又称长张高速公路,中国国家高速公路网编号:G5513,是二连浩特—广州高速公路(G55)的联络线之一。

长张高速全长310公里,全程分两段,一段是长沙至常德,二段是常德至张家界。它起于长沙市湘江北大桥西直线端,途径长沙市岳麓区、望城区、宁乡市、益阳市赫山区、资阳区、常德市、汉寿县、鼎城区、德山、桃源、慈利县,终至张家界永定区的澧水大桥。其中长常高速公路连接长沙、益阳、常德三个城市,彻底地激活了湘西北经济,直接打通了与西南的通道。

(二)湖南省的主要水路

1. 湘江

湘江发源于广西壮族自治区灵川县海洋山,是湖南的母亲河和长江主要支流,流域面积近全省总面积之半,水量丰富,水流平缓,含沙量少,为洞庭湖水系各大支流之冠。秦始皇三十三年(公元前214年),秦史禄开凿灵渠,将湘江约十分之三的水引入漓江,沟通了湘漓水运,直至1940年湘桂铁路通车前,湘江为中原通往岭南的水运交通要道。湘江是国家航运规划中《湘桂运河》的重要组成部分,也是中国南北大运河构想的主要组成部分。湘江干流丰水期从灵渠分水塘至全州镇可通航3至5吨水船,全州镇至湖南边境一般可通航5至10吨木船。

两千多年前,秦始皇修建灵渠,开凿了世界上第一条人工运河,实现了沟通长江和珠江两大水系的壮举。自古以来,湘江均是湖南省最重要的通江达海的航运河流。湘江流经湖南省永州市、衡阳市、株洲市、湘潭市、长沙市,至岳阳市的湘阴县注入长江水系的洞庭湖。湘江株洲至城陵矶2000吨级标准航道全长281公里,按Ⅱ(3)航道标准建设,以湘江株洲航电枢纽为起点,经株洲、湘潭、长沙,至岳阳城陵矶。

2. 沅江

沅江,又称沅水,长江流域洞庭湖支流,是湖南省的第二大河流,流经湖南省会同、洪江、中方、溆浦、辰溪、泸溪、沅陵(怀化市)、湘西土家族苗族自治州、桃源、汉寿(常德市),在常德市汉寿县注入洞庭湖。沅水是我省航道体系中的骨干航道之一,其在我省水运主通道中作用仅次于湘江高等级航道。常鲇航道整治后,常德市下游到鲇鱼口段已升级为三级1000吨级航道。未来航道整治后,常德市上游到桃源也将建成三级1000吨级航道。届时,常德的水运环境将得到大幅改善,与长江沿线各省以及我国东部经济发达地区的经济联系将更加紧密。

3. 城陵矶

城陵矶——长江中游第一矶,与南京燕子矶、马鞍山采石矶并称"长江三大名矶",为"长江八大良港"之一。是长江中游水陆联运、干支联系的综合枢纽港口,是湖南省水路第一门户,国家一类口岸。位于岳阳市东北15公里江湖交会的右岸,距市中心区7.5公里。城陵矶港是天然的深水良港,常年不淤不冻,港区自然岸线长度22公里(其中中心港区岸线长2.4公里),陆域面积269万平方米,水域面积405万平方米。城陵矶是湘北内联四水、外通江海的第一港。城陵矶港地处长江与洞庭湖交汇处,沿长江可上达重庆下抵上海各港埠,溯洞庭可达湘、资、沅、澧四水各站点。2012年3月28日,满载着烟花鞭炮集装箱的2300吨级"联发66号"江海轮,驶离岳阳城陵矶新港口岸,直通香港。这标志湖南省唯一"通江达海"口岸至香港澳门直达航线正式开通,成为国内首条内河港口直达港澳航线。洞庭湖四水常年有300—500吨级船队及千吨级顶推船队经此出入长江,长江干流船舶亦可于此停靠,年吞吐量约430万吨。港口有专线通京广铁路,便于水陆联运。城陵矶港有客运泊位3个,可同时停靠3条豪华客轮,客运大楼建筑面积达6400平方米,主楼高7层,年旅客通过能力达100万人次。

任务拓展

湖南××旅行社××计调准备设计一条以湖南公路交通为主的湖湘文化之旅,线路涉及岳阳(岳阳楼、屈子祠)—长沙(岳麓书院)—湘潭(隐山)—娄底(曾国藩故居)—衡阳(南岳、石鼓书院)—永州(周敦颐故里),如果你是该计调,请写出本线路涉及的主要公路干线,包括高速公路和国道。

项目四 认识湖南省的特色小交通

旅游特色小交通是指除人们常用的4种现代旅游交通方式外,为满足旅游者娱乐、游览的需要而产生的特殊交通运输方式,此种交通除了为旅游者提供空间位移服务之外,还可以满足游客的娱乐需求,提高旅游价值,进而招徕游客。旅游特色小交通主要有缆车、畜力交通工具、人力交通工具和风力交通工具,其中,涉及湖南省旅游景区的特色小交通主要是索道、电梯、栈道和观光小火车。

知识目标

1. 了解湖南省特色小交通的基本概况。
2. 熟悉湖南省特色小交通的主要类型和特点。
3. 掌握湖南省主要景区内特色小交通的基本情况。

能力目标

1. 能识别湖南省不同的特色小交通。
2. 能讲解湖南省特色小交通的基本情况和特点。
3. 能够运用特色小交通进行旅游线路设计。

素质目标

1. 培养学生的信息素养。
2. 培养学生的读图能力。
3. 培养学生线路交通的分析、设计等综合职业素养。

任务导入

地陪小赵是张家界××旅行社的工作人员,他作为地陪将于9月12日接待一个来自北京的考察团,详细行程如下。

张家界国家森林公园—天门山景区三日游

第一天:上午8:00导游与司机在张家界机场举牌接团。车行40分钟抵达张家界国家森林公园(门票+景区环保车248元门票已含,三天有效),游大氧吧广场,登黄石寨景区(可选择乘黄石寨索道上下山,单程65元/人/次,费用自理或选择步行)。

下午漫步"中国最美丽的大峡谷"——金鞭溪。金鞭溪全长7.5公里,步行游览约2.5小时,在金鞭溪终点走出水绕四门,乘环保车25分钟到达索溪峪门票站,抵达酒店,结束当天愉快行程。

第二天:上午从酒店出发赴索溪峪门票站,进入景区,可乘天下第一梯——百龙电梯(单程72元/人,费用自理)到达袁家界景区,观赏电影《阿凡达》中"哈利路亚山"原型"乾坤柱",观天下第一桥、九天玄梯、八卦图、猿人望月、拜仙台等景点。

下午乘环保车40分钟抵达天子山自然风景区。游览贺龙公园、御笔峰、仙女献花、西海石林、石船出海等景点,步行 2 小时下山(可乘天子山索道下山,67 元/人,费用自理),到达十里画廊风景区,徒步游览张家界的采药老人、三姐妹峰、黄昏恋、金鸡报晓、夫妻抱子、天狗望月等景点(可乘观光小火车游览全程,38 元/人,费用自理)。

第三天:早上从张家界市区酒店出发,乘坐"世界第一长高空客运"索道游览天门山国家森林公园(通票及观光索道 228 元门票已含),索道运行时间约 24 分钟。沿途饱览山城景点,观通天大道,天门山山顶游览线路为:凌霄台—西线玻璃栈道(防滑鞋套 5 元/双,费用自理)—倚虹关—鬼谷栈道北段—鬼谷兵盘—野拂藏宝—鬼谷栈道南段—悬索桥—观鬼谷洞—天门山寺—可乘森林观光缆车至云梦仙顶(小缆车单程 25 元/人,费用自理或继续自南向北游览东线)—可乘穿山扶梯(观光扶梯单程 32 元/人,费用自理)下行至天门洞(参观"1999 年世界"特技飞行大赛中驾机穿越的天门洞)—乘景区游览车下山至山门—换乘免费班车至索道下站。游览结束后将游客送至火车站或者机场,结束愉快旅程。

小赵拿到行程单后,旅行社计调人员特意告诉他,该考察团此行的主要目的是考察景区内的特色小交通。请问,小赵该如何安排景区特色小交通的讲解和体验活动?

任务解析

作为湖南地陪导游,小赵可以分五步完成该任务。

1. 简介湖南省特色小交通的情况

先熟悉行程和游客的基本情况,在掌握沿途导游讲解的前提下,在合适的时机下简单介绍湖南旅游交通的发展概况,并重点介绍张家界所辖旅游景区特色小交通索道、电梯、栈道和观光小火车在景区游览中所发挥的作用。

2. 告知游客本次旅游线路中安排的特色小交通

告知游客本次游览的旅游地为张家界国家森林公园和天门山景区。张家界国家森林公园特色小交通主要有天子山索道、黄石寨索道、杨家界索道、百龙电梯和观光小火车,天门山景区特色小交通主要有天门山索道、穿山扶梯、观光缆车、玻璃栈道和鬼谷栈道。从旅游行程安排中可以看出,本次的行程安排在门票中已包含的特色小交通有世界上最长的高山索道——天门山索道、玻璃栈道和鬼谷栈道。线路中涉及的张家界国家森林公园的天子山索道、黄石寨索道、百龙电梯、观光小火车和天门山景区的穿山扶梯、观光缆车,费用都需自理,并且详细介绍这些项目的游玩时间及所需费用。

3. 讲解景区特色小交通

对于本次旅游线路中张家界国家森林公园和天门山景区的自费小交通,导游人员应该本着自愿自费的原则,在不影响原定行程的基础上,让客人根据自身情况选择。导游人员需要做到每到一处自费交通之处,向游客详细解说该处特色小交通的特点和作用,并客观真实地谈谈自己及以往参与体验游客的感受。由于该考察团此行的主要目的就是参观和体验景区内的特色小交通,因此,导游人员一定要重点介绍景区中的特色小交通。

4. 引领游客体验本次旅游线路中的特色小交通

在游客了解该景区特色交通的基础上,每到一处景区特色小交通,导游人员要交代好游客乘坐景区小交通的注意事项,提醒游客在游览过程中要注意的安全问题,讲解本次游览过程将要参观的景点景致,以便游客带着目的性参与游览,从而获得更好的旅游体验。

5. 引导游客分享交流

每次游客体验完景区小交通后,导游人员应当创造机会,让步行的游客和乘坐景区小交通的游客谈谈各自游览景区所参观到的景致和感受,相互交流心得,对比景区小交通在景区游览中是如何发挥作用的,以增强游客在旅游活动中的参与积极性,以便收获更好的旅游体验。

知识链接

湖南省的特色小交通介绍如下。

旅游特色小交通主要是指为满足旅游者某种特殊需求而产生的旅游交通方式。除了为旅游者提供空间位移服务之外,还可以满足游客的娱乐需求。根据其自身的特殊性,特种旅游交通可分为以下几类。

第一类:用于景点和景区内的专门交通工具,如观光游览车、电瓶车等。

第二类:在景点和景区内的某些特殊地段,为了游客旅行安全或减少行走距离、节省体力而设置的交通工具,如缆车、索道、渡船等。

第三类:有探险娱乐及在特殊需要情况下使用的交通工具,如帆船、飞翔伞、热气球等。

第四类:带有娱乐性质、辅助旅游者游览观赏的旅游交通工具,如轿子、滑竿、马匹、骆驼等。

这些旅游小交通因带有娱乐、观赏性,可以提高旅游价值,进而招徕游客;还便于辅助老弱病残游客完成旅游活动。不足之处就是有些特种旅游交通会造成与风景名胜的不协调现象。涉及湖南省的特色小交通主要有索道、电梯、栈道和观光小火车等。

一 索道

索道(Ropeway),又称吊车、流笼、缆车(缆车又可以指缆索铁路),是交通工具的一种,通常在崎岖的山坡上运载乘客或货物上下山。索道是利用悬挂在半空中的钢索,承托及牵引客车或货车。除了车站外,一般在中途每隔一段距离建造承托钢索的支架。部分索道采用吊挂在钢索之下的吊车;亦有索道是没有吊车的,乘客乘坐开放在半空的吊椅,使用吊椅的索道在滑雪区最为常见。目前,索道在山岳型景观中较为常见,这是因为山岳型的旅游景区(景点)最好的风光往往都集中在峰顶上,游客为了看到这些风光,不得不将大量的时间体力消耗在路途中,等到了峰上应该尽情欣赏时却已经精疲力竭,再好的风光也已无心欣赏,这种情况无形中使景区(景点)的旅游价值在游客心目中大打折扣,也使山岳型旅游成了游客游览的"一锤子买卖",难以形成"回头客"。景区索道的出现不仅让游客坐在缆车中即可欣赏沿途的景致,而且在轻松地乘缆车到达峰顶后,又有更加充裕的时间去慢慢品味优美的大自然风光,使旅游景区(景点)的真正价值得到了最充分的展现。目前,湖南省景区的代表性索道主要有黄石寨索道、天子山索道、天门山索道、杨家界索道、岳麓山索道和南岳索道等。

二 电梯

观光电梯是一种以电动机为动力的垂直升降机,装有箱状吊舱,用于多层建筑乘人或载运货物。有一面或几面的井道壁和轿厢壁是透明材料,乘客在乘坐电梯时,可以观看轿厢外的景物,电梯在旅游景区的应用并不多见。

三 栈道

"栈道"又称"栈阁"之道,这是古代交通史上一大发明。人们为了在深山峡谷通行道路,且平坦无阻,便在河水隔绝的悬崖绝壁上用器物开凿一些棱形的孔穴,孔穴内插上石桩或木桩。上面横铺木板或石板,可以行人和通车,这就叫栈道。为了防止这些木桩和木板被雨淋变朽而腐烂,又在栈道的顶端建起房亭(亦称廊亭),这就是阁,亦称栈阁。相连贯的称呼,就叫栈阁之道,简称为栈道。旅游栈道玻璃栈道(台、桥)一般建在风景壮美、地势险峻的山岳峡谷中,大多沿着悬崖绝壁而建,游客不但可以移步到普通桥梁、道路难以企及的位置观看独特景观,更可以如飞人般凌空清晰俯瞰脚下悬崖峭壁,树木飞流。因此,该类旅游交通的修建有利于增强传统观光型景区的魅力,增强游客体验,增加景区吸引力和视觉冲击力。

四 观光小火车

观光小火车作为一种特色的景区交通工具,自身在承担交通运输功能的同时,使乘坐的游客能够欣赏沿途的景色和风光。同时观光小火车内部还可以设有咖啡吧、餐厅等休闲设施,使小火车具有了休闲功能。观光小火车有多种类型,主要有观光小火车、有轨小火车、无轨小火车等。具体而言,观光小火车有以下特点。

(1) 观光小火车作为景区的特色交通工具,在承担客运功能的同时,自身也是一种重要的旅游吸引物。

(2) 景区观光小火车能够整合景区的多个景点,尤其对于规模大的景区,观光小火车是提升各景点交通可达性的有效工具。

(3) 旅游观光小火车沿途的旅游景观设计要丰富且富于变化,移步换景,给游客提供视觉饕餮大餐。

(4) 观光小火车沿途要设风景观光站,风景观光站除配备必要的旅游设施外,还要设有丰富多彩的旅游活动和项目。

(5) 观光小火车可与其他交通工具有效配合,有效组织景区的交通体系,实现景点间的无缝对接。

目前,湖南省旅游景区观光小火车主要有十里画廊观光电车。十里画廊位于张家界武陵源世界自然遗产、世界地质公园、国家级风景名胜区、首批国家5A级旅游景区境内,属于索溪峪自然保护区范围,并且是步行上天子山的重要通道。1998年,为了将十里画廊美如画屏的峰丛景观充分展示给中外游客,十里画廊观光电车投入运行。这是截止到目前,全国世界自然遗产地内唯一的观光电车,成了游客朋友以车代步、轻松观景的美妙体验载体。同时,乘坐观光电车,是游览十里画廊最佳的观景方式,改变了游客欣赏风景的角度和视野,被誉为"张家界最美的流动风景线"。

任务拓展

张家界××旅行社计调小赵准备针对张家界国家森林公园、金鞭溪、袁家界、杨家界、天子山、天门山玻璃栈道设计一条以景区特色小交通为主的三天两晚张家界精华景点游。如果你是计调小赵,请把本线路涉及的特色小交通分析出来,并参照武陵源风景名胜区与天门山景区景点分布图(见图 4-4 和图 4-5),设计好该线路的景区特色小交通。

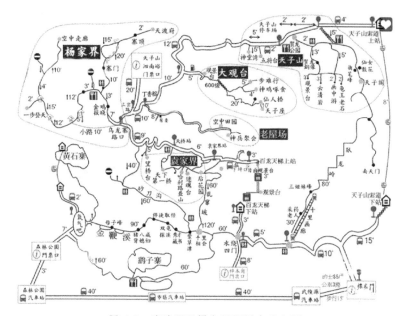

图 4-4 武陵源风景名胜区景点分布图

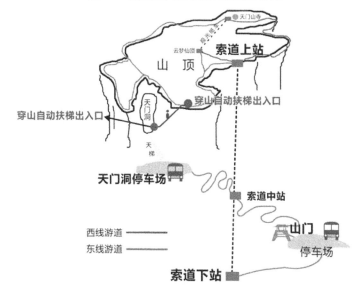

图 4-5 天门山景区景点分布图

模块五 "游"在湖南

项目一 介绍张家界生态旅游度假区

张家界国际生态旅游度假区主要包括永定区、武陵源区、慈利县、桑植县、古丈县、永顺县、沅陵县、石门县、桃源县,对接贵州省、湖北省及重庆市,定位为国际生态度假旅游目的地。加快张家界南线(老司城、借母溪、小溪、高望界、芙蓉镇、红石林、酉水河等)旅游资源开发,形成以张家界市区为"一体"、以北线武陵源世界自然遗产和南线老司城世界文化遗产为"两翼"的"一体两翼"旅游业发展新格局。

◇知识目标

1. 了解张家界国际生态旅游度假区的综合情况。

2. 了解武陵源国际旅游休闲度假区、永顺老司城国家考古遗址公园、天门山旅游产业园区、大峡谷国际旅游经济区、环天门山旅游经济产业带、沅陵旅游景区、桃花源文化旅游综合开发、夹山国家森林公园情况。

3. 了解生态旅游、乡村旅游等知识。

4. 了解土家族基本知识。

◇能力目标

1. 能带好张家界国际生态旅游度假区旅游团。

2. 能讲解张家界国际生态旅游度假区主要景点。

3. 能掌握基本的土家族风俗。

素质目标

1. 能用美学眼光欣赏张家界自然风光。
2. 能学会处理与土家族人的关系和与游客的关系。

工作任务一　体验武陵源世界自然遗产

任务导入

对张家界经典线路进行带团与讲解。

1. 常规一日游行程

线路一:天门山一日游+天门狐仙。

线路二:张家界大峡谷+玻璃桥。

线路三:黄龙洞+宝峰湖。

线路四:老道湾一日游。

2. 常规二日游行程

线路一:第一天,张家界国家森林公园黄石寨、金鞭溪;第二天,袁家界天下第一桥、杨家界乌龙寨+天子山贺龙公园、十里画廊。

线路二:第一天,天门山;第二天,大峡谷+玻璃桥。

3. 常规三日游行程

线路一:第一天,张家界国家森林公园黄石寨、金鞭溪;第二天,袁家界天下第一桥、杨家界乌龙寨+天子山贺龙公园、十里画廊;第三天,天门山。

线路二:第一天,张家界国家森林公园黄石寨、金鞭溪;第二天,袁家界天下第一桥、杨家界乌龙寨+天子山贺龙公园、十里画廊;第三天,黄龙洞+宝峰湖。

线路三:第一天,张家界国家森林公园黄石寨、金鞭溪;第二天,袁家界天下第一桥、杨家界乌龙寨+天子山贺龙公园、十里画廊;第三天,大峡谷+玻璃桥。

4. 常规四日游行程

线路一:第一天,张家界国家森林公园黄石寨、金鞭溪;第二天,袁家界天下第一桥、杨家界乌龙寨+天子山贺龙公园、十里画廊;第三天,黄龙洞+宝峰湖;第四天,天门山+土司城+天门狐仙。

线路二:第一天,张家界国家森林公园黄石寨、金鞭溪;第二天,袁家界天下第一桥、杨家界乌龙寨＋天子山贺龙公园、十里画廊;第三天,黄龙洞＋宝峰湖;第四天,大峡谷＋玻璃桥。

5. 常规五日游行程

线路:第一天,张家界国家森林公园黄石寨、金鞭溪;第二天,袁家界天下第一桥、杨家界乌龙寨＋天子山贺龙公园、十里画廊;第三天,黄龙洞＋宝峰湖;第四天,大峡谷＋玻璃桥;第五天,天门山＋土司城＋天门狐仙。

任务解析

导游员要做好带团与讲解工作,应该做到以下几点。

(1) 做好准备。熟悉团队情况,分析客人来源、构成、行程特点,按照客人要求选择线路,做好知识及物质准备等。

(2) 接团与讲解。①提前到达、车边迎接,询问客人情况;②致欢迎词;③重点介绍本区情况。

(3) 沿途及景区介绍。

(4) 致欢送词。

知识链接

一 武陵源风景名胜区基本情况

武陵源风景名胜区位于中国中部湖南省西北部,由张家界市的张家界国家森林公园、慈利县的索溪峪自然保护区、桑植县的天子山自然保护区和杨家界景区组合而成,总面积500平方公里。

二 主要景区景点

(一) 永定区

永定区的主要景点为天门山。天门山,古称云梦山、嵩梁山,是张家界永定区海拔最高的山,北距城区仅8公里,因自然奇观天门洞而得名,是最早被记入史册的名山。主峰1518.6米,1992年7月被批准为国家森林公园。三国吴永安六年(公元263年),嵩梁山忽然峭壁洞开,玄朗如门,形成迄今罕见的世界奇观——天门洞,天门洞南北对穿,门高131.5米,宽57米,深60米,拔地依天,宛若一道通天的门户,从此而得名天门山。

(二) 武陵源区

武陵源主要由张家界国家森林公园和索溪峪、天子山两个自然保护区组成,面积390.8平方公里。张家界国家森林公园又是由黄石寨、金鞭溪、袁家界、杨家界组成,天子山的主要景点有天子山和十里画廊,索溪峪主要由黄龙洞和宝峰湖两大核心景点构成。

1. 黄石寨

黄石寨是张家界较早开发的线路之一,因张良的师傅黄石公而得名,又因其山形像头雄狮,所以又叫黄石寨,是张家界最大的凌空观景台。其主要景点有六奇阁、摘星台、雾海金龟、天书宝匣、天桥遗墩、猴帅点兵、南天门、黑枞垴等。

游览方式有以下两种。

(1) 步行上山,全程 7 里路,3878 个台阶,历时 2—3 小时。

(2) 乘坐索道,单程仅需 4 分钟到达山顶。

2. 金鞭溪

金鞭溪发源于土地垭,全长 7.5 公里,因流经金鞭岩而得名,被誉为世界上最美的峡谷,负氧离子含量每立方厘米超过了十万个,是一条天然的大氧吧。金鞭溪的主要特点是久旱不断流,久雨水长绿。沿途主要景点有闺门岩、观音送子、猪八戒背媳妇、醉罗汉、神鹰护鞭、金鞭岩、劈山救母、蜡烛峰、长寿泉、文星岩、紫草潭、千里相会、楠木坪、骆驼峰、水绕四门。

游览方式有以下两种。

(1) 步行大约 2.5 小时。

(2) 乘坐人力轿子。

3. 袁家界

袁家界面积约 1200 公顷,平均海拔 1074 米,它东邻金鞭溪,远眺鹞子寨;南望黄石寨,连接天波府;西通天子山;北距索溪峪。它位于张家界国家森林公园北部,是镶嵌在武陵源核心景区的一颗明珠。

4. 杨家界

杨家界东接张家界,北邻天子山,面积三十四平方公里,有香芷溪、龙泉峡和百猴谷三个游览区,其中知名景观有一步登天、空中走廊、龙泉飞瀑、绝壁藤王、白鹤聚会等二百余处。

5. 天子山

天子山又名青岩山,因青石林立而得名。又因土家族领袖向大坤率领当地农民起义自称"天子"所以又叫天子山,素有"峰林之王"的美誉。其主峰天子峰海拔 1262.5 米。山上主要景点有贺龙公园,包括贺龙铜像、贺龙陵园、西海峰林、仙女散花、御笔峰、神堂湾、点将台等。

6. 十里画廊

十里画廊位于天子山脚下,全长约 5 公里,两边的风光如同一幅巨大的中国山水画,人在其中如在画中游。沿途主要景点有寿星迎宾、食指峰、采药老人、向王观书、海螺峰、三姐妹峰等。

7. 宝峰湖

宝峰湖是世界自然遗产、世界地质公园、首批国家 5A 级旅游区张家界武陵源风景名胜区的组成部分。属张家界地貌内自然山水与人文民俗相结合的湖泊型自然风景区。被称为"世界湖泊经典",地处张家界武陵源风景名胜区的核心地带。宝峰湖风景区集山水于一体,融民俗风情于一身,尤以奇秀的高峡平湖绝景、"飞流直下三千尺"的宝峰飞瀑、神秘的深山古寺闻名。主要景点有宝峰飞瀑、鹰窝寨、一线天、仙女照镜、金蝉含月等。

8. 黄龙洞

黄龙洞是世界自然遗产、世界地质公园张家界的有机组成部分,属典型的喀斯特岩溶地貌,被列为国际旅游洞穴会员、全国35个王牌景点之一、中国首批4A级旅游区(点)、中国旅游首批知名品牌、湖南省最佳旅游景区、湖南省著名商标、张家界旅游精品线之一,享有绝世奇观之美誉。2005年被评选为"中国最美的旅游溶洞"。2009年,黄龙洞被评选为"中国最美的旅游奇洞"。黄龙洞由两层旱洞、两层水洞构成,长13公里,最高处百余米。主要景点有前厅、响水河、黄土高坡、天仙水瀑布、龙宫大厅、定海神针、迷宫等。

(三) 慈利县

1. 张家界大峡谷

张家界大峡谷位于张家界市慈利县三官寺乡,紧邻世界自然遗产、世界地质公园张家界武陵源风景名胜区。张家界大峡谷是一个新近开发建设的旅游景区,2011年成功创建为4A级景区,2016年跻身全市第三大景区,成为全省十二条旅游精品线之一,2017年张家界大峡谷正式启动5A级景区创建工作。

2. 五雷仙山

五雷仙山是湖南省首批确定的重点道教场所,五雷仙山古朴幽深,神秘俊美,分四大特色游览区:金顶祖师山道教文化旅游区,慈济塔国际避暑大山庄度假区,星子山、插旗山太极文化旅游区和三王老棚自然景观探险旅游区。主要景点有玉皇殿、会仙桥、金殿、百鸟朝凤、五龙捧圣、三王峪等。

(四) 桑植县

1. 洪家关贺龙故居和贺龙纪念馆

贺龙故居位于湖南省张家界市桑植县洪家关村,是湘西常见的木架毛瓦平房,院内修建了贺龙生平事迹陈列室。1983年,湖南省人民政府将贺龙故居列入重点文物保护单位。2006年5月25日,贺龙故居被国务院批准列入第六批全国重点文物保护单位名单。2016年12月,贺龙故居和纪念馆被列入《全国红色旅游经典景区名录》。

2. 九天洞

九天洞坐落在张家界市区以西、武陵源以北的桑植县西南17公里的利福塔乡水洞村境内,洞因天生有九个天窗与外界相通而得名。九天洞有百余处景点,景观堆珍叠玉,藏奇纳秀,神秘莫测,幽深无垠,享有"世界奇穴之冠""亚洲第一大洞"诸桂冠。洞分上、中、下三层,最下层低于地表面400多米。洞内36支洞交错相连,内有30余座大厅、10余座洞中山、6方千丘田、5座自生桥、3段阴河、3个天然湖、12瀑、3井等景。洞中石林密布,钟乳悬浮,岩浆铸成的各种精致景物婀娜多姿。洞中的石笋、石柱、石幔、石花、石人、石兽等千姿百态,不可名状,纷呈红黄绿白黑灰诸色,可谓五彩缤纷,琳琅满目。其中九星山玉柱、九天玄女宫和寿星宫三大奇观堪称景绝盖世。

3. 苦竹寨

"苦竹"是土家语"两面都是高山"的意思,"苦竹河镇"也就是"两面都是高山的河边集镇"。苦竹寨距九天洞5公里,为湘西北保存较原始、完整的古镇,保留着典型的明代民居建筑群,具有良好的民俗开发基础。曾是澧水上游千帆林立的老码头、商人云集的古集市、梢公荡魂的逍遥窟、明清明代的万花筒。古老的风火墙、低矮的吊脚楼,向游人展示着土家人的聪明才智,一条条青石板、一声声咚咚喹,在诉说着古寨子过去的辉煌。

4. 八大公山

八大公山自然保护区位于湖南省张家界市桑植县的北部边陲,1986年,经国务院批准建立,主要保护对象为亚热带森林植被及珍稀动植物。海拔自346米至2003米,由斗篷山、杉木界、天平山三大林区组成,总面积4.49万公顷。保护区现有高等植物216科2408种,其中国家一级保护植物7种,二级保护植物32种,八大公山保护区特有植物有10科30种。有朱兰、石豆兰等52种植物被列入《濒危野生动植物物种国际贸易公约》(CITES),药用植物有1000余种,被国内外誉为"绿色宝库""天然博物馆""世界罕见的物种基因库""天然中华药库"。

(五)红石林国家地质公园

红石林国家地质公园位于古丈县城26公里处,东与沅陵县接壤,南与泸溪、吉首两县市毗邻,北和永顺县以西水河为界,于"芙蓉镇"对岸。正好处在张家界至凤凰这条旅游黄金走廊的中间位置。地处湘、鄂、黔、渝旅游板块的中心腹地。

古丈红石林有蜀犬吠日、乳燕待哺、蜗牛搬家、楼兰古城、七彩迷宫等,另还有地下溶洞、绝壁天坑、千年古木等,整个景区融红、秀、峻、奇、绝、古于一身,堪称"武陵第一奇观"。

(六)桃花源风景名胜区

桃花源风景名胜区位于湖南省桃源县西南15公里的水溪附近,距常德市34公里。桃花源风景名胜区留有新石器时期大溪文化遗存,是《辞海》《词源》中《桃花源记》原型地。

桃花源风景名胜区总面积157.55平方公里,其中世外桃源主体景区15.8平方公里,武陵人捕鱼为业的沅水风光带水域44.48平方公里。外围保护区96.9平方公里。桃花源风景名胜区有桃花山、桃源山、桃仙岭、秦人村四大景区,标准景点100余个,主要有秦溪、秦谷、五柳湖、桃花源古镇等核心景点。

1992年,桃花源被国家林业局批准为国家森林公园。2001年,被批准为国家4A级景区。

(七)壶瓶山

壶瓶山位于湖南西北边陲的石门境内,主峰海拔2098.7米。1994年4月,经国务院批准成立壶瓶山国家级自然保护区,保护区总面积665.7平方公里。

登临峰巅,北望三峡神景,南眺洞庭湖光,东和荆沙古风,西映武陵奇峰。皂市水库把五颗珍珠"花山鸟岛蒙泉湖""古刹王陵夹山寺""熔岩奇石龙王洞""梅坡温泉热水溪""峡谷飞瀑壶瓶山"连成一串,组成石门特有的自然风光。

任务拓展

任务一:对张家界国家森林公园的黄狮寨、金鞭溪、腰子寨、琵琶溪、砂刀沟、朝天观、后花园七条主要旅游线进行沿线景点讲解训练。

任务二:对索溪峪风景区的十里画廊、鸳鸯瀑、南天门、黄龙洞等景点进行讲解训练。

工作任务二　探秘土司城世界文化遗产

任务导入

前往老司城世界文化遗产进行带团讲解。

任务解析

导游员要做好带团讲解的工作,应该做到以下几点。

(1) 做好准备。包括熟悉团队计划(分析客人来源、构成)、行程特点,资料及物质准备等。

(2) 接团与讲解。①提前到达,车边迎接;②致欢迎词;③重点介绍本区情况。

(3) 沿途讲解及景点讲解。

(4) 致欢送词。

知识链接

主要景点介绍如下。

一　老司城

老司城位于永顺县东南12公里处的麻岔乡。这里群山环抱,溪水围绕,林木参天,环境幽静,为历代土司王治所。老司城简称司城,又称福石城,为南宋绍兴五年(公元1135年)永顺第十世土司彭福石所建。清雍正七年(公元1729年)"改土归流",土司治所迁至现永顺县城,司城始废。先后有近600年的历史,为永顺的著名人文景观。老司城依山为城,凭险而筑,没有正式的城垣建筑,但有东、南、西、北各门之称。从灵溪河两岸到太平山麓,为原古街中心,分左街、右街、上街、下街、正街、河街、渔渡街等八街十巷。街道均用精致卵石铺成,并有不同图案。司城内有土司避暑、御寒的凉洞和热洞，附近还有观音阁、祖师殿、王皇阁、关帝庙等古建筑和历代土司的墓葬群。属湖南省重点文物保护单位。

二 老司城博物馆

老司城遗址博物馆的工程设计理念以遗址核心区为蓝本，属于地埋式建筑，依山而建，外墙用鹅卵石镶嵌，部分墙体采用竹木格栅与玻璃幕墙装饰。整个设计将土家文化、土司文化与现代建筑形式和工艺融为一体，并与周边环境协调统一，造型美观而灵动，外观严谨而富有创意。

老司城博物馆陈列布展设计理念以老司城遗址建筑原貌蜿蜒、叠嶂的特点为设计原点，整个展示空间为一轴"原生态、原文化、原遗址、原住民"的宏伟史诗画卷，集中突出地域特点、时代特征、人文特色和史学特性。

三 老院子

老院子始建于清雍正初年，其建筑风格为四井封火墙式土家建筑，融土家园林、土家吊脚楼于一体，是整个湘西乃至全国幸存下来，保存最完好的土家古宅，堪称土家建筑的活化石，被誉为"土家第一宅"。老院子是田氏族人的祖居，田氏先祖田承满在北宋年间，先后出任太保、太傅、太师之职，官居极品，曾以统抚街代朝廷官束湘西诸土司王。老院子末代之一的田奇镌是新中国的著名地质学家、中科院院士。老院子世代书香，人杰地灵，谱写了一部历史罕见的家族传奇史。

四 芙蓉镇

芙蓉镇，本名王村，是一个拥有两千多年历史的古镇，因宏伟瀑布穿梭其中，又称"挂在瀑布上的千年古镇"。位于湘西土家族苗族自治州境内的永顺县，与龙山里耶镇、泸溪浦市镇、花垣茶峒镇并称湘西四大名镇，又有酉阳雄镇、"小南京"之美誉。后因姜文和刘晓庆主演的电影《芙蓉镇》在此拍摄，更名为"芙蓉镇"。现为国家4A级景区。位于酉水北岸，距永顺县城约50公里。

五 猛洞河风景区

猛洞河位于湘西土家族苗族自治州境内，地跨永顺、古丈两县，下游与酉水汇合注入沅江。因其源头在龙山县猛必村，附近有一洞，水从洞内流出，故名猛洞河。猛洞河旅游区包括猛洞河中下游、酉水河下一段和灵溪中下游一带的广大地区。20世纪70年代初，国家在猛洞河下游的酉水凤滩兴建了一座大型水电站，雄伟的大坝将酉水锁住，使永顺山城下游一带变成了碧波荡漾的高峡平湖，从而形成了以县城"不二门"为中心，以猛洞河为轴线，北起灵溪镇，南达栖凤湖，总面积250平方公里的、以水上旅游为特色的风景旅游区。猛洞河旅游区的观景点分为猛洞河、王村（芙蓉镇）、不二门、老司城等4个组成部分。

六　猛洞河漂流

猛洞河漂流位于湖南省湘西自治州永顺县芙蓉镇,其起漂点据湘西著名的旅游景点芙蓉镇仅40公里。猛洞河漂流是湘西旅游中开发较早、比较成熟的旅游项目。猛洞河水量丰富,河流坡降大,水急滩多浪奇,高大的峭壁直插水面,两岸并相靠拢,形成幽深的峡谷景观。沿河两岸古木苍天,苍翠欲滴,奇石错落,流泉飞瀑随处可见,下游一路水碧山青,风光秀丽,野猴成群,溶洞奇特。猛洞河天下第一漂项目位于猛洞河支流,全长47公里,最精彩处位于哈妮宫至牛路河段,长约17公里。

七　小溪国家级自然保护区

小溪生态旅游景区自然人文风光原始、古朴,保护区位于湖南省西部永顺县境内,地处武陵山西端。面积为7220公顷。保护区植物有1500多种,其中木本植物有419种,脊椎动物有208种。保护区内生态旅游景区是以原始次生林、峡谷、峰林地貌景观为特色的生态旅游区。目前已向游客开放5个景区,即毛坪码头至小溪村游道沿线景区、龙门溪景区、鱼泉溪景区、茶园溪景区、巴东木莲景区。

任务拓展

任务一:探究湘西三邪——湘西赶尸、湘西放蛊、落花洞女。

任务二:探究神秘湘西——不解之谜、辰州符、定鸡之谜、草鬼婆、湘西凤凰竿军、生吞火炭、宗教信仰、碗墓、禁山锁蛇、鬼节、还傩愿、蛊毒。

任务三:探究巫傩文化——湘西赶尸、湘西放蛊、落花洞女、仙娘、央五祀、跳香舞、湘西过阴、苗族傩戏、婚礼、咚咚推、傩神与戏神、十二兽、傩戏、湘西阳戏面具、巫傩文化之风俗、苗族椎牛、傩坛特技、傩公傩婆、傩愿戏、还傩愿。

工作任务三　溯源武陵山区五溪文化

任务导入

选择大美沅陵之旅游线路进行带团与讲解。

1. 常规一日游行程

线路一:十里茶廊＋辰州矿业矿史陈列馆＋辰州金铺＋辰龙谷＋"狃子花开"实景剧。

线路二:十里茶廊＋辰州矿业矿史陈列馆＋辰州金铺＋辰龙谷＋白河谷旅游度假区。

线路三:凤凰山＋龙兴讲寺＋二酉山＋凤滩水电站。

2. 常规两日游行程

线路一:第一天,十里茶廊＋辰州矿业矿史陈列馆＋辰州金铺＋辰龙谷＋"狃子花开"实景剧;第二天,白河谷旅游度假区+凤滩水电站。

线路二:第一天,凤凰山+龙兴讲寺+湘西剿匪胜利纪念园、抗战时期湖南省临时省会旧址群+二酉山;第二天,白河谷旅游度假区+凤滩水电站。

3. 常规三日游行程

第一天,十里茶廊+辰州矿业矿史陈列馆+辰州金铺+辰龙谷+狙子花开实景剧;第二天,胡家溪土家古寨+白河谷旅游度假区+凤滩水电站;第三天,二酉山+龙兴讲寺+抗战时期湖南省临时省会旧址群。

4. 户外探险游两日游行程

线路一:第一天,白河谷旅游度假区+借母溪西部风光带;第二天,借母溪景区。

线路二:第一天,大别溪漂流+白瓜河;第二天,夸父山景区+红星茶场+外观五强溪大坝。

任务解析

地陪小王要做好这项工作,应该做到以下几点。

(1) 做好准备。熟悉团队情况,分析客人来源、构成、行程特点,做好知识及物质准备等。

(2) 接团与讲解。提前到达、车边迎接,致欢迎词。

(3) 沿途讲解及景点讲解。

(4) 致欢送词。

知识链接

主要景点介绍如下。

一 五溪

狭义的五溪指湖南省怀化市。其境内重要的支流有巫水(雄溪)、渠水(满溪)、酉水(酉溪)、潕水(潕溪)、辰水(辰溪)等,古称"五溪",因此怀化自古便称"五溪之地"。广义的五溪的范围就是沅水中上游地区,以怀化为中心地带,包括湘黔渝鄂等省市的周边地区,共三十几个县市。

二 大美沅陵之风景秀丽

(一) 官庄篇

1. 辰龙关碣滩茶庄园

北有山海关,南有辰龙关。据《沅陵县志》记载:"辰龙关县东百三十里,关外万峰插天,峭壁数里,谷经盘曲,仅容一骑……"辰龙关,是通往大西南的必经之路,有着"湘西锁钥""滇黔咽喉"之美称,曾被清朝康熙皇帝钦封为"天下第一关"。辰龙关碣滩茶庄园位于素有"金都、林海、茶乡"之称的官庄镇辰龙关旧址核心地带,风景秀丽,种茶条件得天独厚,历史底蕴极为深厚,辰龙关十里茶廊拥有"中国三十座最美茶园"的美誉。

2. 辰州矿业矿史陈列馆

辰州矿业是国内4大百年金矿之一,国内五大黄金企业之一,也是全球第一大锑品生产企业和国内主要钨矿开发企业,该地矿石为金锑钨共生矿,全球唯一。辰州矿业矿史陈列馆是湖南黄金系列第一个综合性的矿史陈列馆,占地面积约 1000 平方米,通过声、光、电等现代科技手段,栩栩如生地展现了辰州矿业 140 多年的发展历程,为游客朋友们揭开了黄金开采过程的神秘面纱,目前是全国旅游市场十分罕见的旅游产品和奇特景点。

3. 辰龙谷景区

位于沅陵县官庄镇境内,距离常吉高速官庄互通口仅 1 公里,处于大湘西旅游带的中心枢纽区域,交通网络十分便捷。该景区由湖南巫傩圣谷旅游开发有限公司倾力打造,是一个集旅游观光、影视拍摄、傩技表演、特色餐饮于一体的休闲度假胜地。

(二) 县城篇

1. 龙兴讲寺

龙兴讲寺位于沅陵古城西北隅,嵌虎溪山麓,俯沅、酉二水,始建于唐贞观二年(公元 628 年),坐北朝南,依山就势,占地 17000 平方米。中轴线 11 栋建筑保存完好,纵深五进,是一处融汇唐、宋、元、明、清等建筑风格和实物的珍贵历史文化遗产,为湖南省现存年代最早的木构建筑群,1996 年被国务院列为全国重点文物保护单位,国家 3A 级景区。

2. 凤凰山

国家 3A 级景区,是沅陵国家森林公园的重要组成部分。位于县城南岸,古木参天,绿树成荫,山体酷似一只展翅欲飞的凤凰,由此得名凤凰山。登山俯视,县城美景和沅、酉二水的湖光水色尽收眼底。因发动震惊中外的"西安事变",张学良将军被蒋介石幽禁在此达 20 个月之久,凤凰山也因这位爱国将领的驻足而身价倍增,名扬中外。2011 年被省人民政府批准为湖南省爱国主义教育基地。

3. 辰州三塔

辰州三塔指龙吟塔、凤鸣塔和鹿鸣塔。龙吟塔,位于县城东河涨洲,因洲旁水声似龙吟而得名。是我省现存最高、保存最完整的石塔。1996 年 1 月被列为湖南省重点文物保护单位。凤鸣塔,位于城东沅水南岸香炉山顶。鹿鸣塔,高踞于县城东沅水北岸鹿鸣山顶。形成沅陵特有的"三塔一线"景观。

4. 抗战时期湖南省临时省会旧址群

一条宽近 4 米,长 922 米的巷道中,现存天主教的天主堂、基督教的永生堂、伊斯兰教的清真寺、佛教的白圆寺和道教道场。当年五大教虽同处一巷,近在咫尺,却和睦相处,各自传播教义,构成一种耐人寻味的宗教文化现象,在中外宗教史上也十分罕见。此处是抗战时期湖南临时省会所在地。2011年1月24日湖南省人民政府公布其为省级文物保护单位。

5. 湘西剿匪胜利纪念园

其为全国重点烈士纪念建筑物保护单位,是湘西久负盛名的地方,不仅风景美,而且历史悠久,是根除湘西百年匪患的纪念地,是中国人民解放军第47军剿匪政治指挥中心所在地。气势雄伟的胜利门内,连塔台共高18米的湘西剿匪纪念塔浩然屹立,塔正面身高3.2米的中国人民解放军战士紧握着枪,威武雄壮。党政军领导人的题词、烈士的名字,每一笔刻字都让人肃然起敬。

(三) 酉水篇

1. 二酉山

二酉山为古人藏书的地方,是天下学子朝拜的圣地。这里黄帝曾藏书万卷,故又有"万卷岩"的称号。秦始皇焚书坑儒时朝廷博士官伏胜又将二千余卷诸子百家经典书籍收藏于此,保护和传承了中华五千年文明,出典成语"学富五车,书通二酉"。二酉山,书简留香,灵气百生,福佑天下,声名远播。现为省级文物保护单位,国家3A级旅游景区。

2. 胡家溪土家民俗文化风情古寨

胡家溪位于沅陵县明溪口镇,是一座以山、水、人文资源为特色,共同构建的一座具有千年历史的文化名村。传统村落依武陵余脉而建,土家民族傍酉水清溪而居,山水格局完整协调,人文生态特色突出。古村落内保存有包括胡氏祠堂、胡鳌故居、风雨桥、吊脚楼等完整的历史建筑,也包括皇妃故里、封火墙、古驿道、古天井、古茶园等人文历史遗迹。

3. 白河谷旅游度假区

这里处于五强溪国家湿地公园的范围内,是中国最美水上乡村游玩地,融合了北纬28度的自然奇观与文化奇观;是土家人的母亲河;酉水沅陵段古称白河,清澈见底,绿如绸缎,如"出山泉水",是沈从文笔下最后一段风景。白河谷旅游度假区拥有全国独一无二的"雾离子"养生度假项目,包含了船屋、树屋、石屋、帐篷、乘船体验游等旅游项目。

4. 沅陵凤滩景区

凤滩水力发电厂始建于1969年,总装机容量为81.5万千瓦。凤滩大坝居世界第一高,其结构独特,气势宏伟,2006年10月,全国政协常委、著名经济学家、北京大学教授厉以宁来凤滩参观后,感触颇深,曾发出"若无万千开拓者,怎有酉江夜明珠"的感叹,并欣然挥毫,留下墨宝。著名画家黄永玉游览凤滩,曾慨然题词:"青山似画、碧水如诗。"2006年其被评为全国工业旅游示范点,并被首届中国旅游胜地品牌推广峰会组委会授予——"中国最佳旅游去处"。2016年被评为国家4A级景区。

(四)五强溪篇

1. 夸父山景区

夸父山景区为夸父山沅陵国家森林公园三大片区之一,是沅水最美的滨江丹霞地貌,是成语"夸父追日"的出典处。整个景区由月亮岩、明月潭、象鼻岩、明月山、夸父山、寡妇链、翁子洞、米汤溪、十里画廊、金冠嘴、一脚踏三桥、箱子岩、界岩等景点构成,风光旖旎,有山清、水秀、石美的特点,素有"小桂林"之称,更有众多人文可考轶事和民间传说故事……

2. 大别溪景区

大别溪景区为国家3A级景区,有着最惊险、刺激的水上漂流。峡谷内的漂流段全长8.5公里,山高林密,植被覆盖率达85%以上,空气清新,负离子含量丰富,奇石列阵,色彩斑斓,河道蜿蜒曲折,急缓天成,实乃一拐一弯一幅景,十里溪流十里峡,人生快意漂一回,高山流水润心花。

(三)桃花源风景区

参观路线及定点讲解景点:游客接待中心—故里桥—南牌坊广场—高士大街—渔父广场—古戏台—曲桥—景观水系—高士广场—(水岸茶餐街—姻缘楼—寓言广场—大观楼)—靖节楼—伏波路—伏波广场—傩堂—城隍庙—伏波楼—北牌坊广场—桃仙路。

项目二 介绍凤凰文化体验旅游区

2016年3月,湖南省政府印发《湖南省旅游业"十三五"发展规划纲要》,《纲要》提到,"十三五"期间,围绕"一带(湘江旅游带)四圈(长株潭、环洞庭湖、大湘西、大湘南)"区域旅游发展布局,要重点抓好12个旅游功能区建设。

凤凰文化体验旅游区就是12个旅游功能区之一,主要包括凤凰县、吉首市、龙山县、泸溪县、保靖县、花垣县,定位为国际文化体验旅游目的地。对接贵州省和重庆市,推动凤凰—铜仁、花垣—重庆、秀山—贵州松桃、龙山—来凤等旅游经济协作区建设。以凤凰古城景区提质、吉首矮寨奇观旅游区和龙山里耶古城综合开发等项目建设为依托,培育里耶镇、边城镇、山江镇、矮寨镇等一批旅游小城镇。强化凤凰的龙头带动作用,大力发展民俗文化体验旅游。进一步完善旅游演艺基地,推动旅游与文化产业的融合发展,积极培育自驾车(房车)营地、低空旅游、休闲度假、购物旅游等新业态。

◇知识目标

1. 熟悉凤凰古城文化、兵战文化、苗乡文化等文化体验型旅游资源。

2. 熟悉酉水流域分布的富有浓郁民族风情和深厚文化内涵的旅游资源。

3. 熟悉沅水流域分布市县的自然与文化旅游资源及其历史文化内涵。

能力目标

1. 培养学生进行文化体验型导游带团的讲解能力。
2. 提高学生旅游线路组织与设计能力。
3. 培养学生对旅游景区景点的认知与策划能力。

素质目标

1. 提升学生对文化类景点的审美能力。
2. 培养学生对祖国大好河山的热爱,激发学生的民族自豪感和自信心。

工作任务一　体验凤凰古城文化

任务导入

凤凰县某旅行社的导游员小王,作为地陪接待一个来自山东从长沙中转来的中老年旅游团队,详细行程如下。

凤凰汽车三日游

第一天:9月10日中午,旅游团于长沙乘车赴凤凰(车程约5小时),抵达用完晚餐后入住沱江边吊脚楼望江楼客栈。

第二天:早餐后前往苗人谷景区(车程约50分钟),苗族人的纯朴、好客、热情,让你记忆犹胜,中餐品尝最纯正的农家乐柴火饭(时间约1小时);中餐后乘车前往南长城(车程约40分钟,游览时间约2小时);晚餐后,可自费欣赏篝火晚会(参考价160元/人),然后入住沱江边吊脚楼望江楼客栈。

第三天:早餐后,参观凤凰古城九景(沈从文故居、熊希龄故居、东门城楼、杨家祠堂、虹桥艺术楼、万寿宫、古城博物馆、崇德堂、沱江泛舟,时间约4小时),中餐后乘车返回长沙,结束愉快旅程。

在带团过程中,团队客人对凤凰这座中国最美丽小城的人文历史很感兴趣,特别是凤凰的名人。请问,小王应该如何做好讲解接待工作,使客人能够深入地体验名人旅游资源的文化意义,欣赏名人旅游资源背后的价值和教育意义。

任务解析

地陪小王要做好这项工作,应该做到以下几点。

(1) 分析山东客人特点和老年团的特点。山东人好客、忠诚,受孔子的儒学思想影响比较大,在带团过程中要对客人讲解凤凰文化。老年团有别于常规旅游团队,旅行社会在行程中特别安排每天发短信向老年人的亲属报平安,随时了解老年人的健康状况。行程安排要比一般团队更加舒缓,膳食口味清淡易消化。

(2) 做好讲解前的凤凰名人知识准备,必须深入了解和研究凤凰的名人。凤凰是一个人杰地灵的地方,民国总理熊希龄,文学大师沈从文,画坛鬼才黄永玉,中科院院士肖纪美,被称为"定海三总兵"之一的民族英雄郑国鸿,怒杀洋教士的贵州提督田兴恕,唯一支持戊戌变法的湖南巡抚陈宝箴,戍守西藏、留下藏地奇书《艽野尘梦》的"湘西王"陈渠珍,齐白石的老师、画坛巨匠陈师曾等都是从这里走出的"大角色"。据统计,仅清代,凤凰籍的巡抚、提督有 29 人,民国时有中将 7 人,少将 27 人。

(3) 讲解过程中,积极与客人互动。关注旅游目的地人文历史的游客,一般文化层次较高,修养性较好,在导游讲解服务过程中,导游人员要与客人多沟通、多互动。

知识链接

主要景点介绍如下。

一 沈从文故居

沈从文故居是其祖父沈宏富于同治五年(1866年)修建的。是传统的砖木结构四合院建筑,古朴典雅。房屋皆采用合子砖封砌,马头墙装饰鳌头,正中一小天井,方石板铺就。有前屋、正屋及厢房共十余间。沈从文于 1902 年 12 月 28 日在此诞生,在凤凰度过了童年和少年时代。故居有前后两栋。前面一栋房子临街三间,中为过厅,有时候也作为客厅;左右两间作为父母或家人的卧室,有时也作客房。连接前、后两栋的是天井,天井两边各有一间不大的厢房和书房,后栋有正屋三间,中间为堂屋。沈从文先生 6 岁入私塾,12 岁进新式小学,14 岁辍学入伍,21 岁离开部队只身来到北京,走上了文学创作的道路,并最终成为享誉海内外的乡土文学大师。1988 年 5 月 10 日,沈从文先生因心脏病猝发在北京家中逝世,享年 86 岁。离世后根据先生的遗愿将先生的骨灰一半葬于家乡的听涛山下,一半撒入家乡的沱江。

二 熊希龄故居

熊希龄故居位于凤凰古城的文星街。故居是熊希龄先生的祖父熊廷燮在任镇筸镇左营把总时,于清道光年间购置的。这幢四合院占地面积 263 平方米,建筑面积 157 平方米,有正屋一栋三间,左右次间是卧室。清同治九年六月二十五日(1870 年 7 月 23 日),熊希龄在这里诞生,并度过了九年的童年时光。熊希龄先生是我国近代著名的政治家、教育家、慈善家。在堂屋正中看到的铜像是 2001 年由 14 名原香山慈幼院校友捐赠的,铜像高 51 厘米,宽 35 厘米。再现了熊希龄当年创办香山慈幼院的风采。

三 南方长城

南方长城又称为苗疆边墙,是中国古代的军事防御工程。2000 年 4 月下旬,由国家文物局古建筑专家、长城学会副会长罗哲文等人来凤凰古城进行考察时发现,始筑于明嘉靖三十三年(1554年),到万历四十三年(1615年)。上起王会营、下至镇溪修建边墙300多里,天启三年(1622年)镇溪至喜鹊营添筑土墙60余里。城墙高约3米,底宽2米,墙顶端宽1米,绕山跨水,大部分建在险峻的山脊上。对于动乱不断的蛮荒之地——以凤凰为腹地的五溪地区,朱元璋的子孙认为"得其地不足以供给,得其民不足以使令",为求边徼稳定,不扰乱内地,采取"高筑墙"的办法,息事宁人。凭借这一军事防御工程,将动乱地区隔离在外,边境地区的动乱得以暂时平息。对于明朝政权的巩固、地区内各族人民生活及生产的安定、国家的安全都起到了积极的作用,但也禁止了当时的苗、汉之间的贸易和文化交往。

四 苗人谷景区

苗人谷,位于凤凰县山江镇,距离凤凰古城18公里,辖区面积4平方公里,是凤凰以展示悠久深厚的苗族历史文化为主的标志性景点,曾被国内外专家学者公认为"中国活化石"。苗人谷有着秀美的自然风光、厚重的历史文化和浓郁的民族风情。凤凰苗人谷游一回,湘西苗文化醉千年。

五 杨家祠堂

杨家祠堂始建于清道光十六年(公元1836年),由当时的太子太傅、果勇侯杨芳在镇篁镇任总兵时,带领凤凰的杨家族人捐资修建,为杨氏族人祭祀、议事的场所。杨家祠堂占地面积约420平方米,呈长方形四合院格局。杨家祠堂不仅建筑精美,具有历史、艺术价值,更散发出一种浓浓的中华传统文化气息。于2011年由湖南省人民政府公布为省级文物保护单位。

六 古城博物馆

古城博物馆位于古城中心道门口22号(原为登瀛街8号),占地一亩二分,建筑面积2696平方米,有28面马头墙、56间房舍、386扇古雕画门窗和26个回廊,是一个由多栋房屋、多个大小天井组成的建筑群。2007年,由民营企业家雷雨田先生购买后建成了博物馆。现在,博物馆由陈宝箴世家、古城博物馆和雷雨田艺术馆三大文化载体组成。

七 沈从文墓地

沈从文先生的墓地位于凤凰古城东郊、沱江南岸的听涛山上。墓地无坟冢,一块取自听涛山的天然五彩石既是墓冢,也是墓碑。碑的正面镌刻着先生的手迹"照我思索,能理解我;照我思索,可认识人"。墓碑背面镌刻有沈从文先生姨妹张充和女士撰写的挽联"不折不从,星斗其文,亦慈亦让,赤子其人"。"从文让人"正是沈从文先生一生伟大人格的诠释。

八 沱江

沱江是凤凰人的母亲河,属长江水系,汇流湖南沅江,然后到洞庭湖,注入长江。沱江有三源,南源有流经贵州省边地的龙塘河,北源有发源于腊尔山台地的乌巢河和麻冲高地的潭保河。政府投入巨资建设沱江十里风光带,用红砂石铺设游步道,建设防护堤。沿途流水潺潺,杨柳依依,吊脚楼林立,是休闲旅游的绝好去处。

（九）虹桥

虹桥横卧于沱江之上,建于明洪武初年,原为木板桥,康熙九年(1670年)始建石桥。石桥建成后,气势古朴雄浑,像彩虹一样凌空飞往对岸,故曰"虹桥"。2001年,凤凰县被国务院列为中国历史文化名城,为了建设、装点古城,修复重建了风雨楼。拱形牌楼门额匾上"虹桥",为著名凤凰籍画家黄永玉题写。如今,虹桥已成为凤凰一标志性景点和核心景区,二层为文化艺术长廊,可喝茶,陈列有古今名家书画摄影作品,供游人驻足欣赏。2001年4月8日,国务院前总理朱镕基亲临此楼,激动之情露于言表,并在此欣然挥毫,留下"凤凰城"三字珍贵墨宝。

（十）东门城楼

东门城楼位于城东,紧靠沱江,原名"升恒门",为凤凰古城四大城门之一。东门城楼始建于清康熙五十四年(1715年),城门下部由紫红砂岩砌成,上部城楼则用古砖砌筑。城门宽3.5米,高4米,呈半圆拱形,两扇城门都用铁皮包裹,用圆头铁钉密钉,牢实坚固。城墙修筑全部用红砂条石,精工细钻,规格一致,下部内外两侧用条石加石灰浆砌成,中间填以碎石黏土,层层夯实。顶部的中间填充物改为石灰、鹅卵石、黄土拌成的三合土,上面铺以红砂块石。大门上方有枪眼8孔。歇山屋顶,覆以腰檐,飞檐翘角,精美壮观。

任务拓展

任务一:在参观南方长城过程中,有游客提出自己也去过北京八达岭长城,既然都叫长城,为什么凤凰的南方长城规模远远小于北方长城?请你组织10分钟的语言,通俗易懂地向游客介绍南方长城的历史沿革。

任务二:如果有游客提议,由你来说几句苗语,但你却不会,你将如何化解尴尬?

工作任务二　探秘酉水文化

任务导入

吉首市某旅行社的导游员小黄,作为地陪接待一个来自长沙的旅游团队,详细行程如下。

茶峒、里耶、保靖2日游

第一天:9月10日,火车站接站,早上6:30抵达吉首。早餐后,乘车前往茶峒古镇(车程约1.5小时),途中车览百年路桥奇观——矮寨坡公路奇观、世界第一的矮寨特大悬索桥;抵达后,游沈从文笔下的边城【茶峒】,青石道整洁风雅,吊脚楼古色古香,白塔耸立,古渡摆舟,如诗如画。船赴翠翠岛(约20分钟)或船赴百家书法院(约30分钟)。游览后用中餐,中餐后乘车前往里耶古镇(车程约1.5小时),到达后游览里耶古镇,晚餐后入住里耶大秦酒店。

第二天:早餐后,游览里耶【秦简遗址】、【秦简博物馆】(游览时间约2.5小时),游览后用中餐,中餐后乘车前往保靖县,参观【汉代四方城遗址】、【酉水摩崖石刻】之最"天开文运"及【酉水河码头】。最后返回吉首送站,结束愉快旅程。

导游小黄接到接待任务后,仔细阅读了接待计划,并询问了计调游客的特殊要求,在带团过程中,有客人提到来湘西旅游就是看过了沈从文写的《边城》等小说后,被这里的风土人情给吸引来的,人人都说凤凰是沈老笔下的边城,但他认为是茶峒,客人提出让小黄说说沈老笔下的边城到底在哪里?请问,小黄应该怎样在组织好旅游讲解活动的同时又能为游客答疑解惑?

任务解析

地陪小黄要做好这项工作,应该做到以下几点。

(1) 分析客情。从客人选择的旅游线路来看,就可知这是一个文化体验型旅游团队。一般都是带着增长知识、开阔眼界的目的而来,并且善于提出问题、讨论问题。在上团前,导游人员要认真研究游客的兴趣、喜好,多多了解游览景点情况,特别是其背后的文化内涵,努力做到投其所好。

(2) 做好知识储备。多多了解沈从文湘西题材的小说,在沈从文所描写的湘西题材的小说世界中,总是充满一股浓浓的湘西风味。在那些湘西世界中,于自然,他保存了湘西景色的原汁原味,以朴实、简单的手法将湘西独特的地域风情、民俗风貌一一展现在读者的眼前;于人物,乡土人民那自然、纯朴的民俗风情和纯真、简单的爱情表达让湘西人民的质朴美丽跃然纸上;于行文风格,自然朴实、富有乡土气息的语言给人以活鲜的美感。

(3) 在带团过程中,与客人一起赏析沈从文的小说。曾辗转于湘西酉水沅水流域山山水水的沈从文,他的作品总是蕴含着"酉水文化",在沿途导游中,可以沈从文一系列湘西题材酉水河岸的小说为切入点,给游客介绍酉水河的基本情况和酉水流域内的旅游资源概况。在游览茶峒时,可将沈从文小说《边城》代入讲解中,在茶峒去寻找沈从文笔下的老人、女孩、黄狗、白塔、拉拉渡和吊脚楼。

知识链接

主要景点介绍如下。

一、里耶景区

(一) 里耶古镇

里耶古镇位于湖南西北边陲的龙山县西南端的酉水河北岸,八面山东麓,历史悠久、人杰地灵,它与王村、浦市、茶峒并称为湘西四大古镇。在漫漫历史长河中,它积淀了丰厚的文化旅游资源,有战国、西汉、东汉古城池,有战国、秦汉古墓群,有新石器时代、商周历史文化遗址遗迹,有明清时期古建筑,有古街道、古文物等。

(二) 里耶古城遗址

里耶古城遗址是中国迄今发现的唯一一处秦朝古城遗址。这座古城历经三朝建城,始建于战国楚人之手,秦朝统一后扩建沿用,西汉第三次筑城,废弃于东汉。城址呈长方形,南北长 230 米,东西残宽 110 米,残存面积 22000 余平方米。在古城遗址考古发掘中,出土了青铜器、玉石器、兵器、陶器和 37400 余枚秦简等大量珍贵文物。里耶古城、古井及秦简的发现,填补了秦代史料的缺失,被评为 21 世纪以来全国最重要的考古发现之一。2002 年 11 月 22 日,里耶古城遗址被国务院特批为全国重点文物保护单位。

(三) 里耶古城(秦简)博物馆

秦简博物馆距里耶古城遗址 1 公里,占地 3.6 万平方米,总建筑面积 6500 平方米。是集保管、研究、陈列秦简以及自然、文化、艺术等方面实物和标本的公共建筑。

二 边城茶峒

"由四川过湖南去,靠东有一条官路。这官路将近湘西边境到了一个地方名为'茶峒'的小山城时,有一小溪,溪边有座白色小塔,塔下住了一户单独人家。这人家只一个老人,一个女孩子,一只黄狗。"沈老笔下的小山城就是位于湘、鄂、渝三省(市)交界处,湘西四大名镇之一的花垣茶峒镇,其素有"一脚踏三省"之称。茶峒自古以来文化底蕴深厚,这里的南方古人类遗址是中国南方从旧石器距今一万年前仅有的历史文化遗存。这里自然风光秀美,苗族风情浓郁。

三 保靖酉水省级风景名胜区

酉水是沅江最大一级支流,有南北二源,汇合于秀山,在龙山洗车河入湘西州境,经龙山、花垣、保靖、永顺、古丈出州境,汇入沅江。酉水历史悠久,文化底蕴深厚,是湘西土家族、苗族的发源地。酉水沿岸分布有白云山国家级自然保护区、八部大王庙、保靖四方城古城、魏家寨西汉古城遗址、汉代古墓群等众多丰富的旅游资源。

四 捞车河景区

捞车河景区位于龙山县苗儿滩镇境内,民风淳朴,两河交汇。吊脚楼依山傍水,依次相连,颇具江南水乡田园风光。至今保存着完好的摆手舞、茅古斯、打溜子、咚咚喹、梯玛歌、土家织锦等 6 项国家级非物质文化遗产及赛龙舟、土家哭加歌等民俗文化,让捞车河村享有"中国土家源""中国土家第一村""土家织锦之乡""湖南省级生态村"等美誉,是湘西州乃至湖南省的民俗文化旅游胜地。2009 年,捞刀河村被确定为湖南省少数民族特色村寨。

(五) 十八洞村

十八洞村隶属于湖南省湘西土家族苗族自治州,位于湖南省西部、武陵山脉中段、湘黔渝交界处的湘西花垣县。地处素有花垣"南大门"之称的排碧乡西南部,紧临吉茶高速、209 和 319 国道,距县城 34 公里,距州府 38 公里,距矮寨大桥 8 公里,距高速出口 5 公里。这里有婺源乡村建筑模式,又有兔耳岭的自然景观。全村辖 4 个自然寨,6 个村民小组,225 户 939 人,属纯苗聚居区。苗族风情浓郁,苗族原生态文化保存完好。是习近平总书记"精准扶贫"思想的首倡地。

任务拓展

任务一:里耶秦代简牍的发现,被认为是继秦始皇兵马俑之后,秦代考古的又一重大发现。请你组织 10 分钟左右的语言,通俗易懂地向游客介绍里耶秦代简牍的发现经过、内容和价值。

任务二:沈从文少年、青年时代曾经浪迹于酉水、沅江流域,请组织语言,向游客介绍沈从文与酉水的渊源。

工作任务三 溯源沅水文化

任务导入

吉首市某旅行社的导游员小黄,作为地陪接待一个来自长沙的旅游团队,详细行程如下。

乾州古城—矮寨奇观景区二日游

第一天:9 月 10 日早上,旅游团于长沙乘车赴吉首(4 小时),抵达后享用中餐,用餐后,游乾州古城(2 小时)。晚餐后,可自费观赏乾州古城大型情景歌舞剧《湘西汉子》,后入住和一宾馆。

第二天:早餐后,乘车赴德夯风景名胜区(30 分钟),游览德夯苗寨(半天),中餐后,乘车赴矮寨大桥景区(20 分钟),游览矮寨大桥景区(1 小时),返回吉首享用晚餐,晚餐后返回长沙,结束愉快旅程。

在带团参观游览过程中,有客人提出在乾州这个曾经偏僻、贫穷、落后的地方,怎么涌现出了那么多的杰出人物？请问,小黄应该怎样在组织好旅游讲解活动的同时又能为游客答疑解惑？

任务解析

地陪小黄要做好这项工作,应该做到以下几点。

(1) 分析客情。分析长沙客人的特点、构成、行程特点及特殊要求等,做到有针对性的讲解。

(2) 做好讲解前的知识准备。乾州曾是南方长城防御线上重要的政治军事指挥中心。"乾州的城、凤凰的兵",在金戈铁马、烽火四起的明清时期,与凤凰古城一起支撑着"南方长城"。乾州古城人杰地灵,沈从文在《湘西》中写道:"乾州,地方虽不大,小小石头城却整齐干净,且出了近三十年来历史上有名姓的人物。"在这块古老而又神秘的土地上,先后养育了明正德年间致力家乡教育事业的苗族知识分子吴鹤;光绪年间,不顾年迈,在家乡募兵到闽、台抗法的陕甘总督杨岳斌;率兵抗击八国联军、保卫大沽口、以身殉职的天津总兵罗荣光;民国陆军次长傅良佐、少将高昆麓;有抗日独臂英雄石邦藩、中国当代画马四杰之一的张一尊等一批民族英才。

(3) 讲解过程中,积极与客人互动。给客人列举乾州在各条战线涌现出的诸多名人,并积极与客人探讨乾州人才井喷的原因。弘扬和传承名人精神,让客人受到爱国主义精神洗礼。

知识链接

主要景点介绍如下。

一 矮寨奇观景区

吉首市矮寨奇观景区由峒河、矮寨、德夯、小龙洞四部分组成,有国家重点风景名胜区德夯、峒河国家湿地公园、德夯国家地质公园三张名片。矮寨景区旅游资源优势得天独厚。矮寨奇观风景区有名副其实的"六奇",即奇桥、奇路、奇台、奇谷、奇瀑和奇俗。奇桥——矮寨大桥,独创四个世界第一,桥面距离峡谷底部高度达 355 米,大桥主跨 1176 米,跨高 330 米;奇路——矮寨盘山公路,在陡峭山崖上修筑 13 道急弯,垂直高度 440 米,水平距离只有 100 米;奇台——天问台,四周山峰环绕,脚下深不见底,凌空突兀起一块小小的平台;奇谷——有七大峡谷,其中矮寨大桥下的德夯大峡谷,是中国地势第三阶梯向第二阶梯爬升的临界点,被国际地质界誉为"金钉子剖面";奇瀑——有七大瀑布,飞流直下的大、小龙洞瀑布,其中流沙瀑布高 216 米,是全国落差最大的瀑布;奇俗——集苗街、苗歌、苗寨、苗鼓等奇异的苗文化于一体,是吉首苗族聚居最多、苗寨保存最完整、苗族习俗最浓郁的旅游名镇。

二 乾州古城

素有"神秘湘西文化之窗"的乾州古城,位于吉首市区内的万溶江河畔,这里曾是南方长城防御线上重要的政治军事指挥中心,它在金戈铁马、烽火四起的明清时期,与凤凰古城一起支撑着"南方长城"。这里名人辈出,名胜古迹众多,民间工艺丰富独特,民族风情浓郁,这里是以传承、保护、开发湘西非物质文化遗产为主的"湘西非物质文化遗产园"。

三 沅江文化风光带

沅江文化风光带位于泸溪县城白沙至浦市之间,这里是中国盘瓠文化的发祥地、东方戏曲活化石辰河高腔目连戏的保留地、屈原流放期间的栖住地、沈从文解读上古悬棺之谜的笔耕地。环境优美，气候宜人，历史古迹众多，文化底蕴深厚，民俗风情独特，适宜于文化、休闲旅游。

（四）酒鬼酒生态文化景区

酒鬼酒生态文化景区位于吉首市北郊，旁依枝柳铁路和1828省道，是风景名胜区张家界、猛洞河、王村古镇至德夯苗寨、凤凰古城的必经之地。这里群山环抱，风景如画。酒鬼酒生态工业园被国家旅游局（2018年3月更名为中华人民共和国文化和旅游部）列为全国首批工业旅游示范点，也是湘西州目前唯一的生态工业园景区。酒鬼酒股份有限公司依托湘西独特的自然地理环境和地域文化资源，独创中国白酒"馥郁香型"。在中国白酒的六大香型中，馥郁香是酒鬼酒独创和独有的。

> **任务拓展**

任务一：在游览过程中，有游客问道："屈原怎么会来到泸溪这个偏远少数民族聚居地？"请言简意赅地向游客讲述其中的渊源。

任务二：请说出沅江的基本概况、流经湖南哪些城市，并说明它和长江的关系。

项目三　介绍崀山生态文化旅游区

崀山生态文化旅游区，主要包括武冈市、新宁县、城步县、绥宁县，定位为国际生态文化旅游目的地。对接广西、广东、黔东南，依托张崀桂旅游通道，以洞兴高速公路开通为契机，加强与桂林等旅游目的地的合作，推动崀桂旅游经济发展协作区建设。充分利用世界自然遗产和多样性非物质文化遗产等旅游资源，以崀山景区提质改造、武冈古王城旅游开发、城步南山国家公园建设、黄桑生态文化旅游开发等项目为依托，大力发展乡村旅游，培育寨市乡、金石镇、崀山镇、长安营镇、丹口镇、高沙镇等一批旅游小城镇。做好旅游服务配套设施和旅游基础设施建设，积极开发生态旅游、康养旅游、研学旅游与民俗体验旅游等新产品。

知识目标

1. 了解崀山生态文化旅游区所涵盖的旅游区域。
2. 掌握崀山景区的天一巷、辣椒峰、八角寨、夫夷江、紫霞峒、天生桥等旅游资源。
3. 掌握城步南山景区的老山界、紫阳峰、茅坪湖、蛟龙洞、南山顶等旅游资源。

能力目标

1. 培养学生进行生态休闲型导游带团讲解能力。
2. 提升学生对生态休闲型景点的审美能力。

◇ 素质目标

引导学生关注和保护生态环境。

工作任务一　领略崀山丹霞文化

任务导入

新宁县某旅行社的导游员小张,作为地陪接待一个来自沈阳中转长沙的旅游团队,详细行程如下。

长沙—崀山二日游

第一天:早晨7:30于指定地点集合,乘汽车赴崀山(约4.5小时)。中餐(自理)后进入【八角寨景区】:走贴壁悬空、移步换景的高空栈道,其山势有"泰山之雄、华山之险、峨眉之秀";游丹霞之魂——鲸鱼闹海大峡谷;观龙头香——其险峻会让你的心灵为之震撼;一脚踏两省(湖南、广西),游龙门(游程约3小时)。后游览【夫夷江】动力浪漫漂流(门票费用100元/人,需自理)(游程约1小时),坐老少四季皆宜的竹筏,沿途观青蛙石、啄木鸟石、将军石等象形景观,领略两岸秀丽风光,在清澈见底的江水中嬉戏,到有银滩之称的鸳鸯岛、何家湾大沙滩浪漫踏沙,感受碧水银沙的怡然乐趣,坐汽车回酒店住宿。

第二天:酒店餐厅用完早餐后乘车前往游览【天一巷景区】:走高空栈道,穿行世界上最长的一线天——"天下第一巷",观情侣岩、开口笑山、牛鼻寨、揽月梯、遇仙巷,游翼王石达开战斗过的太平军古战城堡(游览时间约1.5小时)。游览【骆驼峰】景区,攀登骆驼峰,感受这里的山势之险峻,栈道之神奇,看全国攀岩训练基地(行程约2.5小时)。游览【辣椒峰景区】,观人类攀岩极限——辣椒峰,感受法国"蜘蛛人"阿兰·罗伯特攀爬中国第一站的成功与艰辛。用中餐后返程。

在带团过程中,一名游客问道:"著名诗人艾青曾说,桂林山水甲天下,崀山山水赛桂林。崀山山水真的比桂林山水更美吗?"如果你是导游小张,应该如何在讲解中突出崀山的山水之美以及独特之处,展现崀山在游览观光、休闲度假、攀岩探险、科学研究、科普教育等各种旅游项目上的多重功能。

任务解析

地陪小张要做好这项工作,应该做到以下几点。

(1) 做好准备。根据沈阳客人豪爽、仗义等特点,做到态度诚恳,语言坦率。此外,还要做好夫夷江动力浪漫漂流的准备和登山的准备。

(2) 接团与讲解。①提前到达指定地点集合,车边迎接;②致欢迎词;③重点介绍本区情况。

首先介绍崀山生态文化旅游区所涵盖的旅游区域,再从神奇的崀山地质构造、奇特的花瑶民俗风情、优美的南山生态环境、厚重的历史文化等四个方面介绍本旅游区的旅游资源特色,使游客对本旅游区有一个比较全面的认识。

(3) 沿途讲解及景区景点讲解。在去崀山的途中,说:"现在我们的车正在驶向崀山途中,距离景区还有一段时间,利用这段时间我向大家简单介绍一下崀山。"地陪对崀山作个概述,重点介绍崀山的地理位置、崀山名称的由来、崀山完整典型的丹霞地貌特征以及具有的自然美学、地球科学、生态生物等多方面的价值。针对游客的提问,可以对崀山与桂林做个比较,也可以介绍崀山"申遗"的经历。在抵达景区景点后,再详细进行讲解。

(4) 致欢送词。

● 知识链接

主要景点介绍如下。

一 天一巷

天一巷景区原名牛鼻寨景区,因其东面有许多成双成对形似牛鼻的石孔而得名。"巷"是此景区的特色,以"天下第一巷"为代表的大小"一线天"九条,是典型的丹霞地貌一线天群落,2004年其改名为天一巷景区。主要景点有天一巷、遇仙巷、马蹄巷、遇仙桥、仙人桥、百丈崖、月光岩等。

二 八角寨

八角寨又名云台山,位于广西资源县梅溪镇和湖南新宁县崀山镇交接处。主峰海拔814米,因主峰有八个翘角而得名,丹霞地貌分布范围40多平方公里,其发育丰富程度及品位世界罕见,被有关专家誉为"丹霞之魂""品位一流"。其山势融"泰山之雄、华山之陡、峨眉之秀"于一体。景区中的眼睛石完全出自大自然的鬼斧神工,栩栩如生,形神毕肖,令游者和文人骚客浮想翩翩,遐思泉涌。

三 辣椒峰

辣椒峰为崀山典型的丹霞峰林地貌,在国内风景区中独树一帜,是崀山地貌奇观的第六绝,因其山体酷似一个倒立的辣椒而得名。

辣椒峰由一块巨石构成,它拔地而起,凌空突兀,直上直下,傲视群峰,绝对高度180米,上大下小,石顶周长约100米,石脚周长约40余米,呈赤红色,远观像一只硕大无比的红辣椒,俗称"仙椒钻地"。在中国,湖南人吃辣椒是出名的,"辣椒峰"因此也就让人们倍感亲切。

2002年,著名的法国"蜘蛛人"阿兰·罗伯特徒手攀上了辣椒峰,创造了新神话,辣椒峰也由此名扬世界。

（四）骆驼峰

沿石田小溪溯源，经佛顶山，就可见一头仿佛正在原野驰骋的大骆驼，这就是"骆驼峰"。它由四座石峰分别组成头、躯、脊、尾，错落有致，形象逼真。骆驼身长273米，高187.7米。

清初，义侠杨发奎高举反清复明旗帜，遭清廷通缉，栖身于此。今尚有他当年凿成的99级天梯、义士神像和石磨，亦存其峰顶。此峰乃崀山风景区的最高点。其东南侧从山脚至山顶一平如凿，似鬼斧神工雕刻而成，堪称"无字天碑"。

顺着险梯攀援而上，爬到"骆驼峰"峰顶，放眼远望，顿觉乾坤广宇尽收眼底，所有红岩巨石形成"拔地芙蓉耸翠痕，嶙峋千尺指天门"之势，令人心旷神怡。

（五）夫夷江

夫夷江发源于广西猫儿山，是崀山人民的母亲河，其水域贯穿崀山风景区，游山、玩水均具有得天独厚的条件。夫夷江江水清澈见底，平缓如镜，水面宽约100米，窄处70多米。两岸的奇峰异石在碧水蓝天下倒映于水面；两岸的沙滩沙质纯白，岩柳连绵，芳草争妍；江中船帆点点，竹笛声声，如诗如画。乘竹筏游览扶夷江，沿途经过无影州、长堤柳岸、崀虎啸天、玉石巷、团鱼石、军舰石、啄木鸟石、婆婆岩、笔架山、万古堤防、莲潭映月等众多景点。

（六）天生桥

"天生桥"被誉为"亚洲第一桥"，是丹霞地貌中很独特的自然景观。该桥长64米，宽14米，高20米，桥面厚度5米。全桥呈半圆拱形，划天而过，似人工砌筑，气势磅礴，令人叹为观止。桥下有一石棺，底盖分开，惟妙惟肖，尤似千年古物。一条小溪环桥流过，水质清澈碧透，有"绿溪"之美称。

（七）紫霞峒

峒，非岩洞，而是四周山石围拱，一方有壑口出入的盆型谷地。紫霞峒则是一条曲径通幽的峡谷，周围有红褐色的悬崖峭壁，夕阳斜照，反射出万道霞光，数百年因紫气腾升而得名。传说有一位高僧云游至此，相中此地，每天早上起来，点燃香烛，迎着彩霞把袈裟铺在红瓦山上，然后打坐修炼，袈裟经阳光一照，霞光万道，香火缭绕，故称"紫霞峒"。

任务拓展

任务一：绥宁黄桑风景区有哪些景点？请介绍其中一个景点。

任务二：有游客问道："什么是丹霞地貌？"请你向游客做500字的简介。

工作任务二　感受南山生态休闲文化

任务导入

城步某旅行社的导游员小张,作为地陪接待一个来自长沙的旅游团队,详细行程如下。

南山汽车二日游

第一天:从长沙贺龙体育中心集合出发,大巴行驶约 5 小时到达中国南方奶都邵阳城步县。后沿盘山公路驶向南山牧场,沿崎岖险峻、九曲十八弯的盘山公路到红军长征经过的【老山界原始森林】,中途参观【映山红观赏区】,大巴行驶约 2 小时抵达【南山牧场共青城】,此景点全由麻石建筑,又称石头城,是当年知青创建;游览【紫阳牧区大草原】,在这里,八十里南山草原风光尽收眼底,此处是南国高山台地草原风光的缩影;晚饭后入住芙蓉酒店。

第二天:早起后参观高山红哨——毛主席亲自誉名的防空哨所,让您感受历史的沧桑;后游山与水完美结合的【茅坪湖景区】,草原、高峡平湖、蜿蜒的小长城简直是天上人间;其后游览天下奇观【天然盆景园】。游览结束返回长沙,结束愉快之旅。

"天苍苍,野茫茫,风吹草低见牛羊。"游客来南山旅游,最主要的是感受大草原的一望无际的风光,滋养身体和灵魂。请问,小张应该如何做好接待讲解工作,使游客在舒适、健康的生态环境中得以休闲度假,并成为生态环境的保护者和宣传者。

任务解析

地陪小张要做好这项工作,应该做到以下几点。

(1)做好准备。游客来南山,主要目的是休闲、享受洁净的生活,地陪导游除了做好南山相关知识准备外,在安排游客的吃住游方面一定要绿色、健康。另外,做好游览大草原的鞋、防晒霜等的物资准备。

(2)接团与讲解。①提前到达长沙贺龙体育中心,车边迎接;②致欢迎词;③重点介绍本区情况。

从地理位置、原始生态、苗族民俗风情、历史人文等方面介绍城步县的基本情况和旅游资源,介绍南山牧场大草原包括哪些景区,突出南山是"南方的呼伦贝尔"的美誉。

(3)二日游沿途及景区景点讲解。在快到南山时,说:"我们很快就到目的地了,利用这段时间我向大家简单介绍一下南山。"

在介绍位置、气候、土壤、水质等方面时,导游要突出该景区的无任何污染和公害的特点,说明该处是一处集天然牧场、奇风异景、疗养、避暑于一体的旅游风景区。并顺势对生态旅游和生态保护做好宣传。

(4)致欢送词。

知识链接

主要景点介绍如下。

一 老山界

老山界是一片2万余亩的原始森林，登临南山必须经过老山界。老山界山高林茂，公路一圈圈一层层向上盘旋，其中百步坎地段为70多度的陡壁上雕凿出来的百余级石梯，形似天梯，令人望而生畏。从老山界山顶往南翻过去，就是山峦起伏、一望无际的南山牧场。老山界是当年红军长征所翻越的第一座高山，因陆定一的散文《老山界》而名扬天下。

二 紫阳峰

紫阳峰位于南山风景名胜区中部，草原风光异常浓郁，蓝天、白云、绿草、牛羊相得益彰。登上紫阳峰，极目远眺，无论山头山坳，只见围栏蜿蜒，牛羊满坡。此景区可谓南山风景名胜区的缩影，一群群牛羊点缀在广阔的芳草丛中，构成了草原牧场风景图。

三 茅坪湖

茅坪湖位于南山风景名胜区最南部，地势宽广，水面广阔，湖水清澈碧蓝，两岸峡谷奇特幽静，烂漫山花、满坡牛羊倒映水中，构成一幅美丽的山水图画。

四 天然盆景园

在茅坪湖一隅的草坡上有无数的岩梨树、映山红、常青树等树顽强地生长在形态各异的花岗岩缝中，宛如一件件巨型盆景，散布于山坡碧草之中。石为盆，树为景，苍劲古朴，格调高雅，姿态万千，形神兼备，简直是天工雕琢，造化神秀。每当开花、结果之际，这里便沉醉在红艳艳的花朵、沉甸甸的果实之中，构成了南山草原上又一奇观——天然盆景园。

五 高山红哨

高山红哨是南山防空哨所的誉称，坐落于南山牧场西山山顶，为当时中南省区所建的海拔最高的哨所。四周环顾，八十里南山可尽收眼底。哨所设施完备，结构坚固，由营房、碉堡、地道、战壕、篮球场五部分组成。高山红哨是全省社会主义革命和建设时期的一处重要遗址，现为全省青年革命传统及爱国主义教育基地。

六 蛟龙洞景区

峡谷内原始次生林密布，溪、沟、飞瀑、流泉间杂其间。每当雨后天晴之时，涌现出无数的、排列有序的白色雾柱,微风吹过,雾柱随风摆动,酷似蛟龙腾空。蛟龙洞奇雾为南山雾之首,身临其境,如入迷宫。

七 南山顶景区

南山最高峰南山顶海拔1941米,登临山顶,纵目四望,千峰百坪,尽入眼底。景区内有映山红花园、古树化石、龙头山等景点。

任务拓展

任务一:有游客问,山西太原也有个"杨家将",他们与城步的"杨家将"是什么关系?请你为游客解答疑问。

任务二:温度、湿度、高度、优产度、洁静度、绿化度是判断一个地方是否适合发展生态康养旅游的六大维度。请你查找资料后说出最适合人体的温度、湿度、高度、优产度、洁静度、绿化度的具体数值。

项目四 介绍东江湖休闲度假旅游区

东江湖休闲度假旅游区,主要包括资兴市、永兴县、苏仙区、宜章县、汝城县,以东江湖为核心吸引物,定位为国际休闲度假旅游目的地。对接广东、江西两省,以京广高铁、厦蓉高速为交通轴线廊道,加强与大井冈山旅游圈、赣南生态人文旅游圈、南岭生态文化旅游圈的对接,共同建设跨省旅游协作区。依托东江湖旅游度假区整合提升工程、汝城热水温泉旅游度假区、大莽山旅游度假区、长鹿国际生态旅游度假区、飞天山景区、郴州温泉群开发、苏仙岭旅游度假区等项目建设,打造国家级生态度假和温泉度假旅游基地,培育热水镇、三江口瑶族镇、莽山瑶族乡、黄草镇等一批特色旅游小镇。积极发展自驾车(房车)营地、通用航空基地、户外极限运动基地等旅游新产品。

知识目标

1. 了解东江湖休闲度假旅游区所涵盖的旅游区域。

2. 掌握东江湖景区的雾漫小东江、东江湖、猴古山瀑布、兜率灵岩、东江漂流、龙景峡谷、永兴银都、丹霞等亲水及相关旅游资源。

3. 掌握苏仙岭景区的桃花居、白鹿洞、三绝碑、苏仙观等道教福地旅游资源。

4. 掌握莽山休闲文化资源。

5. 熟悉汝城热水温泉的发展概况、健康效益等情况。

能力目标

1. 培养学生进行水体休闲度假型导游带团讲解能力。

2. 提升学生对水体休闲度假类景点的审美能力。

素质目标

培养学生对瑶乡民俗的热爱,激发学生的民族自豪感和自信心。

工作任务一 畅享闲情魅力东江湖水文化

任务导入

资兴县某旅行社的导游员小周,作为地陪接待一个来自长沙的旅游团队,详细行程如下。

长沙—东江湖二日游

第一天:长沙指定时间、地点集合,在导游带领下乘高铁前往郴州,中餐后游览"被上帝遗忘的地方"【高椅岭景区】(游览时间约 2.5 小时),参观高椅岭骑龙背,踩龙脉(做好防晒措施,准备好你的单反、相机、手机,备足你的充电宝,穿好你漂亮帅气的衣服,尽情拍照,来一场视觉大宴),爬穿坦(月亮山),再占领黑坦(土匪洞)。游览结束后,住宿当地酒店。

第二天:早餐后乘车前往白廊广场(40 分钟左右)。后乘船游【东江湖】(往返约 30 分钟),如果天气适宜还可欣赏到雾漫东江的奇景。之后体验惊险刺激的中国生态旅游第一漂【东江漂流】(漂流时长约 150 分钟)。后乘高铁返程,结束愉快的郴州东江湖之旅。

在去东江湖景区的途中,有游客问:"听说东江湖水不经过净化处理,就可直接饮用,这是真的吗?"请问,小周应该如何做好讲解接待工作,使游客能够了解东江湖丰富的水资源及其对生活、生态、摄影、户外休闲的积极影响,畅享闲情魅力东江湖水文化。

任务解析

地陪小周要做好这项工作,应该做到以下几点。

1. 做好准备

主要做好东江湖知识准备、东江漂流准备、摄影器材准备。

2. 接团与讲解

(1) 提前到达长沙集合指定地点,带领游客乘高铁。

(2) 致欢迎词。

(3) 重点介绍本区情况。

先介绍郴州基本情况,再介绍郴州的主要旅游资源。突出"一山、一湖、一泉"。

3. 二日游沿途讲解及景区景点讲解

去景区景点途中,先介绍其地理位置、地貌特点、主要景点,突出其原生态,强调注意事项。到景点后再具体讲解。

4. 致欢送词

导游请唱道："清清的东江水,日夜向南流。翻过高山,流过田畴……"结束今天的讲解,欢迎游客下次再来。

知识链接

主要景点介绍如下。

一 东江漂流

东江漂流被誉为"中国生态第一漂",位于东江湖最南端的黄草镇境内,全程 26 公里。从龙王庙起漂点到燕子排终漂点整个落差 75 米,急滩 108 个,最长的险滩长百余米,最刺激的是世界独一无二的人工漂流滑槽,长达 336 米,平均坡度 5 度。漂流河道两岸有保存比较好的原始次森林,奇岩怪石林立,古树遮天蔽日,老藤攀崖附壁,飞鸟跳跃枝头。东江漂流以其滩多浪急落差大、水碧石怪鱼奇怪、两岸森林植被佳而闻名,是国内目前最具探险的融历险、探幽、猎奇、拾趣为一体的漂流去处。

二 雾漫小东江

小东江全长 12 公里,是由于东江大坝梯级开发形成的景点。小东江水质清澈明净,各项指标均达到了国家一级饮用水标准。每年 4—10 月,每当旭日东升或夕阳西下,整个小东江云蒸霞蔚,朦胧缥缈,仿佛进入仙境,这神奇壮观的景象就是中华奇景——雾漫小东江。

小东江观雾的最佳时间:每年的 5—10 月,清晨 6:30—8:30,傍晚 5:30—7:30。

三 东江大坝

"一坝锁东江,高峡出平湖"。东江大坝是我国自行设计、自行建造的第一座双曲薄壳拱坝,在国际上名列同类坝中第二位。

四 兜率溶洞

兜率岛是东江湖中最大的岛屿,貌似一头巨狮蹲伏水面。兜率岛最出名的是神奇的兜率溶洞,是一座喀斯特地貌的石灰岩溶洞。它掩藏于兜率岛南端峭壁下的僧舍后,其神话故事广为流传,素以高、大、深、广、奇著称。洞内深约 5000 米,最宽处约 70 米,高 40 米,洞内有洞。人们或以形、或会意、或传说而取其名,不一而足。该洞幽深邃密,迂回曲折,冬暖夏凉,洞中钟乳倒悬,柱石擎天,晶莹透明,奇形怪状。身临其境,犹入太虚幻境,在国内实瞩罕见。

五、高椅岭

高椅岭属原生态丹霞景区,是一个赏之叫绝、百走不厌的户外休闲摄影胜地。位于资兴市与郴州市苏仙区之间,地势以山林为主,风景宜人,森林覆盖率达95%。山、水、泉、洞、寨、崖、坦俱全,是一块尚未开发的丹霞地貌处女地,丹霞地貌周边有漂亮的水洼点缀,红岩绿水,险寨奇洞,生态自然,是一个被称为"被上帝遗忘、美得一塌糊涂的地方"。

任务拓展

任务一:全国那么多水库,为什么只有东江水冷雾奇?

任务二:试比较高椅岭与崀山在丹霞地貌上的区别。

工作任务二 追寻苏仙岭道教福地文化

任务导入

某旅行社的导游员小周,作为地陪接待一个来自长沙的旅游团队,详细行程如下。

苏仙岭一日游

导游9:00到郴州西高铁站接站,前往【苏仙岭风景名胜区】(车程约30分钟)。9:30游览【苏仙岭景区】(游览时间约3小时),12:30中餐(需自理)。14:30乘车前往【万华岩景区】,15:20游览【万华岩景区】(约90分钟)。17:00开始集合,准备返程。愉快的一天旅行结束。

在带团过程中,团队客人对苏仙岭的福地文化很感兴趣,希望自己也能沾沾这里的福气。请问,小周应该如何做好讲解接待工作,使游客能够从苏仙的相关传说典故中获得本土宗教——道教的知识,体验优美的自然风光与道教融为一体的"福地文化"氛围,感受道教文化对世俗生活的积极影响。

任务解析

地陪小周要做好这项工作,应该做到以下几点。

(1)做好准备。主要做好道教、苏仙岭等的知识准备。

(2)接团与讲解。①郴州西高铁站接站,举旗迎接;②致欢迎词;③重点介绍本区情况。

先介绍郴州的基本情况和主要旅游资源,再介绍道教常识,特别是关于"洞天""福地"等的概念。

(3)一日游沿途及景区景点讲解。先介绍本景区概况、苏仙传说,为后面的讲解和体验做好铺垫。在抵达后,再详细进行讲解。

（4）致欢送词。

知识链接

主要景点介绍如下。

一 白鹿洞

白鹿洞旧称桃花洞,坐落于苏仙岭西麓,在桃花居上方不远处的石崖下。白鹿洞为石灰岩溶洞,洞厅轩敞,石笋、石柱和石钟乳千奇百怪,比比皆是,且有清泉长流,映带左右,真如童话世界一般。

洞口塑有大小二只白鹿,母子碎步相吻,体态优美,形象逼真。洞前桃花流水溪上有人工雕塑的三只白鹤,姿态各异,趣味天成。

二 三绝碑

三绝碑位于白鹿洞附近的石壁上,为摩崖石碑,高52厘米,宽46厘米,刻有秦观《踏莎行·郴州旅舍》词和苏轼跋,行书,计11行,每行8字,乃米芾手迹。时人称"秦词""苏跋"和"米书"为"三绝"。南宋咸淳二年(1266年),邹恭将"三绝"翻刻在崖壁上,称"三绝碑"。三绝碑是宝贵文物,今依崖建有绿顶红柱的护碑亭对其进行保护。过三绝碑后登山,行2公里左右,经2座石亭可至苏仙观。

三 苏仙观

苏仙观立于苏仙岭绝顶,这是一座宋代建筑形式的庙宇,整个建筑有正殿三间,分上、中、下三个,两边有偏殿,东北角两小间为爱国名将张学良幽禁处,现称"屈将室"。始建于唐,重修于清。其大殿翠瓦飞檐,巍峨壮观,所供苏仙塑像,慈眉善目,颇有仙风道骨。观后有一巨石突立在崖前,相传是苏耽跨鹤飞升处,故称升仙台或跨鹤台。

四 石刻崖

石刻崖位于郴州市苏仙岭风景区。苏仙岭石刻共有30余块,为唐、宋、明、清几代文人骚客、游客所题刻,楷、行、草、隶、篆各体书法均有,字形大则如斗,细则如蝇,现字迹清晰,保存完好,具有较高的艺术价值。

五 万华岩风景区

万华岩风景区是仍在发育中的大型地下河天坑,属南方典型喀斯特岩溶地貌;是以自然风光著称的风景旅游度假胜地,驰名中外,属南岭亚热带季风气候区,温湿多雨,自然资源丰沛富积,品位奇高,2009年12月28日被列入第七批国家级风景名胜区。

任务拓展

任务一:有游客问:"什么叫福地?"请你回答。

任务二:"自古名山僧占多"。请你解释其中的原因。

工作任务三　感受莽山休闲文化

任务导入

某旅行社的导游员小周,作为地陪接待一个由长沙出发前往莽山进行二日游的旅游团队,详细行程如下。

长沙—莽山二日游

第一天:长沙高铁南站集合,乘车前往莽山国家森林公园,中餐后游览【鬼子寨风景区】(游览时间约2.5小时),鬼子寨风景区是以看原始森林为主的景区,在这里,国家一级、二级保护树种有十几种,这个景区从来未曾被砍伐过。晚餐后前往【莽山森林温泉】泡温泉。该养生区汇聚了中国"国学"文化,有60余种运用高新科技的各种风格的温泉池,依山而建,错落有致,荟萃了多元素文化的精华。游览结束后宿莽山森林温泉酒店。

第二天:早餐后游览【天台山风景区】(游览时间约2.5小时),天台山风景区主要以奇石、奇峰、险崖为主,为莽山最漂亮的景区。中餐后游缆【莽山生态自然博物馆】与【猴王寨瀑群风景区】(游览时间约2.5小时),沿着一公里的栈道行走,可看到十瀑六潭,其中孔雀瀑、九叠泉等景更是令人心醉,让你真正深入大自然。游览结束后,送团结束愉快的行程。

在带团过程中,一位游客说:"这里空气清新,负氧离子丰富,我是第一次来莽山,就是想来呼吸这里的新鲜空气。"如果你是导游小周,应该如何在讲解中让游客体验莽山的原始生态之美,从"天然动植物博物馆"和"生物基因库"的角度,启发游客人与自然和谐相处,走可持续发展之路。

任务解析

地陪小周要做好这项工作,应该做到以下几点。

1. 做好准备

主要做好生态旅游、养生旅游、莽山、温泉的知识准备,并做好登山、泡温泉的物资准备。

2. 接团与讲解

(1)提前到达集合地点长沙高铁南站,联络游客。

(2)致欢迎词。

(3)重点介绍本区情况。

先介绍宜章县基本情况,再介绍宜章县主要旅游景点。

3. 沿途讲解及景区景点讲解

在去往景区的途中,先介绍其地理位置、气候条件、自然景观特点、人文风情等,突出其"天然动植物博物馆"和"生物基因库"的原生态品质。在抵达后,再详细进行讲解。

4. 致欢送词

行程结束时,可说:"带大家感受了第二西双版纳之称的莽山,呼吸了最清新的空气,观赏了最原生态的风光。希望常来度假养生!"

知识链接

主要景点介绍如下。

一 莽山珠江源漂流

莽山珠江源漂流,位于莽山公园风景区内,是珠江支流北江源头。进入公园大门,沿景区公路前行五公里即到(公园大门是漂流终点)。

河道漂流全程五公里,约需 2 小时。沿途原始森林密布,风光旖旎,空气清新,是最好的天然氧吧,其负离子含量每立方厘米达 100690 个。河水清澈透底,水质优良,有"矿泉水冲浪"之称。

二 莽山自然博物馆

莽山自然博物馆在莽山森林公园内,坐落在高耸入云的莽山脚下,离入口处不远。莽山自然博物馆分为动物馆和莽山烙铁头蛇馆两大部分。动物馆以生活在莽山境内的动物标本为主,烙铁头蛇馆是专门以介绍莽山独一无二的烙铁头蛇为主题的展馆。

三 莽山森林温泉

莽山森林温泉水来自莽山地底 600 米左右,地处莽山森林中心,穿越四层地质带,出水温度高达 55.5 摄氏度,日出水量可达 3000 多吨。经国家地质勘查院北京分院勘察及抽样测试,证实此温泉水质属稀有医疗型偏硅酸温泉,是最适宜人体健康养生的温泉水。温泉水富含偏硅酸、氟、钾、钠、钙、镁等多种有益于人体健康的微量元素和矿物质。

四 天台山景区

天台山又叫崖子石、岩子石。从林海山庄里沿山林小径步云踏雾,便攀上万山丛中被称作"中南第一险"的崖子石。有道是"不上天台山,不识莽山貌"。天台山是莽山山峰雄伟奇险景观的荟萃之处和精华所在。

该景区主要有仙掌峰、童子峰、金鞭神柱、伟人会观音、东天门、天南第一险、小华山、仙韭菜坡、杜鹃林、观音堂、天台寺、千年红豆杉等景点。这里富含着悠久的佛教文化,不腐女尸之谜更是神秘莫测。

(五) 鬼子寨景区

鬼子寨(又称闯王谷),是湖南省第一个自然景观区。早在1957年就以其独特的自然风光和众多珍稀动植物而成为中国14个自然景观区之一。这里溪水清澈,负离子含量达106900个/立方厘米,是一个空气清新的天然氧吧。该景区主要有高大粤松铁杉林相、将军石、镇山神针、瀑布、仙人道、点将台、迎宾松、世外桃源、人间仙境、木鱼石等自然景观。

(六) 猴王寨景区

猴王寨背靠原始林莽,危崖峭壁,古木蔽天,谷狭径幽,山狭水转,山水相间,飞瀑成群,一瀑一潭错落有致。源头的青龙溪从鬼子寨泻下,穿越原始森林的千涧万壑,最后在奉天坪群山大峡谷间似一条怒吼的青龙跃下,如腾龙舞到了最后最壮丽的高潮。该景区主要有碧水潭(银练玉盆)、春姑潭、观天潭、猴王潭、乱石滩、孔雀开屏、水帘洞、乱石飞瀑、盘龙谷等景点。

任务拓展

任务一:神秘莽山回龙寺与李自成、中国共产党人均有一段割不断的历史机缘。请你说说其中的传说和故事。

任务二:未来宜章将以"红绿古蓝"四个颜色为主大力发展全域旅游,请你说出红色、绿色、古色、蓝色分别代表宜章县的哪一类旅游资源?并简述其优势。

工作任务四 体验汝城温泉养生文化

任务导入

汝城某旅行社的导游员小周,负责接待一个由长沙出发前往汝城进行一日游的旅游团队,详细行程如下。

长沙—汝城一日游

第一天:早上指定地点集合,沿平汝高速驾车到汝城县(汝城南)下高速(约4.5小时),中餐后前往热水镇(车程45分钟),欣赏【温泉文化展览馆】,品尝温泉煮鸡蛋、花生、玉米的乐趣,真实目睹98度热水流淌河流的情景。泡【天然氡温泉】,品味多达三十几种的特色温泉浴,还可到800平方米的室内游泳池放松身心。晚餐后返程,结束愉快的行程。

在带团过程中，团队客人对特色温泉浴很感兴趣，想了解自己泡什么温泉浴最好。请问，小周应该如何做好讲解接待工作，使游客能够了解温泉的医用保健价值，感受温泉沐浴文化，尽情享受温泉带来的开心与快乐。

任务解析

地陪小周要做好这项工作，应该做到以下几点。

1. 做好准备

主要做好温泉沐浴文化、温泉保健等的知识准备。

2. 接团与讲解

（1）提前到达，车边迎接。

（2）致欢迎词。

（3）重点介绍本区情况。

介绍本地情况和景区景点概况，重点介绍温泉文化。还可以与日本的"汤治文化"做比较。

3. 一日游沿途及景区景点讲解

在快到目的地时，介绍当日活动安排及注意事项。最后说："今天我们一起前往号称汝城'华清池'的热水镇，当一回皇上和贵妃，'温泉水滑洗凝脂'，享受温泉带来的福祉吧！"抵达后，再详细进行讲解。

4. 致欢送词

简单总结一日行程，致祝福语。"今天大家洗了牛奶浴、啤酒浴、米酒浴、中药浴、花瓣浴……洗走了烦恼、洗走了疾病，带着快乐和健康回家！"

知识链接

主要景点介绍如下。

一、汝城温泉景区

汝城温泉景区位于湘、粤、赣三省交界处的热水镇，因有天然热泉而得名，古时当地老百姓叫"汤河"，2007年荣获中国乡村旅游"飞燕奖"，授予"最佳休闲度假奖"荣誉称号。景区总面积17平方公里，境内有湖南省最大的天然热泉，被誉为"华南第一泉"。温泉水温高达98℃，该温泉含有硅、钠、钙、锂、硼等多种对人体有益的微量元素，特别是氡的含量，达到矿泉医疗标准，是中国少有的"氡泉"。汝城温泉景区开发后，先后建成了福泉山庄、温泉文化园、温泉漂流、飞水寨南国天山大草原等景点。

（二）濂溪书院

濂溪书院是湖南省省级文物保护单位，位于汝城县城区西南，106国道从东侧通过，距汝城县城区中心800米。是为北宋理学鼻祖周敦颐而建的纪念性建筑物。公元1220年汝城县令周思诚建濂溪祠，九易其址，保存至今。濂溪书院为仿宋建筑，四合院为砖木回廊结构，建筑面积1618平方米。公元1041年—1044年，周敦颐任桂阳（今汝城）县令。其间勤民耕读，风节慈爱，吏治彰彰，在此写下《爱莲说》《拙赋》等千古名篇。

（三）花瓣浴

花瓣浴是汝城温泉的特色之一。所谓花瓣浴，是指用玫瑰、百合、荷花等天然香气芬芳的鲜花或干花花瓣泡浴，花瓣中的有用成分随温水的热力渗透肌肤，能够起到美容嫩肤、促身材气血轮回、放松身心、愉悦心境等多种作用。同时，肌肤在"吮吸"花的芬芳后，身体也就暗自生香了。

（四）石板浴

石板浴是汝城温泉的特色之一，通过石板制热产生对人体有益的物质，直接作用于人体，缓解腰腿疼痛、关节痛。温泉石板床，也称"温泉地热带""石板浴"。一般是在廊亭下铺设一排石板，有温泉水从石板下流过，石板发热。人静静地躺在石板上，会感觉有一种特别的温润和能量浸延全身。有的地方，已延伸发展为躺椅石板浴，使人体更舒服。在享受石板浴的同时，往往请技师提供按摩、修脚、掏耳等多项服务，令人浴后全身松爽。

（五）沙滩排球

沙滩排球是汝城温泉的特色之一，也是现在风靡全世界的一项体育运动。沙滩排球比赛场地包括比赛场区和无障碍区。比赛场地的地面是水平的沙滩，沙滩必须至少40厘米深，其中没有石块、壳类及其他可能造成运动员损伤的杂物。比赛场区上所有的界线宽为5—8厘米，界线与沙滩的颜色需有明显的区别，并且由抗拉力材料的带子构成。

（六）冰火水疗

冰火水疗是在蒸汽浴房中进行10分钟左右的桑拿浴，温度往往超过50摄氏度，这个便称为"一热"；继而在3—5摄氏度的冷水里，没顶浸浴4分钟左右，此法谓之"一冷"；从冷水中爬起，披裹上毛巾，再入蒸汽浴房里蒸烤，称之"一烤"。蒸烤完毕，又入冷水池中浸浴，这样一热一冷反复多次的锻炼，有助于强化身体。

> 任务拓展

任务一:有游客问,日本有裸体温泉,汝城有吗?请你用10分钟回答,使游客了解日本的"汤浴文化"。

任务二:哪些游客不适合泡温泉?为什么?

项目五 介绍南岳祈福康养旅游区

南岳祈福康养旅游区主要包括南岳区、耒阳市、衡山县、珠晖区,定位为国际祈福康养旅游目的地。以衡山国家级风景名胜区、耒水国家湿地公园、岣嵝峰国家森林公园、蔡伦竹海森林公园等景区为依托,加快回雁峰景区、衡阳文化历史风情街、横江湿地公园、莱茵水畔运动文化养生度假小镇、南岳旅游农业休闲观光带等项目建设,大力发展休闲度假旅游,推进旅游产业升级,培育萱洲镇、荣桓镇、宝盖镇、茶山坳镇、庙前镇等一批特色旅游小镇,大力发展祈福旅游、康养旅游、研学旅行、自驾车(房车)营地等新产品。

> 知识目标

1. 熟悉南岳祈福文化、寿文化、佛教文化等文化体验型旅游资源。
2. 熟悉雁城的历史文化。
3. 熟悉衡阳的名人。

> 能力目标

1. 培养学生祈福康养旅游的讲解能力。
2. 培养学生对自驾车游的讲解服务能力。

> 素质目标

1. 培养学生对寿文化的审美情趣。
2. 培养学生对康养旅游的热爱。

工作任务一 体验南岳祈福文化

> 任务导入

南岳区某旅行社导游员小王,作为地陪接待一个来自广东的旅游团队,详细行程如下。

衡山一日游

早上八点从长沙出发,走京珠高速赴南岳景区(约130公里,正常行车时间约2小时)抵达南岳停车场,客人自由活动20分钟。上午10:20—12:00参观南岳大庙(游览时间约60分钟),参观万寿大鼎(游览时间不少于30分钟)。中餐后,换乘景区环保车前往南天门,步行上南岳主峰,从最高峰—祝融峰—千年老庙—祝融殿(游览时间不少于90分钟),朝拜南岳圣帝。步行至南天门,乘车返回长沙散团。

在带团过程中,团队客人对南岳祈福文化和宗教文化很感兴趣,特别是对寿文化。请问,小王应该如何做好讲解接待工作,使游客能够深入地了解南岳的祈福文化的意义。

任务解析

地陪小王要做好这项工作,应该做到以下几点。

(1) 做好准备。分析广东客人的特点。广东人是海洋的族群,充满朝气与活力,头脑灵活,富于冒险性、开创性,先行动后思考,因此要注重业务性知识的讲解。要做好南岳祈福文化和宗教文化知识的充分准备。

(2) 接团与讲解。①提前到达,车边迎接,询问客人要求;②致欢迎词;③重点介绍本区情况。

(3) 沿途及景点景区介绍。

(4) 致欢送词。

知识链接

主要景点介绍如下。

一 南岳大庙

南岳大庙,也是江南第一庙。它是中国南方最大的庙宇,是一座集国家祭祀、民间朝圣、道教宫观、佛教寺院于一体的宫殿式古建筑群,是南方最大的传统文化博物馆和精湛的艺术殿堂。南岳大庙位于南岳古镇北端的赤帝峰下。它有九进四重院落,布局严谨,气势恢宏。

二 祝融峰

祝融峰为八百里南岳衡山最高峰。它上摩九霄,下看南极,云海之上,最先接日。它是我国纪念人文祖先祝融氏最著名的山峰。"祝融峰之高"为南岳风光"四绝"之首。由于常年烟云的烘托和群峰的叠衬,加之它矗立于地势相对低洼的湘南盆地之中,更显得它峻极天穹。在古语中"祝"是持久永远之意,"融"是光明之意,"祝融"是永远光明。唐代大文豪韩愈在《游祝融峰》诗中赞叹道"万丈祝融拔地起,欲见不见轻烟里。"北宋黄庭坚写道:"万丈融峰插紫霄,路当穷处架仙桥。上观碧落星辰近,下视红尘世界遥。"此处为揽群峰、看日出、观云海、赏雪景的最佳去处。

（三）南岳古镇

南岳古镇是"南宋四大名镇"之一。是一座承载衡山四千年历史文化、展现南方民俗风情的大观园，是恰当体现江南民居风格的建筑群，是中国南方最大的宗教用品香市。古镇景区以南岳古镇为中心，南起衡山路，北至朝阳峰，东起茶亭子，西至白龙潭。以岳庙建筑、古镇老街为主要景观特色。以朝拜岳神、宗教体验、民俗观光为主要游览内容。主要景点有南岳衡山牌坊、南岳大庙、祝圣寺、大善寺、古镇老街、中华万寿大鼎、黄庭观、胜利坊等。

（四）中华万寿大鼎

中华万寿大鼎是被世界吉尼斯确认的"世界第一鼎"，是目前世界上最大、最重、寿字最多的青铜器，是21世纪南岳衡山一道横空出世的文化风景，是盛世中华再现的象征。中华万寿大鼎是南岳中华万寿坛景区的中心景点，位于南岳衡山的驾鹤峰上。驾鹤峰又叫紫霄峰，史载西晋高真尹道全在此驾鹤飞升，是历代文人骚客和黎民百姓祈福求寿之圣地。它吸天地之灵气，聚寿岳之寿脉，在群山环抱中形成龙座。中华万寿坛是由寿岳衡山牌坊、万寿广场、中华万寿大鼎、福寿寺等部分组成。万寿坛的建成为中华民族乃至全人类提供了一个祈福求寿的圣洁场所，同时了却了中华民族千百年来天、地、人合一的心愿。

（五）祝圣寺

祝圣寺是中国佛教净土宗三祖祖庭，是禹王最早纪念舜帝南巡的清泠宫故址，是南岳佛教史上第一位国师的道场，是中国宗教界第一个抗日救国组织诞生的地方，是国家级宗教爱国主义教育基地，是南岳衡山庭院深深的佛教丛林。祝圣寺是全国汉族地区重点寺院之一，位于南岳古镇东街，它是南岳规模最大、历史最悠久、影响最广、曾五受皇封的佛教丛林，也是南岳佛教协会所在地。

（六）大善寺

大善寺是南岳古镇闹市之中的一方净土。它是佛教天台宗祖师、南岳佛教开山宗师——慧思大师的"唱道之地"，是天台宗高僧大善禅师一生坚守的道场，是南岳山麓一个清静典雅的大花园。

（七）麻姑仙境

"南国瑶池，麻姑仙境"，相传麻姑在此种植灵芝给王母娘娘祝寿。麻古仙境是南岳最佳的避暑消夏之所，故有南岳风光新四绝之"麻姑仙境之幽"的雅称。它位于天柱峰东边的一条峡谷里，地处半山腰，海拔600米，此地可用"小桥、流水、人家"来概括。主要景点有绛珠溪、绛珠亭、麻姑献寿、盗桃石、卧虎石、神鬼、灵芝山等。这里群山环抱,茂林修竹,四时繁荫,流泉飞瀑,怪石峥嵘,有如人间仙境。此处负氧离子含量的平均值高达每立方厘米74390个,进入此地,就自然感到一种清新、舒爽渗透到全身,让人陶醉,让人飘飘欲仙。

八、灵芝泉

灵芝泉又称"美龄泉",宋美龄在南岳陪同蒋介石召集抗战军事会议期间,经常来此休闲漫步,流连忘返。它是南岳享受高山森林浴、日光浴的最佳之地。灵芝泉是由灵芝喷泉和游泳池组成。

九、忠烈祠

青山有幸埋忠骨,黄土无情化国殇。坐落在香炉峰下的南岳忠烈祠,是中国大陆最大的国家级抗战烈士纪念陵园。祠宇依山而建,雄伟壮丽;墓葬分布四周,庄严肃穆;祠内松柏苍翠,殿宇巍峨;石雕炮弹景观,寓意深长。中华民族阵亡将士的总神位设立于此,故南岳忠烈祠是所有抗战烈士的灵魂的栖息地。它坐落在风景秀丽的香炉峰下,是1938年11月蒋介石在南岳召开第一次军事会议时决定在南岳衡山选址修建的。1939年由湖南省主席兼第九战区司令长官薛岳主持筹建,1940年破土动工,1943年6月落成,共占地230亩,耗资180多万元,是我国建筑最早、规模最大的抗日战争纪念地之一,也是抗日战争和世界反法西斯战争的重要纪念地之一。

任务拓展

任务:如何安排游客在衡山看日出?

工作任务二 探秘雁城历史文化、康养旅游

任务导入

衡阳市某旅行社的导游小王,作为地陪导游接待一个来自长沙的旅游团队,详细行程如下。

衡阳石鼓书院、蔡伦竹海二日游

第一天:早上八点从长沙市区出发,乘坐大巴赴衡阳(车程约2小时),抵达后参观石鼓书院(游览时间不少于60分钟),参观结束后在衡阳市区用中餐,下午乘坐大巴赴耒阳(车程约1.5小时),参观蔡伦纪念园。游览结束后住宿耒阳蔡伦国际大酒店。

第二天:早餐后,乘大巴赴蔡伦竹海景区,参观竹海、钟灵毓秀的竹海石林、鬼斧神工的天然溶洞——螺蛳洞、大河滩古街、蔡伦古法造纸作坊、周家大屋、紫霞禅寺、湘南游击队等珍贵

历史人文景观。中午在泉水湾山庄用中餐,下午游览结束后乘车返回长沙(车程约3.5小时)。

在带团过程中,游客对衡阳的历史很感兴趣,特别是衡阳的近现代史。请问小王要如何解惑?

任务解析

地陪小王要做好这项工作,应该做到以下几点。

1. 做好准备

分析客人来源,了解客人对历史知识的关注程度,掌握行程特点,做好衡阳石鼓书院、蔡伦等的知识准备。

2. 接团与讲解

(1) 提前到达,车边迎接,询问是否了解蔡伦等。

(2) 致欢迎词。

3. 二日游沿途讲解及景点讲解

在赴旅游目的地的途中,小王应给客人介绍衡阳的概况、历史变迁、历史上的重大事件及解答游客的提问。抵达各个旅游景点再对景点做详细介绍。

知识链接

一、主要景点

(一) 石鼓书院

在衡阳,有中国最早的四大书院之一的石鼓书院,石鼓书院位于衡阳市石鼓区的石鼓山,建于唐元和五年(公元810年),是湖湘文化发源地。石鼓书院毗邻衡阳古石桥——青草桥。衡阳八景中的"朱陵洞内诗千首""青草桥头酒百家"也在此地。石鼓书院是中国四大书院创建最早、并具有确切史志记载的书院。

(二) 蔡伦纪念园

蔡伦纪念园是耒阳人民为了纪念造纸术发明家——蔡伦而在其故宅蔡侯祠的基础上扩展兴建的,整个纪念园的面积为9万多平方米。园内景观主要由主大门、蔡子池、怀圣台、碑廊、手工造纸作坊、八角亭、蔡侯祠、蔡伦墓等八部分组成,主次有序、相得益彰,从整体上体现了"弘扬蔡伦文化,缅怀蔡伦功德"的主题思想,因此也成为国内外游人"寻访蔡伦故里,领略纸史文化"的绝佳场所。

(三) 蔡伦竹海

蔡伦竹海旅游风景区位于国家千年古县、历史文化名城——耒阳市,距离耒阳城区38公里,距京港澳高速公路公平互道口12公里。蔡伦竹海位于耒阳市黄市镇和大义乡境内,地处湘南地区、耒水风光带上游,公路、水路、铁路直通景区。地处京珠高速、京广铁路、京港高铁、永耒铁路等构成的三角中心地带。蔡伦竹海景区面积100平方公里,中心景区达66平方公里,是集观光、休闲、探险、寻宝于一体的复合型旅游风景区,为国家4A级旅游景区、中国最具魅力生态旅游景点景区、国家级水利风景区、湖南省旅游重点建设项目"251"工程项目、省级风景名胜区、省级森林公园和省级山地车训练基地。

二 游乐景点

(一) 游客中心

游客中心坐落于上堡水电站上游400米株山村境内,是蔡伦竹海的首站人文景观,外广场上矗立八根景观柱,每根柱子上都雕刻着一个与衡阳耒阳有关的历史故事,广场中间为《徐霞客游记》石卷,镌刻着徐霞客关于上堡的文字;内广场立有巨大的蔡伦石像,修有木质休闲长廊。游客既可在休闲长廊中徜徉,亦可在登山栈道上望远。同时,这里也是景区内游客换乘车辆和步行登山的起点。

(二) 上堡水电站

上堡水电站位于耒水中游,地处黄市镇株山村、大义乡滩龙村范围,为耒水流域规划水电站的第十一级,是一个以发电为主、兼顾航运等综合利用的水利水电枢纽工程。工程投资2.4亿元,大坝总库容3317万立方米,电站装机容量1.41万千瓦,安装三台0.47万千瓦水轮发电机组,年发电量6563万千瓦时。电站与蔡伦竹海旅游风景区具有非常大的互补性,不仅能够"游竹海诸山",还能"玩平湖绿水"。放眼望去,库区两岸的竹海风光带使这条河流像一条水上翠绿长廊,船在水中走,人在画中游,俨然一个绿色水天的世界。

(三) 晶矿探宝

上堡磺矿,位于游客中心南面1公里处,是世界上最著名的萤石晶体产地,矿洞里有大量的珍奇异石,举世无双。洞内石头形成年代久远,经历了地球火山爆炸,一块矿石中富含多种矿元素,天下稀有,在国际上享有盛名。矿石造型奇特、各具千秋,极具收藏价值。其出产的萤石、黄铁矿、水晶石等矿物晶体标本在建国初期就名扬中外,欧美多家私人地质博物馆收藏有产自该矿的奇石。中国地质博物馆的馆藏2000公斤的萤石和方解石共晶簇就是产自该矿,更是有绿色萤石巨矿成了上海浦东一座奇石博物馆的镇馆之宝。游客可乘坐观光小火车深入2公里长的矿洞,了解矿石形成的地质知识。矿洞外建有矿山博物馆,供游客观赏、了解水晶矿石。

(四) 水上嘉年华

水上嘉年华、水上栈道位于衡阳耒水游客中心段,已建成水上码头,配有快艇、游轮、脚踏船、竹筏船及水上游泳池。该项目可以为游客提供安全、舒适的水上健身场所,是游客体验水上乐园、亲近大自然的较佳互动娱乐项目之一。在这里,游客可通过自驾足踏船、乘游艇等方式观看到耒水沿岸青竹翠影,苍山绿水。

(三) 历史文化拾遗

古法造纸是我国古代四大发明之首。东汉元兴年(105年),蔡伦经反复试验,成功用树皮、竹子、废麻等原料生产出适于书写的植物纤维纸,被称为"蔡侯纸"。蔡伦发明造纸术后,便返乡在蔡伦竹海广授造纸工艺。至今,蔡伦竹海仍保留有数百家土法造纸作坊。

任务拓展

任务:讨论蔡伦造纸的意义。

工作任务三 溯源雁城名人、红色旅游

任务导入

衡东县某旅行社的导游员小王,作为地陪导游接待一个来自长沙的旅游团队,详细行程如下。

衡东罗荣桓故居纪念馆一日游

早上乘坐大巴赴衡东县新塘镇欧阳海村(车程约2小时),参观欧阳海纪念碑(游览时间约30分钟);乘大巴前往荣桓镇,抵达后在镇上用中餐;餐后参观罗荣桓故居纪念馆(游览时间不少于2小时),游览结束后返回长沙。

任务解析

地陪小王要做好这项工作,应该做到以下几点。

(1) 做好准备。分析客人来源、构成,了解客人对罗荣桓、欧阳海是否了解等。

(2) 接团与讲解。①提前到达,车边迎接,询问客人旅途情况;②致欢迎词。

(3) 沿途讲解及景区讲解。在赴旅游目的地的途中介绍衡阳的历史名人,及要参观的景区景点的情况。

(4) 致欢送词。

知识链接

主要景点介绍如下。

(一) 欧阳海烈士纪念碑

欧阳海烈士纪念碑在衡东县西北23公里的新塘镇京广铁路一侧的丘陵上,纪念碑有欧阳海烈士推马救列车的水泥塑像,该塑像高10米,占地3000平方米,旁有纪念馆,陈列有烈

士的生平事迹与实物。属省重点文物保护单位。

二 欧阳海烈士纪念馆

欧阳海是中国人民解放军的模范战士,湖南桂阳人,1963年11月18日,他随部队进行野营训练,在衡山车站铁路隘口,恰逢客车驶来,驮运炮的军马受惊,呆立铁轨中。为保证列车和人民的生命财产安全,欧阳海奋不顾身冲上前去推开军马,自己却壮烈牺牲。为了纪念他,1966年冬在衡山火车站南端一公里的小山上,修建了欧阳海烈士纪念碑,碑上矗立着欧阳海推马救列车的塑像。该馆占地1980平方米。1982年在碑东侧新建了340平方米的欧阳海纪念馆。该馆陈列的主要内容为欧阳海烈士生平事迹,分为四个部分,即苦难的童年、阳光下的成长、熔炉中的锻造和永生的战士。展品有烈士生前使用过的挎包、腰带、茶杯、米袋、子弹袋等,另外还用照片、绘画、文字资料反映了欧阳海的童年、少年生活,以及参加中国人民解放军后被培养为具有崇高共产主义理想、为人民英勇献身的烈士的过程。

三 罗荣桓故居纪念馆

罗荣桓故居纪念馆坐落在湖南省衡东县荣桓镇南湾村。由异公享祠、罗帅铜像纪念广场、罗帅生平业绩陈列馆等景点组成。现为全国爱国主义教育示范基地、国家国防教育示范基地、全国100个红色旅游经典景区、国家4A级旅游景区、湖南省廉政文化教育基地、全国重点文物保护单位。

任务拓展

任务:认识毛泽东对罗荣桓的评价。

项目六 介绍炎陵神农文化旅游区

炎陵神农文化旅游区主要包括炎陵县、茶陵县、桂东县,定位为国内知名神农文化和山地度假旅游目的地。对接江西省,加强与井冈山等旅游目的地的合作。依托区域内丰富的文化生态、红色旅游资源,加快建设株洲神农谷国际文化旅游度假区、炎帝神农古道生态旅游景区、安仁稻田公园等重点项目,大力发展寻根祭祖、山地度假、康养旅游、研学旅行等新业态。培育鹿原镇、云阳街道、秩堂镇等特色旅游小镇。

知识目标

1. 了解神农谷生态文化情况。

2. 掌握寻根祭祖文化。

3. 了解中华农耕文化、红色文化。

能力目标

1. 具有带寻根祭祖文化团并进行讲解的能力。
2. 增强对生态文化、中华农耕文化、红色文化的认知能力。

素质目标

1. 激发热爱中华民族祖先的热情,更加热爱祖国。
2. 通过认识红色旅游资源,激发对中国工农红军的钦佩之情。

工作任务一 体验神农谷生态旅游文化

任务导入

神农谷国际文化旅游度假区项目选址炎陵县神农谷、大院等旅游景区内,计划开发建设原生态酒店、五星级酒店、旅游休闲酒店、神农炎帝文化博物馆、文化演出中心、养生花园洋房、养生老年公寓、生态环保长寿村、儿童乐园、医院、企业会所、艺术家创作基地、特色文化旅游街区、山地主题公园、游客服务娱乐中心等。思考炎陵如何打响"祈福圣地、养生天堂"的品牌,请设计线路,并思考如何讲解、宣传。

任务解析

地陪人员要做好这项工作,应该做到以下几点。

1. 做好线路设计安排

(1) 线路。

神龙谷距离炎陵县城不远,大约 2 小时车程可到达。

第一站:珠帘瀑布。珠帘瀑布是亚洲第一富氧地。

第二站:黑龙潭。黑龙潭传说炎帝神农氏在此洗药,水被药染黑。

第三站:石板滩。石板滩有一番幽静而独特的情调。

第四站:飞来石。距婆婆仙 20 米的"飞来"巨石,累卵之危却千年不倒。

(2) 出行攻略。

①全国各地到神农谷国家森林公园。京珠高速 G4—泉南高速 G72—炎陵神农谷收费站—沔渡镇—S205—十都镇—神农谷国家森林公园。

②部分游客也可以乘坐火车先到株洲火车站,从株洲汽车站乘坐直接到神农谷国家森林

公园的旅游巴士。如果是衡阳、吉安、井冈山等都有到炎陵火车站停的普铁列车，在炎陵火车站下车后，再从湘运炎陵汽车站坐到神农谷国家森林公园的班车。

③乘飞机。神农谷景区以炎陵县城为依托，距离井冈山机场143公里，经炎睦高速至炎陵沔渡出口下高速到达景区；距衡阳南岳机场174公里，经G107、京珠高速、泉南高速经炎陵县城可达景区；炎陵县至黄花机场260公里，世界各地的游客下飞机经京珠高速、衡炎高速经炎陵县城可达景区。

④美食特色。美食特色主要有大院脆小笋、东风狗肉、秘制鹅掌、红扒竹鼠、红烧石鸡、香酥洣水河鱼等。

2. 接团与讲解

提前到达、车边迎接，致欢迎词。导游可说："各位游客朋友们，大家一路上辛苦了！欢迎来到美丽的神农谷，我是景区的讲解员×××，大家可以叫我小×，很高兴能为大家讲解服务。接下来，将由我陪同大家一起游览美丽的神农谷，希望我的讲解能给大家的神农谷之行增光添彩，也祝愿大家能够玩得开心、玩得尽兴。"

3. 沿途及景区介绍

（1）介绍炎陵的概况。

（2）介绍炎陵旅游发展史。

4. 致欢送词

再次感谢大家来到美丽的神农谷，以及对我工作的支持。最后，祝大家一路平安、旅途愉快！

知识链接

一 主要景点

神农谷国家森林公园位于湖南省炎陵县东北部，东连井冈山，西接八面山，北抵武功山，是湘、赣两大水系的分脊线和发源地，总面积是238平方公里，占全县总面积的11%。神农谷距离炎陵县城45公里，距江西井冈山的荆竹山只有8公里，境内最低处海拔为550米，海拔1000米以上的山峰有103座，南侧外围有湖南第一高峰——神农峰，海拔2115.2米。神农谷分为甲水景区、桃花溪景区、横泥山景区、田心里景区、九曲水景区、平坑景区等六大景区。

二 历史文化拾遗

炎陵的历史文化拾遗有"四老四地"。

（一）老祖宗安寝福地

炎陵是中华民族始祖炎帝神农氏的安寝福地、全球华人的精神家园，炎帝陵被誉为神州第一陵，是海峡两岸交流基地、国家重点文物保护单位、全国爱国主义教育示范基地、全国归国华侨爱国主义教育基地、国家重点风景名胜区、国家 4A 级景区。"炎帝陵祭典"列入国家首批非物质文化遗产名录,2012 年,炎帝陵祭祖大典入选"全球最具影响力的十大根亲文化盛事",炎帝精神成为中华民族生生不息的力量源泉。

(二)老人家革命圣地

炎陵是井冈山革命根据地的重要组成部分,毛泽东、朱德、彭德怀、陈毅等老一辈革命家在这里开展了朱毛第一次会面(十都镇万寿宫)、第一次连队建党(水口镇叶家祠)、第一次插牌分田(中村乡道任村)、第一次给部队集中上政治课(中村乡八担丘)等一系列首创性的革命实践活动。全县至今保存完整的红军标语 339 条,全国首家红军标语博物馆 2011 年建成开馆,是中国第一家以红军标语为主题的展馆。

(三)老天爷生态宝地

炎陵生态优美,风光旖旎,气候宜人,森林覆盖率在 83% 以上,环境质量综合指数居湖南省第一,是休闲养生的福地。国家级自然保护区、国家森林公园、国家 4A 级景区——神农谷,保存着华南地区面积最大的原始森林,空气负氧离子含量达 13.6 万个/立方厘米,为亚洲第一;湖南第一高峰——酃峰,海拔 2115.2 米;梨树洲被誉为"小九寨沟",保存有"植物活化石"南方铁杉群、冰臼群、高山草甸和万亩竹海;大院农场被誉为"小庐山",分布有全国面积最大的万亩杜鹃花、最原生态的高山湿地景观。2013 年,炎陵县荣获"全国最美生态旅游示范县""全国最具投资潜力旅游名县""美丽中国示范县"称号,"炎帝陵——桃源洞"被列入国家与自然文化双遗产预备名录;2014 年,炎陵县以"物种仓廪,酃峰桃源"的美誉入选"中国深呼吸小城榜 100 佳"的第十名,不光 2014 年,炎陵县连续 4 年入选"深呼吸小城"。还获评了"中国最具幸福感县级城市",荣膺"中国最美文化生态旅游名县""中国最美休闲度假旅游名县"等称号。

(四)老百姓宜居乐地

炎陵是国家卫生县城、全国文化先进县、全国十大县域旅游之星、中国十佳绿色城市、中国深呼吸小城、中国优质黄桃之乡、中国特色竹子之乡、省级文明县城、湖南城乡环境卫生十佳县、省平安区、省全面小康推进工作前十位县。"铁公机"大交通格局已经形成,"三高一铁"(衡炎、炎睦、炎汝高速公路和衡茶吉铁路)全面竣工通车,南岳机场、长沙黄花机场、井冈山机场近在咫尺,炎陵与周边七个中心城市形成"123"(县内和井冈山 1 小时,长株潭 2 小时,广州、武汉 3 小时)交通圈,成为湘东南区域交通枢纽,是老百姓宜居、宜业、宜游的乐园。

任务:通过搜索井冈山与神农谷国际文化旅游度假区资料,谈谈两地合作的可能性。

工作任务二 探秘炎陵祭祖文化

任务导入

地陪小王接待一个来自长沙的炎陵寻根祭祖的旅游团,其该如何组织和讲解炎陵的景点?

任务解析

地陪小王要做好这项工作,应该做到以下几点。

(1) 做好准备。分析客人来源、构成和要求,特别是了解客人文化背景资料,做好知识及物资准备等。

(2) 接团与讲解。提前到达,车边迎接,致欢迎词。之后进行"炎帝陵景区概况"讲解。

(3) 沿途讲解及景点讲解。

(4) 致欢送词。

知识链接

主要景点介绍如下。

一、阙门

讲解地点:阙门广场。

阙门最早起源于周代,秦汉时期逐渐兴盛。最初它是修筑在城门之外,用于瞭望放哨,相当于护城门楼,后来逐渐演变为皇城的标志性门楼,彰显天子皇权的显赫和威严。我们眼前的这座阙门是仿汉代建筑的三重阙,是规格最高的皇城阙。在汉代,门楼有严格的等级区分,达官显贵可修单重阙,诸侯能修双重阙,只有帝王才能修建这样高大雄伟的三重阙。炎帝陵阙门主体用南方花岗岩石材建造,主阙高 17.09 米,是迄今为止全国最高的仿古建阙门,被誉为"中华第一阙"。

二、五谷柱

讲解地点:五谷柱至鹰鹿广场。

炎帝神农氏始作耒耜,教种五谷,世称农皇。什么是五谷呢?大家请看祭祀大道两侧竖立的 10 根浮雕石柱,它们是为彰扬炎帝神农氏发明五谷功绩而建造的"五谷柱":稻、稷、黍、麦、菽。

三、鹰鹿护圣

讲解地点:鹰鹿广场。

传说炎帝神农氏是天上的太阳神下凡,小时候叫姜石年。古时候,人类的生产生活很辛苦,石年出生不久,他的母亲女登就要自己上山采果和打猎。采果和打猎的时候,女登就把石年放在石洞里睡觉。石年一觉醒来,不见了母亲,于是就扯开嗓子大哭起来,哭声响亮,直上云霄,惊动了九天玄女。玄女娘娘知道小石年将来要担当大任,怕他受到伤害,于是降下法旨,命令身边的仙鹿、神鹰下凡保护石年。仙鹿、神鹰领旨下凡后,各尽其职,仙鹿为之哺乳,神鹰为之遮雨保安,直到石年长大。后人感念仙鹿、神鹰的功德,在祭祀炎帝神农氏时,也一起祭祀仙鹿、神鹰,并建鹰鹿广场以示纪念。

（四）咏丰台

讲解地点:咏丰台。

咏丰台是炎帝陵有名的古迹。咏丰台始建于道光七年,知县沈道宽为县令五年,有感岁无旱涝,民歌屡丰,遂与江西玉山县县丞罗铜章等人谋建咏丰台。咏丰台的名字取意炎帝神农氏《丰年之咏》,寄托着广大劳动人民祈愿炎帝神农氏庇佑中华大地风调雨顺、五谷丰登的美好愿望。

（五）圣火台

讲解地点:咏丰台至圣火台。

我们现在前往参观圣火台。火是文明的象征。火,象征着光明吉祥,象征着洁净美丽,象征着智慧正义,象征着兴旺和成功。中华民族是一个崇尚火的民族,对火有着特殊的感情,许多地方都存在着对火的崇拜以及与火有关的文化活动。比如舞火星龙、端午节放河灯、中秋节点孔明灯、放焰火等。

（六）神奇炎帝陵

讲解地点:八卦广场至祭祀大殿前。

我们现在到达的是八卦广场。为什么会在这里建一个八卦广场呢？史传伏羲氏创立了八卦,炎帝神农氏连山衍易,重八卦为六十四卦,广泛地指导原始先民的生产生活。"无极生太极,太极生两仪,两仪生四象,四象生八卦,八卦衍万物。""八卦"是中华民族传统文化中的一个神秘"符号",相传具有神奇的力量,妙用无穷。据说在炎帝陵的皇山和龙珠山之间建一个八卦广场,是顶级建筑师的建议。这个广场建成之后,炎帝陵变得更加神奇神秘。

（七）神奇景观

讲解地点:八卦广场至祭祀广场。

炎帝陵的景观异常神奇,最为神奇的应属山水蟠巨龙、龙脑露峥嵘、洣水画太极、白鹭来守陵、墓冢无蚊蝇。

（八）祭祀广场

讲解地点:祭祀广场。

我们现在到达的地方叫祭祀广场。祭祀广场是炎帝陵举行大型祭祀活动的场所。炎帝的祭祀源远流长,《路史·后记》记载,黄帝所崇炎之祠于陈;《轩辕黄帝传》亦载,黄帝"作下畤,以祭炎帝"。关于炎帝陵的祭祀来历,一般的说法是源于黄帝,相沿于秦,兴于汉唐,盛于宋,定制于明清。

九 炎帝石雕圣像

讲解地点:神农祭祀大殿内。

我们现在站立的位置是神农祭祀大殿主殿。我们眼前的这一尊石雕炎帝圣像,重399吨。我们的老祖宗左手扶耒耜,右手持稻穗,两旁是神鹰和仙鹿,整个雕像与树立于两侧的石刻楹联正好构成一个巨大的"山"字。这象征着炎帝神农氏的高大形象永远像高山一样屹立在炎黄子孙面前。大家看,老祖宗慈眉善目,栩栩如生,满面笑容。大家知道为什么吗?这是因为我们中华民族儿女有本事,有孝心。老祖宗看在眼里,喜在心头,笑在脸上。

十 炎帝功绩壁画

讲解地点:神农祭祀大殿内。

各位领导、各位嘉宾请往前走,接下来我为大家介绍炎帝老祖宗的八大功绩。

(一)始做耒耜,教民耕种

炎帝神农氏发明耒耜,教民耕播,最初的耕种,是用尖木棒刺穴点播。后来将木棒的一端用火烧弯,另一端削成扁刃,刃口在前,不仅省力,还可以连续破土,弯曲的部分称"耒",破土的部分称"耜"。木耜易损,炎帝又将木耜改成可以更换的石耜、骨耜、陶耜,并制作双刃耒耜,大面积种植谷物,从而有了真正意义上的耕播农业。

(二)遍尝百草,发明医药

炎帝神农在为先民寻找可食之物时,发现食用某些植物能够减轻或治愈病症。于是尝百草之滋味,体验其在体内的反应,辨别其平毒燥寒,曾一日遇七十毒而不停止,终于发明医药,宣药疗疾,救夭伤人命。为铭记炎帝神农氏发现医药的卓越贡献和献身精神,后人将我国的第一部药物学专著称为《神农本草经》。

(三)弦木为弧,剡木为矢

上古时代,人死后裹以白茅,弃之荒野。先民不忍见亲族的尸体为鸟兽所食,于是以竹片弹射土石,驱逐鸟兽。炎帝用弹性很好的树枝弯曲成弧,将两端固定成弓,用坚硬的树枝削制成箭,制作成可以携带的弓箭,驱赶侵害作物的飞鸟和危及安全的猛兽。经过不断改进的弓箭,最后成为威慑四方的武器。

(四)作陶为器,冶制斤斧

炎帝神农氏"耕而作陶",即在耕播种植的同时,烧制日用陶器和刀、斧、凿、耜一类生产工具。炎帝神农时代已经有了陶质鬲、甑、釜、罐一类炊具,钵、碗、盆、盘、杯一类饮食器具以及陶塑工艺品和陶质乐器。炎帝神农氏制作彩陶,雕刻或绘制图案。陶器的制作和使用给原始先民的生产和生活带来巨大的变革。

(五)日中为市,首辟市场

耕播定居促进了畜牧业和手工业的分工,并逐步从农业中分离出来,于是产生了互换产品的需求。《易经》记载,神农为首领时,以太阳正顶为统一的交换时间,告知天下的百姓,聚集天下的货物,进行交易,回去时都能得到自己所需要的东西。

(六)练丝为弦,发明音乐

炎帝神农氏将桐木削制成琴,用蚕丝精制为弦,制作神农琴。史载,神农琴长三尺六寸六分,五弦能弹出宫、商、角、徵、羽五个音阶。炎帝神农氏以为琴可通神明之德,合天地之和,于是命刑天作扶犁之乐,丰年之咏。岁终举行蜡祭,以傩舞驱逐疫病,以鼓乐庆祝丰收,报答天地万物,化育八方百姓。

(七)织麻为布,制作衣服

原始先民以兽皮鸟羽御寒。随着人口的繁衍,鸟兽不易捕获。神农氏教民种植桑麻,采集植物纤维织布为衣。神农之教:当年的男子不耕种,天下就会受饥;当年的女子不织布,大家就会挨冻。他自己亲自耕田种地,妻子亲自织布,为天下垂范。

(八)建屋造房,台榭而居

远古先民以渔猎获取食物,迁徙无常,居无定所。炎帝神农氏教民耕播,相土安居,积土为台,造屋为榭,风雨不能袭,寒暑不能伤,令人有所趋避。于是人们逐步告别渔猎穴居生活,进入农耕定居时代。

 任务拓展

任务:请搜索资料,谈谈开发炎陵寻根祭祖文化的现实意义。

工作任务三　溯源中华农耕文化

任务导入

请设计自驾游湘东攸县、茶陵、安仁、桂东、炎陵游线路。

任务解析

(1)做好准备。调研、论证好自驾游线路:攸县重点游酒埠江风景区—重点游茶陵县工农兵政府旧址—安仁重点游稻田公园、神农殿、熊峰山公园、大石风景区—桂东重点游工农红军在桂东革命活动纪念馆—炎陵重点游炎帝陵、神农谷。

(2) 接团与讲解。提前到达，车边迎接，致欢迎词，重点介绍本区情况。

(3) 沿途讲解及景点讲解。

(4) 致欢送词。

知识链接

主要景点介绍如下。

一 攸县酒埠江风景区

攸县酒埠江风景区位于攸县东部山区，面积约 830 平方公里，辖酒仙湖（国家水利风景区）、白龙洞、太阳山、孟子山和天蓬岩等 5 个景区，共 57 个景点。

二 茶陵县工农兵政府旧址

茶陵县工农兵政府旧址地处今茶陵县城关镇前进村三角坪。1927 年 11 月，中国工农革命军第二次攻克茶陵城后，为探索中国建政之路，根据毛泽东的指示，于同年 11 月 28 日，建立了中国第一个县级工农兵政府，设有民政、财经、青工、妇女等部门，由谭震林任政府主席。茶陵县工农兵政府的建立，标志着井冈山斗争发展到了建政阶段，为以后的政权建设提供了宝贵的经验。

三 安仁县景点

（一）稻田公园

稻田公园位于湖南省安仁县永乐江镇东南部，是我国目前唯一的集生态农业、科普教育、观光旅游、休闲娱乐于一体的"农业公园"。由中科院院士——"杂交水稻之父"袁隆平先生为稻田公园题写了园名。

（二）神农殿

神农殿位于安仁江口乡海拔 1200 多米的白石仙岭上，是当地老百姓为了纪念中华人文始祖炎帝神农而建造的。这里风景迷人，令人流连忘返。2005 年，中央电视台海外节目中心制作的《走遍中国，郴州》专题片曾详细地介绍了神农殿。

（三）熊峰山公园

熊峰山国家森林公园位于罗霄山脉余脉的湖南省郴州市安仁县城郊东南部，永乐江横贯其中。总面积 6080.3 公顷，分为熊峰山、九龙庵、猴昙仙、龙脊山四大景区，与井冈山、炎帝陵一线贯穿，是休闲、养生、逸情、雅志的理想胜地。

(四)大石风景区

大石风景区主要由大石水库及大石森林公园组成,大石森林公园面积达11万亩,林木葱茏,繁花争妍,空气清新,为一硕大天然氧吧。

四 工农红军在桂东革命活动纪念馆

工农红军在桂东革命活动纪念馆位于湖南省桂东县关镇红军路11号。纪念馆分三个展室,共陈列文物、文献及照片等共163件。陈列主要内容:桂东早期建党及各个时期党组织的活动;农民运动、支援北伐、湘南暴动;毛泽东颁布的三大纪律、八项注意;湘赣边区游击队的艰苦斗争;1928年3月和8月桂东两度分配土地;毛泽东迎还红军大队;彭德怀率领红三军团、红独八师、红独四师、红独四团在桂东的活动;蔡会文、方维夏在东、西两边山建立游击根据地和湘粤赣红军游击队在桂东的三年游击战。

任务拓展

任务:请设计茶陵、安仁、桂东三县二日自驾游线路。

项目七 介绍环洞庭湖生态旅游区

环洞庭湖生态旅游区,主要包括岳阳楼区、君山区、汨罗市、湘阴县、汉寿县、鼎城区、澧县、赫山区、沅江市,定位为国际湖泊度假旅游目的地。对接长江经济带及长江中游城市群,推进湘鄂赣跨境旅游合作,形成跨境旅游协作区。依托洞庭湖丰富的旅游资源,打造中国洞庭湖湿地旅游生态区,建设岳阳市旅游综合开发、中国洞庭湖博览园及岳阳楼岛湖综合开发、洞庭湖国家级旅游度假区、常德柳叶湖旅游产业综合开发、岳阳洋沙湖国际度假区、岳阳青山岛旅游度假区、益阳赤山岛旅游开发、益阳文化生态旅游综合开发、屈子文化园旅游开发、常德城头山旅游综合开发等项目。充分发挥湖南省游艇行业优势,鼓励游艇及复合材料船舶制造企业与旅游融合发展,打造国家级游艇旅游装备制造基地,积极培育水上旅游、低空旅游、自驾车(房车)营地等旅游新业态和新产品。配合国家级农产品主产区、国家级水产种质资源保护区和国际重要湿地建设,打造以优质生态环境为依托、以大农业资源为基础、以品质乡村旅游为导引,集"生态农业、现代农业、农产品DIY加工、乡村旅游、养生度假"为一体的旅游综合开发运营项目,推进农业与旅游的融合发展,积极发挥旅游对美丽乡村建设的带动作用。培育忠防镇、许市镇、屈子祠镇、樟树镇、羊楼司镇、花岩溪镇、新洲镇、沧水铺镇等一批特色旅游小镇。

知识目标

1. 了解洞庭湖及湿地情况。
2. 掌握岳阳楼知识。
3. 掌握屈子文化。

4. 熟悉环洞庭湖主要景点和线路。

能力目标

1. 能设计环洞庭湖主要线路。
2. 能组织环洞庭湖主要线路游览和讲解。

素质目标

1. 树立对洞庭湖湿地的保护意识。
2. 提高水文化欣赏水平。

工作任务一　体验洞庭湖湿地旅游

任务导入

洞庭湖湿地保护区位于长江中游的湖南省,面积168000公顷。湖区内有大量的白鹳、白鹤、中华鲟以及许多经济鱼类。南洞庭湖在调节长江洪水上有很大作用。湖区内有居民1.4万人,以捕鱼和人工养鱼为生。此外每年生产12万吨芦苇。由于长江上游的森林采伐,导致下游洪水和大量泥沙淤积,加上工业污染,对保护区构成威胁。保护区开展爱鸟周活动,对学校学生进行环境教育,每年来此观鸟人数为2.4万人。

洞庭湖由南、东、西洞庭湖3个国际重要湿地组成。其不仅是世界上唯一的由3个国际重要湿地组成的湖泊,而且是全球200个重要生态区(Global 200)之一。

由于洞庭湖湿地自然条件优越,长沙某自驾游协会要求开发洞庭湖湿地旅游体验线路,如果请你开发,你会开发哪些线路?

任务解析

我会组织一个团队,第一步进行洞庭湖湿地知识收集和整理,第二步进行实地调研,第三步是设计线路,第四步是邀请专家和有关专业人士进行论证,第五步是进行踩线,第六步是试运行并进行改进、完善。在此基础上,推出以下线路。

1. 环洞庭精品自驾游线路推荐之乐水之旅

洞庭湖边的岳阳、益阳和常德,是中国最经典的"鱼米之乡"。以乐水为主题的一场自驾,即刻便可启程。

自驾线路推荐:长沙出发—乔口古镇—益阳市—沅江市—岳阳采桑湖镇—君山岛—岳阳楼—返回长沙。

2. 观鸟之旅

洞庭湖是国内观赏候鸟著名的胜地。暮春时分,最后的冬候鸟还留恋着温暖的湖水,大批夏候鸟已经光临。一个繁盛、野性的春天正在湿地上生长。

自驾线路推荐：长沙出发—东洞庭国家自然保护区—采桑湖管理站—返程。

3．西洞庭生态之旅

从常德出发，至西洞庭湖国家城市湿地公园，你能感受到生命的顽强。

自驾线路推荐：长沙出发—由长张高速，319 国道，经常德市、太子庙岩汪湖镇到常德西洞庭湿地公园，全程约 2 个小时。

4．避暑之旅

避暑不仅仅只能去海边，真正的避暑还可以到湖泊、湿地和森林，体验最原生态的清凉以及湖光山色。

自驾线路推荐：长沙出发—南洞庭湖自然保护区—梓山湖国际高尔夫度假区—常德欢乐水世界—乌云界国家级自然保护区—乌云界漂流（或从常德欢乐水世界—平江纯溪小镇—沱龙峡漂流）—返程。

知识链接

主要景点介绍如下。

一 南洞庭湖湿地自然保护区

南洞庭湖湿地位于洞庭湖西南。湿地面积 1680 平方千米，水体面积 917 平方千米，由湘资澧沅四水和长江三口汇流注入，水系复杂，河湖纵横。南洞庭湖湿地是世界著名的内陆湖泊湿地和国家级自然保护区，保护着珍稀野生动物（白鹤、白头鹤、白鹳等冬候鸟、夏候鸟、古老水生动物等）及其湿地生态环境。该地以冲积三角洲平原—河溪湖沼地貌为主，属于华中地区湿润大陆亚热带季风气候，雨量充沛，地势平坦，保存着丰富多样、原始完好的湿地景观生态系统、湖泊自然风光和人文景观资源，是国家首批 10 个示范生态保护区之一，在灌溉、水运、生物、旅游等方面都具有重要作用，被誉为"长江明珠"。

二 西洞庭湖湿地自然保护区

西洞庭湖湿地自然保护区位于湖南省汉寿县境内东南部的西洞庭湖，总面积达 3.568 万公顷，1998 年 1 月，经湖南省人民政府批准建立汉寿县西洞庭湖湿地保护区；2002 年 2 月，被国际湿地公约组织列为国际重要湿地；2005 年 5 月，被国家建设部批准成为国家城市湿地公园。汉寿县西洞庭湖湿地保护区区内湿地地貌典型、景观独特，自然资源十分丰富。区内 865 种植物，数万亩自然芦苇林，是众多野生动物特别是珍稀水禽的栖息地。每年冬季有成千上万只候鸟在区内越冬，其中国家一级、二级保护鸟类 20 多种，鱼类 100 多种。中华鲟、白鲟、银鱼、胭脂鱼等更属国家珍稀保护及珍贵水产品种，具有观赏价值。中华鳖、珠蚌及龟、蛙等更是驰名中外，其景观和生物多样性在亚热带内陆湿地类型中具有典型的代表意义。西洞庭湖湿地是不可多得的重要自然资源,更是人们观鸟、休闲、水上娱乐、生态旅游之胜地。

三　东洞庭湖湿地

东洞庭湖位于长江中游荆江江段南侧,濒靠湘北历史文化名城——岳阳市,全区总面积19万公顷。东洞庭湖国家级自然保护区是"国际湿地公约"收录的由中国政府指定的21个国际重要湿地自然保护区之一,主要保护洞庭湖湿地生态和生物资源。该区域地处亚热带湿润气候区,日照充足,雨量充沛,年均气温17℃,降水量1200至1300毫升,无霜期285天。东洞庭湖独特的生态环境孕育了得天独厚的自然资源,物种具有古老独特、珍稀度高的特征。洞庭湖作为长江中下游地区仅存的两个自然通江湖泊之一,在调节长江洪水径流、保护物种基因或生物多样性方面发挥着极其重要的作用。

四　常德诗墙

中国常德诗墙是常德市委、市人民政府于1991年采纳市政协提案,以城区沅江防洪大堤为载体,历时10年修建的一座具有鲜明艺术特色的大型文化工程。诗墙临江而立,楼台点缀,气势恢宏。分《百代沧桑》《名贤题咏》《武陵佳致》《兰芷风华》《华夏新声》《五洲撷英》等篇章,选刻自先秦以来有关常德的诗作和中外名诗1267首。

任务拓展

任务一:请设计夏季自驾游东洞庭湖线路。

任务二:请设计夏季自驾游南洞庭湖线路。

任务三:请设计游览常德城头山旅游线路。

工作任务二　探秘巴陵胜景

任务导入

请设计岳阳一日游(含岳阳楼+君山岛+洞庭湖)产品。

任务解析

经过调研、研讨,设计岳阳一日游(含岳阳楼+君山岛+洞庭湖)产品如下。

1. 产品介绍

(1) 参考行程。

8:00 长沙火车站附近指定地点集合。

早上8:00集合,8:30左右从长沙火车站附近指定地点出发,走京珠高速约2小时到达湖南北面的门户岳阳市。

10:30—12:00游览岳阳楼。

参观江南三大名楼之首的岳阳楼。岳阳楼位于湖南岳阳西门城头,紧靠洞庭湖畔,始建于三国东吴时期。自古有"洞庭天下水,岳阳天下楼"之誉,与湖北武汉黄鹤楼、江西南昌滕王阁并称为"江南三大名楼"。北宋范仲淹脍炙人口的《岳阳楼记》更使岳阳楼著称于世。登楼望远可远眺我国第二大淡水湖泊——洞庭湖、三国时期周瑜的夫人小乔的衣冠冢——小乔墓、凭借墓里的自画像塑造的小乔铜像、八仙之一的吕洞宾"三醉岳阳人不识"的三醉亭。

12:00—13:00午餐时间。

午餐自行用餐。如需含餐请提前选择含餐标准(正餐餐标15元/人/餐,正餐八菜一汤,8—10人/席,不足8人,保证每人一菜,不含酒水;用餐保证干净卫生、能吃饱)。

13:00—16:00游览君山岛。

参观"白银盘里一青螺"的君山岛景区,品君山银针茶,参观舜帝之妻的湘妃祠、二妃墓、斑竹林、因柳毅传书的神话故事而得名的柳毅井和飞来钟。

16:30—19:30集合返程长沙。

集合乘车返回长沙,结束愉快行程。

以上行程安排可能会根据当天实际情况进行适当调整。

(2)相关景点。

岳阳楼总面积1300多平方公里,是国务院公布的国家级重点风景名胜区。它以岳阳楼景区为核心,包括古城区、君山、南湖、团湖、芭蕉湖、汨罗江、铁山水库、福寿山、黄盖湖等九个景区。

2.费用说明

(1)费用包含的内容。

①交通:在长沙火车站附近集合,全程乘坐空调旅游车,根据团队人数安排用车大小,每人一正座。

②餐饮:全程不含餐;如需含餐可选择安排(正餐餐标15元/人/餐,正餐八菜一汤,8—10人/席,不足8人,保证每人一菜,不含酒水;用餐保证干净卫生、能吃饱)。

③门票:含岳阳楼门票+君山岛门票。

(2)费用不含的内容。

①君山岛电瓶车20元和洞庭湖游船80元不含(君山岛电瓶车自由选择,非强制自费项目,也可以步行参观)。

②一切个人消费及费用包含内容中未提及的任何费用。

3.特别说明

(1)优惠政策。

老人政策:年满60周岁及以上者请咨询客服。

学生政策:中小学生、24周岁以下全日制大学在校学生(含硕士研究生)请咨询客服。

(2) 关于接送:长沙火车站附近定点集合。

(3) 关于保险:含景点意外险(如需购买旅游意外商业险请联系客服购买,10元/人)。

(4) 一日游为行程优惠产品报价,游客持优惠证件或中途退团或自愿取消项目等一律按旅行社优惠团票与实际购票间产生的差价退还;赠送项目因客观原因无法安排时则取消,不退不换。

(5) 在不减少景点的情况下,我社有权对行程先后进行调整,如遇人力不可抗拒因素或游客自身原因造成的行程延误或变更,我社不承担由此造成的损失和责任,所产生的费用由客人自理。

(6) 如遇洞庭湖汛期涨水,通往君山岛景区的公路淹没,需改为乘坐游船上君山岛,船费客人自理。

4. 使用说明

(1) 使用方式。

①出发前您的邮箱会收到确认单,内容包含当地的中文联系电话、出行通知、行程单等电子兑换信息。确认单是您出行的唯一凭证,请仔细核对信息并妥善保管(预订人联系方式请务必留中国手机号码,以便接收确认短信)。

②订单确认时长有以下几种情况。若预订今日急单,我们将优先为您安排;若预订明日急单,我们最迟在今日20:00之前发送确认邮件;若预订其他日期,我们将尽量在24小时之内发送确认邮件,请耐心等待。

③集合时间与地点。导游会提前一天在21点前联系各位游客,具体时间和地点会一并告知,如未接到电话通知,请联系客服确认。

(2) 购买须知。

①退改政策。在使用日期的前5天17:00(北京时间)之前退改,可免费退订、更改;在使用日期的前5天17:00(北京时间)之后退改,则无法退订、更改;若预订的是24小时内的急单,一经预订,则无法退改。

②重要提示。马蜂窝旅游网尊重并保护用户隐私,用户信息只会用于协助用户预订旅游产品。预订订单需要在支付时限内支付全款,超出时限的支付将被视为无效支付,需要联系商家退回款项,重新购买。购买成功会收到确认邮件及短信。出行前,请您确保您自身的身体状况适合参加行程。您应将自身健康情况如实告知旅行社。建议孕妇或患有高血压、心脏病、糖尿病等疾病的客人选择与自己身体状况相适应的旅游线路;建议70岁(含)以上的老年人由家属陪同出游,未成年人由父母或父母指定的临时监护人陪同。请尊重当地的饮食习惯、习俗禁忌、宗教礼仪,遵守当地法律法规等。为了您人身、财产的安全,请您避免在公开场合暴露贵重物品及大量现金。您所预订的产品可能包含高危项目(如游泳、漂流、潜水、滑雪等),参与前请根据自身条件,并充分参考当地相关部门及其他专业机构的相关公告和建议后

出行。建议您自己购买旅游意外保险及其他保险,可保障您在境内旅行期间自身生命、身体、财产或者相关利益的短期旅游意外伤害保险及紧急救援保险。请您注意与旅行社签订旅游合同。

③产品服务信息。该旅游产品由某旅行社提供。

(3)用户点评。

该产品设置推荐、一般、不推荐等选项,由用户点评。

知识链接

主要景点介绍如下。

一 岳阳楼

岳阳楼位于湖南省岳阳市古城西门城墙之上,下瞰洞庭,前望君山,自古有"洞庭天下水,岳阳天下楼"之美誉,与湖北武汉黄鹤楼、江西南昌滕王阁并称为"江南三大名楼"。1988年1月被国务院确定为全国重点文物保护单位。岳阳楼主楼高19.42米,进深14.54米,宽17.42米,为三层、四柱、飞檐、盔顶、纯木结构。楼中四根楠木金柱直贯楼顶,周围绕以廊、枋、椽、檩互相榫合,结为整体。岳阳楼作为三大名楼中唯一保持原貌的古建筑,其独特的盔顶结构,更是体现古代劳动人民的聪明智慧和能工巧匠的精巧的设计和技能。北宋范仲淹脍炙人口的《岳阳楼记》更使岳阳楼著称于世。岳阳楼始建于公元220年前后,其前身相传为三国时期东吴大将鲁肃的"阅军楼",西晋南北朝时被称为"巴陵城楼"。自古有"洞庭天下水,岳阳天下楼"的盛誉。

二 张谷英村

张谷英村,属湖南省岳阳市岳阳县张谷英镇,位于岳阳县以东的渭洞笔架山下,专家认为,张谷英村建筑规模之大,建筑风格之奇,建筑艺术之美,堪称"天下第一村",至今已存在500多年。目前保留1700多座明清建筑。

三 君山

君山是洞庭湖中的一个小岛,面积为0.96平方公里,与岳阳楼遥遥相对。君山古称洞庭山,即神仙洞府之意。又称湘山、有缘山,传说这座"洞庭山浮于水上,其下有金堂数百间,玉女居之,四时闻金石丝竹之声,彻于山顶"。后因舜帝的两个妃子娥皇、女英葬于此,屈原在《九歌》中称之为湘君和湘夫人,故后人将此山改名为君山。由大小七十二座山峰组成,被"道书"列为天下第十一福地,现为国家级重点风景名胜区,国家5A级旅游区。

四 洞庭湖博览园

洞庭湖博览园总占地面积2.7万亩,总投资约110亿元,是以文化展示、文物保护、文化旅游、文化创意、生态环保、休闲度假、电子商务、健康产业于一体的大型综合文化旅游产业集群。其中洞庭湖博物馆定位为综合型、开放型、现代型、多功能的湖泊博物馆,把文化、旅游和商业有机结合起来,整合业态功能,充分展示洞庭湖的特色,加速洞庭湖生态经济区规划建设,助推洞庭湖区社会经济快速发展。

任务拓展

任务:设计游览张谷英村旅游产品。

工作任务三　溯源屈子文化

任务导入

请设计一条左宗棠文化园、洋沙湖、屈子文化园、任弼时纪念馆自驾游旅游线路。

任务解析

随着城市居民幸福生活水平的提升,长沙一小时周边游日益发达。左宗棠文化园—洋沙湖—屈子文化园—任弼时纪念馆黄金自驾游的价值凸显。

长沙北站集合,先至左宗棠文化园。梁启超曾称左宗棠为"五百年来第一伟人",我们也来感受一下左宗棠的"自强不息,浩然正气"。

接着至洋沙湖水上乐园。洋沙湖水上乐园占地面积165亩,如同洞庭湖边上的一颗明珠一般引人夺目。夏天除了可以在这里玩水之外,还可以在这里休闲度假,旁边一幢幢的旅游度假区别墅可以供游客选择,在过了桥大概几百米的地方有一个高尔夫球场,这里简直就是一个小镇。中午在此用餐。

再接着至屈子文化园。这里是蓝墨水的上游;这里是读书人的圣地;这里安放着一位中华民族顶礼膜拜的国魂;这里诉说着一位世界文化名人光争日月的故事;这里……

最后在返程途中至任弼时纪念馆参观。纪念馆陈列展出了近200件珍贵文物和400多幅照片,分六个专题展示了任弼时在建团、建党、建军、建国四个方面的丰功伟绩,弘扬了任弼时的骆驼精神。游览完毕后结束当天旅程。

知识链接

主要景点介绍如下。

一　屈子祠

屈子祠,又名屈原庙,为祭祀战国时楚国大夫屈原神位之祠庙,位于湖南省汨罗市,汨罗江畔,玉笥山麓。建筑占地1354平方米,坐北朝南,为单层单檐砖木结构,有三进三厅,十四耳房,前有三座砖砌大门,门楼上刻有13幅表现屈原的浮雕。现辟为屈原纪念馆,位于湖南省汨罗城西北玉笥山顶。始建于汉代,原址无考。清朝乾隆二十一年(1756年),将它移建至玉笥山上。占地7.8亩,自山脚至祠有石阶119阶。此祠为三进青砖结构。祠正门牌楼墙上绘有13幅屈原生平业绩和对理想追求的写照的浮雕。在过道的墙壁上,镶嵌着许多石碑,镌刻着后人凭吊屈原的诗文辞赋。后殿矗立一尊1980年重塑的屈原像,神采感人。附近建有独醒亭、骚坛、濯缨桥、桃花洞、寿星台、剪刀池、绣花墩、望爷墩等纪念屈原的古迹,俗称玉笥山"八景"。今存建筑有正殿、信芳亭、屈子祠碑等。正殿为砖木结构,单层单檐,青砖砌墙,黄琉璃瓦覆顶,风格古朴秀雅,全殿三进,中、后两进间置一过亭,前后左右各设一天井,中有丹池,池中有大花台,植金桂。祠内有树龄在300年以上的桂树多株,每逢中秋节,黄、白花盛开,馨香四溢,令人陶醉。

(二) 左宗棠文化园

左宗棠文化园坐落在湘阴县城内,是湘阴县委、县政府为纪念左宗棠诞辰200周年而兴建的。这是一座以左宗棠文化为主题的仿晚清园林式文化园区,文化园以左文襄公祠为基础扩建而成,占地169亩。园内建有左宗棠纪念馆,总面积为2600平方米,内设八个展厅和一个多媒体影视厅,分别介绍了左公生平大事和成就。

任务拓展

任务:请搜索有关屈原的资料,谈谈对屈原的认识。

项目八 介绍韶山红色经典旅游区

韶山红色经典旅游区主要包括韶山市、湘乡市、湘潭县、宁乡市,定位为国际红色经典旅游目的地。充分利用红色旅游资源和温泉旅游资源,以韶山、花明楼、水府旅游区、彭德怀故里、灰汤国家级旅游度假区等为重点,以韶山红色旅游融合发展综合开发、水府旅游度假区、灰汤温泉度假区综合开发、宁乡市美丽中国文化产业示范园、炭河里文化休闲产业园等项目为依托,积极开发研学旅行、康养旅游、休闲度假等新业态。培育韶山乡、乌石镇、棋梓镇、白石镇、壶天镇、花明楼镇等一批特色旅游小镇。建设全国红色旅游经典景区,推动湘潭(韶山)全国红色旅游融合发展示范区建设,促进红色旅游国际合作。

知识目标

1. 了解湘潭市、宁乡市自然及人文景观概况。

2. 熟悉湘潭市红色旅游资源分布。

3. 掌握韶山和宁乡花明楼等地红色旅游资源、宁乡灰汤温泉旅游资源及炭河里西周文化旅游资源概况。

能力目标

1. 培养学生红色旅游景区景点导游讲解能力。

2. 提高学生红色旅游线路组织与设计能力。

◇ 素质目标

1. 增强学生的爱国情感,弘扬和培育民族精神。

2. 缅怀先烈,珍惜当下,帮助学生形成正确的世界观、人生观、价值观,树立拥护共产党领导、走社会主义道路的坚定信念。

工作任务一 伟人故里游

任务导入

长沙市某旅行社导游员小宏,作为地陪接待来自北京的旅游团,详细行程如下。

花明楼—韶山二日游

第一天:早上9点59分,长沙南站接团,抵达后乘车赴宁乡花明楼(约1小时15分钟),抵达后用中餐,中餐后游览花明楼【刘少奇故居】、【刘少奇纪念馆】、【文物展馆】(约2小时,电瓶车15元/人,费用自理),车赴韶山(约1小时),游览【毛泽东故居】、【铜像广场】(约1小时),晚餐后入住韶山润泽大酒店。

第二天:早餐后,参观【毛泽东纪念馆】(约1.5小时)、【滴水洞】(约2小时),中餐后,乘车至长沙南站送站。

在带团过程中,团队中有客人提出,去过很多红色旅游景区,感觉都差不多。请问,小宏应该如何做好讲解接待工作,突出韶山景区和花明楼景区的红色特征,深入挖掘革命传统革命精神,同时精心编排相关旅游景区景点,使游览路线集思想教育和旅游观光于一体,寓教于乐,吸引游客。

任务解析

地陪小宏要做好这项工作,应该做到以下几点。

(1) 分析客源情况。分析北京客人特点、构成、行程特点,北京人文化水平比较高,关心政治,要讲一些有特色的政治内容。

(2) 做好知识储备。韶山,是中国各族人民的伟大领袖毛泽东的故乡,是全国著名革命纪念地、全国爱国主义教育基地、国家重点风景名胜区、中国优秀旅游城市。这里是毛泽东青少年时期生活、学习、劳动和从事革命活动的地方,留下了很多可供人瞻仰的景点。"韶山冲连炭子冲,风雨潇湘起二龙",离韶山不过百余里,就到了开国伟人刘少奇故里——宁乡花明楼炭子冲。花明楼旅游区是国家5A级旅游景区,全国重点文物保护单位,全国爱国主义教育基地。是全国首批爱国主义教育示范基地,现在已经成为湖南省重要的革命纪念地和旅游观光区。

（3）讲解过程中，突出韶山景区和花明楼景区与众不同的红色特征。在讲解中穿插开国伟人的奇闻趣事，在景区游览时不仅是参观文物的陈列与展示，还可以组织游客参与一系列特色体验项目，同时还可以观赏通过声光影手段打造的大型山水实景演出《中国出了个毛泽东》等文化演艺项目。而这些都进一步展现了毛泽东故里红色文化的独特魅力，突出了红色特征，与其他红色旅游景区有极大不同。

知识链接

主要景点介绍如下。

一 韶山风景区

1. 毛泽东故居

毛泽东故居坐落在青山环抱、绿水萦绕的韶山冲里，青砖瓦、土砖墙，成凹字形结构，当地老百姓俗称"一担柴"。当年这里居住着两户人家，东边13间小青瓦房是毛泽东的家，西边4间茅草屋是邻居家，中间的堂屋是两家共用；屋前池塘，荷叶田田；直到1910年，17岁的毛泽东外出求学走出韶山冲，他在这里度过了他的青少年时代。故居堂屋大门上挂着一块"毛泽东同志故居"的金字红木匾额，这是邓小平同志亲笔题写的。

2. 毛泽东铜像广场

毛泽东铜像广场坐落在毛泽东纪念馆和毛氏宗祠前的开阔地带。周围青松翠竹掩映，群山拱护。铜像高6米、重3.7吨，红花岗石基座高4.1米，全高10.1米。铜像再现了毛主席在开国大典上的形象，坐西南、朝东北，主席身躯伟岸，手执发言稿，身着中山装，双目炯炯，微露笑容，神采奕奕。铜像广场一经建成就成为人民群众表达对毛主席崇敬、追思、纪念的主要场所。

3. 毛泽东纪念馆

毛泽东纪念馆位于韶山冲引凤山下，坐北朝南，1964年10月1日正式对外开放，纪念馆是全国100个优秀爱国主义教育基地之一，是人们缅怀毛泽东伟大功绩、领略伟人风采的理想场所。纪念馆现有12个展厅，其中8个展厅为"中国出了个毛泽东"生平业绩展，4个展厅为专题陈列。展厅充分利用了声、光、电、多媒体等多种形式突出陈列主题，观众在参观过程中可参与情景陈列，互动感强。

4. 滴水洞

从毛泽东故居往西4公里左右，一路上坡，左侧是幽幽深潭、右侧是崎岖险峰。来到一个三面环山的狭窄谷地，清幽似洞，山上泉水从岩石上滴下，故称"滴水洞"。原来是毛泽东祖父的居住地，又名虎歇坪。这里清幽雅静，绿树成荫，是个避暑疗养的好处所，被誉为是"人间滴水洞，天上广寒宫。住上二十日，老翁变顽童"。1986年，滴水洞正式开放。现在已经成为韶山一个重要的旅游景点。

5. 韶峰景区

毛泽东故居往西2公里左右，是南岳第七十一峰，也是韶山第一峰的韶峰景区。韶峰群山环抱，茂林修竹，整个山峰俏丽俊秀，松柏成林，登高远眺，韶山风物尽收眼底，令人心旷神怡。

二 刘少奇故里

刘少奇故里位于花明楼镇炭子冲，是全国首批爱国主义教育示范基地、国家5A级旅游景区和国家一级博物馆，占地面积1200多亩，主要包括以全国重点文物保护单位刘少奇同志故居、门楼广场、铜像广场、生平业绩陈列馆、文物馆为主体的纪念场馆；以花明楼、修养亭、万德鼎、刘少奇坐过的飞机、刘少奇母校炭子冲学校旧址、一叶湖、柳叶湖和炭子冲民俗文化村为主体的旅游景观；形成了人文荟萃、山水和谐、风光秀美的花明楼风景名胜区。

三 彭德怀故居

1898年10月24日，彭德怀出生在湖南省湘潭县乌石寨一座简陋的茅草屋内，如今屋已不再，只有一片浓密的竹林见证着彭德怀苦难的童年、少年生活。1925年，他用自己任湘军军官的薪资，建起了现今的彭家围子。依山而立的彭德怀故居历经90多年的风雨沧桑，白墙青瓦依旧，砖木基石牢固。1982年，邓小平同志题字"彭德怀同志故居"，此处成为湖南省首批爱国主义教育示范基地、全国重点文物保护单位。

四 陈赓故居

从湘乡城区出发，沿湘韶公路北上8公里，就到了龙洞乡的南大门——泉湖村，村内柳树铺处有一条土堤。土堤的东头，便是生养陈赓大将的祖屋杨吉湾，1903年2月27日，中国无产阶级革命家、军事家、中国人民解放军大将，国家和中国人民解放军的优秀领导者，新中国国防科技、教育事业的奠基者之一陈赓就诞生在这里。杨吉湾是一个建筑群体，土砖青瓦，上下两栋，左右两横呈"凹"字形，共40余间房屋，坐东朝西，依山傍水，景色宜人。

五 东山书院

湘乡市东山书院始建于1895年（光绪二十一年），迄今已有百余年历史，毛泽东、谭政、陈赓、杨幼麟、肖子升、肖三、易礼容等革命先驱曾就读于此。1958年9月10日，毛泽东为母校亲笔题写"东山学校"校名并寄予厚望。后又名"东山书院"。现在东山书院已成为一所完全中学。2006年，被公布为国家级重点文物保护单位，并被辟为湖南省青少年科技活动示范基地、湘潭市爱国主义教育基地。

（六）核心景点深度文化体验导游词

毛主席故居深度导游词

有这样一位传奇的人物，他是中国共产党的奠基者、新中国的主要缔造者、伟大的政治家、高超的军事指挥家。他的著作丰富了世界文化宝库，他的诗词具有无穷的魅力，他的思想继承发展了马列主义，他的精神鼓舞了中国人民和世界人民。他不仅改变了中国，而且改变了世界。他，就是毛泽东！

一千个人心中有一千个毛泽东，但如果你想真正理解毛泽东，还是要到韶山冲，从他出生、成长的地方，去追寻这位传奇伟人的足迹。

朋友们，大家请看，眼前坐南朝北，土木结构的"凹"字形建筑就是毛泽东同志的故居了，靠东边的是毛泽东家，西边是邻居家，中间的堂屋两家共用。毛氏家族是一个重视读书和教育的家族，所谓"家有藏书郭有田""秀者读而朴者耕"，就是这种思想的反映。按照族里的规矩，毛泽东从小熟读《家规》《家训》，从《三字经》《幼学琼林》启蒙，到《论语》《诗经》的学习都包括在内。正是在家族先贤们的引导下，毛泽东步入国学之林，初步领略了中华文化的博大精深，具备了读书人的涵养和习性。博览群书，成为毛泽东经纶天下的重要条件。

现在我们来到的这右边第二间厢房，是毛泽东父母的卧室，1893年12月26日辰时，一代伟人毛泽东就在这里诞生。母亲文素勤，是典型的贤妻良母，勤劳俭朴，心地善良。父亲毛贻昌，勤劳节俭，精明专断。少年毛泽东的个性正是在父母亲的性格特点交互溶磨中塑造出来的：父亲给他以棱角，母亲给他以光环，他既扬弃了父亲的自私、刻薄，又保留了父亲的坚强、勇敢；他既接受了母亲的善良、无私，又抛弃了母亲的逆来顺受，最终成为刚柔兼备的一代伟人。

毛泽东9岁开始入南岸私塾读书，他记忆力强，能口诵心解，很快领悟。大家请看，这间就是毛泽东少年时代的卧室兼书房，这盏小油灯，就是伴他读书、成长的宝贝。他不喜欢那些枯燥的"四书五经"，反而爱读一些《水浒传》《三国演义》《西游记》等传奇故事。这些有反抗和独立意识的小说，也让他表现出与同龄人不一样的特质，他由于不满族规的等级森严，不满父亲的暴躁专制，不满先生的守旧古板，逐渐开始有了一些抗争。随着年龄的增长，他开始涉猎一些时论和新书，强烈的求知欲和斗争哲学也逐渐积淀在他的心里，于是，他吟着"孩儿立志出乡关，学不成名誓不还"的诗句离开家乡，才有后来的开国伟业，永垂史册。

朋友们，韶山冲的老家是毛泽东思想的"根"，是新中国历史的"魂"。他在这里成长，留下了鲜明的烙印；他在这里生活，留下了真实的印记。今天我们行走在这里，不知您是否能感受到，一砖一瓦都似乎流淌着无尽的岁月时光，一桌一椅都似乎掩藏着无数的历史风云。

各位朋友，让我们走进故居，共同缅怀一代伟人毛泽东！

任务拓展

游客在参观游览刘少奇纪念馆、彭德怀纪念馆时，了解到两位伟人在晚年的际遇，请导游人员用简洁易懂的语言给客人简要讲解。

工作任务二　悦享山水之旅

任务导入

湘潭市某旅行社的导游员小梁,作为地陪接待一个来自长沙的旅游团队,详细行程如下。

湘乡水府景区—宁乡灰汤温泉 2 日游

第一天:10 月 22 日上午,旅游团于长沙乘车赴水府旅游区(车程约 1.5 小时),抵达后用午餐,游览水府景区(4 小时)。后乘车赴宁乡紫龙湾温泉度假村(1 小时),抵达后入住宁乡紫龙湾温泉度假村酒店。

第二天:10 月 23 日早上睡到自然醒,早餐后,在温泉度假村内体验各个项目,中餐后,乘车返回长沙(1 小时),结束愉快行程。

请问,小梁在做好讲解接待工作的同时,还需做好哪些工作,使得客人在这次行程中获得更好的体验?

任务解析

地陪小梁要做好这项工作,应该做到以下几点。

(1) 客源分析。水府风景区和宁乡灰汤紫龙湾温泉度假村是融休闲度假、水上运动、生态旅游、康复疗养于一体的旅游景区,面对的游客主要是平时快节奏工作和生活的长株潭都市人群,在这里可以使人们松弛紧张工作后的身心,追求休闲快乐。

(2) 注意安全提醒工作。本次旅游景区参与性和互动性较强,在沿途要向游客强调安全问题,在去宁乡灰汤温泉途中要向客人提醒泡温泉的注意事项。

知识链接

主要景点介绍如下。

一　灰汤温泉旅游度假区

宁乡灰汤温泉旅游度假区位于湖南省长沙市宁乡市灰汤镇,是一座闻名全国、有着两千多年历史的古老温泉,因其泉沸如汤滚,汽腾如灰雾,故名灰汤。是我国三大著名高温复合温泉之一。温泉水质晶莹如玉、无色透明,水温常年保持在 90 ℃左右,含有对人体有益的多种微量元素,曾被授予"全国百佳健康温泉"等荣誉称号。

二　水府旅游区

水府旅游区位于湘乡市西部,距市内 20 公里,以水府庙水库为主体,库中水如明镜,水质清澈;库区内形成多处自然景观,大小岛屿30多个,星罗棋布;天然溶洞群8处,洞内奇景丛生。水府风景区文化底蕴深厚,人文胜景繁多,有毛泽东、谭政、陈赓等革命前辈求学过的东山书院,有蔡和森纪念馆、湘乡文庙,有三国名臣蒋琬、著名将领宋希濂将军的故居,有千年古刹云门寺、吉祥寺等。

(三) 盘龙大观园

湘潭盘龙大观园位于湘潭市岳塘区芙蓉大道195号,占地11600多亩,总投资20亿元,距长沙、株洲、湘潭三市市中心15至30分钟车程,是国家4A级旅游景区。盘龙大观园园内有杜鹃园、樱花园、荷花园、兰花园、茶花园、盆景园、蔬菜博览园、农耕园、紫藤园、养和园十大特色主题园,是中南地区规模最大、数量最多、品种最全的赏花基地,是名副其实、美轮美奂的长株潭"后花园"。为长株潭市民休闲娱乐提供了温馨场所。

(四) 东台山国家森林公园

东台山国家森林公园位于湘乡城南经济开发区,与市区隔河相望,总面积370平方公里。这里位置优越,交通方便,山上森林茂密,万木葱郁,环境优美,风光秀丽。人文古迹众多,历史悠久。一代伟人毛泽东在山麓的东山学堂求学时,常与学友攀登东台山,指点江山,激扬文字;陈赓、谭政、黄公略等近代名人,少年时代常在山间论文习武,留下许多令人追思的足迹。还有龙凤山庄、娱乐小村、儿童娱乐场等景点,为度假休闲提供了温馨场所。

  任务拓展

请为参加温泉疗养的游客讲解泡温泉的好处?

工作任务三 感悟传统文化之旅

任务导入

湘潭县某旅行社的导游员小梁,作为地陪接待一个来自长沙的旅游团队,详细行程如下。

齐白石纪念馆—隐山一日游

9月10日上午,旅游团于长沙乘车赴湘潭(车程约1小时),抵达后参观齐白石纪念馆(1小时),中餐后,乘车赴隐山(1小时),去探访湖湘文化和湘莲文化的源头(半天),晚餐后,车返长沙(1.5小时),回到温馨的家。

在带团过程中,团队客人对隐山的湖湘文化很感兴趣,于是问小梁湖湘文化到底是一种什么文化?这种文化对湖南人有哪些影响?请问,小梁该如何回答?

任务解析

小梁要回答得使游客满意,应该做到以下几点。

(1)客情分析。从旅游行程中可知,该旅游团是文化体验型团队,他们更希望在旅游产品中增加文化内涵、提高体验性和参与性。

(2)知识储备。对待文化体验型客人,要多多了解游览景点情况特别是其背后的文化内涵,努力做到投其所好。首先自己要弄清湖湘文化的内涵,湖湘文化是一种地域性文化,是指在湖湘地域,人们长期以来形成的物质财富、思想行为、道德法律和风俗习惯等的总和。

(3)在讲解过程中,与客人探讨湖湘文化。文化体验型游客一般文化层次较高,修养性较好,在讲解过程中要与他们进行沟通、尊重、听取他们的意见。在隐山讲解时,可对其中与湖湘文化相关的景点进行深入挖掘,扩展讲解,挖掘湖湘文化的精髓。湖湘文化的精髓就在于"心忧天下、敢为人先",正是在湖湘文化的熏陶下,在近代造就了"中兴将相,什九湖湘""半部中国近代史由湘人写就""无湘不成军"等盛誉。

知识链接

主要景点介绍如下。

一 炭河里古城

炭河里遗址位于湖南省长沙市宁乡市黄材镇,是全国重点文物保护单位,为独立于西周王朝之外的某个地方王国的都城所在地,是已经发现的全国唯一一座西周城址,也是全国如今发现的保存较为完整的商周古文化遗址。由宫殿遗址、城墙遗址、城壕遗址、平民区遗址和西周贵族墓葬组成。宋城炭河古城景区因炭河里遗址而来,是中国首个周文化主题公园,景区既有简朴庄严的宫殿庙宇,又有喧哗热闹的市井老街。宋城演艺倾力打造的大型歌舞《炭河千古情》,以西周王朝灿烂的历史文化为背景,以国之重器"四羊方尊"的传奇故事为主线,演出运用先进的声、光、电等科技手段和舞台机械,在水、陆、空三维立体空间,唱响了一曲感天动地的炭河千古传奇。

二 齐白石故居

齐白石1864年1月1日出生于湖南省湘潭县白石乡杏花村星斗塘的齐家老屋,老屋建于清咸丰年间,坐西朝东,土墙茅顶,占地200平方米。中间一排三间,南北又各三间,后北横两间倒塌。1900年以前齐白石一直在此生活,而后迁居到附近的梅公祠。2000年9月,湘潭县文化部门将齐白石故居征收,并按原貌修复,开辟辅助陈列室陈列。2001年12月,齐白石故居正式对外开放,齐白石故居及其周围景点已开辟为湖南齐白石故居风景区。

三 密印寺

湖南密印寺位于湖南省长沙市宁乡市沩山山腰、毗卢峰下,始建于唐代,在唐代已是全国较负盛名的佛教寺院之一。主要宣讲禅宗教义。禅宗的创始人是五祖弘忍,弘忍的弟子六祖慧能开创了南禅,慧能的弟子怀让,称南岳大师,怀让有弟子道一传法灵祐,灵祐在宁乡大沩山建立密印寺,创立了南禅五大宗派之一的沩仰宗,所以密印寺是沩仰宗的起源地。密印寺创建一千多年来,历经朝代更迭,屡遭兵火,又多次重建,现存建筑有山门、大殿(万佛殿)、警策殿、选佛场、禅堂、祖堂等,名胜古迹众多。

(四) 杨度故居

杨度是一个具有传奇色彩的人物,他总能在时代的洪流中"左右逢源",被称作"民国奇人""官场不倒翁"。

杨度故居,是在其祖父、父辈发达后,逐步扩建而成,杨度与弟妹在这里度过了他们的青少年时代,这是一个占地面积不小的庄园,外设围墙、槽门,自成一个幽静而宽阔的格局,里面是三开二进建筑,共有房屋百余间,皆为砖木结构。厅堂里悬挂着时任湖南都督谭延闿所书的"筠松竹茂"巨匾。

(五) 隐山

隐山位于湘潭县排头乡黄荆坪管区,是南岳衡山之余脉,这里山清水秀,人杰地灵。北宋理学开山鼻祖、文学家周敦颐曾在隐山隐居讲学,隐山因之而得名。南宋文学家、理学家,胡安国、胡宏父子由闽来湘,在隐山碧泉书院讲学,积极从事理学传播,倡导学以致用,开创了湖湘学派,留下了"岳麓千年盛,碧泉奠基功"的传说;隐山东麓建有慈云禅寺,飞檐翘角,琉璃瓦盖,富丽堂皇,山南麓有理学家胡文定墓,并建有"三贤祠",以祭祀胡安国和他的儿子胡宏、胡寅。山上自然人文景观众多,留下了历代名人的摩崖碑刻,内容丰富。在这个湖湘文化和湘莲文化的发源地,一批与此相关的旅游景点在有计划地开发建设。隐山,以它深厚的文化底蕴吸引着天下游客,天下隐山将大显于天下。

任务拓展

湖湘文化精神在这些湖南名人身上是怎么体现的?

项目九 介绍长株潭都市旅游区

长株潭都市休闲旅游区主要包括长沙、株洲、湘潭三市城区及浏阳市、长沙县、醴陵市、平江县,定位为国际都市休闲旅游目的地。充分利用城市旅游客源市场优势和交通便利条件,合理开发区内自然、人文旅游资源,以湘江旅游综合开发(长株潭段)、大王山旅游度假区、大围山生态旅游产业园、新华联铜官窑国际文化旅游度假区、浏阳河文化旅游产业带、望城生态旅游综合开发、神农谷国际文化旅游度假区、云峰湖国际旅游度假区、昭山景区、自在平江国际旅游度假区等大型旅游项目建设为依托,拓展城市发展空间,增强城市休闲功能。培育潮宗街历史文化街区、昭山特色文化旅游商业街区等一批特色街区,实施湘绣、湘瓷、湘茶、花炮等旅游商品品牌建设工程,大力发展购物旅游。培育靖港镇、铜官街道、乔口镇、开慧镇、乌石镇、白石镇、朱亭镇、醴陵市陶瓷艺术城、酒埠江镇等一批特色旅游小镇。开发都市休闲、文化创意、研学旅行、自驾车（房车）营地等旅游新业态，激活城郊地区旅游业与相关产业融合发展。支持株洲航空城建设，开发低空旅游新产品。

◇ 知识目标

1. 了解长株潭城市休闲旅游资源、湘江生态文化旅游资源、长株潭地区红色旅游资源的分布情况。

2. 熟悉岳麓书院、湖南第一师范、橘子洲、长株潭湘江风光带等旅游资源概况。

◇ 能力目标

1. 培养学生城市休闲旅游导游讲解能力。

2. 提高学生江河旅游线路组织与设计能力。

◇ 素质目标

1. 提高思想觉悟，进一步了解中国的红色历史和传统红色思想。

2. 增强爱国情感，弘扬和培育民族精神。

3. 坚持可持续发展战略思想，拉近人们与城市的距离，使城市、自然和人们的关系更和谐，促进和谐城市建设。

工作任务一 感受长株潭城市休闲旅游

任务导入

长沙市某旅行社导游员小吴，作为地陪接待来自上海的研学旅游团，详细行程如下。

长沙二日游

第一天：10月1日早上7点30分，长沙火车站接团，抵达吃完早餐后，游览【岳麓书院】（2小时）、【爱晚亭】（半小时），登顶岳麓山，俯瞰星城长沙。午餐后，游览【湖南省博物馆】（一下午），晚餐后，游览【橘子州公园】（约2小时，电瓶车20元/人，费用自理），后入住长沙万代大酒店。

第二天：10月2日，早餐后，车赴世界之窗（40分钟），游览【世界之窗】（一上午），午餐后，参观【海底世界】（约2小时），车赴火车站（40分钟），送站。

在带团参观湖南省博物馆的过程中，团队中有客人表现出对马王堆女尸的墓葬形式和棺椁结构很感兴趣。请问，小吴应该如何做好讲解接待工作，使游客能在旅游休闲之余又能够开阔眼界,增长知识?

任务解析

地陪小吴要做好这项工作,应该做到以下几点。

(1) 分析客情。分析研学团的带团特点和要求。上海人懂得生活,理念比较开放;做事细致,比较世故,很有心思;比较有优越感。研学团多为年轻人,注重参观、体验,爱好提问。因此,导游要更多地做好知识方面的准备。

(2) 知识储备。需要掌握马王堆汉墓概况知识、马王堆女尸千年不腐原因、中国墓葬知识等文化知识。

(3) 在讲解中,积极与客人互动。在讲解过程中,可采用提问、比较等多种讲解方法。

知识链接

主要景点介绍如下。

一 传统景点

(一) 岳麓山风景区

1. 岳麓书院

在风景秀丽的岳麓山脚下,坐落着一座千年学府——岳麓书院,其始建于北宋开宝九年,距今已有千年历史,1926年,定名为湖南大学。一批批文化大师、理学泰斗在这儿讲学、授课,如贾谊、周敦颐、朱熹、张栻、王阳明、王船山,特别是在中国近代史上,这里孕育了一代又一代旷世奇才,如魏源、梁启超、谭嗣同、曾国藩、左宗棠、蔡锷、杨昌济、毛泽东、邓中夏、陈潜等,他们都在这里留下了足迹,最终走向社会,成就了一番惊天动地的伟业。

2. 爱晚亭

200多年前,时任岳麓书院山长的罗典在岳麓山下清风峡中建造了一座亭子,八柱重檐,攒尖顶,顶部覆盖绿色琉璃瓦,亭角飞翘。当时,清风峡遍布枫树,满峡火红,故将亭子取名为"红叶亭"。后根据唐代诗人杜牧《山行》中的"停车坐爱枫林晚,霜叶红于二月花"诗句,改名"爱晚亭"。爱晚亭是革命圣地,青年毛泽东在第一师范求学期间常与蔡和森、张昆弟、罗学瓒等人一起到爱晚亭聚会,谈论时局。现在亭上悬挂的"爱晚亭"匾额,是依湖南大学第一任校长李达邀请毛泽东所书手迹而制。爱晚亭三面环山,枫林环绕,流泉不断,深秋时节更是满山红叶似彩霞,美不胜收。

3. 橘子洲

橘子洲是穿长沙城而过的湘江中的一长条形江心岛。早在唐代,这里就盛产南橘,故名橘子洲。现今在洲头也是种植了大量橘树。橘子洲自古以风光秀丽著称,是"潇湘八景"之一的"江天暮雪"所在地。当年就读于湖南第一师范的青年毛泽东对橘子洲情有独钟,经常和同学到洲头游泳、议论国事。1925年,32岁的毛泽东,离开故乡韶山,去广州主持农民运动讲习所,途经长沙,重游橘子洲,感慨万千,写出了脍炙人口的诗篇《沁园春·长沙》。

(二) 湖南省博物馆

湖南省博物馆位于长沙市开福区,与烈士公园毗邻,筹建于1951年,1956年正式对外开放,是湖南省最大的历史艺术博物馆,也是首批国家一级博物馆、全国优秀爱国主义教育示范基地和湖南省4A级旅游景点。馆藏文物丰富,馆藏品达18万余件。以马王堆汉墓文物、商周青铜器、楚文物、历代陶瓷、书画及近现代文物最具特色。2008年,湖南省博物馆正式实施免费开放。

(三) 天心阁

天心阁在长沙市旧城墙的东南角,今处于长沙市城区的最中心。自明代以来,就被视为古长沙的标志和象征,见证了长沙的历史发展和变迁,当地人说"不登天心阁,不知古长沙",素有"潇湘古阁,秦汉名城"的美誉。古城墙始建于秦汉,现仅存251米,高13.4米,地势高峻,历来是兵家必争之地。现有楼阁为1983年重建,城墙上的楼阁有三层,飞檐翘角,朱梁画栋,登上天心阁可俯瞰全城。

(四) 大围山国家森林公园

大围山国家森林公园位于湘、赣两省交界处,距省会长沙119公里,距浏阳市67公里,是浏阳河的源头,是长株潭城市群东部面积最大、森林覆盖率最高、自然生态环境最好的生态公益林区,被誉为"湘东明珠"。

(五) 长沙简牍博物馆

长沙简牍博物馆位于长沙市天心区白沙路92号,成立于2002年,是国内首座集简牍收藏、保护、整理、研究和陈列展示于一体的现代化专题博物馆。

长沙简牍博物馆占地30亩,主体建筑面积14100平方米,绿化广场8000余平方米,馆内展览面积约5000平方米,分为上下两层。藏品主要为1996年长沙走马楼出土的14万余枚三国孙吴时期纪年简牍和2003年发现的2万余枚西汉初年纪年简牍,另外,青铜、漆木、书画、金银等其他藏品约3500件。

(六) 太平街

长沙有不少旧街老巷,太平街是其中保留原有街巷格局最完整的一条。它紧邻湘江,曾是老长沙的市井繁华之地,现存老街不足一里,但旧时却是街巷交错,商铺林立。现在还保留着乾益升粮栈、利生盐号、洞庭春茶馆、宜春园茶楼等历史悠久的老字号。

(七) 长沙烈士公园

长沙烈士公园是长沙市最大的公园,园内绿树成荫,山环水绕,亭台楼阁,掩映在山林水波之间。公园分纪念区、游览区和娱乐区三大部分。纪念区以1958年建成的烈士塔为中心,周围环绕着松树,显得庄严雄伟。游览区地势开阔,有山有湖,花红柳绿;娱乐区内有游艺场,备有各种现代化的游乐设施。园内还有"朝晖楼""羡鲜馆"供游人休息,经营湖南风味小吃和各种茶点。

（八）醴陵红官窑

株洲醴陵窑有近两千年的历史，早在东汉时期，这里就有从事陶器制作的作坊，独创了釉下五彩醴陵瓷，是我国民族传统工艺美术的瑰宝，被誉为"国瓷"和"东方陶瓷艺术的高峰"。在1915年美国旧金山举办的巴拿马万国博览会上获得金奖。醴陵窑因其浓厚的官府背景与渊源，被人们誉为"官窑"。20世纪50年代以来，其日用瓷产品为中央领导人所青睐，并作为礼品赠予外国政要，故称为中国的"红色官窑"。

二 新业态景点

（一）方特欢乐世界

株洲方特欢乐世界位于株洲云龙示范区云田镇，地处长株潭城市群中心，于2011年9月开园。是国际一流的第四代主题公园。以科幻和动漫为最大特色，可与当前西方最先进的主题公园相媲美，被誉为"东方梦幻乐园"。株洲方特欢乐世界由20多个主题项目区组成，包含主题项目、游乐项目、休闲及景观项目200多项，其中包括许多超大型项目，绝大多数项目老少皆宜。

（二）金鹰影视文化城

湖南长沙金鹰影视文化城位于长沙市开福区，坐落于长沙市浏阳河大桥东头，紧傍机场高速公路319国道，距黄花机场22公里，距长沙火车站7公里。湖南长沙金鹰影视文化城已被评为首届"长沙十大城市名片"之一。包括金鹰大厦、长沙世界之窗、长沙海底世界、湖南国际影视会展酒店、湖南国际会展中心、职工生活小区、骏豪花园（圣爵菲斯）七大项目。

（三）长沙千龙湖生态旅游区

长沙千龙湖生态旅游度假有限公司，位于望城区格塘镇，距长沙市区30公里，区位优越，交通便利。度假区规划面积3万亩，经营面积8000亩。2800亩湖面碧波荡漾，鸟飞鱼跃，园区内环境优美，生态和谐，是商务会议、休闲度假与观光旅游的理想场所。

（四）长沙柏乐园

柏乐园旅游度假区（简称"柏乐园"）是湖南首家游乐综合体、中国大型渔文化主题游乐园。由湖南省柏乐文化投资有限公司投资兴建，2014年10月18日开园迎宾，由"陆地游乐、水上乐园、动物王国、亲子体验、购物美食、酒店会议、水乡古镇"七大板块组成。柏乐园是政府指定的"大学生就业见习基地、青少年科普教育基地、中小学生课外活动基地"。

（五）远大科技集团

远大城是远大科技集团总部，位于长沙市东郊，距市中心16公里、机场12公里。1997年命名为"远大科技园"，是国家第一个以企业名字命名的科技园区。这里诞生了全球第一台发电尾气非电空调、洁净新风机、工厂化可持续建筑等数百项影响世界的科技发明。

任务拓展

任务一：在马王堆汉墓遗址参观游览过程中，有游客提出为什么这座古墓名叫马王堆？请用简洁明了的语言向游客介绍马王堆汉墓的基本情况。

任务二：在参观岳麓山的过程中，游客提出为什么说岳麓山是一座融合了儒、道、佛三家文化思想的历史文化名山？请简要作答。

工作任务二　体验湘江生态文化旅游

任务导入

长沙市某旅行社导游员小吴，作为导游员接待长沙市本地的旅游团，详细行程如下。

靖港古镇、铜官窑国家考古遗址公园一日游

10月11日早上8点，在长沙汽车西站集合，乘大巴赶赴靖港古镇（1.5小时）。从古镇前门下车，开始游览，踏上1275米长的石板街漫步古镇，体验湘江港口曾经的繁华，感受老长沙文化和各种风味小吃（约4小时），参观陨石馆、锄禾源、靖港枰店、毛主席手迹馆、陶承故居、恐龙化石馆、江南民俗博物馆、宏泰坊、宁乡会馆、中共湖南省委旧址等景点。中餐后，前往参观【铜官窑遗址公园】（约1小时）。长沙铜官窑兴起于公元8世纪中后期，至公元10世纪五代时期而衰，距今约有1000多年的历史。它是世界釉下彩瓷的发源地，打破了当时只有青瓷和白瓷的单一格局，在世界陶瓷发展史上具有划时代意义。参观完毕后集合，乘大巴返回长沙，结束愉快的行程。

在带团过程中，团队中有游客提出自己知道瓷都景德镇，也知道一些产瓷名地，如福建德化、湖南醴陵、浙江龙泉等地，但很少听闻铜官窑。请问，小吴应该如何在做好讲解接待工作的同时，使游客了解长沙铜官窑的历史价值和艺术价值。

任务解析

地陪小吴要做好这项工作，应该做到以下几点。

（1）分析客情。客人来自长沙本市，而靖港古镇和铜官窑就在长沙近郊，这个旅游团是周边游团队，这类团队对于景点可能有所了解，但又了解得不全面、不深入，而且游览时间较为紧张。这样就需要导游人员以简洁、精练的语言全面、清楚地完成讲解任务。

（2）知识准备。需掌握中国瓷器知识、铜官窑遗址历史渊源等。

（3）在带团过程中，除去参观窑址，还可带领游客在陶瓷体验馆内亲自动手制陶、施釉，提升参与感，使游客更深入地了解铜官窑的历史价值和艺术价值。

知识链接

主要景点介绍如下。

一 昭山

昭山位于湘潭市东北20公里的湘江东岸。为长沙、湘潭、株洲三市交界处。据说周昭王南征蛮邦,一直打到这里,结果掉到山下的深潭里淹死了,因此称此地为昭山。每逢雨后初,或是旭日破晓,万丈霞光撒在山间,雨气氤氲,色彩缤纷,美而壮观。北宋大书画家米芾将这一景观绘成《山市晴岚图》,列为潇湘八景之一,昭山自此声名大震。自古以来吸引着众多的文人墨客登山览胜,名人题咏很多。现今也是人们旅游休闲的好去处。

二 靖港古镇

靖港古镇,地处湘江的西岸,这里曾经是湖南重要的军事重镇、昔日淮盐的主经销口岸。自古商贾云集,是船只进出长沙的北大门和避风港,每天停靠着数以千计的船只,是湖南四大米市之一,素有"小汉口"之称。当时流传着一句俗语"船到靖港口,顺风也不走",可以想见当时的繁华。这里非常适合城里人暂时放下快节奏的工作和生活,来好好享受一个闲适、恬静的周末。

三 长沙铜官窑遗址

长沙铜官窑遗址在湘江岸边,铜官镇至石渚湖一带约5公里的范围内,从1956年发现唐代烧窑遗址以来,已出土文物过万件,是世界釉下彩瓷的发源地。窑窟始于唐朝而终于五代,距今已有1000多年的历史,被考古学家称为千年前的世界工厂。现在是全国重点文物保护单位,俗称"十里陶城",总面积100多平方公里。现存窑包13处。以烧青瓷为主,兼烧少量的白釉、褐釉、绿釉和蓝釉等。

四 洋湖湿地公园

长沙洋湖湿地公园(洋湖湿地公园),位于湖南长沙市洋湖大道以北,潇湘南大道东线以西,靳江河以南、以东,是长沙城区最大的湿地公园,这里草长莺飞,空气清新,远离主城区的汽车尾气和热岛效应。分两期开发,根据规划,洋湖湿地公园集文化、教育、生态、休闲等多功能于一体,分四大功能区域,分别是湿地休闲区、湿地生物多样性展示区、湿地生态保育区、湿地科教区。2011年6月22日,第一期开发完毕,占地800亩,与烈士公园面积相当,免费向市民开放。预计建成后,洋湖垸湿地公园将成为一个年接待游人达400万人次的大型综合性公园。

五 杜甫江阁

杜甫江阁位于长沙市湘江东岸,与橘子洲和岳麓山隔江相望。一千多年前的一个晚秋,诗圣杜甫从蜀中前往湖南,寄住在湘江边的一间简陋的楼房里,因楼房在江边,杜甫将其取名

"江阁"。并在这里度过了人生的最后两个年头,千百年来,这座简陋的楼房成了人们寄托哀思的地方,当初杜甫寄住的江阁早已不知所踪,现在的杜甫江阁是一座园林仿古建筑,主阁共分四层,高 18 米。每天的清晨和傍晚,很多老人来这里锻炼、散步、下棋、聊天、唱曲儿。如今的杜甫江阁不仅让人们在这里缅怀这位伟大的诗人,同时还给人们提供了一个休闲的好去处。

任务拓展

请向游客介绍湘江的基本情况。

工作任务三 感悟红色文化旅游

任务导入

长沙市某旅行社导游员小吴,作为地陪接待来自湖北武汉的旅游团,详细行程如下。

追寻伟人的光辉足迹——红色长沙一日游

10 月 8 日早上 9 点,长沙火车站接站,车赴岳麓书院,游览岳麓书院(2 小时),从岳麓书院出来,下山来到岳麓山脚下的新民学会旧址游览参观(0.5 小时),毛泽东于 1918 年 4 月与蔡和森、何叔衡等在荣湾镇蔡和森家里正式成立新民学会,学会是当时湖南革命斗争的核心组织,为宣传马克思主义做出了重要贡献。午餐后,参观橘子洲头(2 小时),青年毛泽东在长沙求学期间,常和同学、朋友到橘子洲头搏浪击水,议论国事。后参观湖南第一师范(1 小时),一代伟人毛泽东在此求学、工作了八个春秋。后车赴清水塘参观中共湘区委员会旧址(0.5 小时),1921 年秋到 1923 年冬,毛泽东在清水塘畔度过了两个秋冬,在这里工作,也同夫人杨开慧留下了甜蜜的回忆。

在带团过程中,团队中有游客说毛泽东由于对国内阶级斗争的现实严重性估计过分了,引出了一系列现实政治措施上的错误,由此对毛泽东的伟大性提出质疑。请问,小吴应该如何在做好讲解接待工作的同时,正确的引导游客去正确地评价毛泽东?

任务解析

地陪小吴要做好这项工作,应该做到以下几点。

(1) 分析客情。分析武汉客人来源、构成特点、行程特点,要认识到由于武汉地处南北水陆交通中心,知识开发较早,武汉人在社会生活中竞争力较大,因此必须提高服务质量。

(2) 知识准备。长沙、株洲、湘潭三市,是湖南省经济发展的核心增长极。近现代以来,这里人才辈出,也是许多重大革命事件的发生地,留下了众多的故居遗迹,为湖南红色旅游的重要组成部分。做好湘江一桥岳麓山、橘子洲、新民学会、湖南第一师范等知识准备,引申介绍毛泽东青年时期情况,包括求学、革命工作及婚姻情况。

(3) 在游览过程中,积极与游客互动。在行程中,要对毛泽东的生平向游客进行详细介绍,引导客人对毛泽东做出正确评价:在那样一个一穷二白的基础上,毛泽东能带领中国人独立自主、自力更生,把中国从经济落后的农业国建设成为一个能向现代化强国发起冲击的伟大国家,而不应把毛泽东时代的问题刻意放大,肆意渲染。

知识链接

主要景点介绍如下。

（一）秋收起义文家市会师旧址

文家市位于浏阳东南,只是湘赣边境一个四面环山、地势险要的小镇,但因为1927年9月毛泽东同志领导秋收起义部队在这里胜利会师,并召开会议,就注定了它在我党我军历史上的不平凡。秋收起义文家市会师旧址原来是一座古老书院,有前殿、文昌阁、后殿、东斋、西斋等建筑物。1961年,被国务院定为全国重点文物保护单位。1977年,在这里建起了秋收起义文家市会师纪念馆,展出相关文献、照片和实物。

（二）雷锋纪念馆

雷锋纪念馆在湖南省望城区黄花塘的一座山丘上,在苍松翠柏和鲜花的映衬下,坐落着一群庄严、典雅的建筑,这就是伟大的共产主义战士雷锋同志的纪念馆。始建于1964年,1968年10月开馆,是中央、省、市三级爱国主义教育基地。雷锋纪念馆以翔实的内容、丰富的资料,再现了雷锋这位伟大共产主义战士短暂而平凡的一生。园区内主要有雷锋纪念碑、雷锋塑像、雷锋墓、雷锋事迹陈列馆等建筑及青少年教育活动设施。

（三）杨开慧故居和纪念馆

杨开慧故居和纪念馆位于长沙市开慧乡开慧村,从1966年起对外开放。是中国百家红色旅游经典景区之一、湖南省爱国主义教育基地、湖南省妇女儿童爱国主义教育基地,2011年8月23日,被批准为国家4A级旅游景区。

杨开慧故居始建于1795年,四合院式结构,坐西南朝东北,盖小青瓦,三面靠山,分上、中、下三栋和东西两厢,中有天井。门前有广场、菜地和水塘,四周苍松翠竹,郁郁葱葱。故居是杨开慧童年和少年时代成长及后来从事革命活动的地方,1901年11月6日,杨开慧出身在这里,12岁时随家迁居长沙。1927年大革命失败后,回故乡居住,直至1930年10月被捕。

（四）秋瑾故居

秋瑾,祖籍浙江山阴(今绍兴),生于福建厦门,15岁的秋瑾随父亲赴湘任职而迁居湖南,辗转于长沙、常德、湘乡和湘潭等地生活,在全国各地有多处秋瑾故居。株洲秋瑾故居位于株洲市石峰区清水街道办事处大冲村。1896年秋瑾的父亲做主,将她嫁入湘潭县富绅之子王子芳。婚房就在这里,当年名叫"大冲别墅",秋瑾取名"槐庭",现在已开辟为爱国主义教育基地和红色旅游景点对外开放。湘潭秋瑾故居位于湘潭市十八总由义巷内的"义源当铺",秋瑾在这里度过了八个春秋,并生育一男一女。

五 胡耀邦故居

胡耀邦故居位于湖南省浏阳市中和镇苍坊村敏溪河畔,始建于清朝咸丰年间,房屋坐北朝南,呈凹字形布局,土木结构,小青瓦顶,是典型的清末浏阳农村居民建筑。1915 年 11 月 20 日,胡耀邦出生在这里,并在这里度过了他的童年和少年时代。2002 年,胡耀邦故居被列为湖南省爱国主义教育基地。2012 年 1 月,获批国家 4A 级景区。2013 年列入第七批全国重点文物保护单位。2016 年 12 月,被列入《全国红色旅游经典景区名录》。

六 清水塘

在长沙市八一路长沙市博物馆馆区内,有一座具有典型南方风格的二进三开间砖木建筑的普通民居,周围是菜圃、瓜棚、小径,门前有个清澈的大水塘,所以叫"清水塘"。这里是中共湘区委员会区委机关所在地,也是毛泽东和杨开慧居住的地方。1921 年,毛泽东、何叔衡、彭平之等在长沙成立了中国最早的省级支部——中共湖南支部,不久,改为中共湘区委员会,区委机关就设立在这里。现在这里已经建立了纪念馆,周围环境和室内陈设都恢复了当年的原貌。1921 年秋到 1923 年冬,毛泽东在清水塘畔度过了两个秋冬,在这里,毛泽东领导着工农革命运动,同时也和他亲爱的夫人和亲密的战友杨开慧,留下了甜蜜的回忆。

七 李立三故居

李立三故居坐落在湖南省醴陵市渌江乡福建围村,故居始建于 19 世纪 80 年代,坐东朝西,黄色围墙,八字柴门,有房屋 32 间,是土木结构的单层庭院式民居。进柴门 15 米为正屋,大门石刻门额由原中共中央总书记胡耀邦题"李立三同志故居"。现故居内设有陈列室,陈列了 230 多件实物、照片和文字资料,介绍了李立三艰苦奋斗的一生。李立三,中国无产阶级革命家、中国工人运动杰出领导人之一,李立三的一生是革命的一生,虽然犯过错,但他勇于正视承担,而最终历史也还给了他一个清白。

八 湖南省立第一师范学院

湖南省立第一师范学院位于湖南省长沙市岳麓区,前身是南宋时期张栻创办的长沙城南学院,1903 年始立为湖南师范馆。1912 年和 1914 年相继改为湖南公立第一师范学校和湖南省立第一师范学校,新中国成立后更名为湖南省第一师范学校,2008 年升格为普通高等本科学院,并更为现名。如果说半部中国近现代史由湖南人写就,那么湖南省立第一师范学院对中国近现代史的贡献是不可忽视的。这里群星灿烂,名人辈出:曾国藩,左宗棠,胡林翼,罗泽南,贺长岭,郭嵩焘,何绍基,王闿运,民主革命家黄兴、陈天华等都曾在此学习或工作过。特别是1912年到1926年间的湖南第一师范学院更是人才济济,毛泽东、何叔衡、李达、任弼时、蔡和森、李维汉、程潜、徐特立、杨昌济、谢觉哉、田汉、萧三等革命前辈曾在此学习或工作,正可谓是"恰同学少年,风华正茂"。据统计,一师师生(含城南书院)载入《辞海》者达48人。

任务拓展

任务一:在秋瑾故居参观游览过程中,有游客提到秋瑾思想先进,忧国忧民,愿意抛头颅洒热血去换取国家的富强民主,这固然使人生敬,但她抛下一对年幼的子女去追求自己的革命理想,是否又过于残忍了呢?

任务二:有游客参观后感叹道,湖南在近现代涌现出了那么多为国为民的革命先烈,是那么多重大历史事件的策源地。请问湖南人才辈出、灿若星河的原因是什么?

项目十 介绍梅山文化体验旅游区

梅山文化体验旅游区主要包括新化县、涟源市、双峰县、安化县、桃江县、隆回县,定位为国内知名文化体验旅游目的地。立足梅山文化与原生态自然景观资源,以新化紫鹊界景区综合开发、曾国藩故里文化旅游区开发、梅山古镇保护建设、安化梅山文化旅游综合开发等项目为依托,培育水车镇、荷叶镇、杨市镇、甘棠镇、茅塘镇、虎形山瑶族乡、东坪镇、江南镇、桃花江镇等一批旅游小城镇。大力发展文化体验旅游、研学旅游、山地度假、自驾车(房车)营地等新产品。

知识目标

1. 了解梅山覆盖的地区。
2. 熟悉梅山文化实质内涵,熟悉花瑶民风民俗。
3. 掌握融入了梅山文化内涵的各种山水景观、古建筑、民间艺术及民风民俗的基本概况;掌握曾国藩故里旅游资源概况;掌握紫鹊界——梅山龙宫旅游区概况。

能力目标

1. 培养学生进行文化体验型导游带团讲解能力。
2. 提高学生旅游线路组织与设计能力。
3. 培养学生对旅游景区、景点的认知与策划能力。

素质目标

1. 提升学生对文化类景点的审美能力。
2. 增强民族自豪感和爱国情怀。
3. 使学生们了解历史、感悟文化,更好地传承和弘扬中华民族优秀传统文化。

工作任务一　梅山文化体验之旅

任务导入

长沙市某旅行社导游员小王,作为导游员接待来自长沙本市居民组成的旅游团,详细行程如下。

紫鹊界—奉家古桃花源二日游

第一天:3月2日早上7点,在贺龙体育馆集合登车出发,走高速至新化县出口下(3.5小时),车赴水车镇紫鹊界土菜馆吃午餐(用餐时间为11:30),餐后参观游览【紫鹊界梯田景区】(一下午),晚餐后入住紫鹊界当地农家乐,可欣赏、拍摄日落景观。

第二天:3月3日,可早起在梯田上欣赏、拍摄日出景观,早餐后,车赴奉家镇【桃花源景区】参观游览(一上午),中餐赶到紫鹊界土菜馆(用餐时间为12:00),中餐后车返长沙(约16:30左右抵达)。

在带团过程中,团队中有客人提出,湖南常德有个桃花源,重庆酉阳也有个桃花源,我们游览的这个景区也叫桃花源,都宣称是东晋陶渊明笔下的桃花源,到底真正的桃花源在哪里呢?请问,小王应该如何做好讲解接待工作,使游客相信奉家镇古桃花源就是陶渊明笔下的那个桃花源?

任务解析

地陪小王要做好这项工作,应该做到以下几点。

(1)分析客情。客人是来自于工作、生活节奏较快的大都市,渴望远离都市的喧嚣,去大自然中寻觅一份宁静的逍遥。

(2)准备知识。品读赏析陶渊明的《桃花源记》,了解紫鹊界梯田概况和奉家镇古桃花源概况。

(3)在游览过程中,引导游客以陶渊明的《桃花源记》为切入点,去景区中寻找与书中描绘吻合的景点,去感受陶渊明笔下的桃花源世界。

知识链接

主要景点介绍如下。

一　紫鹊界梯田旅游区

紫鹊界梯田位于中国湖南省娄底市新化县水车镇,是国家4A级旅游景区、国家级风景名胜区、国家自然与文化双遗产、国家水利风景名胜区、世界灌溉工程遗产,紫鹊界梯田成型已有2000年历史,起源于先秦、盛于宋明,是中国苗、瑶、侗、汉等多民族历代先民共同劳动结晶,是山地渔猎文化与稻作文化融化糅合的历史遗存,是古梅山地域突出的标志性文化景观。山有多高,水有多高,田就有多高。紫鹊界有着大面积、大坡度的梯田,没有一口山塘,全靠天然灌溉系统,潺潺流水,四季不绝,久旱不竭,洪涝无忧,堪称人类最伟大的水田工程。

（二）茶马古道

益阳安化素称茶乡,产茶历史悠久,唐宋时期,茶叶产量誉甲天下。明朝时,成为朝廷贡品。明嘉靖年间创制黑茶远销西北诸省。明末清初,安化黑茶逐渐占领西北边销茶市场,安化成为"茶马交易"的主要茶叶生产供应基地。随着黑茶产销的兴盛,运送茶叶的马帮格外繁忙,为了方便马帮运输茶叶等商品,商家在湖南省安化县的崇山峻岭和山涧溪流之间,集资修建了数百里的青石板茶马专道。千百年来,无数的马帮在这条道路上行走,悠远的马铃声,回荡在山谷、溪流和村寨上空。在茶马古道经过的地方慢慢地形成了集镇、驿站,以方便马帮和过往商贾行人买卖商品,停脚住宿。唐家观、永锡桥、洞市老街、隆回滩头、宝庆这些老市镇,就是随着"茶马古道"诞生、发展而来。

（三）虎形山——花瑶风景名胜区

虎形山——花瑶风景名胜区位于隆回县西北部,这里自然资源丰富奇特,规模宏大,人文资源历史久远厚重。由万贯冲梯田、大托石瀑、崇木凼古树林、旺溪瀑布群、花瑶古寨、虎形山大峡谷等六大景区组成。著名景点有"中国花瑶第一村"崇木凼花瑶古寨、全国重点文物保护单位魏源故居、高洲温泉等。

（四）上梅古城

新化县上梅古城始建于宋,有近千年历史。城内古迹甚多,寺庙阁楼林立,规模宏大,气宇轩昂;巍巍北塔,耸立于资水河畔,历经数百年风雨沧桑,素有"塔映资水画如镜,堤观渔火信步游"的美称;十里梅堤,逶迤带水,风光荡漾;青石老街,古色古香,风姿绰约;陈天华广场与罗盛教纪念馆相视伫立,永垂青史;水上乐园,波光粼粼,雾霭掠面;近观资江翘首,远眺维山屏障,斜阳夕照,月朗潭碧;此外,资江书院及红军二六军团司令旧址傲然屹立。自然风光与人文底蕴交相辉映,彪炳千秋。

（五）古桃花源景区

古桃花源景区位于新化县奉家镇,景区包括桃源仙境、中峒梅山寺、红二军团司令部旧址、千年紫薇、桃花源漂流、岩板梯田和红军烈士墓等景点。这里汇集神秘的隐匿文化、红色文化、宗教文化、傩戏民俗文化及保持完整的特色民居,吸引了越来越多的人前往参观游览。

六 梅山文化生态园

坐落于湖南省益阳市安化县仙溪镇富溪村,创立于 2007 年,至今已有 10 余年历史。该园旨在挖掘和大力弘扬中国古典梅山文化,根据古代梅山地区的历史、任务、文化、艺术、民俗、民居和生活习俗等,模拟古代梅山山民生活方式,再现梅山文化。走入园中,古烽火台、古戏台、古建筑、古家具、古井水——映入眼帘,雕饰栏砌,巫术图腾无不惟妙惟肖。徜徉其间,就仿佛穿梭于时空隧道,犹如置身于远离现代社会的古梅山生活区。园区为全社会提供了一个挖掘、保护、研究、展示、演讲、交流、体验与弘扬梅山文化的场所,已成为集梅山文化研究、文物保护、旅游观光、休闲娱乐为一体的生态公园。吸引着全国乃至世界各地游客来园旅游观光、集会、教研。

七 滩头古镇

滩头,一个湘西南资水河畔的古老小镇,距邵阳隆回县城 30 公里。滩头历史悠久,文化灿烂,始建于隋朝,是中国著名的民间年画之乡,也是国家现代"民间文化绘画之乡"。滩头年画、香粉纸和色纸俗称"滩头三绝",享誉中外。这里是梅山文化的发祥地之一。

八 大熊山蚩尤文化生态旅游区

大熊山国家森林公园,位于娄底市新化县北部,距新化县城 62 公里。它建于 2002 年,2003 年正式挂牌并对外旅游开放。公园分大熊峰、九龙峰、蚩尤谷、春姬峡、川岩江等五大景区,有海拔 1000 米以上的山峰 40 余座。主峰九龙峰和大熊峰一南一北对峙。公园森林覆盖率达到 93%,空气负氧离子浓度高,是旅游观光、避暑度假的理想胜地。

任务拓展

任务一:梅山的土著居民到底是哪个民族?这些土著居民的后代的去向以及现状如何?

任务二:目前除湖南隆回地区的花瑶文化外,还有哪些梅山文化的鲜活材料有待人们的发掘与保护?

工作任务二 人文历史感悟之旅

任务导入

长沙市某旅行社导游员小王,作为导游员接待来自本市居民组成的旅游团,详细行程如下。

双峰县——曾国藩故里一日游

9 月 5 日早上 8 点在长沙火车站集合上车,车赴娄底市双峰县(2 小时),抵达双峰县城后,参观蔡和森纪念馆(1小时),县城用完午餐后,车赴荷叶镇(40分钟),参观全国重点文物保护单位曾国藩故居——富厚堂(2小时),车返长沙,结束愉快的行程。

在带团过程中,团队中有客人提出,曾国藩是维护清王朝封建统治的,而且还老打败仗,那为什么还是有很多人赞扬他呢?请问,小王应该如何做好讲解接待工作,使得客人对曾国藩能有一个客观公正的认识呢?

任务解析

地陪小王要做好这项工作,应该做到以下几点。

(1)分析客情。从游览目的地来看,该旅游团成员文化水平较高,对历史较感兴趣,希望深度体验旅游产品中的文化内涵。

(2)知识准备。了解曾国藩生平、蔡和森生平,熟悉蔡和森纪念馆、曾国藩故居。

(3)在游览曾国藩故居时,可在其中穿插曾国藩生平事迹介绍,使游客全面了解其人。曾国藩是中国历史上最有影响力的人物之一。他的智慧和思想深深地影响了几代中国人。他也是近代中国较显赫和较有争议的人物。

知识链接

主要景点介绍如下。

一 曾国藩故居

曾国藩故居富厚堂,又名毅勇侯第,是曾国藩的侯府,坐落在娄底双峰县荷叶镇,始建于清同治四年(公元1865年)。是四合院式建筑,包括门前的半月塘,门楼,八本堂主楼和公记、朴记、方记3座藏书楼,荷花池,后山的鸟鹤楼,棋亭,存朴亭,还有咸丰七年曾国藩亲手在家营建的思云馆等,颇具园林风格,总占地面积4万多平方米,建筑面积1万平方米。富厚堂的精华部分是藏书楼,曾藏书达30多万卷,是我国保存完好的最大的私家藏书楼之一。

二 魏源故居

魏源故居坐落在邵阳市隆回县司门前镇学堂弯村之沙洲上。始建于清乾隆初年,是魏源的祖父遗留下的产业。这是一座有两栋正房、两栋厢房的木结构四合院,坐西南朝东北。院前有木结构槽门,四周有土围墙。正房面阔五间,进深二间;左厢房面阔五间,进深二间;右厢房为二层楼房,面阔七间,进深四间;底层五间全为谷仓,两端为楼梯间;二楼为读书楼,正中三间为讲堂;两梢间为书房。魏源在这里诞生并度过了他的童年和少年时期,直到27岁那年全家迁往江苏定居后才很少回家。现在看到的是1994年按原貌修复的魏源故居。魏源,是中国近代史上著名的爱国主义思想家、史学家和文学家。当鸦片战争把中国推入灾难的深渊时,魏源是"中国睁眼看世界的第一人",他坚决反抗西方侵略,同时又主张向西方学习先进的科学技术,将其作为对付侵略的方法,提出"师夷长技以制夷"的主张。

(三) 蔡和森纪念馆

蔡和森纪念馆,位于娄底市双峰县城复兴路与书院路交会处。1987年7月1日建成,1988年4月开馆,正门上方是聂荣臻元帅题写的"蔡和森同志纪念馆"馆额。馆前为蔡和森广场,广场中央矗立着9米高的纪念碑,碑文由陈云同志亲笔题写,顶层为蔡和森同志立身塑像。馆内陈列有蔡和森同志从青少年时代勤奋学习到为中国革命奋斗终生的文物、照片、著作等140多件,设有六个展厅。蔡和森纪念馆于2011年被中央宣传部公布为全国爱国主义教育示范基地。

(四) 蔡和森、蔡畅故居

蔡和森、蔡畅故居光甲堂,位于湖南省双峰县井字镇杨球村,建于清朝末年,坐东朝西,平面布局呈倒"凹"字形,四周矮矮的土围墙,门前池塘波光荡漾,鹅鸭成群戏水,砖木结构,由正厅、左右厢房及天井和杂物间组成。1900年中国妇女运动卓越领导人蔡畅诞生在这里,并与哥哥蔡和森在这里度过了8年多的童稚时光。

(五) 陈天华故居

陈天华故居位于娄底新化县荣华乡小鹿村资江河畔,因为柘溪水电站的修建,现已被水淹没。只有在每年的枯水季节,才能看到遗址。仅存四排三间主体建筑,纯木质结构。这里,屋后重峦叠嶂,果树成林。屋前是资江的河滩,十分开阔,绿树成荫,水光潋滟。屋左有十余株合抱古树,茂密繁盛,环境幽雅,是一块人杰地灵的风水宝地。陈天华一生救亡图存、忧国忧民、宣传革命、矢志不渝,是辛亥革命时期杰出的鼓动家和宣传家。所著《猛回头》和《警世钟》成为当时宣传革命的号角和警钟。

(六) 风雨桥

风雨桥主要分布在安化和新化县境内的乡镇。风雨桥由青石桥墩、木质桥身两部分组成,桥身不用铆钉,采用中国最古老的木工技艺——榫卯结构。桥中间是长长的通道,两侧是歇停坐凳,桥顶飞檐翘角,青瓦覆盖,桥两端大多有茶亭相伴,当地人称它为鹊桥或廊桥。风雨桥是伴随着"茶马交易"的兴起而修建的,除了是东西往来的交通要道,还曾是热闹红火的小商品集贸市场。现今有些桥都还保留着最初的模样和功能,如东坪大木桥。

(七) 罗盛教纪念馆

罗盛教纪念馆,是为纪念在抗美援朝战争中,抢救朝鲜落水儿童献身的中国人民志愿军战士罗盛教而建立的纪念性博物馆。位于中国湖南省新化县资江大桥西侧。该馆陈列分为"童年和少年时代""从普通士兵到国际主义战士""烈士精神代代相传"三大部分。

八 陶澍陵园

陶澍陵园位于益阳安化县东部,地处资江中游北岸。陶澍有"江南第一才子"之称,曾任江苏巡抚、两江总督。是清代嘉庆、道光年间著名贤臣和理财良士,陶澍与"湘军三杰"(曾国藩、左宗棠、胡林翼)关系十分密切,他的思想对"湘军三杰"产生了深刻的影响。"湘军三杰"可认为是陶澍思想与事业的继承者和发扬者。而陶澍可说是近代湖南人才的最早领军人物。

九 袁吉六墓

袁吉六墓在湖南省隆回县罗洪乡孟公村。现墓表为石塔,塔基为正方形,塔身以湘白玉石砌筑,塔正面嵌大理石碑,刻毛泽东亲笔题字"袁吉六先生之墓"。袁吉六,是毛泽东在湖南第一师范学院学习时的国文教师,毛泽东十分敬重他,对他的评价极高"多亏袁大胡子,今天我在必要时仍然能够写一篇过得去的文言文"。袁吉六墓碑由毛泽东亲笔题写,这是毛泽东一生唯一题写的墓碑。

任务拓展

任务一:在参观曾国藩故居时,有游客说曾国藩一生的主要事业就是维护半殖民地半封建统治秩序,血腥镇压太平天国运动,而将他全面否定为一个反动人物。请问,你怎么去评价曾国藩?

任务二:参观完魏源故居,有游客说,湖南真是个人杰地灵的地方,出了好多名人,特别是中国近现代历史,可以说有一半是由湖南人书写的。请向游客阐述近代湖南人才辈出的原因?

工作任务三　度假体验之旅

任务导入

娄底市某旅行社导游员小王,作为地陪接待来自娄底本地的旅游团,详细行程如下。

油溪河漂流—梅山龙宫一日游

8月5日早上7点,在娄底市火车站集合上车,乘车赴新化县吉庆镇(2.5小时),抵达油溪河后开始漂流(约2.5小时),漂流结束后吃中餐,中餐后,车赴【梅山龙宫】景区(0.5小时),参观游览【梅山龙宫】(约2小时),参观结束后,车返娄底(约2.5小时),行程结束。

在带团过程中,团队中有客人提出:自己参观过很多洞穴,感觉都差不多,梅山龙宫是否有不同于其他洞穴之处呢?请问,小王应该如何在做好导游讲解工作的同时,用简洁的语言将梅山龙宫独特之处介绍给大家呢?

任务解析

地陪小王要做好这项工作,应该做到以下几点。

(1)分析客情。旅游团客人来自娄底,而此次行程的目的地是位于新化县城郊的油溪河和梅山龙宫,两处景点属娄底地界范围内,属于周边游;且游览景点都属于山水自然景观,以游客的参与体验和观赏为主。

(2)知识准备。岩溶地貌知识、油溪河漂流概况及应注意的问题、梅山龙宫概况及背后的文化。

(3)在梅山龙宫游览过程中,对于洞穴中罕见的一些景观要对游客做指引性及重点介绍。

知识链接

主要景点介绍如下。

一 梅山龙宫

梅山龙宫,位于湖南省娄底市新化县油溪乡高桥村的资水河畔,是一个集溶洞、峡谷、峰林、绝壁、溪河、漏斗、暗河等多种喀斯特地质地貌景观于一体的大型溶洞群。有九层洞穴,探明长度 2870 余米,已开发游览路线 1896 米,其中包括长 466 米的世界罕见的神秘地下河,还有世界其他溶洞未曾发现的黑白两色"非重力水沉积物"。整个洞府分为龙宫迎宾、碧水莲宫、玉皇天宫、龙宫仙苑、龙宫风情、龙凤呈祥六大景区。

二 湄江风景区

湄江风景区位于娄底涟源市西北部,面积 128 平方公里,拥有丰富的旅游资源,景区内景观齐全,以自然景观为主,同时也具有一定的人文景观。集山、水、洞、石、峰、涧、湖、桥、瀑布、峡谷、绿洲、古寺于一体,它的自然景观类型是岩溶地貌,有着千姿百态的地表和地下景观。景区内有大型溶洞一百多个,是我国罕见的大型溶洞分布密集地区,洞穴内钟乳挺拔,石笋丛生,石柱巍峨,石瀑飞流,地下河幽深。洞体规模之巨大,品种之繁多,色泽之瑰丽,均为我国洞穴所罕见。

三 六步溪自然保护区

六步溪自然保护区位于湖南省益阳市安化县苍场乡,总面积 2494 亩。六步溪原始次森林是湖南雪峰山北部唯一一块保存完好的原始次森林,被誉为益阳的"西双版纳",属于国家级自然保护区。

（四）柘溪水库

柘溪水库位于湖南省益阳市安化县资水中游，距县城15公里。柘溪水库修建于20世纪50年代，现在是风景旅游区。柘溪水库的修建不但为三湘四水带来了光明，也在坝上游构成了一处高峡出平湖的状美景观，成了一处胜似漓江山水的"百里画廊"。景区的起点，是一道长330米、高104米的雄伟大坝，每当大坝泄洪，落差百米的江水，从九个溢流孔中飞流而下，九条银练空中挂，滚滚雪浪似倒海翻江，令人叹为观止。从大坝乘船至瓶口镇，两岸青山，绵延不断，郁郁葱葱，水库中有45个大小不同的孤岛，形成湖中有山，山中有湖，山水相映，水碧天蓝的壮丽景观。游船驶在湖中，犹如人在画中游。

（五）龙湾国家湿地公园

龙湾国家湿地公园位于湖南省娄底市新化县，依托新化县琅塘镇、荣华乡境内的资江、千岛湖、铜铃湖、晚坪湖等11个同一水系相连的湖泊、水库，以及大虎岩森林、观音岛和丛山界森林等21个岛山森林而建设，其水域形状因在地图上看呈龙形，而龙湾正处于龙头位置而得名。公园内环境和谐、生态良好，有一定文化和美学价值，可供人们进行科学研究和生态旅游。

（六）渠江源茶文化主题公园

渠江源茶文化主题公园位于娄底新化奉家镇大桥与川坳村境内，距离4A级国家风景名胜区——紫鹊界梯田12公里。景区由渠江源核心区（包括茶溪谷栈道游览区、姑娘河溯溪体验区、无二冲贡茶文化体验区等）、双林峡谷风光带和浪山坪高山湿地群等众多景点组成，是溯溪、观瀑、品茶、摄影的绝佳胜地，是清心洗肺消暑的最佳去处，是休闲养生的圣地。

（七）古台山森林狩猎旅游区

古台山森林公园离新化县城34公里，大小山峰山峦308座，主峰古台山海拔1512米，最低海拔210米。是历史上有名的仙境之乡。旅游资源十分丰富，有擂鼓堂、香炉红岩山寺、冲霄风观音殿、八仙下棋、九狮寻娘、高岩洞瀑布等自然景观，且均有丰富的历史人文内涵，典故众多，值得挖掘。目前，古台山林场党委、政府正在组织建设湖南省第二个天然狩猎场，努力挖掘梅山狩猎文化，致力于打造一个狩猎者的天堂。

任务拓展

任务一：在行程中，有游客提出怎么在新化的崇山峻岭、溪流边架起了那么多座风雨桥？请用简练的语言解答游客的提问。

任务二：梅山龙宫和湄江是属于什么地形地貌，它们各自的景观特点是什么？

项目十一 介绍雪峰山生态文化旅游区

雪峰山生态文化旅游区,主要包括鹤城区、芷江县、洪江市、洪江区、中方县、溆浦县、会同县、靖州县、通道县,定位为国内知名生态文化旅游目的地。充分发挥区域性交通枢纽优势,强化与成渝城市群对接,依托雪峰山脉良好的自然生态资源、和平文化、古城古镇古村文化,以芷江和平文化城、洪江古商城开发、怀化大湘西文化村旅游产业园、溆浦山背花瑶梯田景区、怀化侗苗风情生态文化旅游开发等项目为重点,培育黔城镇、芷江镇、三道坑镇、高椅乡、思蒙乡、坪坦乡等一批旅游小城镇,打造醉美侗乡。大力发展山地度假、文化体验、研学旅行、骑行徒步、自驾车(房车)营地、主题民宿等新产品。

◇知识目标

1. 了解雪峰山生态文化区所涵盖的旅游区域。

2. 掌握洪江古商城、黔阳古城、通道皇都侗民族文化村、芋头侗寨、地笋苗寨、荆坪古村、高椅村等古城古镇古村旅游资源。

3. 掌握龙潭抗日阵亡将士陵园、芷江受降纪念坊等红色旅游资源。

4. 熟悉鹤城区、中方县、洪江市、溆浦县、会同县、靖州县的自然景观和人文景观。

◇能力目标

1. 提高学生进行生态文化型导游带团讲解能力。

2. 提升学生对生态文化类景点的审美能力。

◇素质目标

1. 培养学生对古城、古镇、古村的热爱,激发学生的民族自豪感和自信心。

2. 引导学生维护和平、保卫和平。

工作任务一 穿越时空,体验古城、古镇、古村文化

任务导入

洪江导游小洪作为地陪,负责接待一个由长沙出发前往黔阳古城、洪江古商城的二日游的旅游团队,详细行程如下。

黔阳古城、洪江古商城一日游

早上在指定地点集合乘高铁赴怀化(约2小时),抵达后,乘车赴人文历史悠久、古风古韵

的千年古村【荆坪古村】，观清人故居、千年夫妻树、古代鱼石等景点。后乘车赴国家4A级景区【黔阳古城】（车程约1小时），瞻仰楚南上游第一胜迹【芙蓉楼】，感悟诗家天子王昌龄"一片冰心在玉壶"的高尚情操。在千年黔阳古城特有的丁字形巷道间游走，领略古城韵（游览时间约3小时）。中餐后，参观有中国第一古商城之称的国家4A级景区【洪江古商城】，漫步青石板，穿行在窨子木屋群中，感受这座横贯历史大漠、千年风雨桑的古城，聆听这座用完整商业语言诠释着生存命运的古城。晚餐后，欣赏洪江夜景，入住洪江金牛酒店。

地陪小洪这一天带领游客游览的都是历史悠久、文化底蕴深厚的古城、古镇、古村，游客选择这里，大多是出于对古城、古镇、古村的喜爱，特别是对没有被过度商业化的原汁原味的古城、古镇、古村的喜爱。湖南有特色的古城、古镇、古村众多。请问，小洪的讲解应从哪些方面突出荆坪古村、黔阳古城、洪江古商城的独特魅力呢？

任务解析

地陪小洪要做好这项工作，应该做到以下几点。

1. 做好准备

主要做好古城、古镇、古村文化，黔阳古城，洪江古商城，荆坪古村的知识准备。

古城、古镇、古村地理位置一般比较偏远，提醒司机注意行车安全，协助司机做好行车前的安全检查。

2. 接团与讲解

（1）提前到达指定的长沙地点集合，乘高铁赴怀化。

（2）致欢迎词。

（3）重点介绍本区情况。

先介绍怀化的基本情况，再介绍怀化的主要旅游资源。怀化古城、古镇、古村旅游资源十分丰富，目前已发现保存完整的古城、古镇、古村有30多处，无论在数量，还是特色和多样性上，都是全国罕见的，被誉为"中国最大的古城、古镇、古村群落"和"古建筑群博物馆"。

3. 沿途讲解及景区景点讲解

去每个景区的途中，首先概述景区的基本情况、景区的主要景点、景点的主要特色和价值。另外，对古城、古镇、古村文化方面的基础知识进行必要的介绍，这样可以减少导游在旅游景区内的讲解量，节约游览时间，也可以让游客更好地理解导游在景区内的讲解内容，更好地了解和读懂景点。

关于荆坪古村主要讲其填补了湖南省无旧石器记录的空白，也因此有了光彩夺目的"舞水文化"；黔阳古城主要讲芙蓉楼，体会"一片冰心在玉壶"的高尚情操；与著名古城丽江、凤凰在时间上相比较，突出它的"古"，与不少名气很大的古城相比较，没有"拆了真古迹再造假古迹"的任何痕迹，突出它的"真"。如果能唱一曲目连戏就更好了。关于洪江古商城主要讲洪江古商城形成的社会、历史背景，作为中国资本主义萌芽时期的"活化石"的重要地位；讲洪江商业为何能如此兴盛的商道文化；还可以将其与晋商、徽商做比较。

4. 致欢送词

可说:"悠悠古镇,千百年间,用其独特的方式诉说着中国古老的故事。她用古朴的建筑展示着中国的文化;她用潺潺流水讲述着古城的历史;她用淡淡清香展现悠然的生活。希望内心浓厚的古镇情节,让我们一直向前,从不止步。欢迎大家下次再来!"

知识链接

主要景点介绍如下。

一 黔阳古城

黔阳古城位于沅水上游,位于省级历史文化名城——洪江市政府驻地黔城镇古城社区,它是全国保存最完好的明清古城之一,古城三面环水,是湘楚苗地边陲重镇,素有"滇黔门户"和"湘西第一古镇"之称。黔阳古城是一座极具湘西地方建筑特色的"大观园",有"江南古建筑博物馆"之称,丁字巷、窨子屋、吊脚门楼、古吊井、红砂城墙、石板街、古晒楼、宗祠寺庙、会馆戏楼等,使得无数游人过客魂牵梦萦。现有芙蓉楼、中正门城楼、南正街、龙王庙、钟鼓楼等30余处景点。其中,芙蓉楼是江南四大名楼之一。"一片冰心在玉壶"的经典诗句就是王昌龄写就于芙蓉楼前。

二 洪江古商城

洪江古商城位于洪江区,是全国重点文物保护单位、"全国十佳古城"。起源于春秋、始建于唐朝、鼎盛于明清,是我国唯一保存完好的明清古商城,堪称"中国第一古商城,中国资本主义萌芽时期的'活化石'"。保存完好的古建筑群全国罕见。在古商城"七冲八巷九条街"的整体格局中,近10万平方米、380余栋明清古窨子屋建筑呈"井"字型布局排列,10大会馆、18家报馆、23家钱庄、34所学堂、48个半戏台、50多家青楼、60余家烟馆、上百个店铺和近千家作坊散落其中。

三 会同县高椅古村

"拥山城巨椅,引水映飞檐,静巷赏窨屋,依稀明清间。"这句诗词是对会同县高椅古村的大致概括。

古村三面环山、一面环水,宛如一把高踞的"太师椅",它是"居民村落发展建筑史书"、古民居建筑"活化石"。

2006年,高椅村古建筑群被列为全国重点文物保护单位,2007年被评为国家历史文化名村,2012年被列为第一批中国传统村落,2014年被确定为全国51个传统村落整体保护与利用示范村之一,2016年被评为全国美丽宜居示范村庄。2017年3月,又被国家民委命名为第二批中国少数民族特色村寨。

（四）潘氏宗祠

潘氏宗祠在荆坪渡口旁，它雄镇渡口，睥睨江河，数百年如一日地守望着渡船。潘氏宗祠见证了四百多年的风风雨雨，经历过战争、匪患，但最可怕的是洪水。在它的外侧墙壁上，有青石镌刻着15个字"嘉庆陆年端阳后三日洪水涨至此记"，如果不是这块小小的石刻，谁能想到这温柔贤淑的舞水河曾经如此放荡不羁，它几乎毁灭过整个荆坪村。在那洪水滔天的白天黑夜，在这飞檐斗拱之上，可能密密麻麻地爬满了人，潘氏宗祠这一次不仅仅是承载着厚重的历史，还像诺亚方舟一样，驮护着一个个鲜活的生命。无怪乎荆坪人每隔若干年就会把祠堂修葺加固一次，因为这个祠堂对荆坪及至方圆数百公里范围内的潘氏族人不仅仅是一个精神依归的象征，而且还是生命的最后避难所。

（五）安江农校杂交水稻纪念园

安江农校杂交水稻纪念园位于湖南省怀化市安江镇溪边村，与岔头高庙遗址仅一河之隔，占地面积250余亩，建筑面积4万多平方米。校园内古树参天，绿叶成荫。世界杂交水稻之父、中国工程院院士袁隆平带领他的助手们在这里一边教学，一边从事科研工作长达37年。"一粒改变世界的种子"——杂交水稻就是在安江农校这个神奇的地方经过艰难探索取得突破、成功并走向世界的。安江农校杂交水稻纪念园已经成为隆平精神和杂交水稻研究历程的大型物证。

任务拓展

任务一：黔城古城的民俗文化非常丰富，大致包括古建筑文化、古书院文化、古遗址文化、古庙宇文化、古碑刻文化、古墓葬文化、古名人文化等。请你简单加以介绍。

任务二：有游客问，怀化被誉为"中国最大的古城、古镇、古村群落"，除了今天游览的三个景点以外，还有哪些古城、古镇、古村？请详细地介绍其中的一个。

工作任务二　不忘历史，见证抗战与和平文化

任务导入

芷江某旅行社的导游员小张，作为地陪接待一个由长沙出发前往芷江进行一日游的旅游团队，详细行程如下。

抗战名城一日游

在长沙指定时间、地点集合，乘高铁前往抗战名城——芷江（车程约2小时），游中国人民抗战胜利的标志、世界反法西斯胜利的重要历史见证、全球6座凯旋门之一的【芷江抗日受降

纪念坊】(游览约1小时),欣赏获上海吉尼斯纪录的、世界最大的风雨桥【龙津风雨桥】,参观侗家标志性建筑【万和鼓楼】(游览约1小时)。中餐体验芷江特色美食——芷江鸭。后乘车返回,结束愉快的行程。

导游小张接到接待任务后,从计调处了解到游客来芷江的主要目的是参观中国人民抗日战争胜利纪念馆(抗日受降纪念坊),感受抗战胜利的扬眉吐气。小张应该怎样将反映艰苦卓绝、浴血奋战的湖南抗战纪念馆和反映联合抗战与争取维护和平的飞虎队纪念馆,以及反映千百年来芷江人民追求和平的万和鼓楼、龙津风雨桥有机结合,让游客充分感受"受降名城、和平圣地"的文化魅力呢?

任务解析

地陪小张要做好这项工作,应该做到以下几点。

1. 做好准备

做好包括抗战历史知识、侗民族知识、芷江美食等相关知识的准备。

2. 接团与讲解

(1) 提前到达长沙指定时间、地点集合,组织乘高铁前往抗战名城。

(2) 致欢迎词。

(3) 重点介绍本区情况。

首先介绍地理位置,然后选择几个与芷江相关联的历史文化名人以及事件来概述芷江的悠久历史。芷江是屈原留下"沅有芷兮澧有兰"千古佳句之地,芷江是侗民族的生生不息之地,芷江是因乾隆皇帝的一场梦而得名之地,芷江是沈从文的初恋之地,芷江是陈纳德的扬名之地,芷江是何应钦的抗战胜利之地。"八年烽火起卢沟,一纸降书出芷江。"芷江成为最令中华儿女扬眉吐气之地。

3. 一日游沿途及景区景点讲解

21世纪初,芷江侗族自治县为顺应和平、发展、合作的世界潮流,主动将战争文化升华为和平文化,担起推动世界和平、社会和谐、两岸和解的重任。

本次行程可以以"和文化"为线索,把芷江抗日受降纪念坊、龙津风雨桥、万和鼓楼串起来讲解。

4. 致欢送词

分别时寄语:应以中华民族的伟大复兴为己任,勿忘国耻,振兴中华!

知识链接

主要景点介绍如下。

一 芷江受降旧址

芷江受降旧址位于湖南省芷江侗族自治县七里桥境内。旧址主要包括抗日胜利受降纪念坊、中国战区受降旧址（包括受降会场旧址、中国陆军总司令部旧址、何应钦办公室旧址）、萧毅肃陈列室、受降史料陈列馆、兵器陈列馆、受降亭和援华飞虎队纪念馆等纪念性构筑物和辅助建筑。2005 年 11 月，旧址被中宣部公布为第三批全国爱国主义教育基地。

二 万和鼓楼

万和楼，即万和鼓楼，坐落于流经县城的㵲水河东岸，主要由中心芦笙楼、琵琶楼、地筒楼与两个对歌楼五个鼓楼组成。万和楼是侗族地区规模最大的鼓楼群。万和楼最神奇之处就在于，通体没有使用一根钉子，全部为木制配件。

侗族的鼓楼是侗家的标志性建筑，一般修在寨头寨尾，也有修在寨中的。它是侗族人集事议事和娱乐的主要场所。鼓楼里设有一个很大的火塘供人取暖，楼上置一面大鼓打鼓聚众。鼓楼前有一小坪，叫讲款坪，是旧时寨民们讲款议款（相似于村规民约）的处所。还有一个大的芦笙坪，那是唱歌、跳舞、赛芦笙的好地方。

芷江的万和鼓楼群修建于 2005 年，紧邻㵲水边的民族文化广场，是规模最大的侗族鼓楼群。由中心芦笙楼、琵琶楼、地筒楼与两个对歌楼五个鼓楼组成，再以 360 个龙灯组成的檐廊将外围四个鼓楼连接，围成一个元宝，护住中心鼓楼，暗喻龙到此处护着宝，永远不走了。

中心鼓楼高 23.8 米，共 15 层，楼顶的宝葫芦上插一把芦笙，楼中大柱的围径有两百多厘米。另有四个一样大的小鼓楼围在中心鼓楼四角，皆是七层。鼓楼每层都呈八面，伸出弯弯翘角。重檐斗拱的鼓楼盖顶，楼层都以抬楼挑枋相连、木栓相扣，四周是花格栏窗相护卫。

鼓楼是侗族著名的文化景观，其外形像一个多面体的宝塔，一般高 20 多米，为木质结构，结实耐用。鼓楼的主要材料是由杉树、木材和瓦片构成。最关键的是，无论是塔式鼓楼还是阁式鼓楼，均为杉木结构，整栋建筑物不用一钉一铆，全部用榫槽连接，表现了侗族人民高超的建筑技术。鼓楼是侗族固有文化的象征，与"风雨桥""凉亭"并称为侗族建筑文化的"三宝"。

当地流传一句古谚："有村必有桥，有寨必有楼。"这其中"桥"指的是"风雨桥"，而"楼"就是"鼓楼"。村寨建立前必定要先建立鼓楼，鼓楼主柱的取材由师傅亲自上山挑选千年古杉树。侗族文化注重"与万物为邻"，即现今所说的与万物和谐、友好共处之意。

任务拓展

任务一：有游客问，据说，芷江有一个内陆最大的妈祖庙——天后宫，妈祖不是"海上守护神"吗？为什么在内陆县城芷江修建一个沿海地区信奉的天后宫呢？它始建于什么年代，又是何人所作呢？请你解答游客的疑问。

任务二：在这次行程中安排了品尝芷江的特色美食之一——芷江鸭，客人很想知道是什么味道。请你介绍芷江鸭的做法和口味特点。

工作任务三　共享和谐，感受侗苗多彩的民俗文化

任务导入

通道某旅行社的导游员小张，作为地陪接待一个由长沙出发前往通道进行二日游的旅游团队，详细行程如下。

醉美侗乡二日游

第一天：早上 7:30 在长沙指定地点集合，乘坐大巴经沪昆高速、怀通高速（约 6.5 小时）赴通道，洞口用中餐。下午 2 点左右到达通道参观国家级文物保护单位【芋头古侗寨】（游览时间不少于 30 分钟），之后游览【皇都侗文化村】（游览时间不少于 30 分钟），在皇都走普修风雨桥，参观侗寨，观赏大型侗族原生态表演【多嘎多耶，欢乐侗乡】，随后吃【合拢宴】，听侗家阿哥阿妹劝酒歌。之后入住宾馆休息。

第二天：早餐后游览国家 4A 级旅游景区【万佛山风景名胜区】。万佛山景区有方圆 168 平方公里的丹霞地貌。风光秀丽，山峰奇特，独岩成山，独山成峰。中餐后，返回长沙，结束通道之旅。

通道县的旅游资源特色体现在"侗族"和"侗族文化"上。导游小张如何接待好这批游客？

任务解析

地陪小张要做好这项工作，应该做到以下几点。

1. 做好准备

主要做好侗族和侗族文化相关知识准备，学会一点地方方言和地方词汇。

2. 接团与讲解

（1）提前到达，车边迎接。

（2）致欢迎词。

（3）重点介绍本区情况。

怀化是"多民族文化村"，少数民族人口占怀化市总人口的 40%。长期以来，侗族、苗族、瑶族、土家族等 50 个民族在这里繁衍生息，创造了浓郁多彩的民俗文化。介绍通道的基本情况和将要游览的几个景区（景点）的名称、历史沿革、建筑风格、价值地位、文化传说等。

3. 沿途及景区（景点）讲解

在赴旅游目的地的途中，可以先唱一首毛世林作词的《最美侗乡》（如果唱功实在不好，也可以放音像视频），从歌词中引出侗乡的看点：鼓楼、花桥、银装、踩歌堂、弹琵琶、绣花带等民俗和云雾绕山寨、山水如画的好风光。使游客马上就能抓住游览的核心，引发游览的兴致。

4. 致欢送词

可说:"这两天,我们充分感受到了原生态侗族文化的深厚底蕴,这里民族风情浓郁、自然景观秀丽、人文景观精美、人与自然和谐相处,这份感受激励我们民族团结、一路前行。"

知识链接

主要景点介绍如下。

一 通道皇都侗民族文化村

传说古夜郎国天子路过此地,被其浓郁的民族风情所迷恋,故建"皇都"城。皇都侗文化村由头寨、尾寨、新寨、盘寨四村组成,历史悠久,民风民俗最为完整亮丽。鼓楼里、凉亭内、风雨桥边,处处琴声悠扬,歌声如潮。

要到侗寨必须先过一座名为普修桥的风雨桥,河对岸的山脚下有一座别致的寨门。六只铁炮依次鸣响,数十名侗家汉子吹着欢快的芦笙曲翩翩起舞,一群穿着节日盛装的侗家姑娘,端着一碗碗芳香四溢的侗乡佳酿拦在路中央,这是侗家迎接贵宾的一种最隆重的礼仪。

来到镶有太阳花图案的演出场,观看皇都侗族文化村艺术团的精彩表演,则是另外一番享受。《敬酒歌》《扯扯摸》《踩簸箕》《禾秆歌》《闹茶》《抢蛋》《板凳情歌》《筒地咯罗闹歌堂》等一组民族色彩十分浓厚的文化节目汇集了侗族传统文化的精华,轻歌曼舞,回肠荡气,于行云流水间透出一种阳刚之美。

二 芋头古侗寨

双江镇芋头村,距县城9公里,其古建筑群保存了侗族古村寨的传统风貌并表现了建设上精湛的技艺。寨始建于明洪武年间,后遭大火,寨内现有建筑大部分为清中期、末期的建筑,占地11.6万平方米,计有鼓楼4个、风雨桥3座、门楼1个、古井2口、萨岁台2个、驿道1.6公里、吊脚木楼78幢。2001年国务院公布其为全国文物保护单位,这是其他侗寨都没有的殊荣。

三 万佛山

万佛山位于临口镇太平岩村,距离县城20公里,海拔597.9米。整座山是由紫红色砂砾岩构成的大岩山,呈三棱形,远观秀丽典雅,近看气势磅礴,从山脚至山顶,陡峻处呈90度的坡度,山腰有一庙宇遗址,相传是主持主圆72庵长老旧居住所。

1996年,县旅游局沿北面山脊凿石,开辟了一条"之"字形水泥阶梯小路可直达山顶。山顶植被茂密,地面较平坦。站在峰顶举目四望,万座石峰尽收眼底,可领略到丹霞地貌的神奇风光。关于万佛山的来历,流行两种说法:一种说法是万佛山四周被林立般的大大小小石山环绕着,有如万佛朝圣,故名万佛山;另一种说法是在万佛山的石岩上,由于石峰的母岩系紫红色的砂砾岩,经天长日久的风化作用,在石壁上形成上万尊形态奇异、大小不同的佛像,故称万佛山。

（四）湖南通道转兵纪念馆

1934年12月,中国工农红军长征途经湖南通道,召开了通道会议,决定转道贵州,不仅为之后遵义会议的召开打下了重要基础,还在危急关头挽救了中国革命。

通道转兵纪念馆占地面积3025.16平方米,整个陈列布展分"战略转移""通道转兵""走向胜利""红色印记"四大板块,围绕"缅怀革命先烈,传承长征精神"这一主题,采用了图文、绘画、雕塑、沙盘、声光电、情景复原等手法,真实客观地再现了红军长征"通道转兵"这一辉煌历史。

任务拓展

任务一:借鉴云南少数民族旅游资源开发经验,试提出通道侗族旅游资源开发建议。

任务二:本次行程中未安排前往苗寨参观游览,请你介绍此地几处具有代表性的苗寨。

工作任务四　紧伴绿肺,领略雪峰山生态康养文化

任务导入

11月12日—13日,乘参加2017年中国·怀化自驾雪峰山生态文化旅游节之机,中国自驾旅游产业联盟执行主席、湖南省自驾旅游协会会长杨国林和湖北省自驾旅游协会副会长芦志军,相携来到雪峰山腹地溆浦,对雪峰山自驾游资源进行了专程考察。

两位会长在湖南雪峰山生态文化旅游有限责任公司董事长陈黎明的陪同下,参观了穿岩山国家森林公园、中国花瑶山背梯田、千年古镇龙潭和思蒙国家湿地公园。雪峰山是目前发现的最为理想的自驾游目的地。

参观结束后,湘鄂两地的自驾游"大佬"表示将与雪峰山旅游公司展开全方位合作,根据雪峰山周边的景区(景点)资源情况,按"＋雪峰山＋"模式,设计出几条自驾游路线。如"紫鹊界＋雪峰山＋凤凰""雪峰山＋虎形山＋崀山"等,并拿出具体的运行方案,供湘鄂两地百万车友选择。通过自驾游这一蓬勃向上的新业态植入,扩大"南国雪峰"品牌的影响力,助力旅游扶贫,造福景区百姓。

现长沙一自驾游团队,要求按"＋雪峰山＋"模式,进入穿岩山国家森林公园、中国花瑶山背梯田、千年古镇龙潭和思蒙国家湿地公园景区(景点)游览,地陪小张如何进行组织接待?

任务解析

自驾游已经成为一种较为流行的旅游方式,越来越多的人出门旅游都选择了自驾游。但自驾游也离不开旅行社,离不开导游。地陪小张要做好这项工作,应该做到以下几点。

1. 做好准备

(1) 指导车队做好自驾游前的准备和备好装备。

(2) 指导车队出发前对车队进行编号,在行车途中基本按编号顺序行驶。

(3) 指出自驾游行驶技巧和自驾游安全注意事项。

2. 接团与讲解

(1) 提前到达,路边迎接。

(2) 致欢迎词。

(3) 强调注意事项。①指导车队行驶中注意保持适当距离,切勿跟车太近。在车队超越慢车时,已通过的车辆负责为自己的后车报告前方路况并引导后车超越,在未明确前方路况时,切勿强行超车。②车队行驶中通过手机保持联络,请勿使用手机播放音乐或长时间聊天。行驶途中如发现异常情况或有需要临时停车,请立即通过手机通报。

(4) 重点介绍本区情况。

利用这段与车队相聚的时间向大家简单介绍一下雪峰山及雪峰山生态文化旅游有限责任公司,介绍穿岩山国家森林公园、中国花瑶山背梯田、千年古镇龙潭和思蒙国家湿地公园景区(景点)。

3. 沿途讲解

在车队行进途中,坐在第一辆车副驾驶位上进行车队指挥,指挥之余向所在车客人进行其他各种相关讲解。

4. 致欢送词

针对自驾游特点对每辆车上的客人进行道别。

知识链接

主要景点介绍如下。

一 穿岩山森林公园

穿岩山森林公园位于雪峰山东麓、溆水上游二都河流域、溆浦县统溪河乡境内,是县城重要的生态屏障。公园占地2907.3公顷,其中林地面积2459.4公顷,森林覆盖率达70.3%,由穿岩峰、九龙潭、二都河、元宝梯田、观音洞等景区组成。

二 山背花瑶梯田

在苍莽的雪峰山腹地,有一个美丽而神奇的村寨。千百年来,这里的花瑶同胞用勤劳的双手,怀着对山水特有的钟情,如燕儿衔泥筑巢一样,一点点,一滴滴,塑造出层层叠叠、错落有致、令人惊叹的梯田奇观,创造了独具特色、灿烂辉煌的"稻作文化"与"花瑶文化"。山背花瑶梯田开垦于北宋年间,发展于南宋、元、明时期,距今已有一千多年的历史,主景区集中在山背周边地区,当地的花瑶是梯田主要的开拓者。

三 龙潭古镇

龙潭古镇是中国历史文化名镇、国家 4A 级旅游景区。龙潭古镇位于重庆市渝东南酉阳土家族苗族自治县东部,与秀山县接壤,地处武陵山区腹地,为酉东门户;龙潭古镇景区以龙潭古镇和赵世炎同志故居为主体,总面积 3.2 平方公里,是全国百个红色旅游经典景区之一。龙潭因伏龙山下两个状如"龙眼"的氽水洞常积水成潭,古镇自"龙眼"之间穿过,形如"龙鼻",因而得名。

2012 年 12 月,酉阳龙潭古镇风景区正式被国家旅游局(2018 年 3 月,组建为文化和旅游部)批准为国家 4A 级风景名胜区。

四 思蒙国家湿地公园

思蒙国家湿地公园位于溆浦县西部的岩溶、丹霞地貌区,沅江支流溆水的下游,东起卢峰镇地坪的橘颂坝,西至大江口镇的犁头嘴,范围包括溆水下游河道、银珍水库、河洲漫滩和周边部分山地,涉及卢峰、思蒙、大江口等三个乡镇。公园以盆地、丹霞、峡谷等不同的地貌组成,有"碧水丹霞,烟雨思蒙"的美称。著名爱国诗人屈原曾在此居住,有屈子峡、溆水屈檀、三间滩、桃源洞天、五佛山等诸多景点,这里还留下南朝皇帝萧纲、盛唐七绝圣手王昌龄、"知行合一"王守仁、民族英雄林则徐的足迹,湿地美景与屈原文化的有机融合,让思蒙在大湘西旅游中大放异彩。公园紧邻县城,娄怀高速穿境而过,交通十分便利。2006 年"烟雨思蒙"当选湖南"新潇湘八景"之一。2013 年经国家林业局审批列入国家湿地公园试点建设。

> **任务拓展**
>
> 任务一:把雪峰山建成"生态康养基地"有哪些有利条件?
>
> 任务二:把雪峰山建成"自驾游基地"有哪些有利条件?

项目十二 介绍九嶷山生态文化旅游区

九嶷山生态文化旅游区主要包括零陵区、宁远县、双牌县、江永县、江华县、道县,定位为国内知名生态文化旅游目的地。对接广东、广西两省区,依托湘桂高铁,加强与大桂林旅游经济发展区域合作圈的全方位对接。以永州零陵古城文化旅游综合保护开发、大九嶷山旅游度假区、浯溪碑林旅游综合开发、阳明山阳明溪谷旅游综合体开发、宁远航空文化休闲旅游生态城、江华瑶族文化博览园等项目建设为依托,培育上江圩镇、沱江镇、九嶷瑶族乡、茶林镇等一批旅游小城镇。大力发展寻根祭祖、康养旅游、低空旅游、研学旅行、自驾车(房车)营地等新产品。

◇ 知识目标

1. 了解九嶷山生态文化旅游区所涵盖的旅游区域。
2. 掌握九嶷山舜帝陵的舜源峰、舜帝庙、三分石、紫霞岩、玉琯岩、宁远文庙等旅游资源。
3. 掌握江华瑶族的奏铛、盘王大歌、放炮节、盘王节、赶鸟节等旅游资源。
4. 掌握江永女书的发展历程。
5. 掌握阳明山的万寿寺、杜鹃花海、祖爷赏花台、望佛台、红军纪念亭、大黄江源景区等旅游资源。

◇ 能力目标

1. 培养学生进行生态休闲型导游带团讲解能力。
2. 提升学生对生态休闲型类景点的审美能力。

◇ 素质目标

1. 培养学生学会感恩。
2. 引导学生维护民族团结。

工作任务一　追寻九嶷山舜帝人文始祖

任务导入

宁远县某旅行社的导游员小李,作为地陪接待一个来自长沙的旅游团队,详细行程如下。

长沙—九嶷山二日游

第一天:长沙指定地点乘汽车到永州(约4小时车程),到达后用中餐。中餐后带着轻松愉悦的心情前往神奇秀丽的宁远县。参观现存的始建年代最早、保存最完整的全国第二大孔庙【文庙】。文庙是全国重点文物保护单位之一。整座建筑结构严谨,造型精美,规模庞大,给人以古朴、庄重、雄伟之感,体现了我国古代建筑艺术的独特风格。游览结束后住当地酒店。

第二天:早餐后于指定地点集合,前往宁远县神奇秀丽的国家4A级景区【九嶷山风景区】,途中远眺【舜寝九嶷】,参观【舜帝陵】,祭拜中华民族始祖、道德文化创始人——舜帝。游览【舜源峰】,观赏万山朝九嶷的景象,与野生猴一起嬉戏、合影,身临其境感受一代伟人——毛泽东同志所吟的"九嶷山上白云飞,帝子乘风下翠微……"诗词所描绘的壮美。然后游览【紫霞岩】,它位于九嶷山舜陵景区的舜帝陵南1公里山腰,是喀斯特地貌地下溶洞。之后游览古舜帝庙遗址,它是我国目前发现的始建年代最早的五帝陵庙,也是我国唯一有文献可考的【舜帝庙】。最后参观气势磅礴的【永福寺】,结束愉快的行程。

导游小王接到接待任务后,了解到游客来此的主要目的是追思先祖,追寻中华文明的根源之地。请问,小李应该如何做好讲解接待工作,使游客能够从传说故事中深入了解几千年来"尊崇舜德、弘扬舜名"成为经久不衰的一种独特的精神文化现象,成为中华儿女的理想和信念。

任务解析

地陪小李要做好这项工作,应该做到以下几点。

1. 做好准备

主要做好人文始祖、舜帝、九嶷山知识准备以及登山准备。

2. 接团与讲解

(1) 提前到达长沙指定地点,组织乘汽车到永州。

(2) 致欢迎词。

(3) 重点介绍本区情况

先介绍宁远县的基本情况,再介绍宁远县的主要旅游资源。重点介绍孔子、舜帝的历史文化价值,例如舜帝"勤为民,忧苦人,只为苍生不为身"的精神,他倡导的五常之教(父义、母慈、兄友、弟恭、子孝),已成为中华民族血脉相连、生生不息的传统文化精髓,影响了中华民族一代又一代人。

3. 2日游沿途及景区(景点)讲解

自大禹南巡至衡山,筑紫金台恭祀舜帝起,4000多年来,人们对这位杰出的人文始祖崇祀不断,绵延至今。关于舜葬何处,以前在学术界是一宗"悬案"。在前往景区途中,导游可以用问答法引发游客思考和说出考古发现。在抵达后,对景点再详细进行讲解。

4. 致欢送词

可说:"那与舜源峰永久'厮守'、日日相望的娥皇峰、女英峰又让九嶷山融进正义、融进爱情、融进永恒,那是九嶷历代瑶民并蒂开放的希望之花。祝各位爱情幸福!"

知识链接

主要景点介绍如下。

一 文庙

宁远文庙，又名学宫。位于宁远县城西南隅九嶷山风景名胜区，原建于汉泠道故城（今名东城），宋乾德三年（965年）随县城迁建于此。文庙是中国古代社会儒家文化的代表性建筑，是祭祀历史文化名人孔子和唯一官办的学府，是中国封建社会庙、学合一的教育机构，是传播儒文化的神圣殿堂。宁远文庙在我国现存的文庙真建筑（含孔庙、文宣王庙、学宫、夫子庙、先师庙）中，是始建年代最早、保存最完整的两座建筑之一，南北长170.8米，东西宽60.2米，占地10282平方米，其规模在全国现存文庙中屈指可数。

宁远文庙以精美的石雕著称，特别是20根整体高5米的灰色大理石蟠龙舞凤石雕柱采用高浮雕镂空工艺，十分精美，为全国古建筑中仅有的，具有极高的艺术价值，被人们称为"国宝"，庙内有众多石雕装饰相互辉映，包括了石雕的全部工艺手法，犹如一座完美的石雕工艺博物馆。

二 舜帝庙

舜帝陵位于宁远县城南三十公里处的九疑山，是中华民族始祖"五帝"之一——舜帝的陵庙。舜帝陵占地面积5万平方米，分为两个自然院落，九个单体建筑，从外入内有玉带桥、仪门、神道、山门、干门、拜殿、正殿、寝殿、左右厢房、左右碑房和碑廊，三面宫墙环绕，气势恢宏，结构严谨，是我国始祖陵中最高最大的陵，被称为"华夏第一陵"。

舜帝陵始建于夏朝，是中国五大古帝陵之一，也是中国唯一的舜帝陵墓。

据传说舜帝是为黎民百姓操劳过度成疾而逝的。所以九嶷山一带的人民非常怀念他，为他修陵筑庙，隆重祭祀。

2002年，我省考古工作者在宁远县九嶷山玉琯岩旁发现了古代的舜帝庙遗址。经过初步勘探，遗址占地3.2万多平方米，呈南北向、东西向叠压，从中出土了带有舜帝陵庙标志性文物，上面刻有兽面图案和文字。经过两年来的持续发掘和勘探，舜庙建筑的轮廓和结构基本显露出来。考古人员已初步判断出陵庙的寝殿、主殿、昭穆殿、厢房的空间布局。其中，寝殿占地412平方米，昭穆殿占地176平方米，主殿占地867平方米，主殿比重修的舜帝庙正殿还要大。整个主体部分占地超过1.2万平方米。

三 永福寺

永福寺位于湖南省九嶷山风景区，与古舜庙相伴，是南齐时（479年）为护卫舜庙而建，与杭州灵隐寺同时代。它原名无为寺，又名报恩寺，宋太平兴国五年（980年）改现名，迄今已有1500多年历史，是一座久负盛名的国家顶级寺院。

四 舜源峰

舜源峰是九嶷山主峰，海拔610米，居中间位置，娥皇、女英、桂林、杞林、石城、石楼、朱明、箫韶八峰,拔地而起,如众星拱月般簇拥着舜源。紧紧依偎在两旁的娥皇峰和女英峰,特别端庄秀丽,婀娜多姿。相传舜源峰因舜帝驾崩后葬于山脚下而得名,娥皇、女英二峰则相传是舜帝二妃的化身。当年二妃寻找舜帝未着,被大风阻于洞庭湖的君山,死后遂化作两座山峰,护立在舜峰的两旁。九嶷山九峰中,舜源峰最高,巍然耸立,登临峰顶,极目远眺,莽莽群山,绵延起伏,如千帆竞发,奔腾而来,使人有"万里江山朝九嶷"之感。

(五) 三分石

三分石又名三峰石,在宁远县城南百里处,它是九嶷山的最高峰,海拔 1822 米。相传是舜的葬身之地,故又名舜峰。

三分石对面山上,有万亩斑竹园,其内斑竹遍布。斑竹因有泪痕似的斑点而得名。相传当年二妃寻找舜帝来到三分石下,遇一老翁告知舜帝愤斩孽龙,负伤身亡,葬于峰下,悲痛万分,哭了七天七夜。她们的眼泪洒在竹上,留下了点点斑痕,是为斑竹。

(六) 紫霞岩

紫霞岩又名重华岩,位于九嶷山风景名胜区舜源峰西南一公里。"重华"是舜帝的名字。四千多年前,舜帝南巡,曾游此岩,因而得名。

紫霞岩为一宏大的石灰岩溶洞,洞口有一高数丈的岩石,每当雨过天晴,在日光的覆照下,岩壁上闪射出紫色的霞光,故称紫霞岩。

自唐代以来,岩内就留有元结、沈绅、蒋之奇、寇准、宋之问、李少白、何大斌等名人骚客的石刻墨迹,明代大地理学家徐霞客游九嶷山时曾在此岩"炊粥就碗"三天四夜。

(七) 道县玉蟾岩

道县玉蟾岩位于湖南省道县西北20公里的寿雁镇,是一处文化性质单纯、文化内涵丰富的新石器时代洞穴遗址。该遗址首次发掘在 1993 年,1995 年第二次发掘,被评为 1995 年全国十大考古新发现。

遗址文化堆积厚 1.2~1.8 米,出土遗物主要为打制石器和骨、角、牙、蚌制品及大量的动物遗核,呈现出由旧石器文化向新石器文化过渡的面貌。特别在两次发掘中均发现有稻谷遗存,经专家鉴定为栽培种,尚保留野生稻、灿稻及粳稻的综合特征,这是目前世界上发现最早的人工栽培稻标本,刷新了人类最早栽培水稻的历史纪录。

任务拓展

任务一:历代名人与九嶷山有许多故事,请你说出其中一个故事。

任务二:永州别称零陵。请你说一说零陵名称的由来。

工作任务二　感受江华瑶族文化之奇

任务导入

江华瑶族自治县某旅行社的导游员小李,作为地陪接待一个来自长沙的旅游团队,详细行程如下。

江华经典二日游

第一天:到达湖南江华县沱江镇后,参观【铜鼓广场、盘王殿】(门票分别为20元、10元)。盘王殿堪称中国瑶族第一殿。龙泉山庄用中餐(点餐),中餐后参观【豸山寺】(门票5元)。随后车赴【九龙井原始榉木林】(车程15分钟,游览1小时左右,门票20元),九龙井因为有九口井而得名,一年四季泉源不断。九龙井用晚餐,餐后返回县城住宿。

第二天:早餐后前往参观【秦岩】,因东汉著名文学家蔡邕在岩壁上书有"秦岩"二字而得名。在红泥塘农家乐用中餐。随后车赴【井头湾古民居】,古村整体风貌保存较为完整,以清代民居为主,有少数苏式、现代建筑,它保留了具有江南水乡韵味的水系,水从龙口井流经屋底或屋前、屋后,像一条生命线贯通全村,创造了一种"洗汲未防溪路远,家家门前有清泉"的良好环境。游览结束返程。

在带团过程中,有游客说:"据说瑶家腊肉的制作方法为瑶族同胞所独有,曾多次被国宴采用。我们有机会尝尝正宗的瑶家腊肉吗?"请问,小李应该如何做好讲解接待工作,使游客可以深入体验瑶族的特色文化,博览一个民族曲折丰富的历史。

任务解析

地陪小李要做好这项工作,应该做到以下几点。

1. 做好准备

主要是做好瑶族文化知识准备。

2. 接团与讲解

(1)提前到达,车站迎接。

(2)致欢迎词。

(3)重点介绍本区情况。

先介绍江华县的基本情况,再介绍主要旅游资源。重点介绍瑶族的人口比例、优质的生态资源、旖旎的自然风光和古朴自然的原生态瑶族风情,突出这里是瑶族的发祥地、大本营和中转站。

3. 2日游沿途及景区(景点)讲解

在前往盘王殿的途中,先介绍其地理位置、建立年代、历史沿革、文化价值等方面。抵达后,再详细进行讲解。

4. 致欢送词

可说:"我们感受到了浓厚的瑶族风情,我们要让世界了解瑶山,向往瑶山。让瑶山走向中国,走向世界;让瑶族同胞独具特色的服饰、建筑、饮食等文化通过你我他推到世界各地。"

知识链接

主要景点介绍如下。

一 盘王殿

盘王是瑶族人民的始祖。瑶族人民每到一地都要建立盘王殿,以纪念先祖。江华瑶族进入县境后,曾立有数座盘王殿,但风雨剥蚀,早已毁坏。后来根据瑶族人民的意愿,将原建于姑婆大山中的盘王殿迁建于县城沱江镇。迁建的盘王殿坐落在风景秀丽的平头岩公园内,地势依序为低、中、高三级,与平头岩相对应。

盘王殿坐北朝南,为混凝土仿古式建筑。在宽敞的停车坪下车后即进入高 8.9 米的瓠圣门,两旁是瑶家的吊脚楼。整座盘王殿远望错落有致,红墙琉璃瓦,金碧辉煌;近看雄伟、古朴、典雅,雕梁画栋,古色古香,具有浓郁的民族特色。堪称中国瑶族第一殿。

二 豸山寺

豸山寺建于明朝万历四年(1576年)。豸山寺有两个独特的地方,一是佛、道、儒三教合一的建筑格局,二是豸山寺建于岩隙中,可以说是镶嵌在豸山的山体里面,我们沿着山势走进观音阁,可以直达山腰岩腹。这就是所谓的"山中有佛,佛在心中"。

豸山寺院内收藏的木刻江华版古本《金刚经》其中的一些文字、图像是全国仅有,是镇寺之宝。

三 井头湾古民居

井头湾古民居位于永州市江华县大石桥乡,是一个集江华平遥文化与广西梧州瑶文化为一体的民居风格古建筑群。明末清初,为避战乱的蒋氏始祖蒋汝新携子蒋宗文、蒋宗易举家迁徙,来到江华瑶族自治县大石桥乡,因所带水牛赖在一口井里纳凉不走,蒋汝新便就地在井边落户。经过几百年的发展,繁衍生息,形成了现在的村落。始祖蒋汝新,因全村人都姓蒋,故将该地取名曰——蒋家大院。后又因青山环抱,井水泉涌,奔流成溪,溪水湾绕村穿行而流,故又得名井头湾。

四 秦岩溶洞

秦岩溶洞位于湖南省江华瑶族自治县县城沱江镇东南 38 公里的白芒营镇秦岩村秦山

(吴望山),相传为秦始皇开疆屯兵之遗址,是江华八景中颇有影响的胜景溶洞,属喀斯特地貌。洞上悬崖上那两个"秦岩"大字,传说是东汉蔡邕的手迹;崖上"别有洞天"4个大字,也传说是当年唐朝道州刺史元结的杰作;崖上"康熙玄烨"4个大字,传说是康熙皇帝登位五十七年时南巡中在这里留下的遗迹。明朝地理学家徐霞客虽然"惜未至",但也知道江华"白马营东大山曰吴望山,有秦洞甚奇"。

（五）宝镜古民居群

宝镜古民居群位于江华瑶族自治县大圩镇宝镜村,是至今保存完好的古建筑群落。建筑群为砖木结构,以青石、青砖、青瓦建成。院内屋舍整齐,雕梁画栋,幽静深远,建筑结构严谨。整个建筑占地80多亩,由9进18厅组成,共有108间房。

宝镜古村始建于清初。清顺治七年(1650年),名士何应祺从道县沿秦汉时期开拓的潇贺古道溯水而上,走到这里见青山绿水环绕,松林古藤茂盛,是块风水宝地,便在此建宅定居,繁衍子孙。因村旁一股清泉从山中涌出,在村前田峒形成一井塘水,清澈如镜,得村名"宝镜"。

工作任务三　探索江永女书之谜

  任务导入

江永县某旅行社导游小李,作为地陪接待一个来自长沙的女书考察旅游团,详细行程如下。

长沙—江永二日游

第一天:从长沙乘坐汽车到江永(约7小时车程),到达后用中餐。中餐后游览"水上漂浮的女儿国",欣赏"中国档案文献遗产""世界文化瑰宝"【女书文化村】,过悠悠吊桥,参观女书园,聆听女书传人授课,学习世界唯一的性别文字——女书,并观看女书表演。晚餐后入住当地酒店。

第二天:早餐后乘车前往千年八卦村【上甘棠】。村内至今仍保存着200多幢明清时代的古民居。此外,村庄里留下了大量的明清建筑,还有一批明显带有宋代特征的古建筑。创建于一千多年前的村庄,在历经千年风雨后,村庄的村名、位置、居住家族始终不变。晚饭后返程回家。

在带团过程中,小张发现游客对世界唯一的女性文字——女书很感兴趣,特别是有关女书的起源、传承。请问,小张应该如何做好讲解接待工作,使游客对女书这种独特的文化现象有一个全面的了解,体味女性文化细腻、坚韧、伟大和崇高的一面,欣赏这种密码的神奇和在学术领域的重要价值。

任务解析

地陪小李要做好这项工作,应该做到以下几点。

1. 做好准备

主要做好江永女书文化相关知识的准备。

2. 接团与讲解

(1) 提前到达,车站迎接。

(2) 致欢迎词。

(3) 重点介绍本区情况。

先介绍本区基本情况,再介绍主要旅游资源,重点介绍特色物产、奇山异水、千年生态瑶都——千家峒、千年生态奇岛——女书岛、千年八卦村——上甘棠、世界唯一女性文字——女书等,使游客对旅游目的地有一个比较全面的了解。

3. 沿途讲解及景区(景点)讲解

在前往景区(景点)的途中,先用提问法吸引游客注意力。可说:"我们江永历史悠久,境内风景秀丽,人文景观丰富,其中最诱人的是两个千古之谜。猜猜看,是哪两个千古之谜?"之后介绍景观主要特点、历史沿革、文化价值等。在抵达后,再详细进行讲解。

4. 致欢送词

可说:"各位请看,迎面来的是女书体的'祝君一帆风顺'。今天我的讲解就到这里,祝君一帆风顺!"

知识链接

主要景点介绍如下。

一 女书文化村

女书文化村是江永县上江圩镇的一个自然村,该村四面潇水环绕,风景秀丽,民风淳朴,是一个面积为0.2平方公里的倒葫芦形沙洲,同时也是女书传人高银仙的故居,是一个漂浮在水上的"女儿国",又称"女书岛"。

女书文化村在长年与外界隔绝中形成了自己独特的文化和传说。这个令人惊叹的"小岛"保留着母系社会遗留下来的世界唯一女性文字——女书。这里也是一个女性的心灵家园,据说,这个岛屿对女性特别钟爱,从踏上小岛的那一步起,女性便容光焕发,光彩照人。

女书园是女书岛上的核心产品,体现了浓郁的地域文化色彩。女书园设有女书学堂、女红厅、女书书画厅等展示厅。

女书起源探秘、女书河漂游和女书歌舞等项目无不令游客惊叹叫绝、流连忘返。

二、千家峒

千家峒是天下瑶族的发祥地,是瑶族先民繁衍生息、安居乐业的聚居地之一,只有一个石洞入内。峒的四周高山环绕,森林茂密,怪石峥嵘,瀑布高悬;峒内田土宽广,土质肥沃,有一条大河贯穿峒中。千余户瑶民同生活,共耕种,过着自由富裕的生活。到了宋、元之际,官府发现这个地方好,派官差入峒征收粮饷,瑶民热情款待,久留不归,官府误认为官差被杀,于是派兵围剿,逼得峒内瑶民纷纷出逃,背井离乡,流散到我国南方各地大山中去。数百年来,许多瑶胞跋山涉水,不畏艰险,四处寻找千家峒故地。千家峒古文献记载的峒口、四块大田、九股水源、枫木凹、白石岭以及造型奇特美观的鸟山、马山、石狗山等地形地貌特征就在江永千家峒内;元大德九年瑶民为抗击官兵围剿,在峒口的石山上筑起的古石墙仍依稀可见,现已成为千家峒的历史见证和奇特的旅游景点;境内出土的古剑、古砖、火管、石碾、酒具以及最近发掘的湘南第一大古民窑遗址,更增添了千家峒的神秘。千家峒有原始次森林8万亩,有国家保护的一、二级林木27种、珍稀动物28种,被称为"南方动植物资源基因库";山涧溪水纵横,瀑布高悬,九股水源注入中峒,山清水秀,灵气无比;峒内山奇洞异,有形象逼真的鸟山、马山、狗头狮子岭、石童子、九牛戏水,有千姿百态的桐岩、白鹅洞、凤岩山等石灰岩溶洞,美不胜收。

三、上甘棠村

上甘棠村位于湖南省永州市江永县夏层铺镇。唐大和元年(827年),周氏族人定居上甘棠,村庄名称、位置和居住家族始终未变,为湖南省绝无仅有。村内至今仍保存着200多幢明清时代的古民居,还有一批明显带有宋代特征的古建筑。在上甘棠村"月坡亭"有一摩崖石刻,据考证,该石刻是由上甘棠村周氏家族在1000年间陆续镌刻下来的,主要内容是讴歌上甘棠村的美好风光和周氏家族在该村进行的各项建设,它对于研究宋元明清时期的乡村历史、民俗,尤其是本地的历史、文化和宗教具有重要的参考价值。

2006年5月,上甘棠村古建筑群作为明至清时期的古建筑,被国务院批准列入第六批全国重点文物保护单位名单。

任务拓展

任务一:有一位游客问,女书为什么叫"长脚蚊"?请你简洁地回答游客的问题,并说出女书的特点。

任务二:说出上甘棠村名字的由来。

工作任务四　领略双牌阳明山之美

任务导入

双牌县某旅行社的导游员小李,作为地陪接待了一个来自长沙的旅游团队,详细行程如下。

长沙—阳明山二日游

第一天:从长沙乘坐汽车到永州(约4小时车程),到达后用中餐。中餐后游览国家AAA级旅游景区【柳子庙】,瞻仰柳宗元塑像,观世称"三绝"的荔枝碑,漫步柳子街(约3小时),然后外观千年潇湘古城【零陵楼】。晚餐后入住当地酒店。

第二天:早餐后乘车前往国家4A级旅游景区【阳明山国家森林公园】。沿途欣赏都庞岭山系阳明山脉幽美风光及万亩竹海,游【黄杉观景台】、【红军纪念亭】;进入香火旺盛的【万佛寺】朝拜;中餐后游览万和湖、一天门、二天门,感受阳明山绝美自然风光(观万亩杜鹃园)。中餐后返程回家。

在带团过程中,小张了解到游客主要是因"杜鹃花节"而来,想亲身感受"杜鹃花海"的绝美景色。请问,小李应该如何做好讲解接待工作,使游客能够欣赏大自然的匠心,体验自然的美好及生命力的蓬勃。

任务解析

地陪小李要做好这项工作,应该做到以下几点。

1. 做好准备

主要做好阳明山知识准备。

2. 接团与讲解

(1)提前到达,接站。

(2)致欢迎词。

(3)重点介绍本区情况。

先介绍双牌县基本情况,再介绍双牌县主要旅游资源。重点介绍双牌县境内"两山一水",即阳明山、紫金山、潇水河构成的双牌旅游的大版图。阳明山自古为天下名山,被誉为"灵山福地",是湘南佛教圣地,素有"名山千古仰,活佛万家朝"之盛况;古零陵志记载"永山永水出永州……",如果没有紫金山下的永山永水,就不会有今日永州之名;全省旅游名村桐子坳被誉为中国银杏第一村。

3. 沿途讲解及景区(景点)讲解

快到阳明山国家森林公园时,可以引用唐代诗人白居易描述杜鹃花的诗句"火树风来翻绛焰,琼枝日出晒红纱。回看桃李都无色,映得芙蓉不是花。"能让明艳的桃、李都黯淡无光的杜鹃花,究竟有多美?不妨让我们一起走进阳明山,走进万亩杜鹃园吧。

4. 致欢送词

可说:"我们体会到了国家森林公园——阳明山的原始次森林、万亩竹乡林海、十万亩高山杜鹃红人间奇迹。希望各位常来游览!"

> 知识链接

主要景点介绍如下。

（一）阳明山国家森林公园

阳明山国家森林公园位于湖南省西南部，永州市郊区，双牌县东北隅，属五岭山脉。1982年被批准为省级自然保护区，1992年被批准为国家森林公园。自古以来，就是天下名山，被誉为人间"灵山福地"。是国内外少有的自然历史文化遗产。现已形成万寿寺景区、小黄江源景区、歇马庵景区、北江冲景区、大黄江源景区等5大景区83个景点。

（二）桐子坳村

桐子坳村生长着大片银杏，每到秋季已成为永州一道亮丽的风景名胜。到了桐子坳村，便能看见山中那一大片金黄的银杏树林，连绵十多公里，似香山的枫叶，似五光十色的九寨沟，似塞北的金秋古月杨，满目金黄。据当地群众介绍，桐子坳一带共有银杏树200多棵，其中上百年的就有90多株，而20—30棵连片成林的就有四、五处。进到这一片片的银杏林里，人们仿佛进入了一个金黄色的梦幻中。在阳光的照射下，金黄色的银杏，金黄色的落叶，加之山高谷幽，森林茂密，民屋古居，仿若一幅流光溢彩的油画，令人流连忘返。身临其境，宛若进入"满村尽是黄金甲"的人间仙境。

（三）潇水湖

潇水湖在湖南省南部，毗邻两广的零祁盆地与道郴盆地之间，那里巍峨耸立着阳明山、紫金山两大名山。在这两山之间，蛇行曲转着一条大河，奔涌汇入湘江，这就是潇水河。相传，舜帝南巡，沿河而上，广施恩泽，遍布德行，至今流传着无数动人的传说。后来，舜驾崩于九嶷，百姓为纪念舜商德政，也将此河称为舜德河。20世纪60年代初，天遂人意，在山的出口处，修建了当时湖南第二大水利枢纽工程——双牌水库，遂将潇水河截为两截。从此，上游形成了雄山秀水、高峡平湖的壮观景象。有诗人赞曰"百里平湖美如画，两岸青山千层绿"，最为贴切不过。潇水湖长约100公里，而宽窄不一。宽处，浩浩荡荡几华里；窄处，船行而侧入。最深处，100余米，库容达八个亿。沿湖上下，自然景点星罗棋布，历史古迹俯仰可拾，民俗风情异彩纷呈，是湖南乃至两广广大市民休闲、览胜、吊古的绝佳之地。

（四）紫金山景区

紫金山位于潇水河西面，南与道县相邻，北与芝山相界，西与广西全州相连。浩浩几百平方公里，巍巍几百座大山。正因为它的博大，所以许多人，包括永州人自己，身在紫金山的怀抱里，却认识不了它的全部。

紫金山有厚重的历史。在靠近双牌县城这一片，又名永山。山里有一条透亮的河，名永水河。古零陵志记载"永山永水出永州……"由此可见,紫金山是永州的正源。如果没有紫金山下的永山永水,就不会有今日永州之名,更不会有秦汉古郡的荣耀。芝山的何仙观,也是紫金山的一部分,那里不仅物华天宝,也是出神话故事的地方。八仙过海里的何仙姑,相传就生于斯,长于斯。飞腿一双绣花鞋,引出了接履桥这一典故传说。据山里人讲,在紫金山的腹地,曾有一座仙姑庙,那是幼时何仙姑练就奇术妙艺的地方。只可惜,年久风雨聚,江河几更迭,早已寻不到它的踪迹了。

(五) 杜鹃花海

杜鹃花海在万寿寺西北的山坡上,山坡上分布着万余亩野生杜鹃花树,常见品种有映山红、鹿角杜鹃、云锦杜鹃等,尤以微波台下一片近10公顷的云锦杜鹃令人称奇,该片杜鹃群落生长茂密,树高齐整,像人工精心修剪过的绿篱一般平整。相传,七祖初入佛,因思念母亲,常登此处遥望故乡。观音菩萨体谅七祖思亲之情,于是在这座山上剔除杂草树木,布上满山杜鹃。每年5月初前后,这里漫山遍野的杜鹃花竞相开放,连成一片,花团锦簇,蔚为壮观,被誉为"天下第一杜鹃红",七祖因此忘却了思乡之情,潜身修炼。电视剧《青年毛泽东》曾在这里拍摄。

任务拓展

任务一:截至2018年9月21日,在阳明山连续举办了十二届阳明山"和"文化旅游节。请你说说阳明山"和"文化旅游节有何意义?

任务二:阳明山是"新潇湘八景"之一。请你解释什么是"新潇湘八景"?列举和阳明山同类型的"新潇湘八景"中的其他七景。

模块六 "购"在湖南

旅游商品本身就是旅游资源,提供丰富的旅游购物资源,满足游客的购物体验需求,是旅游目的地最具吸引力的内容之一。旅游商品,如特色食品、特色工艺美术品、特色日用品是旅游购物资源的核心,也是吸引旅游购物的根源。导游良好的导购服务可以为湖南培养大批忠诚的顾客和提高品牌知名度,并且可以培育潜在的市场。导游导购的主要职责是帮助消费者做出决定,实现购买,这需要导游首先要掌握湖南特色旅游商品的相关知识。这些知识包括:①企业知识。产品线及其长度、深度和宽度,企业文化、历史和愿景。②产品知识。对每一种产品的性能、特点、操作演示和维护十分熟悉,对公司与产品有关的商业政策应了解和掌握。③营销知识。即如何把品牌推广融入到导游词创作中去。本模块主要介绍近些年团队旅游活动中,游客喜爱购买、导游经常推荐的一些湖南特色旅游商品。

项目一 导购湖南特色食品

◇知识目标

1. 了解"湘"字特色食品产生和发展的历史。

2. 熟悉"湘"字特色食品的品质及其所表现的艺术特征与文化内涵。

3. 了解"湘"字特色食品的分类与分布。

◇能力目标

1. 能识别真假"湘"字特色食品。

2. 能鉴别不同品质的"湘"字特色食品。

3. 能掌握热卖"湘"字特色食品的推广技巧。

4. 掌握湖南两到三种工艺美术品的推荐导游词。

◇ 素质目标

1. 培养学生对"湘"字特色食品的兴趣。

2. 培养学生弘扬和推广"湘"字特色食品的意识。

3. 培养学生的艺术审美素养。

工作任务一　导购湘茶

任务导入

小王是长沙周边游的导游，公司开发了赴安化茶马古道的线路，详细行程如下。

长沙—安化二日游

第一天：早上8点在长沙集合出发，11点到达后游览【洞市老街】，可以看到清一色黑里透黄的木板屋，被岁月打磨得坑坑洼洼的青石板街面；街口矗立的建于清同治年间的贺家祠堂，固守着梅山文化古老的传承。中餐后徒手攀爬集神、奇、险、秀、幽于一身的【关山峡谷】。晚餐后自由游览高城，村子里有着清一色的廊柱木屋。

第二天：早餐后骑马穿行在川岩江边的茶马古道，清脆的马铃声让您找回"山外车鸣声不绝，山间铃响马帮来"的景象，让你真正体验到惊险刺激的马背之旅。也可以徒步进入川岩江。下午参观风雨廊桥【永锡桥】后乘车返回，结束愉快旅程。

因为湖南安化黑茶的特殊历史地位，造就了安化茶马古道的特殊意义。明清时期，黄沙坪镇的茶叶从业人员达4万多人，茶号80多家，对岸资江一河相隔的唐家观，茶叶从业人员上万人，茶号20多家。当时，中国黑茶中的70%就产自这两个茶叶古镇。熟悉黑茶及湘茶文化是茶马古道旅游线上导游小王和客人聚谈的必备功课。请问，小王应如何和客人畅谈黑茶及湘茶文化？

任务解析

（1）设计一个讲解思路，即客人为什么要来湖南买茶叶？因为湖南是茶乡。湖南为什么是茶乡？这就要从湖南的地理环境说起，因为多山、多雨，适合茶树的生长，所以才长出这么多种茶树来。有这样的物质基础才有后面的茶文化。这样铺陈开来，才能让人信服。

（2）注意铺垫和过渡。比如讲安化黑茶，可以从茶马古道讲起，客人不一定熟悉安化黑茶，不一定对黑茶有感情，但一定听说过茶马古道。所以从文化讲起，容易拉近跟客人的心理距离。

（3）教会游客识别茶叶的优劣，会根据自己的实际需求挑选不同品级的产品。要买茶首先要会喝茶,清楚什么样的茶叶用什么温度的水,什么样的茶叶适合什么样的杯子去冲泡,才能从汤色、香味上去辨别茶叶的等级。

(4)培养游客对安化黑茶的艺术鉴赏力。喝黑茶首先是喝它的养生成分,再就是品味它悠久的历史文化。

(5)加强互动,快乐购物。茶叶在多个省份广泛种植,其他国家也有很多好品牌的茶叶,导游要以茶会友,在喝茶品茶之间切磋制茶方法的差别,分享茶叶里蕴含的故事。

知识链接

一、"湘"茶产生和发展的历史

茶古称为"荼",《诗·邶·谷风》中有诗句"谁为荼苦";西汉王褒的《僮约》一诗中有"享荼尽具"之句。湖南的茶陵(包括今炎陵县境)古称"茶乡",有"茶山"(景阳山)、"茶水"(洣水)。《汉书地理志》中的"荼陵"即为茶陵。唐陆羽引用《茶陵图经》说:"茶陵者,所谓陵谷生茶茗焉。"20世纪70年代在长沙马王堆汉墓出土的文物有茶叶(现藏于湖南博物馆),并有"槚"字简文和木牌。两相印证,表明湘茶生产已有两千多年的历史。如果根据"神农尝百草,日遇七十二毒,得茶而解""舜帝于九嶷山中教民制茶"等传说,湘茶的历史就更为久远。

其实湖南的常德、衡阳、衡山、茶陵、益阳等县已是大宗商品茶产地。南朝齐刘澄之《荆州风土记》载"武陵七县通出茶最好";李肇《唐国史补》载"风俗贵茶,茶之名品益众……湖南有衡山、岳州有邕湖之含膏";五代十国时期,马殷据湖南,鼓励人民制茶、兴茶。据《新唐书·刘建降传》记载"岁入算数十万,用度遂饶";《旧五代史·梁记》载湖南其时"岁贡茶二十五万斤",可见茶况之盛。宋代,茶已成为"人家不可一日无也",《宋史·食货志》载"荆湖岁课茶二百四十七万余斤"。早在宋熙宗六年(1037年)克梅山在安化、新化两县设官办茶场,制茶入贡,成为当时省境第一个商品茶基地。据安化县志记载其时"山崖水畔,不种而生"。到了元代,茶已与桑、苎、棉、蔗成为湖南的五大特产作物,栽茶之法已进入精耕细作阶段,其时"元至元二十三年二月,立岳阳、常德、澧州榷茶提举司;元统元年十月,立湖广榷茶提举司",以加强对湘茶的管理。明代因"湖茶多而直下,味苦,于酥酪为宜,亦利番也",故其时湘茶既有"储边易马"的"官茶",亦有"给引征课"的"商茶",产茶数量大致保持在宋元时期的水平上。

二、"湘"茶的品质及其所表现的艺术特征与文化内涵

这些名茶具有依托名山名水优势、培育和加工制造精细、文化内涵深厚等共同特点。如南岳云雾茶仅产于南岳衡山喜阳峰下毗卢洞山间盆地中,此处土壤肥沃,终年温和湿润,年平均雾日达251.5天,相对湿度达80%,故其茶多酚、水浸出物、氨基酸氮、儿茶数总量、叶绿素等茶叶内质指标值,均与"龙井""碧螺春"等国内名茶不相上下,加工也十分精细,古代贡茶即由广济寺的少妮双手搓制而成。对于它的种植和制作加工,唐人李群玉在其《南岳龙山人遗石廪茶诗》中便有过具体描述;宋代著名理学大师张栻亦有"浮瓯雪色喜初尝,中有祝融风露香,径欲与君同晤赏,短檠清夜正相望"的诗赞;明清之际著名思想家王夫之还有过《南岳采茶词》十首;中国科学院茶叶研究所1984年对南岳云雾茶的鉴定结论是"原料幼嫩,制造精湛,

品质优良,具有特种名茶风格"。又如君山银针产于洞庭湖中的君山岛上,终年云雾缭绕,一般冬无严寒,夏无酷暑,土壤疏松肥沃偏酸,极有利于茶叶芳香物质的形成和积累,使之具有持嫩性强、自然品质佳的特点。劳动人民积累了一套严格的采摘和加工制作的方法,使其色、香、味、形俱佳,世称"四美"。《潇湘听雨录》载"洞庭君山之毛尖,首推湖茶第一";《湖南省志》亦称"君山茶色味似龙井,叶微宽而绿过之";清嘉庆进士彭昌运的《尝君山银针》和清代著名诗人高爵尚的《洞庭竹枝词》,都对君山茶进行了高度赞美。足见湖南名茶不仅品质佳,而且文化品位高,故使其名闻久远,长盛不衰。21世纪的国际国内茶叶市场更大,但竞争也更激烈,湖南应继承和发扬生产和制作优质名茶的传统。并要按照当代市场的新要求,提高茶叶的科技含量,大力生产无公害茶、绿色茶和有机茶以及适合消费者需求的特种茶。而且应在传统名茶的基础上,加强包装,提高文化品位,使消费者不仅能品尝到湖南茶的优良品质,而且还能领略湖南优雅而深厚的茶文化。

三 "湘"茶的分类与分布

在茶叶的加工制作工艺上,唐代时期的南岳衡山便掌握了蒸青茶的技术,并有"白鹤茶""石廪茶"等名品向朝廷进贡;到了明代又有了草子、杨树、雨前、雨后等散茶名品。据各地方志记载,唐宋时期向朝廷进贡的贡品茶还有古丈毛尖、沅陵碣滩茶、安化云雾茶、渠水薄、岳阳君山之黄鹤翎、君山毛尖、资兴狗脑茶,常宁塔山山岚茶,永兴黄竹白毫等。至近代各地名茶就更多了,如湘北君山银针,北港毛尖、洞庭春;湘中宁乡沩山毛尖,安化松针,桃江竹叶,益阳伏砖;湘东的高桥银峰,湘波绿、东湖银毫,韶山韶峰,网岭险峰,东山秀峰;湘南的南岳云雾,塔山山岚,九嶷香峰,汝城白毛尖,江华大叶苦茶,桂东云雾茶,五盖山米茶,临武东山云雾,江永洄峰;湘西的大庸毛尖,保靖岚针,城步峒茶,古丈青云银峰、狮口银峰,石门牛牴茶,慈利甑山银毫等。其中的君山银针、古丈毛尖、安化松针、南岳云雾茶等,均曾获得过国际博览会金奖、名茶奖等,或被评为中国十大名茶之一,享誉国内外。

任务拓展

任务一:请查阅湖南红茶的相关资料,创作一篇关于湖南红茶的导游词。

任务二:请你介绍一下饮茶的好处。

工作任务二 导购湘酒

任务导入

小王是长沙—浏阳专线的导游,这是公司新开发的一条工业旅游线路,详细行程如下。

长沙—浏阳一日游

早上 8:30 在长沙市区集合,出发去浏阳相台春名酒工业园参观(约 1.5 小时车程),中餐接受酒厂宴请,中餐后游览周洛风景区(游览时间 3 个半小时),峡谷中有中南地区最大的瀑布群,其中鸳鸯瀑布、天线瀑布最为壮观,落差在 50 至 80 米左右。更有称奇的是,在周洛峡谷的两岸山坡上长有 1926 株野生桂花,有三个品种:丹桂、金桂、银桂。在清风送爽的金秋季节,整个峡谷丹桂飘香,美不胜收。景区内还新建了湖南当代名人书法碑廊,陶冶性情后返回长沙,结束愉快的浏阳之旅。

工业旅游不仅可以降低游客的旅行成本,而且有助于促进消费,发展地方工业。熟悉工厂产品及湘酒文化有助于导游小王的讲解工作。请问,小王应如何推荐地方名酒,与客人畅谈湘酒文化?

任务解析

1. 设计一个讲解思路

万丈红尘三杯酒,千秋大业一壶茶。如果卖茶卖的是温情,那么卖酒卖的就是豪情。所以导游卖酒一定要把气氛渲染起来,一定要积累历代名人豪饮、好饮的酒故事,才能提起客人喝酒买酒的兴趣。

2. 注意铺垫和过渡

不同的酒有不同的推荐方法,有的突出水质,有的突出工艺,有的突出品牌,有的突出历史悠久。浏阳小曲作为一款小众地方名酒,它的推荐方法是突出酒曲,这对爱酒之人是很有吸引力的,导游要注意将其卖点过渡到小曲这个卖点上来。

3. 教会游客识别优劣,会根据自己的实际需求挑选不同品级的产品

决定一款酒的价格的主要因素是品牌,但决定一款酒的品级很大程度是窖藏的时间。窖藏是需要成本的,所以窖藏不仅提升口感也会提升价格,这些品酒的基本道理要跟客人讲清楚。

4. 培养游客对湘酒的艺术鉴赏力

湖南不怕辣,相对于台湾的金门高粱,湘酒也是口感比较重的酒,这个跟湖南人的地理文化也有息息相关的联系。

5. 加强互动,快乐购物

导游推荐酒有一个优势,就是在几天的旅程中有机会跟客人一起畅饮,推杯换盏之间推荐几瓶价廉物美的湘酒还是很容易的。

知识链接

一 湘酒产生和发展的历史

在历史文献中,古人对湖湘饮食亦有丰富的记载。如屈原在《楚辞》中就提到过衡阳古酒"酾酒",并称其为"楚源酾",他还在《招魂》中,对楚地湖南宴席上的美食和美酒均做了详尽而

生动的描述。《战国策·魏策》载"昔者,帝女令仪狄作酒而美,进之禹"。据专家考证,仪狄为女性酿酒官,极有可能是古武陵地域的部落先民。特别是古武陵文化圈的"酉水""澧水",就与酒文化有着相当密切的联系。

按湖南民间说法,酉水河以前又叫酒河。而《酉水·禹贡》中说酉水出自今沅陵,酉水流域分属湘、黔、渝、鄂边区的武陵山地,为古酉人的世居地,酉水古称酉溪,是武陵五溪之一。"远在唐虞,为三苗地。""楚、秦为黔中地,汉以降,先后设有酉阳县、酉阳州、酉阳军、澧县、澧阳县等"。

古代酉、酒、醴、礼都是相通用的,醇酒也叫醴酒,甲骨文中此字正像以陶豆盛醇酒祭神之状,后人加酉旁为醴。《华阳国志·卷三》《蜀志》载"始立宗庙,以酒曰醴",上古时善于酿酒的部落所居之水为澧水。另外,楚国一地盛产菁茅(也称之为苞茅),《禹贡》《汉书·地理志》等就有"包匦菁茅"的记载。这种茅草同样也盛产于楚国的湖南湘北和湘西一带。周天子让楚人上缴的贡品,就有这种茅草,主要用于缩酒祭祀。另外《论语》《楚辞》《吕氏春秋·本味》《齐民要术》《艺文类聚》《北山酒经》等文献对湖湘饮食均有丰富的记载。

另外,在湖南民间还有许多关于炎帝造酒的传说。中华民族被称为"炎黄子孙",炎黄二帝中作为中国农业文明的开创者和传播者的炎帝,"始作耒耜,教民稼穑;普尝百草,始有医药;治麻为布,制作衣裳;日中为市,首倡交易;耕而作陶,创制陶器。"炎帝缔造了中华古国最早的文明,为发展社会生产力,为中华民族的繁荣昌盛做出了不可磨灭的贡献,被后人誉为是农耕文化的创始人。

炎帝在湖湘大地上留下了丰富的足迹,湖南是神农炎帝和黄帝的生活之地和炎帝安寝之地(株洲有炎帝陵)。炎帝是农耕文明的始祖,也是酒文化的奠基人,炎帝时代已具备了酿酒的原料、贮酒的设备,并从猿猴造酒总结出了酿酒的技术。当然,炎帝贵为帝王不可能亲自动手,只能教导和指导他人酿酒,依此来看,那酿酒之人必是湖南先祖了。

特别是在20世纪70年代,在长沙马王堆汉墓中不仅有酒和大量残留食品的遗迹出土,而且还有食简、筷子和饮器、食器等,其量之多,其质之精,其包含的应用范围之广,足可以开一个汉代饮食博物馆。

在西汉墓中出土的文物中关于酒的记载有白酒、米酒、温(酝)酒和肋酒等几类,特别是在出土的帛书《养生方》和《杂疗方》这两本医药学方面的著作中,还有我国迄今为止发现最早的酿酒工艺记载;马王堆汉墓女尸数千年不腐的原因之一就是经过了"七窍灌酒";在澧县城头山城市文化群中,考古还发现了用于滤酒的"漏斗形澄滤器",这便是距今7000—9000年前在湖南已出现酿酒工艺的历史见证。

湖南还发掘出了中国南方最多、质地和造型最优、堪称国宝的青铜酒器。以上所述都从文字和实物上充分证明了古代湖南自中华人文初始时,就产生了酒文化。

(二) 湘酒的品质及其所表现的艺术特征与文化内涵

湖南属亚热带季风湿润型气候,雨量充沛、气候湿热,非常适宜各种酿酒微生物的生长和繁殖,且三湘大地水质优良,更有数千年酿造技术的传承,加上湖湘文化的深厚底蕴,湘酒人不仅酿成了酱香型代表酒之一的武陵酒,浓香型代表酒之一的德山大曲、湘窖酒,兼香型代表酒的白沙液,米香型代表酒的浏阳河小曲等。到今天,"湘酒"无论是酒品,还是酒质都为人称道。说酒品,五次国家酒类评比中,有四种"湘酒"榜上有名。论酒质,"湘酒"坚持传统的酿造与现代科技相结合的工艺,酒色清冽、口感醇和,"湘酒"真正算得上是"香酒"。现代湖南的"酒鬼酒"更是以其兼具"泸型之芳香、茅型之细腻、清香之纯净和米香之优雅"而成为中国白酒独一无二的"馥郁香"型酒,馥郁香型的定型使白酒湘军登上了历史舞台,中国白酒版图终因加上"湘酒"而被改写为九大板块。酒鬼酒被列入湖南特产的"八绝",并率先以"中国文化名酒"而独步中国酒林。湖南酒文化不仅其物质文化可圈可点,其精神层面的内涵也十分深厚。湖南酒文化是湖湘文化的重要组成部分之一,湖湘美酒与湖湘文化,天生就有神妙的内在联系。湖南古今不少文豪、画家、书法家都与酒结缘,其感情可以说是"酒朋诗侣",酒不仅点燃了他们创作的灵感,增添了他们浪漫的情怀;酒更帮助他们展开想象的翅膀。世纪伟人毛泽东曾借酒赋诗抒情,北伐大革命形势岌岌可危之时,毛泽东忧国忧民,挥毫写下了苍凉、浓重、激越的《菩萨蛮·黄鹤楼》。"把酒酹滔滔,心潮逐浪高!"反映出一位匡世济时的革命家危难之时奋发进取的精神面貌。从古至今,文人骚客、诗坛书苑离不开酒,那些在书画界占尽风流的名家们更是"雅好山泽嗜杯酒"。湖南古代书法家中特别值得一提的是唐代的怀素,他是湖南零陵人,虽出家当了和尚但因嗜酒好醉,人们称他为"醉僧",他和同样嗜酒的书法家张旭并称"癫张狂素",他俩因"醉"而把草书推到了极致。现代领一代风骚的艺术大师齐白石,常常携"酒"入画,表现了他对生活的乐观和不畏强权的傲骨。湖南民间生活也因酒的饮用变得五彩斑斓,可以说,不论是从纵向的深度还是横向的宽度来说,湖南都有着丰厚的酒文化资源。

（三）湘酒的分类与分布

经过多年的发展,湘酒"五朵金花":浏阳河、酒鬼酒、湘窖酒业、白沙液、武陵酒,已经在白酒行业中有了不可动摇的地位。

任务拓展

任务一:请你介绍一下湖南酒鬼酒。

任务二:请你介绍一下湖南湘窖酒。

工作任务三　导购"湘"字号土特产

任务导入

小王是长韶张凤旅游专线的导游,这是湖南的一条热门旅游线路,详细行程如下。

长沙—韶山—张家界四日游

第一天:早上 8:30 在长沙市统一集合,出发前往【橘子洲头】(游览时间约 1 小时)。10:00 乘车赴伟人故里【韶山】,参观【伟人铜像广场】【伟人同志故居】【伟人同志纪念馆】(行车约1.5小时,游览时间约40分钟)。12:00享用中餐(用餐时间约1小时)。13:30乘旅游大巴前往张家界(行车约4.5小时)。18:00享用湘西特色晚餐(用餐时间约1小时)。19:00入住酒店休息。

第二天:8:00酒店叫早,享用酒店自助早餐,8:50游览武陵源百龙天梯,上山后即到达【袁家界景区】。游天下第一桥、迷魂台、五女出征、情人谷等景点,观电影《阿凡达》悬浮山取景景观——乾坤一柱。11:50在指定地点享用中餐,13:00游览【天子山景区】,天子山有"峰林之王"的美称。参观著名景点御笔峰、仙女散花、梦笔生花、天子阁、西海峰林、天子点将台、神堂湾等景点。14:30乘坐天子山索道下山。16:00漫游【金鞭溪景区】(游览时间约1小时)。17:30享用特赠"娃娃鱼宴"。19:00特赠VIP专座观赏大型民俗表演【梦幻张家界】,附赠黑茶(观赏时间约1.5小时)。

第三天:8:30酒店叫早,享用酒店自助早餐后乘【天门山大索道】上【天门山】。欣赏【天界佛国天门山寺】,走【鬼谷栈道】【玻璃栈道】,亲身体验【99弯通天大道】。乘山体【隧洞扶梯】登【999级上天梯】观【天门洞】(游览时间约4小时)。13:00享用中餐(用餐时间约1小时)。14:00乘车赴【凤凰古城】(行车约3.5小时),路经公路奇观【矮寨大桥】。18:00酒店安顿好后可以自由活动,搜罗古城小吃,欣赏沱江夜景。

第四天:8:00酒店叫早,享用酒店自助早餐,8:30—11:00游览【凤凰古城九景】(游览时间约3.5小时,门票已含),探访古城韵风情,寻觅古朴醉湘西;沿沱江两岸漫步,欣赏沙湾吊脚楼,古香古色、极富浓郁苗家民族风韵的吊脚楼与两岸,可以看到细脚伶仃的木柱立于河中;游览凤凰古商城民俗特色一条街,该民俗特色街主营湘西特色小吃、姜糖、鸭子、蜡染等当地特色名品,尤其以最有湘西民俗特色的国家非物质文化遗产手工锻造拉丝银(器)饰品为特有。11:30—12:30享用中餐(30元/人/餐,为不影响用餐品质,不足6人费用现退客人)。13:00—18:30乘车约5.5小时赴长沙市区,结束行程。

由以上行程可知,小王作为地陪每次带团都要带客人在各地选择土特产。熟悉各地土特产是导游小王不可或缺的技能。请问,小王应如何推荐"湘"字号土特产?

任务解析

1. 设计一个讲解思路

一般来说,女性游客更喜欢购买食品。但很多食品各地都有生产,导游推荐时要突出人无我有,人有我优,人优我特的讲解思路。

2. 注意铺垫和过渡

在推荐湘西腊肉时,可以从年俗入手,提出湘西腊肉一熏熏一整年的特点,勾起游客的好奇心和食欲。

3. 教会游客识别优劣,会根据自己的实际需求挑选不同品级的产品

就拿腊肉来说,很多地方都有出产,甚至游客自己也可以在家熏制腊肉。决定腊肉品质的关键,一是食材、二是熏制的方法,导游可以从这两个方面推荐湘西腊肉的特色。

4. 培养游客对"湘"字号土特产的艺术鉴赏力

"湘"字号土特产的艺术魅力就在于一个"乡"和一个"香",导游可以从这两点来阐述。

5. 加强互动,快乐购物

采购食品是一件快乐的事情,很多超市和土特产店都准备了试用的食品,导游可以和游客一边分享食物,一边分享口感。

知识链接

一、"湘"字号土特产产生和发展的历史

对于湖南土特产的产生和发展历史,就拿"湘莲"来说,在历史上被称为"贡莲",又称"寸三莲",至今已有二三千年的种植历史,古即为朝廷贡品。经过数十代人的努力,它已成为湘潭市的支柱产业,远销北京、上海、广州、香港及欧美。湘潭市的"莲城"美誉也因此名声远扬。据调查,湘潭市湘莲生产面积5万多亩,年产湘莲约6000吨,主要分布在湘潭县花石镇、中路铺等地。湘莲粒大饱满,洁白圆润,质地细腻,清香鲜甜,具有降血压、健脾胃、安神固清、润肺清心之功。

"槟榔越嚼越有劲,这口出来那口进,交朋结友打圆台,避瘟开胃解油性。"这是一首流传在湘潭街头巷尾的民谣,生动地反映了槟榔与湘潭人民和湘潭食文化的不解之缘。槟榔,作为一种食品,已在湘潭生根发展达三百余年的历史,据《湘潭市志》介绍:1650年(顺治六年)正月,清兵在湘潭屠城九天,县城人口数万,所剩户不上二三十,人不满百口。有一位姓程的安徽商人,得一老和尚嚼槟榔避疫之法收尸净域,从此嚼槟榔习惯也就陆续延续下来。1779年(乾隆四十四年)湘潭大疫,湘潭城内居民患臌胀病,县令白景将药用槟榔分患者嚼之,臌胀病消失,尔后原患者常嚼之,以致使未患者也随嚼之,久而成习。

二、"湘"字土特产的分类与分布

(一)长沙市

湖南鳖:以洞庭湖产量最高,汉寿、常德、沅江、湘阴、长沙等县为主产地。生产历史悠久,据《逸周书》载,西周成王姬诵时代,各地贡品中,即有长沙鳖。唐、明志书载"鳖甲以岳州沅江(今益阳地区沅江市)所出九肋者为胜。"

浏阳金柑:据县志载,清雍正十一年(1733年)县东光寺唐石床处"夹道皆橘树"。新中国成立前,金柑主要集中栽培在誉为"金柑之乡"的大光、达浒、官渡一带。1918年前后,汉口、上海等地客商来官渡收购,并就地将金柑加工成半成品,再由水路运往上海、汉口等地精制成金橘饼销售。

长沙县:东山辣椒、西瓜、春华李子、北山梅、谷塘鲤鱼、乳猪、矽砂、花木、梅子。

望城区：团头湖鲜鱼、蜂蜜、柑橘、瘦肉型猪。

宁乡市：流沙河"宁乡仔猪"、子盐姜。

（二）郴州市

资兴市：香菇、木耳、优质大辣椒。

汝城县：禾花鱼、杨梅、猕猴桃、奈李、柑橘、香菇、冬笋、板鸭。汝城青梅原为野生果树，1400多年前开始人工移栽培育。主要品种有早粳米梅、烟花梅、夏至梅、迟熟糯米梅、中熟粳米梅、迟熟粳、酸梅等。不宜生食，可加工成甘草梅和乌梅。为贵重中药。

嘉禾县：辣椒、千家洞水库"湘嘉鱼"。

临武县：舜峰酒、临武种鸭、邝家芹菜、禾花鱼、香塘鲤鱼。临武鸭产于武水两岸的武原、武水、双溪、城关、南强、土桥、沙田等地，以武水、南强、沙田为主产区。肉质细嫩，皮下脂肪沉积良好，屠宰率高。

桂阳县：烤烟、红枣、黄花菜、太和辣椒、李子、杨梅、生姜、红枣。

（三）衡阳市

耒阳市：板栗。

常宁市：优质生姜、豌豆、鱼苗。

衡阳县：洪市荸荠、台源乌莲、芥头、仔猪。

衡东县："湘黄鸡"为优良鸡种。草市柑橘，养殖鸡、鸭。

衡山县：观止陶瓷、云雾茶、衡山白糖李，味脆甜，具清香，吃后齿舌长留甜味、脆香，故有"白糖李"之美称。400年前的明嘉靖年间即有白糖李的记载。衡山苹果李，因其果皮底黄绿，彩色暗红，酷似小苹果，故名。肉质松脆，纤维少，风味甜酸适度，有香味，可口味美，营养丰富。

衡南县：湘黄鸡、草席。

祁东县：草席、山塘养鱼。

（四）怀化市

雪峰乌骨鸡：产于黔阳县雪峰山区，该地已有110余年养殖历史。清同治十三年《重修黔阳县志》载"家鸡有数色，以色白而皮肉与骨皆乌者佳。"群众俗称药鸡。含有丰富的维生素和微量元素，人体所需的各种氨基酸含量已接近泰和乌骨鸡。

安江香柚：产于原黔阳县安江镇。果肉肥大，淡黄色，渣少汁多，酸甜爽口，有助消化、化痰止咳、醒酒作用，皮可理气、健脾、化痰。安江香柚的栽培历史见之于文字记载，最早为唐代，至今已有1000余年历史。

黔阳冰糖橙：别称冰糖泡，以其果实含糖量高，甜如冰糖而得名。原混生于一般果树中，20世纪60年代初被黔阳县群众发现并选育而成。风味浓甜而有清香，营养丰富，耐久贮。

（五）洪江市

洪江市：香柚、岩门柚。

会同县："沙溪辣椒"、南竹。

辰溪县：辰溪甜橙、火烤鱼、晒烟、干辣椒、茶叶、"辰溪麻鸭"。

溆浦县：产蜜橘、柿子。

溆浦鹅：为肝用型古老地方良种。

新晃侗族自治县：刺梨、大板栗、油核桃、李、枣、柿。

芷江侗族自治县：巴州西瓜。

靖州苗族侗族自治县："八龙油板栗"。

麻阳苗族自治县：甘蔗、晒红烟、猕猴桃、松油、芝麻、梨、柑橘、西瓜。

（六）常德市

洞庭珍珠：产于洞庭湖区。宋代以前，滨湖即有天然珍珠采集。洞庭湖人工培育珍珠，则始于20世纪60年代。

鼎城区：湘莲。

津市市：津市小磨芝麻油，以洞庭洞区及丘陵地带所产的优质芝麻为原料加工而成。

澧县：武昌鱼、甲鱼。

临澧县：洞坪红萝卜、枣、梨、桃、猕猴桃、棕片、子筷、"鸡山大红袍"辣椒、芥头、马椿稻米、"鳌山李子""杉板大蒜"。

桃源县：七星辣椒，桃源"三阳鸡"为肉用型古老地方良种家禽，质嫩味鲜。

汉寿县：甲鱼、银鱼、牛蛙、龟。

汉寿玉臂藕：产于城郊西湖洼。因色白如玉，状如臂而得名。藕身特别肥大，粗如小碗，色白、肥嫩、清脆、香甜。明、清时已列为贡品。

安乡县：鲂鱼、通心莲。

（七）张家界市

永定区："菊花蕊"柚子、湖南木瓜。

（八）邵阳市

宝庆它栗：宝庆它栗又称邵阳它栗，产于邵阳（旧称宝庆）、武岗、城步等县，涩皮易剥，味甜、糯性，营养丰富。尤以邵阳东田乡中台村所产最优。

邵阳朝天辣椒：果皮鲜红有光泽，久藏不变色。辣味强烈，有"辣椒之王"之称。清道光二十九年所修《宝庆府志》已有记叙。

宝庆薏米：始于明末，有杨氏农民由四川带回种子，先在城步县侯家寨试种，成功后推广至蓬洞、汀坪、兰蓉等地，继而发展至全县及洞口、隆回、新宁、武冈等县的山区。各地薏米均以宝庆为集散地，故得名。以其颗粒饱满整齐、晶莹洁白、品质优良而著称。

新化县：新化苡米。

武冈市：武冈铜鹅因其喙、蹼色橙黄似铜，故名。当地名厨利用鹅肉及其内脏，烹制佳肴，号称鹅席，别具风味。早在明代嘉靖年间，该鹅即被誉为"世之名鹅"。

邵东县：邵东黄花菜，主要品种为茶子花、荆州花，采用无性繁殖，分兜栽培。湖南玉竹，分布于邵东、耒阳、永兴等县，这些地方所产玉竹条根粗壮，色泽黄亮，含糖分多。主产于邵东县流泽、砂石、黄陂桥等处。

新邵县：西坪烟草、宝庆辣椒、北路生姜、龙牙百合、新邵山羊、小塘鸵鸭。

绥宁县：松脂、香菇、木耳。

新宁县：雪峰蜜橘、新宁脐橙。其甜酸适度，有香气，耐贮藏，为鲜食良种。11月中下旬采收。20世纪30年代从日本引进苗木栽培。

隆回县：宝庆辣椒、望云蜜橘、糯米、无核腰带柿。无核腰带柿果大，色橙红，味甜汁多。据县志记载，无核腰带柿已有600余年栽培历史。隆回龙牙百合，以瓣似龙牙而得名。其个大，瓣粗，白净，鲜嫩，久负盛名。栽种历史已有200多年，清道光年间修编的《宝庆府志》记述"百合，邵阳出者特大而肥美"。

城步苗族自治县：松脂、猕猴桃、板栗、"香米"、虫茶、龙头竹、龟鱼、薏米。

（九）湘潭市

湘乡市：木瓜、白扁豆、桂花、湘乡红茶、薄荷、生姜、缫丝、烟花。

湘潭县：立德粉、原汁酱油、镰刀、湘莲、荸荠、"花石豆腐"、石坝米酒、龙牙百合、白芍、湘潭紫油姜。紫油姜洁白鲜嫩，肥壮丰满，折而无筋。其清脆鲜嫩，有姜香而微辣，能开胃，增食欲。为佐餐佳品。其生产历史已有200余年。

（十）益阳市

水竹凉席、黄泥湖萝卜：产于市郊的黄泥湖、新民、沙河、泥埠一带。据民国县志载"莱菔一名萝卜，一名诸葛菜，栽培甚广。根圆柱形，肥白肉多，味甘，亦有带辣者，以黄泥湖产者最为著名。味甘多汁，生熟食均宜。"

沅江市：杨梅、珍珠、湖南芡实、洞庭湖银鱼。洞庭湖银鱼产于岳阳、华容、湘阴、沅江、澧县、汉寿、常德等地，尤以沅江市产量最高。其质雪白，纯净无杂，素为水产名品。清咸丰、同治年间，产量最丰，并为贡品。

南县：湘莲、大北洲辣椒。

（十一）岳阳市

岳阳市：君山茶叶、岳阳南井山兰花萝卜。南井山兰花萝卜因其加工后形似盛开的兰花，故名。其加工有整理洗净，入池腌制，选料改切，压榨脱水等工序，再配以辣粉、卤水及麻油等辅料制成。以切工最具特色,该品始创于明末清初。

岳阳县:优质大米。

华容县:盛产鱼、莲子。

(十二) 永州市

永州市:永州薄荷、湖南山苍子。湖南山苍子又名山鸡椒、山胡椒、木姜子等,商品名澄茄子。以粒圆、气味浓厚、富油质者为佳,含挥发油、脂肪油。味辛,性温,具温中、降逆之功效,治脘腹冷痛、呕吐呃逆等症。湖南山区、丘陵均有,尤以江华、道县、双牌、江永等县最多。

祁阳县:湘江竹鱼、香菇、干笋。

蓝山县:洪观苎麻、槐市黄花菜、泪竹、金橘、黄花菜、花生、松香、香菇。

宁远县:香妃竹、九嶷红茶、九嶷绿茶、石枞、香杉。

新田县:"三味辣椒"、黄沙溪柑橘。

江永县:香米、香柚、香芋,称为"江永三香"。江永香米米香浓重,呈茵苣香型,呈玉色,粒细,入饭少许即香溢满室,经久不散。但该品种的香味短暂,缺乏长期保持传代能力,一般至第三代香味基本消失。此外,产地的局限性甚大,历史上仅生长于源口瑶族富源村的蒋家庵、石家庵与铜天社等3处有限面积内,产品不可多得,至为珍贵,过去多充作贡品进献。据载,最迟约在宋代开始种植,迄今已近千年历史。江永香柚,因在桃川特定自然条件上栽培已有150余年,形成了新的株系和品质,故得名。果肉晶亮如玉,嫩脆汁多,酸甜适度,清香可口。香芋俗称槟榔芋,产于桃川洞。产品肥大坚实,具有香、酥、软、鲜、糯等特点,已有千余年栽种历史。

道县:道州红瓜子、"大营尾禾花鱼"、道州灰鹅。道州灰鹅平均蛋重172克。肉质细嫩鲜美,适于各种烹调加工。当地的血鹅、米粉子蒸鹅等名菜别具风味。

江华瑶族自治县:"珍珠辣椒"、红瓜子。

(十三) 株洲市

醴陵市:辣椒、柑橘。

株洲县:火烧鳊鱼、朱亭鱼苗。

炎陵县:香菇、白鹅肉质细嫩。

茶陵县:誉为"茶陵三宝"的大蒜、生姜、白芷,红枣,茶陵大蒜。茶陵大蒜具有味辛辣、球紧实、个体大之特点,已有千余年生产历史。

攸县:麻鸭肉嫩骨酥味鲜,中医用鸭肉配伍药物,能收阴阳双补之功。民间习以绿壳鸭蛋治疗风火肿痛之症。鸭羽用作缝制高级御寒的羽绒服装及作为装饰品之用。《攸县县志》卷十八"风俗篇"载"立夏日民间食鸭蛋并相馈饷,此俗他处绝少。"至今某些地名亦与鸭有关,如鸭塘铺、鸭店里等。皇图岭辣椒主产于皇图岭、坪阳庙、大桥、丫江桥等乡镇及醴陵与攸县接壤处的部分乡村。色鲜红,表皮光滑,弹性好,果肉厚,含籽少,味甜辣。

（十四）湘西土家族苗族自治州

湖南中华猕猴桃：以野生为主，湘西东山峰及慈利、桃源、桑植、永顺、吉首、麻阳、怀化、浏阳、资兴、宜章等地资源极富。现城步、新化、浏阳、石门、澧县等地已择优育苗繁殖。湘西晒红烟，以湖南湘西地区所产的烟草，经日晒调制而成。

吉首市：椪柑、桃花虫、板栗。

凤凰县："罐罐菌"、生膝、晒红烟、板栗、刺梨、猕猴桃。

泸溪县："葡萄桐""浦市甜橙"。

保靖县：油桐、杉木丫枝盆景。

任务拓展

任务一：请你选择猕猴桃或者黄桃为介绍对象，写一段讲解词。

提示：湘西猕猴桃又称阳桃，湘西盛产野生猕猴桃，有中华猕猴桃、毛花猕猴桃和草叶猕猴桃等5个品种。猕猴桃含有丰富的维生素C和有机酸，能调中理气，生津润燥，有"水果之王"之称。具有结果丰，果实大，产量高，品质好，味甜美的特点。头年栽种三年后开始受益，是一种极具营养价值和经济价值的水果。吉首大学生物系在野生猕猴的基础上培育出的一种新型猕猴桃品种叫米良1号猕猴桃，这种猕猴桃不但含有丰富的维生素C和有机酸，能调中理气，生津润燥，而且具有结果丰，果实大，产量高，品质好，味甜美的特点。

任务二：请你选择武冈的铜鹅或者宁乡的花猪为对象，写一段讲解词。

提示：宁乡花猪原产于宁乡市流沙河镇草冲村，作为全国四大生猪地方名种之一，已有300多年养殖历史。宁乡花猪必须在完全天然、健康的环境下生长，远离任何人工生长素，因此它们与武冈铜鹅、洞庭湘莲一起被誉为湖南"三宝"。2006年7月宁乡猪进入农业部确定的首批国家级畜禽遗传资源保护品种。

项目二　导购湖南特色工艺美术品

知识目标

1. 了解"湘"字特色工艺美术品。
2. 熟悉"湘"字特色工艺美术品及其所表现的艺术特征与文化内涵。

能力目标

1. 能掌握热卖湖南特色工艺美术品的推广技巧。
2. 掌握湖南两到三种工艺美术品的推荐导游词。

◆ 素质目标

1. 培养学生对湖南特色工艺美术品的兴趣。
2. 培养学生弘扬和推广湖南特色工艺美术品的意识。
3. 培养学生的艺术审美素养。

工作任务一　导购湖南银饰银器

◎ 任务导入

小龚是张家界—凤凰旅游专线的导游,这是湖南的一条热门旅游线路,他作为地陪每天都要往返于张家界和凤凰之间,详细行程如下。

张家界—芙蓉镇—凤凰二日游

第一天:早上 8:30 在张家界土家风情园接团,旅游车赴芙蓉镇景区(约 1.5 小时),游览芙蓉镇景区(约 2 小时),中餐后驱车前往凤凰(约 2 小时),抵达后参观凤凰九景(约 4 小时),结束后住宿万象迎晖阁大酒店。

第二天:早餐后参观凤凰苗族银饰手工锻造技艺传习所后送团。

由以上行程可知,凤凰作为历史文化名城,他的文化和民俗都沉淀在建筑、工艺美术品和各种食品中了,这使凤凰成为湖南旅游的购物名城。而在琳琅满目的商品之中,银饰显然是最耀眼的明珠。熟悉银饰的推荐是凤凰专线导游小龚不可或缺的技能。请问,小龚应如何推荐手工锻造银饰、银器产品?

◎ 任务解析

我们以凤凰苗族银饰的推荐导游词为例,小龚可以分五步完成该任务。

1. 设计一个讲解思路

导游应先熟悉行程和游客的基本情况,在掌握沿途导游讲解进程的前提下,在合适的时机导入银饰产品的推荐,比如"一座城、一群人、一种感觉"的立意就非常好,这篇导游词的立意和构思经过了很多人和很多年的打磨。设计一个好的讲解思路不仅有助于记忆导游词,而且游客也容易记住所讲的内容,甚至被所讲的内容所吸引。

2. 注意铺垫和过渡

这座城和银饰有什么关系?因为兵城的缘故,这里成了商城,而在一座商城里,银器不仅是硬通货也是最有价值的商品、艺术品。这群人跟银饰有什么关系?这就联系到了苗族的历史、文化、民俗和生活习惯。这样一种感觉跟银饰有什么关系?就好像到了海南不穿件花衬衫就跟那里的风景格格不入一样，在凤凰这个地方，不佩戴一件银饰，都找不到泡吧的感觉。

3. 教会游客识别真假，会根据自己的实际需求挑选不同品级的产品

认准凤凰县苗族银饰锻制技艺传习所这样的专业机构是购买真货和优质银饰的简便易行的方法，而且这样的机构里，银饰的款式比较多，可选择性也比较强。导游平常要多了解产品陈列和产品更新，这样可以缩短游客挑选的时间。

4. 培养游客对银器银饰产品的艺术鉴赏力

从银画来讲，我们推荐像《凤凰城楼》这样体现本地风景、苗族风情的接地气工艺品；从首饰来说，我们推荐拉丝工艺这样工艺复杂程度高的产品；从送礼的角度来考虑，我们推荐苗族银饰和苗绣结合的产品。

5. 加强互动，快乐购物

导游要与游客进行温馨沟通与交流。要切磋各类银器功用上的差别，在仔细介绍银器的质量、价格和银器的神奇功效的同时，仔细回答游客的询问和疑问，分享银器里蕴含的故事，打动游客购买。

知识链接

湖南银饰银器基础知识介绍如下。

苗族银饰作为一种文化现象在历史上曾被许多民族青睐，成为多元文化交流的载体之一。在这一载体中，融合有来自南方少数民族的"耳档"，起源于北方少数民族的"跳脱"，以及从古代饰物中沿袭而来的"步摇""五兵佩"和中国传统的龙、凤、鳞纹样等。苗族银饰以大为美的艺术特征是不言而喻的，苗族大银角几乎为佩戴者身高的一半便是令人信服的例证。苗族的图腾崇拜，是银饰的重要造型。苗族图腾即与苗族有血缘关系的几种图像。在苗族古歌中，传唱是枫木生出了蝴蝶妈妈，蝴蝶妈妈生下了十二个蛋，由鹡宇鸟孵化出苗族的祖先姜央和十二兄弟。苗族银饰以大为美的艺术特征是不言而喻的，苗族银饰的加工，全是以家庭作坊内的手工操作完成。根据需要，银匠先把熔炼过的白银制成薄片、银条或银丝，利用压、拉丝、刻、镂等工艺，制出精美纹样，然后再焊接或编织成型。

湖南其他少数民族也有佩戴银饰的习惯，但其造型、工艺、市场规模皆不如苗族银饰精美。凤凰县苗族银饰锻制技艺传习所是湘西自治州民委、凤凰非遗中心与凤凰传承民族工艺有限责任公司合作的事业单位。负责国家30种濒危非物质文化遗产之一"苗族银饰锻制技艺"的发掘整理。

任务拓展

任务一：请你简要列举一下苗族银饰。

任务二：请你谈谈苗族银饰的审美。

工作任务二 导购湘绣

任务导入

小龚是长韶衡岳的地接导游,他作为湖南东线的导游经常被客人问到有关湘绣的问题,也常常带客人去购买湘绣,比如长沙一日游的行程里就有参观湘绣的内容。

长沙一日游

早上8:30在长沙火车站阿波罗广场集合,旅游车赴湘江河西,游览岳麓书院、爱晚亭景区(约2小时),中餐后参观省博物馆(约2小时)后赴省展览馆"三湘丝源"观赏,购买湘绣及湖南土特产。

长沙湘绣的生产基地主要在沙坪,主要研究机构是湖南湘绣研究所,但位于湖南省博物馆附近的三湘丝源是一日游线路上最便利的湘绣参观场所,里面可看到雍迪霞大师绘图、绣制的名作《竹林》等优秀湘绣作品。请问,小龚在客人参观湘绣展览之前应如何做铺垫性的讲解?

任务解析

1. 设计一个讲解思路

湘绣是国礼,蜚声中外,推荐湘绣并不难,难的是好的湘绣价格昂贵,一般客人买不起;便宜的湘绣大多数人又看不上眼,而且便宜的湘绣跟其他绣品差别不大,也体现不出湘绣的特色。另外,湘绣成品不便于携带也是推荐湘绣产品的一个难点。

2. 注意铺垫和过渡

湖南刺绣的历史很悠久,但湘绣技法最后的成熟还是在近代。由于商业和产业的蓬勃发展,现在正是收藏和购买湘绣的最好时机,湘绣的实用、馈赠、收藏的功能要一层一层跟游客讲清楚。

3. 教会游客识别真假,会根据自己的实际需求挑选不同品级的产品

由于商业竞争的缘故,各种绣品在市场上互相渗透,即使在湖南,游客买到的也不一定是湘绣。要识别湘绣,一要认准产地,二要识别针法,三要购买代表作品,比如苏猫湘虎,就是苏绣和湘绣的不同代表作品。

4. 培养游客对湘绣的艺术鉴赏力

好的湘绣一定出自好的美术作品,以名画为底稿的湘绣一般属于中高档湘绣,用的丝线越多,丝线越细,制作时间也就会越长,决定湘绣价格的不是原材料而是制作时间。针法使用越多的湘绣作品,表现力就越强。湘绣大师一般会在自己的作品上落款,著名的绣庄生产出来的产品也会在产品上有标识,这些都使购买者很容易判断一幅作品的价值。

5. 加强互动,快乐购物

湘绣昂贵,不一定每次都有大单成交,但每一次购物都是一次愉悦的审美之旅,和游客一起品评湘绣会增进导游与游客的共鸣和感情,有助于导游做好工作。

知识链接

一 湘绣产生和发展的历史

湘绣历史源远流长,最早可以追溯到浪漫神秘、大气而庄重、红黑互衬的楚绣。春秋时期的楚国地域广阔、经济富足、军备充实,楚歌回荡于神州,楚舞摇曳于四野,造就了以浪漫主义为特质的瑰丽夺目的楚文化。它是楚绣产生的基础。楚国纺织业的迅速发展,种桑养蚕缫丝在楚国的普遍流行,又为楚绣的产生提供了物质条件。战国时期,楚国就已经有悠久的纺织历史,它引进大量的优秀缝纫工匠和努力汲取别国的手工业技术,因此与服装业有关的行业的发展程度较高。当时,刺绣作为必不可少的楚服装饰,往往以凤鸟图案为主,纹饰有几何纹、动物纹、田猎纹,繁复而精美。而绣品也是最高级的丝织品。1958年,长沙烈士公园三号墓出土的楚绣绣片,在极细的丝卷绢上,用辫绣法刺绣着龙凤图案,它以十分流畅有力的"线"表达出画面的艺术效果,可以说是一幅颇具匠心、绣艺精湛的楚绣代表作。闪耀着楚巫文化神秘、浪漫的灵光的龙凤图腾,渗透着劳动者的心血和智慧。楚绣向世人展示了楚地艺术在几千年前的璀璨与辉煌。表明了我们民族无与伦比的创造能力,是中国古代刺绣史上辉煌灿烂的篇章,对后世刺绣的影响深远无穷。

楚汉时期的汉绣,对湘绣的发展影响巨大。从长沙楚墓出土的实物来看,就可以想象当初刺绣技艺的精湛。在楚人刘邦建汉后,楚服逐渐在全国范围内推广。1972年,长沙马王堆汉墓出土了一大批具有极高艺术水平、技艺精湛的帛画、漆器、丝织品和绣品,这说明了楚地高度发达的工艺技术与楚国艺术家杰出的创造才能。马王堆汉绣可以说是巧夺天工,它有两个突出的特点:第一,在染色工艺上,马王堆汉绣色彩绚丽;第二,在针法上,有辫绣与铺绒绣两种,以辫绣最多,它对绣作技术要求很高。马王堆汉墓出土的"信期绣"线条细密,很有后世缠枝花纹的艺术风格。里面掺杂有巫楚的浪漫的红色与黑色交织的图案,代表汉代中原地区务实的理性的自然图形,它在风格上延续着楚绣的神奇浪漫主义特色,汉绣色彩艳丽,图案理性。"长寿绣"在马王堆出土的这些绣品中,最为粗犷,气势磅礴,有汉高祖《大风歌》中"大风起兮云飞扬"之感。

唐宋时期的湘绣已向着精致化的方向发展,这主要是社会环境所决定的。在男耕女织的封建社会里,女孩子都要学习女红,都要掌握刺绣。提到绣品,不得不提著名的"丝绸之路"。在汉唐时期,伴着阵阵驼铃,湘绣已经开始出口到国外,当起了中外商业交流的使者。刺绣的图案、表现方式也融合了中西方文化的特色,如佛教故事、胡服等。到宋朝,增加了海上"丝绸之路",刺绣更是漂洋过海。这些,间接体现了我国刺绣技艺的高水平和高产量,可以说,刺绣的发展在一定程度上提高了我国的威望,也增加了外汇收入。

有书记载,宋代的闺绣画,山水、人物、楼台、花鸟种类的刺绣已经达到了十分精细、不露边锋的程度。由于在宋代,来长沙的名官、新贵众多,学术气氛自由,岳麓书院影响巨大,长沙的文人众多。本土的、四海远道而来的文人聚集,因而出现道林三百众,书院一千徒的盛况。由于众多文人积极参与,文人画出山水、人物、楼台、花鸟种类的图案,再由绣女精心绣制,从而形成了湘绣的书法与绘画紧密结合,画师供稿,艺人绣制,画绣结合。

  明清时期,由于资本主义萌芽的出现,长沙出现了众多的商品性生产的专业作坊。湘绣开始了大批量的生产,加上唐宋年间形成的文人与艺人的结合,对湘绣的发展产生了重大的影响。到了清代,民间刺绣更为普遍,《长沙县志》记载"省之区,妇女工刺绣者多,事纺织者少"。特别是太平天国之后,由于建立战功的大量新贵云集长沙,需要精美高雅的湘绣来装潢身份,长沙湘绣庄的业务更是门庭若市。光绪二十四年(1898年),优秀绣工胡莲仙的儿子吴汉臣,在长沙开设自绣自销的"吴彩霞绣坊",作品精良,流传各地,湘绣从而闻名全国。清光绪年间,宁乡画家杨世焯倡导湖南民间刺绣,长期深入绣坊,绘制绣稿,还创造了多种针法,提高了湘绣艺术水平。光绪末年,湖南的民间刺绣发展成为一种独特的刺绣工艺系统,成为一种具有独立风格和浓厚地方色彩的手工艺商品走进市场。

  在商品经济的刺激下,加上有许多画家参与进来,为刺绣设计画稿,刺绣技艺发展很快。各地刺绣受所在地方文化传统和民间习俗影响,便形成了各自不同的风格,出现了各种各样的刺绣。确切地说,"湘绣"这个专有名词作为对以湖南长沙为中心的具有鲜明湘楚文化特色的湖南刺绣作品的总称,是在1910年的南京"南洋劝业会"。由于湖南巡抚赵尔撰和官方的喜爱,湖南刺绣被大肆推广,冠以"湘"这一地名相继参加了"南洋劝业会"和日本的"国际大众博览会",随后在"西湖国际博览会""巴拿马赛会""美国费城世界博览会"上也轰动一时。这些都促使湘绣登上国际舞台,蜚声国内外。

  此后,湘绣在技艺上不断提高,并成为蜚声中外的刺绣名品。20世纪30年代,湘绣的产值最高达80万银元,产品中有1/3出口。1933年,在密歇根湖畔的芝加哥百年进步世界博览会上,一帧位于中国馆显著位置的湘绣《罗斯福绣像》,更是使湘绣誉满全球。1935年《西湖博览会总报告书》"绣品"一节中,湘绣就占了一半的篇幅。湘绣,以独特风格和高超绣艺傲立于"四大名绣"之列,成为湖南乃至国家的"艺术名片",湘绣每年出口最高达500万美元。进入19世纪以后,随着湘绣商品经济的发展,通过众多刺绣艺人不断探索和一大批出色的中国国画家潜心投入,湘绣吸收了我国古老文化中绘画、刺绣、诗词、书法、金石等诸种艺术精华,从而形成了以中国画为基础、运用七十多种针法和一百多种颜色的绣线,充分发挥针法的表现力,精细入微地刻画物象外形内质的特点,绣品形象生动逼真,色彩鲜明,质感强烈,形神兼备,风格豪放。20世纪初,湘绣以其独特风格,在国内外获得多项殊荣,成为饮誉世界的中国四大名绣之一,曾有"绣花花生香,绣鸟能听声,绣虎能奔跑,绣人能传神"的美誉。解放后,湘绣出现了不少新绣种。在技法上,出现了巧夺天工的双面绣、双面异色绣、双面全异绣和双面环形绣。为了表现各种各样的题材,各个绣种的针法和丝线色彩都几经转折和发展,才达到今天的高度。这些都推动了湘绣的产业化进程。

(二) 湘绣的品质及其所表现的艺术特征与文化内涵

  湘绣以湖南长沙为中心。长沙是湘绣的主要产地,代表了湘绣的最高水平。湘绣的特点是带有鲜明的湘楚文化特色。湘楚文化特色主要是体现在湘绣的画面上,带有浓厚的湘楚文化特色,如画面大气、主题浪漫。湘绣的品质主要看其艺术性和技术难度,最难的针法有鬅毛针、掺针，双面全异绣是湘绣最具艺术性的代表。湘绣的绣制，一般是画艺结合。制稿的底稿大多是由画家创作的原著，且在画家的指导下，由绣工绣制而成。画家要懂得针法，才能画出真正的好稿子，而绣工也要懂一些美术才能理解好画家的意图，从而绣制出精品绣。湘绣在2006年，被评为中国第一批非物质文化遗产。

有人说翻开近代湘绣发展史就好像翻开了一本中国近现代历史，众多历史人物都与它发生了各种联系。末代皇帝溥仪的最后一次帝婚，分别娶皇后婉容、淑妃文绣。溥仪身着极为讲究的龙袍就是湘绣，整件龙袍约绣了两个月时间。1915年孙中山与宋庆龄在东京结婚后回到上海，宋庆龄的母亲倪桂珍为女儿补办了一份嫁妆，其中有一床"百子图"湘绣被面，是玫瑰红缎料，上用百种丝线绣出一百个身着不同的古装、天真活泼的儿童。孙中山爱不释手，盛赞湘绣巧夺天工。这床被面现收藏于上海宋庆龄故居博物馆。1929年，国民政府准备将孙中山遗体移葬南京紫金山中山陵，同时举行奉安大典。1928年农历12月24日，棺罩选料为蓝灰色杭缎，长约二丈，宽约六尺，棺罩中间是青天白日国民党徽，并要求一律用白丝线，针脚要齐、整、短。广华湘绣庄的绣工从大年初一开始绣制，花十天时间绣制成形。盖着湘绣棺罩的灵柩一路经天津、济南、徐州等地，于5月29日抵达南京。沿途，国民政府军要员纷纷迎送。湘绣另一幅代表作品是20世纪50年代绣制的《列宁与斯大林》绣像，并作为国礼赠送给斯大林。这幅绣像在水彩画的绣底上，首次尝试以斜交叉针兼乱针表现毛呢衣服质感，从而与平针、直掺针的人物面部和双眸的细腻刻画形成对照，互相照映。1997年7月1日，在香港百年回归和特区政府成立的典礼上，湖南省人民政府赠送祝贺香港回归的大型湘绣双面座屏礼品《百鸟朝凤·洞庭春色》，获中外宾客一致好评。这件珍贵品绣制全长3.96米，高2.76米，是由30个绣工历时近3个月时间赶制而成的。绣品正面为象征祖国统一、各族人民心向北京的百鸟朝凤图，画面以凤凰为中心，百鸟群聚周围，整个画面华丽活泼，气氛热烈。反面则是展现湖南秀美风光的洞庭春色，画面以岳阳楼为主体，整个画面春意盎然，一派生机。2002年2月22日下午，时任国家主席的江泽民和夫人在中南海住所设午宴为布什及夫人钱行。席后，江主席将一幅湘绣作为国礼赠送给布什和夫人。这是一幅布什总统、布什夫人和两个女儿在一起的全家福湘绣绣像，画面上一家四口面露微笑，其乐融融。总统夫妇见到这幅精美无比的湘绣珍品，十分愉快地收下了这份珍贵的礼物。这幅作品，由2名工艺美术大师和10余名绣工历时110多天，耗费近15600个人工工时精心绣制。为了使人物更加鲜活，绣工们使用了湘绣中的平针、掺针、柔针等数10种针法。其中仅仅绣制一双眼睛就用了200多个工时。刺绣过程中，一种颜色分20多个色阶，一根绣线分20余根丝线，使得绣像中人物神采奕奕。2005年，时任湖南省委副书记、省长的周伯华同志将湘绣《荷露凝香》赠送给连战先生。2005年，时任中共湖南省委书记的杨正午同志将湘绣《国色天香》赠给亲民党主席宋楚瑜夫妇。神舟五号、神舟六号、神舟七号、神舟八号都搭载了湘绣驶入太空。

(三) 湘绣的分类与分布

历史上，湘绣主要分为艺术品和日用品。在题材上，湘绣要么和文人画相结合，要么和闺秀画相结合，也会掺入历史题材和佛教题材。到了近现代，湘绣更是顺应历史潮流。在内容上，增加了油画；在形式上，增加了麻绣；在工艺上，增加了双面同异绣。

当代湘绣不仅是室内装点的高贵饰品、馈赠宾朋的高档礼物，还是个人收藏的高尚选择。

任务拓展

任务一:请介绍湘绣名作《虎》。

任务二:如果有客人问你湘绣为什么这么贵,你怎么回答?

工作任务三　导购浏阳菊花石

任务导入

小龚是长韶衡岳的地接导游,他作为湖南东线的导游,经常被客人问到有关菊花石的问题,也常常带客人去购买浏阳菊花石,比如长沙一日游的行程里就有参观菊花石的内容。

长沙一日游

早上 8:30 在长沙火车站阿波罗广场集合,旅游车赴湘江河西,游览岳麓书院、爱晚亭景区(约 2 小时),中餐后参观省博物馆(约 2 小时),然后赴太平街自由观赏、购买菊花石及湖南土特产。

长沙菊花石的生产基地主要在浏阳,在长沙大街小巷有很多销售菊花石的店铺。当客人向导游小龚征询购买菊花石的事宜时,请问小龚应如何向客人推荐长沙菊花石?

任务解析

1. 设计一个讲解思路

喜欢收藏和品味石头的人不是太多,菊花石是一个小众的收藏、馈赠和陈设的工艺美术品。导游在推荐菊花石时,主要突出菊花石鲜明的地域性和矿石逐年减少的稀缺性。

2. 注意铺垫和过渡

从"长沙三绝"入手,容易吸引游客听讲解和关注菊花石的注意力。

3. 教会游客识别优劣,会根据自己的实际需求挑选不同品级的产品

菊花石的价值主要取决于它的大小、雕刻的工艺和年代。

4. 培养游客对浏阳菊花石的艺术鉴赏力

菊花石因为体积大,又比较重,购买之前应想好陈设的位置,所购产品的造型跟陈设环境的氛围是否一致等问题。

5. 加强互动,快乐购物

菊花石造型生动、寓意吉祥,采购菊花石是一次很好的审美之旅,但在抚摸和搬动的时候要小心轻放,避免破损。

知识链接

我国地质矿产部将菊花石列入宝石类,并命名"玉叠妃"。因其蕴量稀少,比珠玉宝石类更珍贵,是人们喜爱与收藏的石雕珍品。

一 菊花石的花形

菊花石的花形包括圆球花形、蝴蝶花形、爪形花形、圆柱花形、盘形花形或杯形花形、不规则花形等。

二 菊花石的艺术特点

(一)随石造型、因材施艺

在奇特的菊花石上进行艺术形象的塑造,这不仅要受到石料大小、形状的局限,而且还要受石料上菊花多少及花纹的限制。这就要求菊花石随石造型,规整自然景物的杂乱现象,保留特征,突出主体,因材施艺。

(二)小中见大、象征寓意

菊花石上的雕琢是围绕石上菊花结合大自然景物来进行构思的。

(三)简练精致、情景突出

菊花石雕突出以菊花为中心的雕琢,概括突出主题,要经过提炼、去繁就简、去粗取精,保留其特征,突出题材,使之产生一种富有魅力的韵律感,体现作品深远的情趣,产生生动感人的艺术效果。

任务拓展

任务一:请你讲一个关于菊花石的民间故事。

任务二:请你介绍一下浏阳菊花石发现与加工的历史。

工作任务四　导购湖南山水画

任务导入

小龚是长韶衡岳的地接导游,他作为湖南东线的导游经常被客人问到有关湖南山水画的问题,也常常带客人去购买湖南山水画,比如长沙一日游的行程里就有参观湖南山水画的内容。

长沙一日游

早上8:30在长沙火车站阿波罗广场集合,乘旅游车赴湘江河西,游览岳麓书院、爱晚亭景区(约2小时),中餐后参观省博物馆(约2小时),然后赴天心阁自由观赏长沙古玩市场及书画馆。

长沙古玩市场及书画馆主要分布在天心阁—韭菜园—清水塘—展览馆线路上,当客人向导游小龚征询购买湖南山水画的事宜时,请问小龚应如何向客人推荐湖南山水画?

◎ **任务解析**

1. 设计一个讲解思路

湖南的字画市场正在独成一派,导游要练就自己的艺术鉴赏力非常不容易,营盘路、天心阁、湖南美术出版社都是导游培养自己艺术品位的好地方,多看多揣摩才能形成自己的讲解思路。

2. 注意铺垫和过渡

说到湖南书画家,名气最大的当属齐白石和黄永玉,他们也有鲜明的个性,故事最多,导游不妨从他们讲起。不过他们的书画都太昂贵,赝品也多,如果要帮助游客采购字画,还是要多推荐些新锐的和有潜力的画家作品。

3. 教会游客识别真假,会根据自己的实际需求挑选不同品级的产品

有人拿了一幅古画给徐悲鸿鉴别真假,画还没展开,徐悲鸿就说是假的,来人很惊讶,徐悲鸿解释说:"那是我画的。"现在书画作伪水平太高,导游给游客推荐有收藏价值的书画,最好自己清楚来路,有来路的作品相对来说比较可靠。

4. 培养游客对湖南山水画的艺术鉴赏力

一般来说,诗、书、画、印是一幅完整的中国画的四大要素,书画的价值跟作者和作者创作的年龄有很大关系。

5. 加强互动,快乐购物

欣赏、购买湖南书画是一件很文艺的事情,一般来说,购买书画的环境也很文艺。导游不妨把讲解、选购的过程也做得文艺一些。

◎ **知识链接**

湖南古有"潇湘八景":潇湘夜雨、平沙落雁、烟寺晚钟、山市晴岚、江天暮雪、远浦归帆、洞庭秋月、渔村夕照,如八幅诗情画意的山水画,从不同的角度体现了湖南的美丽风光。2011年,两件以中国画形式整体反映"潇湘"全貌的《锦绣潇湘图卷》和以该图卷为蓝本的湘绣请柬《锦绣潇湘请你来》搭载"神舟八号"飞船进入太空。湖南有很多著名的书画家,也画了很多湖南的美丽山水。唐代,湖南有书法家怀素和尚。明代,董其昌也曾盘桓于湖湘。明末清初,湖广武陵(今湖南省常德市)有髡残(1612年—1692年)。钱澄之认为髡残是在二十七岁时削发

为僧的。髡残的性格比较孤僻,他对禅学有很深的修养,能"自证自悟,如狮子独行,不求伴侣者也"。髡残的画艺,于四十岁左右开始成熟。他的一生都在受病痛折磨,这可能和他早年避兵桃源深处,遭到风寒侵袭有关。但他的壮志从未被消磨,一旦病痛稍减,就潜心作画,勤奋异常。他实际是在画画的过程中,体验追求的快乐,以达成人格的完善。髡残的画深得元代山水画四大家的精髓,笔墨苍茫,意境深幽。髡残虽好学古人,但并非一味仿古,而是在学古的基础上,自出机杼。他提倡勤学的同时,也主张作画须有"妙悟",并非下死力就可得画之神韵。那么如何才能使绘画达到"气韵生动"的境界呢?在髡残看来,师法造化是必不可少的一关。如他的《江上垂钓图》轴,图下方作一老者,端坐于江边柳下坡地,全神执竿垂钓,旁立一童作陪。江水奔流,江的彼岸则是山壑纵横,飞瀑流泉,山间云气飞动,古刹隐约可见,景致宜人。画树错落有致,姿态优美,笔力古健。画水线条细润流畅,气色清淡,流动而透明。画山多用干笔皴擦,墨色交融,有浑厚感。图中自题曰:"大江之滨石壁之下,仰瞻高林,俯听波涛,不唯荡涤襟怀,实亦遗忘尘浊矣。"画与题相得益彰,意趣非凡。髡残在明末遗民中享有很高的声望,他的画也为世人所瞩目。当时著名的文人兼大鉴赏家周亮工就十分景仰、看重髡残的人品和画学,在《读画录》中为他写小传,谓:"人品笔墨俱高人一头地……绘事高明,然轻不为人作。"总之,300多年来,髡残一直以其人品与画品并重的高华之气影响着画坛,成为画家心目中的丰碑。

近现代湖南成就比较高的画家有陈少梅、陈白一。陈少梅,男,生于湖南衡山的一个书香之家,自幼随父学习书画诗文,深受中国传统文化的熏陶。15岁加入金北楼、陈师曾等发起组织的"中国画学研究会",17岁成为名噪一时的"湖社画会"之骨干,22岁主持"湖社天津分会",成为津门画坛领袖。1930年他的作品获"比利时建国百年国际博览会"美术银奖,以后开始在画坛崭露头角,成为京津一带颇有影响的画家。新中国成立后,他任中国美术家协会天津分会主席、天津美术学校校长。陈白一,湖南邵阳人,一级美术师、教授、著名工笔人物画家。曾任中国文联委员,中国美协常务理事,湖南省文联副主席、执行主席,湖南省美协主席,湖南省书画研究院院长等职。2005年3月,获"优秀人民艺术家"荣誉称号,2013年被评为湖南省文艺人才扶持"三百工程"入选艺术家。陈白一以工笔人物画著名,代表作有《欧阳海》等。工笔是中国画的重要表现形式之一。唐宋期间是古典工笔画的鼎盛时期。元朝以后水墨画兴起,工笔画逐渐势微,新中国成立之前的工笔人物画、花鸟画基本上只是对传统的重复。新中国成立以后,才开始有画家尝试用工笔的形式描绘现实生活,但水墨人物画依然成为最主要的形式。从一开始,陈白一就坚持以工笔画的形式语言反映现实生活,并且,以自己的创作成就鼓舞其他湖南画家投入到工笔画创作中去,到20世纪80年代,湖南形成了全国最大的工笔画创作群体。1984年湖南工笔画在中国美术馆展出,产生了极大反响。正如钱海源在论坛上所说的:"以陈白一为领头人的湖南工笔画真正改变了近年来工笔画萎靡不振的状况,其根本原因是用工笔画反映现实生活,而不再是描绘古装人物。"陈白一不仅是解决了用工笔形式语言描绘现代人物现实生活的时代美学问题,更是在此基础上形成了有自己独特个性风格的"陈家样"工笔画语言。与传统工笔画相比,陈白一的工笔画在线条、色彩、渲染、造型、构图诸多方面都有强烈的创新性,而与同时代的其他工笔画家相比,陈白一工笔画的形式语言、生活气息、审美趣味、题材选择又有强烈的个性。所以杨福音认为,"陈白一是继陈老莲之后,第二个对中国画发展做出贡献的工笔人物画家"。20世纪80年代,以著名画家陈白一为领军的湖南画家在北京中国美术馆举办湖南工笔画展,轰动全国。此后,湖南工笔画辗转全国巡展,影响广泛。当时的收购价很低,一张画也就几百元钱。现今陈白一的写意《苗寨金花》、钟增亚的《品诗图》、朱训德的《秋韵》、邹传安的《国色天香》等等都起拍十多万元以上。

任务拓展

任务一：请你简要介绍一下著名画家黄永玉先生。

任务二：请你介绍一下《人物龙凤帛画》《长沙马王堆一号汉墓帛画》和《潇湘奇观图》。

项目三　导购湖南特色日用品

知识目标

1. 了解湖南特色日用品。
2. 熟悉湖南特色日用品的文化内涵。

能力目标

1. 能掌握热卖湖南特色日用品的推广技巧。
2. 掌握两到三种湖南特色日用品的推荐导游词。

素质目标

1. 培养学生对湖南特色日用品的兴趣。
2. 培养学生弘扬和推广湖南特色日用品的意识。
3. 培养学生的艺术审美素养。

工作任务一　导购湖南陶瓷制品

任务导入

小王是长沙周边游旅游专线的导游，为了满足市民周末出游的需要，长沙周边开发并建设了很多大型景点，比如湘江古镇群之铜官窑文旅古镇。为配合古镇旅游的开发，小王专门为公司设计了一条铜官窑一日游的行程。

长沙—铜官窑一日游

第一天：早上 8:00 从长沙火车站阿波罗广场集合出发，乘旅游车赴铜官窑古镇景区（约 1.5 小时），游览铜官窑博物馆（约 2 小时），中餐后自行游览古镇、购物（约 4 小时），然后返回市内散团。

由以上行程可知，铜官窑作为湘瓷文化的诞生地，是湖湘文化的一张璀璨名片，去铜官窑旅游的客人都有购买湘瓷和收藏湘瓷的潜在动机。请问,小王应如何推荐铜官窑文化及湘瓷产品?

任务解析

1. 设计一个讲解思路

湖南的瓷器购物旅游正在兴起,醴陵已经建成了独具特色的陶瓷博物馆,新华联的铜官窑风情小镇于2018年开张,从岳州窑到长沙窑到醴陵窑,湖南的陶瓷文化旅游线已然形成,这条陶瓷文化发展的脉络就是导游讲解的思路。

2. 注意铺垫和过渡

如果讲长沙窑,不妨从黑石沉船讲起;如果讲醴陵窑,不妨从毛瓷讲起;再说熊希龄对釉下彩的贡献。

3. 教会游客识别优劣,会根据自己的实际需求挑选不同品级的产品

陶瓷制品的价格区间跨度很大,从生活日用瓷到艺术瓷再到收藏类瓷器,关键是客人喜欢就好。一般来说,陶瓷的价格取决于它烧成的难度,如果一炉窑只烧成一两件,陶瓷的价格肯定不会便宜。越薄的瓷器越容易烧裂、色彩越丰富的瓷器越难烧成,敲击声音好听的瓷器原材料必定与众不同,也会影响其价格和价值。

4. 培养游客对湘瓷的艺术鉴赏力

好的艺术品都能经得起时间的拣选,陶瓷是易碎产品,能够保留下来非常不易,好的陶瓷艺术品是立体的画、流动的音乐,值得导游和游客细细品味。

5. 加强互动,快乐购物

新华联铜官窑风情小镇会引入很多陶瓷大师的工作室,届时,导游带领游客徜徉其间,是一件很快乐的事情。

知识链接

一 湘瓷产生和发展的历史

湖南省文物考古研究所在"2014湖南考古汇报会"上公布,湘江流域古窑址勘探调查报告显示,洋沙湖一带拥有十余个汉晋至唐宋瓷窑和明清砖瓦窑址,是目前发现的湘江流域时代最早、最为集中的青瓷生产区,是"湘瓷"的故乡。据考证,东汉时洋沙湖一带已成为一个较为集中的青瓷生产区,这些汉晋时期的青瓷窑址开启了湘江下游湘阴地区制瓷业的兴盛之门;晋唐时期青瓷生产向湘阴县城集中,窑场规模逐渐庞大,洋沙湖一带的制瓷业仍在继续,形成了较稳定的技术系统;南朝时该地区可能生产过宫廷用瓷;到唐代湘阴窑青瓷产品则以岳州瓷之名而备受称誉,而洋沙湖是岳州瓷一系最早的烧造中心。

（二）湘瓷的品质及其所表现的艺术特征与文化内涵

湘瓷品质的巅峰是主席瓷，在建国后很长一段时期内，醴陵都担负着为国家领导人及中央机关专制瓷器的任务，其中1974年为毛泽东主席专门定制的生活用瓷更是精品中的精品，具有很高的收藏价值，在收藏界被称为"主席瓷"或"毛瓷"。主席瓷采用湘瓷的薄胎釉下双面五彩工艺，瓷器晶莹剔透，似玉泥嫩肌般温润可人，内外双面有花；重量轻而结实耐用；保温效果好；无铅毒，不含镉，确保用者健康；永不褪色。1974年12月26日是毛主席82岁生日，周恩来总理在23日乘专机到长沙，向毛主席汇报工作及祝寿，他们一起用餐时使用的碗，就是由醴陵群力瓷厂生产的釉下五彩薄胎碗。这种碗内外均饰有五彩月季花卉，所以被称为"红月季碗"。因为月季花又名月月红，象征全国山河一片红。从此，"红月季碗"及该批其他醴陵"贡瓷"一直伴随在毛主席身边。毛主席生活管理员吴连登至今还记得："他老人家天天用，临终前吃的最后一顿饭，用的也是这种碗。"

（三）湘瓷的分类与分布

"天下名瓷出醴陵"。醴陵陶瓷生产已有近两千年的历史，远在东汉时期，醴陵就有较大规模的作坊，专门从事陶器制作。民国首任总理熊希龄曾于1905年在总结传统陶瓷技艺的基础上，吸收中外陶瓷科技新成果，自制釉下色料，首创醴陵釉下五彩瓷。

新中国成立以后，醴陵瓷业逐步实现了由柴窑到煤窑到天然气烧制的历史性转变，生产规模不断扩大，醴陵逐步发展成为全国出口陶瓷主要生产基地之一。

醴陵瓷器不仅走进了人民大会堂、中南海、毛主席纪念堂，而且漂洋过海，因此获得"国瓷"的美誉，醴陵也成为名副其实的"红色官窑"。2008年，醴陵釉下五彩手工技艺入选国家非物质文化遗产保护名录。它无铅的特点，属于真正的绿色环保产品。

21世纪的醴陵釉下五彩瓷更讲究科技创新，色彩上由五种发展到现在的几十种，百多个不同色相。近几年，有600多件申请专利，抗菌陶瓷被认定为国家级重点新产品。文化艺术的创意也使其更新颖时尚，2008年的"奥运瓷"、2010年的"世博瓷"都让人印象深刻。

红色，是中国人最喜欢的颜色。但英文名字与"中国"同名的瓷器以青蓝白诸色闻名，鲜有红色。始于晚唐的红瓷，其色也均为枣红、棕红，缺乏真正意义上的大红色瓷器。因为"低温不成红，高温则去色"。直到20世纪初，长沙人尹彦征历尽艰辛研制"红瓷"及其颜料配方，终于攻克了陶瓷大红色釉不耐高温的难题，烧出了色泽鲜艳、表面纯净的大红色瓷器，结束了中国瓷无标准红色的历史，圆了陶瓷界千多年的"红瓷梦"。

中国红瓷制造工艺复杂，要以1200度以上的高温四次进炉，经历前后72道工序。中国红瓷材质昂贵，红釉是用比黄金还要珍贵的稀有金属钽烧制而成，但通常10多件瓷坯中只有1件成品，"十窑九不成"。

好的中国红瓷讲究声音清脆、色泽如玉、透光性强、胎薄如纸、细致晶莹，因此中国红瓷红而不妖，艳而不俗。

任务拓展

任务：请你帮助小王再设计一条醴陵陶瓷工业游的线路并向客人做简短推荐。

工作任务二　导购湖南朱砂和牛角制品

任务导入

小王是张家界地接导游，经常要带客人参观溪布街。溪布街里风情多，但客人觉得最有特色的还是朱砂和牛角制品。客人最感兴趣的是朱砂的成因和功效，牛角等级的区别等，小王应该怎样向客人进行解说呢？

张家界二日游

第一天：早上 8:00 在酒店大堂集合出发，参观武陵源核心景区（约 9 小时），上午游览十里画廊、袁家界，中餐后游览天子山，下山后晚餐，晚上看表演。

第二天：早上 8:00 在酒店大堂集合出发，参观大峡谷景区和玻璃栈道，中餐后游览宝峰湖，徜徉溪布街，晚餐后送团。

由以上行程可知，溪布街往往是张家界旅游的最后一站，客人情绪比较放松，购物欲望比较强烈。请问，小王应如何推荐富有张家界特色的朱砂和牛角制品？

任务解析

1. 设计一个讲解思路

张家界以前是一个养在深闺人未识的世外桃源，没有自己的传统旅游工艺品，早期的张家界旅游商品都是复制全国其他景区的商品，比如玉器、字画、丝绸甚至钢刀。随着张家界景区的成熟，本地的旅游从业人员开始深挖本地的资源和文化，朱砂和牛角制品才浮出水面。经过多年的探索，这两样工艺品既具有实用性又具有本地特色，受到市场欢迎，导游要结合本地资源与文化、溪布街的购物氛围来推荐这两样产品。

2. 注意铺垫和过渡

朱砂和牛角制品的推荐要领在于，导游不能仅限于进店前的讲解，而是在景区游览的过程中，结合张家界地貌的地质成因和土家农耕文化，来铺垫产品的介绍，让游客知道，这两样他们平常不太关注的工艺品才是张家界的本地特色工艺品。

3. 教会游客识别真假，会根据自己的实际需求挑选不同品级的产品

矿石制品容易有真假和优劣之分，其他少数民族也有做牛角制品的风俗。什么样的产品才是本地的、真正的好产品，导游要通过商家信誉、产品特点来分析。

4. 培养游客对朱砂和牛角制品的艺术鉴赏力

一件好的朱砂制品和牛角制品,首先是体型够大,体型大的产品才好造型,工匠也不会轻易辜负这样一块好料。其次是色泽和形态都很饱满,有珠圆玉润的感觉。消费者要相信自己的第一感觉,往往第一眼就能看得上的东西都是好产品,然后再仔细端详产品是否在细节上有瑕疵。

5. 加强互动,快乐购物

朱砂和牛角制品的采购集中在溪布街,溪布街是一条非常有特色的民族风情街,吃、住、游、乐、购等各种业态非常齐全,导游要把溪布街购物的时间放得足够长,慢慢和游客一起品味湘西的文化和产品。

知识链接

湖南朱砂和牛角制品基础知识介绍如下。

相传张家界名字的由来,源自汉朝时期的开国功臣汉留侯——张良。当年张良辞官不做,追随赤松子云游江湖,潜心修道炼丹。最终选择隐居于青岩山,在这里向赤松子学习易经风水、修道炼丹,修道炼丹必须要的一种矿产资源——朱砂产自于张家界武陵山脉地下。朱砂又名丹砂、辰砂和帝王砂。朱砂一般形成于三种地质环境,而张家界的石英砂岩峰林峡谷地貌即张家界地貌、喀斯特地貌非常有利于朱砂的形成。张家界的矿产资源非常丰富,在景区开发之前,所有开采出来的矿产资源都是沿着一条溪水运出去的,这条溪水叫矿洞溪,位于水绕四门。

张家界的动植物资源丰富,珍稀的除大鲵以外,还有白水牛,白水牛全身皮毛为白色,牛角呈青色像玉石一般,全身都是宝。最珍贵的是牛角,是非常名贵的中草药,它可以代替犀牛角入药。现在张家界用白水牛角做成的梳子广受市场欢迎。湘西广为流传的顺口溜里有:无梳不定情、无银不成婚、无砂不建房、无茶不嫁女、无哭不成嫁、无酒不成席。湘西苗族人的祖先蚩尤英勇好战,用牛犄角做武器且最早发明冶炼技术而被尊称为战神。

任务拓展

任务一:请同学们按照三四个人一组,分组讨论牛角梳的推荐词。

任务二:请你介绍一下为什么要来张家界请朱砂。

模块七 "娱"在湖南

旅游娱乐是指旅游者在异地旅游过程中,寻找精神愉悦、身体放松、内心满足和个性发展的旅游活动,以及旅游目的地融合这些需求的服务供给产业,它具有参与性、文化性、主题性等特点。导游既可以组织在旅游交通工具上开展旅游娱乐活动,也可以带领游客前往旅游目的地相关娱乐部门参观,还可以由游客在旅游目的地自发进行其他娱乐休闲活动,本模块主要介绍导游组织的具有湖南特色的各项旅游娱乐活动。

项目一 唱"湘"字特色民歌与戏曲

◇ 知识目标

1. 了解湖南民歌、民谣和戏曲产生和发展的历史。
2. 熟悉湖南民歌、民谣和戏曲的分类和其所表现的艺术特征及文化内涵。
3. 掌握湖南民歌、民谣和戏曲的代表作品。

◇ 能力目标

1. 能欣赏和演唱湖南民歌的代表作品。
2. 能欣赏和吟唱湖南民谣的代表作品。
3. 能欣赏、吟唱和表演湖南戏曲代表作品。

◇ 素质目标

1. 培养学生对湖南歌谣和戏曲的喜爱和学习的兴趣。

2. 培养学生继承和弘扬民族音乐文化的意识。

3. 培养学生的艺术审美素养。

工作任务一　唱"湘"字特色民歌

任务导入

地陪小王来到长沙××旅行社,他作为地陪于7月25日接待了一个来自江西的旅游团,详细行程如下。

长沙—花明楼韶山二日游

第一天:早上8:30在长沙火车南站接团,乘旅游车赴宁乡花明楼景区(约1.5小时),游览宁乡花明楼景区(约2小时),餐后驱车前往韶山(约1小时),中餐后参观毛泽东故居(约1小时)、滴水洞(约2小时)、铜像广场(约0.5小时),后返回长沙,住宿万德大酒店。

第二天:早餐后赴岳麓书院(约1小时),游览岳麓山(约1.5小时),中餐后参观橘子洲(约1.5小时),结束后送团。

小王熟悉了旅游路线后,还询问了计调,该团队有哪些特殊要求,从计调处得知这个团队有几位游客对湖南民歌十分感兴趣。在长沙至花明楼的途中,有几位年长的游客提出想让小王唱首与毛主席相关的湖南民歌。请问,小王应如何组织湖南民歌演唱和讲解活动?

任务解析

作为湖南地陪导游,小王可以分五步完成该任务。

1. 简介湖南民歌

先熟悉行程和游客的基本情况,在掌握沿途导游讲解进程的前提下,在合适的时机下讲解湖南的娱乐事业,并针对游客对民歌的浓厚兴趣这一特点,引出湖南的民歌产业和发展史及分类,同时介绍湖南籍著名的歌唱家,如何纪光、李谷一、宋祖英、雷佳、张也、陈思思等,并向游客列举出大家耳熟能详的湖南民歌代表作品,如《浏阳河》《辣妹子》《小背篓》《崀山红》《八百里洞庭美如画》等。

2. 通过示范演唱介绍湖南民歌演唱技巧

因本次线路的目的地是长沙、韶山和花明楼,因此导游可在介绍完湖南民歌的基本情况后,演唱两首与目的地相关的湖南著名民歌,如脍炙人口的《浏阳河》和根据韶山山歌曲调编写并被毛主席赞扬的《挑担茶叶上北京》等。唱完后,可以以演唱曲目为例,从旋律、结构、唱腔、发音等角度介绍湖南民歌的演唱技巧。以《浏阳河》为例,《浏阳河》拥有湖南民歌的旋律特点,优美抒情,细腻委婉,旋律起伏不大且朗朗上口,民族特色突出。其结构为一段体,由四个乐句组成,前三个乐句在旋律上逐句下行,最后一个乐句是变化重复的扩展乐句,把音乐推向高潮。乐曲运用切分、附点节奏塑造了轻快、明朗的感觉,突出了所赞颂的对象——毛主席,产生了强烈的艺术效果。另外,《浏阳河》的歌词运用了湖南地方特色的衬词"咿呀咿子哟",突出表现了湖南民歌的咬字和语调的特点,民族韵味浓郁,抑扬顿挫,别具一番魅力。且其歌词"浏阳河"中的"河"不唱"he"而唱"ho","几十里水路"中的"路"不唱"lu"而唱"lou","出了个什么人?"中的"出"不唱"chu"而唱"qu","个"不唱"ge"而唱"guo"。由于加入了方言,使得歌曲的民族色彩更加浓郁,贴近人们的日常生活。

3. 引导老中青游客演唱湖南民歌

导游先"抛砖引玉",在唱完并讲完湖南民歌演唱技巧后,可先引导团队中对湖南民歌有一定研究的老年和中年游客演唱,然后通过游戏、游客推荐或自荐的方式引导青年游客加入演唱行列,这一活动的组织可以增加游客的参与度,亦可增强游客旅游的幸福指数,同时拉近客导心理距离(后附《浏阳河》和《挑担茶叶上北京》简谱)。

《浏阳河》简谱

《挑担茶叶上北京》简谱

4. 赞赏性点评游客演唱

游客们演唱完毕后,导游可结合游客演唱的优点,如嗓音甜美、方言发音准确、风格独特等,从赞赏的角度给予游客中肯的评价,以增强他们在后续活动中的参与积极性。

5. 结束互动时间

导游在组织车上娱乐活动时,应把握好互动时间,以免耽误正常的行程安排。如从长沙前往花明楼途中,在即将到达花明楼景区时,导游应将游客从民歌演唱活动中引导出来,进行花明楼概况和相关参观注意事项的介绍。

知识链接

一 湖南民歌的起源和历史

湖南民歌是从民歌发展的地域性演变而来的,是中国民歌的重要组成部分。湖南的民族民间音乐内容丰富,形式多样,源远流长。它产生于人民的劳动与生活,并随着生产、生活的发展而日益丰富多样。

春秋战国时期,湖南民歌就作为中国民歌的一个支流而流传。战国后期,诗人屈原等人对楚国民歌进行搜集整理,并根据楚国的民歌曲调创作新词,如《楚辞》等。春秋战国时期,湖南属楚国境内,当地风俗喜欢通过歌乐鼓舞来祭祀。屈原根据当地的民歌创作了《楚辞》,其中《九歌》中的《湘君》和《湘君夫人》就是祭祀湘江水神时所唱的民歌,这个时期的民歌具有丰腴的浪漫气息,对生活充满了想象和寄托之情,至今,湖南民歌依然传承了这一浪漫主义风格。

通过艺术家们的不断努力,湖南民歌出现了一批具有影响力的作品,如《洗菜心》《马桑树儿搭灯台》等,最为人熟知的便是《浏阳河》,它是唐璧光老先生所创作的具有优美旋律的湖南民歌,抒发了人民对家乡、对生活的热爱之情。随着社会的进步,民歌转型现代化,产生了"新民歌"。"新民歌"属于创作型歌曲,但从创作的本体来看依然属于"民歌"的领域。例如超女周某演唱的《浏阳河》,民歌新唱,在传承民歌经典的同时,又加入了新的音乐元素,唱出了新的情感。

我国民歌是一朵经久不衰的玫瑰,其蕴含了丰富的艺术气息,传承了中华民族伟大的人文精神。随着改革开放的发展,民歌也得以进步,与通俗歌曲有了联系。湖南民歌艺术是我国文化艺术的组成部分之一,影响力深远。湖南民歌一直在逐步成长,受到更多人的喜爱与青睐。

二 湖南民歌的分类

湖南民歌根据体裁大致可分为劳动号子、山歌、小调等。

(一) 劳动号子

劳动号子是人民在集体劳动中,为统一步调,进行更有效的劳动时所演唱的歌曲,通常采用"一领众和"的演唱形式。其曲调具有很强的节奏和即兴性,无固定的内容。常见的有船工号子、搬运号子等,具有代表性的湖南劳动号子有《澧水船工号子》《一根竹竿容易弯》等。号子的发声多以真声为主,要求演唱者的气息饱满,呼吸深沉,声音响亮,控制有力,对音域、音色和表现力的要求很高,演唱者必须适应于劳动状态,通过演唱者的声音营造劳动气氛,使音乐的各个方面都与劳动紧密联系。

(二) 山歌

山歌是人们抒发内心思想感情的抒情小曲,常在山野间演唱。其体裁普遍,内容广泛,歌词带有即兴性。具有代表性的湖南山歌有《马桑树儿搭灯台》《棒棒垂在岩板上》《挑担茶叶上北京》等,按照艺术风格和结构特点大致可分为下列类型:

高腔山歌——音调高亢、粗犷,节奏自由奔放,拖腔时,常出现"啊呜"等衬字,一般由成年男子在山野以假声演唱。

平腔山歌——声音辽阔悠扬,速度较自由,多由成年男子在野外用真声或假声演唱。

低腔山歌——又称"矮腔山歌",曲调柔和优美,节奏规整,音域平缓,一般不超过八度,以真声演唱,无拖腔,在室内也可演唱。

放牧山歌——主要指农村小孩在野外所唱的《放牛山歌》,这类山歌曲调活泼、节奏明快。

(三) 小调

小调是人们在休息、娱乐、集庆等场合演唱的民歌,流行于城镇集市。其音乐规整平和,节奏曲折委婉。分为生活小调和灯调。

生活小调是从各种山歌、劳动号子的音调基础上演变而来,有较浓的乡土气息和地方特点。具有代表性的生活小调有《乡里妹子进城来》《放风筝》等。

灯调是指在春节期间,人们在进行"玩灯"活动时所演唱的民歌。包含花灯、茶灯、赞师调和赞龙调等。具有代表性的湖南灯调有《铜钱歌》《十月怀胎》等。

湖南民歌中小调多以独唱为主,演唱者不但涉及各行各业,还有职业和半职业的艺人,小调经由他们的加工与提炼,在艺术上有更多的提高,流传范围比号子和山歌更广泛。

三 湖南民歌代表作品介绍

(一) 代表湖南精神的民歌

1. 浏阳河

(1) 歌曲简介。《浏阳河》是一首中国经典民歌,徐叔华作词,朱立奇、唐璧光作曲,创作于1951年。这首歌自创作以来,广为流传,分别有多位演唱家,如蒋大为、李谷一、宋祖英等,以不同方式及风格进行了演绎。

《浏阳河》这一曲脍炙人口的经典民歌多年来一直为人传唱,熟悉的旋律穿透几代人的岁月。然而,很少有人知道,这首传世之歌诞生之初却仅仅只是湖南花鼓戏中的唱段,曲调旋律也和大家所熟知的不一样。故事追溯到1950年,湖南土改运动开始,当时湘江文工团一批搞文艺工作的年轻人被分成几个工作队下到田头采风,那种热腾腾的生活激情感染了他们中间的每个人,尤其是徐叔华。一天,徐叔华正在田间转悠,听着独轮车碾过泥土时那欢快的咿呀声,他脑海里突然闪过丰收时农民在田埂上推送粮车的那一幕。那一刻灵感击中了他,于是他连夜创作了花鼓戏《推土车》(后改名为《双送粮》),《双送粮》一共分为三段,反映农民翻身分得土地的喜悦心情,今天的《浏阳河》便是其中第三段。

1959年,阿尔巴尼亚艺术家代表团到湖南访问演出,提出联欢时唱一曲湖南民歌,经过接待方再三斟酌,决定把《双送粮》的第三段单独分出来唱,并以第三段的第一句歌词"浏阳河"作为歌曲名,于是,《浏阳河》开始被作为独立的歌曲传唱开来。

(2) 收听歌曲演唱(请扫二维码)。

2. 放风筝

(1) 歌曲简介。《放风筝》是流行于湖南的民间小调,属于汉族民歌,流行的地域主要是长沙、株洲和湘潭这一湖南的"金三角"地带。它从内容上表现了湖湘人民的朴素情感,从形式上体现了湖湘文化的鲜明特色,旋律流畅、优美、活泼,传唱广泛而又极具表现力,是湖南民歌中的经典。并且,它与湖南的花鼓戏有着深厚的渊源,历史上曾由一些演唱民间歌舞和花鼓戏的民间艺人加工,以歌舞演唱的形式出现,使其得到了更为广泛的传唱,至今在田间地头、街头巷尾还不时会传出人们哼唱的声音。而且,它还成了今天湖南花鼓戏旦角演员基本功训练的必修曲目。

(2) 收听歌曲演唱(请扫二维码)。

3. 一根竹竿容易弯

（1）歌曲简介。《一根竹竿容易弯》又名《一根竹竿》是一首典型的湖南民歌。早在 20 世纪 70 年代我国著名女高音歌唱家李谷一曾多次演绎并灌制唱片，80 年代，李谷一又将歌曲收录在专辑《凤阳花鼓》里，并在 1983 年春节联欢晚会上演唱这首歌曲，歌曲流传至今。中央电视台评价说："李谷一演绎的湖南民歌，说一个竹竿容易弯，民族风民族情都在歌曲里面缓缓流淌。"

（2）收听歌曲演唱（请扫二维码）。

4. 小背篓

（1）歌曲简介。《小背篓》是宋祖英演唱的一首歌曲，由欧阳常林作词，白诚仁作曲，收录于宋祖英 1990 年发行的专辑《等你来》。1999 年，该歌曲获得第七届"五个一工程"奖。

关于《小背篓》的原唱由来，还有这样一段经历。1988 年，当时在电视台工作的欧阳常林创作了《小背篓》的歌词，在考虑曲作者时，欧阳常林很快想到白诚仁。白诚仁在为《小背篓》谱曲时正好在湘西采风，创作灵感源自路上碰到的一群把冰棒放在背篓里的苗家大妈们，于是，他把在湘西采风学到的山歌调谱到了曲子里。《小背篓》最初并不是给宋祖英演唱的，而是给有着常德"邓丽君"之称的湖南省歌舞团成员张玉辉唱的。但后来张玉辉和宋祖英都被选中去日本演出，带队领导认为二人都唱民歌太重复，而张玉辉是汉剧演员出身，会唱戏，于是决定由她唱花鼓戏名曲《刘海砍樵》，《小背篓》由宋祖英演唱。

（2）收听歌曲演唱（请扫二维码）。

5. 采槟榔

（1）歌曲简介。《采槟榔》的曲子是在 20 世纪 30 年代由湖南湘潭黎锦光先生根据湖南民歌《双川调》创作，词由殷忆秋创作，1930 年由周璇原唱，其歌词朗朗上口，简洁明快，风靡上海，遂成为周璇名曲。20 世纪 80 到 90 年代，该歌屡屡被多名歌手翻唱，如奚秀兰、邓丽君（邓丽君曾在 1982 年的演唱会上现场演唱该曲）、凤飞飞、龙飘飘、卓依婷、小萍萍等，亦有歌手阿朵以《新采槟榔》为歌名进行改唱。

（2）收听歌曲演唱（请扫二维码）。

（二）代表地域特色的民歌

1. 乡里妹子进城来

（1）歌曲简介。《乡里妹子进城来》出自湖南邵东，流传很广，塑造了一位打着赤脚、纯洁质朴的"乡里妹子"的美丽形象，歌唱了她热爱劳动、不爱富贵的美好心灵与自信自强的品格。歌曲曲调流畅、风趣，用湖南方言演唱，充满了浓郁的生活气息，深受人们喜爱。

（2）收听歌曲演唱（请扫二维码）。

2. 马桑树儿搭灯台

（1）歌曲简介。《马桑树儿搭灯台》是一首传唱久远的桑植民歌。词曲作者已不可考。在明代，桑植土司率桑植数千土家儿郎应朝廷之召远赴江浙、朝鲜三度抗倭，它的歌声便始终相伴着战士们的征程。这首民歌也属于湖南地区民歌，是中国非物质文化遗产桑植民歌中的代表性曲目，也是中国民歌宝库中的经典之作。

当春天来了，春的气息催动了灯台树的枝丫，它奋力地生长着，缠绕上马桑树的枝条，从此两相依偎，永不分离。就这样，一个丰富的音乐意象出现了，一曲传唱千百年的经典民歌诞生了，它深情婉柔，动人心弦，是中国式古典爱情的又一曲颂歌。同时，它又将保家卫国和男女恋情完美地结合起来，荡气回肠，久久传唱不衰。

（2）收听歌曲演唱（请扫二维码）。

3. 棒棒捶在岩板上

（1）歌曲简介。《棒棒捶在岩板上》是一首著名的桑植民歌，桑植民歌是湖南民族文化中的一枝奇葩，源远流长，浩如烟海，其特点是淳朴、真挚的情感扣人心弦，曲调丰富多变，旋律优美动听。

（2）收听歌曲演唱（请扫二维码）。

4. 挑担茶叶上北京

（1）歌曲简介。这是一首由白诚仁谱曲，叶蔚林作词，创作于1960年的歌曲。原唱何纪光，传唱方应暄。毛主席家乡一带按传统工艺制造的烟香茶是毛主席最爱喝的茶叶，白诚仁在湖南毛主席家乡采风期间，被种茶人的热情和通过这种神奇烟香茶传递对毛主席的思念之情给深深打动。

（2）收听歌曲演唱（请扫二维码）。

5. 崀山红

（1）歌曲简介。《崀山红》是由著名女高音歌唱家雷佳演唱的一首湖南新宁民歌。歌曲以丹霞、杜鹃、彩裙和盖头突出"红"这一主题，向倾听者展示了崀山优美的风光和动人的民俗，使得国内外游客慕名前来崀山游览。

（2）收听歌曲演唱（请扫二维码）。

6. 八百里洞庭美如画

（1）歌曲简介。《八百里洞庭美如画》是由春雷演唱的一首中国风歌曲。整首歌明快、欢畅、高亢，天籁般的高音给人以阳光之美，它以八百里洞庭为依托，描绘了一片平和、美丽、幸福的景象。这也突出体现了有着东北汉子爽朗个性的歌手春雷的特点，他胸怀远大抱负，希望能够以自己的歌声愉悦世界。

(2)收听歌曲演唱(请扫二维码)。

7. 人醉张家界

(1)歌曲简介。《人醉张家界》是一首反映张家界地域文化的著名民歌，它真实地反映了当地的风景，由宋祖英演唱，她优美的歌声和动人的曲调，能把每一位倾听者带入童话般的张家界。

(2)收听歌曲演唱(请扫二维码)。

8. 春暖桃花源

(1)歌曲简介。《春暖桃花源》是一首常德城市形象歌曲，它真实地再现了桃花源的风景和历史，由何纪光演唱，他优美的歌声和动人的曲调，能把每一位倾听者带入人们向往的桃花源仙境。

(2)收听歌曲演唱(请扫二维码)。

任务拓展

任务一：湖南××旅行社某导游作为地陪于7月10日接待了一个来自北京的旅游团，团队人数为30人，目的地是长沙、张家界和凤凰，客人性格较开朗，在长沙至张家界途中，客人提出让导游唱首张家界山歌，如果你是该导游，你会如何在沿途组织游客演唱张家界山歌？

任务二：长沙××旅行社某导游将作为地陪于6月20日接待一个来自广东的旅游团，团队人数为25人，目的地是长沙、娄底和邵阳。因沿途车程较长，导游可在沿途组织一系列特色活动。其间，游客提出让导游唱首歌，如果你是该导游，请根据旅游目的地的情况准备好要演唱的湖南特色歌曲及其简要介绍。

工作任务二　演"湘"字特色戏曲

任务导入

小张受湖南××旅行社委派，作为地陪于2017年6月10日接待了一个来自云南省昆明市的文化考察团，他们的旅游目的地是长沙、常德、张家界。长沙前往常德途中，旅游团有位年长的领导说了一段话："歌唱家李谷一1944年11月10日出生于云南省昆明市，祖籍湖南长沙，唱长沙花鼓戏《补锅》出名，长沙是名副其实的'花鼓之乡'，小张，你能否给我们深入介绍一下湖南花鼓戏？"

请问，如果你是小张，你应如何给游客介绍湖南花鼓戏？

任务解析

作为湖南地陪导游，小张可以分五步完成该任务。

1. 简介以花鼓戏为代表的湖南戏曲

因游客的家乡——云南省昆明市是湘籍歌唱家李谷一的出生地,因此,可从这一角度切入,通过介绍李谷一本人延伸到其代表作品——长沙花鼓戏《补锅》,从而引出湖南花鼓戏的内涵和六个流派。同时介绍湖南花鼓戏其他代表人物,如张廷玉、刘赵黔、李小嘉等,并列举出湖南花鼓戏的其他作品,如《刘海砍樵》《打铜锣》等。除此之外,还应简要介绍花鼓戏只是湖南戏曲的一个剧种,可简要介绍湖南戏曲的其他13个剧种,如湘剧、祁剧等。

2. 通过声腔演示,特别是舞蹈元素展演介绍湖南花鼓戏表演艺术

《刘海砍樵》被誉为湖南花鼓戏第一剧,它因1984年春晚上湘籍歌唱家李谷一和姜昆的小品演出而闻名全国。因此,导游可在介绍完湖南戏曲基本情况后选择《刘海砍樵》或者李谷一老师的代表作《补锅》来向游客表演。表演完毕后,可以以表演曲目为例,向游客介绍湖南戏曲在声腔和表演形式等方面的技巧和艺术。以《刘海砍樵》为例,在声腔方面,《刘海砍樵》属于川调,我国的汉族戏剧有京剧、粤剧、秦腔、川剧几种。它们之间的重要区别在于方言上的差异,《刘海砍樵》是由四段川调(西湖调、卜字调、十字调、比古调)和两段民歌小调(采莲船调、望郎调)组成。其中的比古调是后来形成的新调,唱词中"我这里将海哥好有一比"和"你把我比作什么人罗"上下两句唱词套用了"安童调",又有"花石调"上下过门拼在一起做这个新调的过门。因这段词是用古人来比喻,后形成的这个新调就成为"比古调",丰富了川调唱腔。在表演形式上,湖南戏曲与全国大多地方戏曲一样,分为"生、旦、净、末、丑"及扇花的表演手法。"旦"是由女演员表演,一扇一帕,是演出的核心角色。它分为步法、手巾花、扇花、身段四种。步法有小步起、双环步、十字步、上山步等30多种。身段有单跳转身、水中望月、耸肩、闪身、凤凰单展翅等诸多种。"花旦"使用了手绢和折扇,形式十分丰富,仅持帕方法就有好几种,如"满把扣""二指拎""一指挑"。扇花的表演手法有"砍""抖""扔""颠""揉"等40余种。所谓"生"是指由男角色来表演,手持一扁担,动作有步法、身段、打腿,步法和"旦"相同。《刘海砍樵》的开场,由刘海和胡秀英一人在舞台的一边,在音乐响起时,刘海手持一扁担,胡秀英两手拿着扇子,同时上场。

3. 引导游客表演唱湖南花鼓戏

导游介绍完湖南戏曲表演技巧后,可先引导团队中较活跃且对戏曲有一定了解的成员先表演,然后通过游戏、游客推荐或自荐的方式引导其他游客加入表演行列,这一活动的组织可以增加游客的参与度,亦切合了这个团队作为文化考察团来学习异地文化的目的(后附《刘海砍樵》和《补锅》简谱)。

《刘海砍樵》简谱

《补锅》简谱

4. 赞赏性点评游客演唱

游客们表演完毕后,导游可结合游客演唱的优点,如声腔纯正、方言发音准确、表演动作

到位等,从赞赏的角度给予游客中肯的评价,以增强他们在后续活动中的参与积极性。

5. 结束互动

导游在组织车上娱乐活动时,应把握好互动时间,以免耽误正常的行程安排。如从长沙前往常德途中,在即将到达目的地时,导游应将游客从戏曲表演活动中引导出来,进行常德市容、即将到达景点和相关参观注意事项的介绍。

知识链接

一、湖南戏剧与曲艺溯源

湖南,在周代为荆楚南境,在春秋战国时期属楚。作为楚文化之一脉,湖南戏剧具有悠久的艺术传统,经历了源远流长的发展与沿革。其剧种之多,声腔之盛,名家名作之多,历来为人们所称道。湖南各剧种中最早形成的是高腔,它具有弋阳腔和青阳腔基本的演唱方式和特点,但在流传过程中融合了湖南的地方语言和地方音乐,因而其演唱方式又带有明显的地方特色。明代万历年间,昆调和青阳腔同时传入湖南,而最晚传入湖南的大戏剧种声腔调是弹腔(又称"乱弹"),传入时间是在清代以后,至此,高、昆、弹诸腔构成了湖湘地方大戏诸剧种的基本声腔。至于民间小戏,则大都是在民间歌舞、百戏的基础上形成的,最早出现的是傩戏,形成的时间不迟于康熙年间,这个原始的剧种对其他民间小戏产生了不同程度的影响。花鼓、阳戏等约形成于嘉庆、道光年间,开始演唱的是灯调,后又有牌子(湘南)、打锣腔(湘北),再有川调的传入,逐渐发展成较完善的声腔系统。到了清末,湖南戏曲剧种有了进一步发展,1901年,名票王定保从汉口请来京班,京剧传入。新中国成立后,越剧和侗戏先后传入,湖南戏曲园越来越呈现出百花争艳的景象。

湖南的曲艺起源于唐代,除民族民间传统歌调之外,江浙等地时兴的小令、小调也陆续传入。宋时,曲艺在湖南已相当流行,到清代已形成自己的特色,达到更高的水平。清初王船山曾做《渔鼓词》27首,愚鼓即渔鼓,是湖南的主要曲种之一。到清中叶,不但有了更多的专业艺人,而且出现了印刷唱本的作坊。清代戏曲作家杨恩寿曾为同治年间长沙著名艺人张跛作《小传》,盛赞他所唱《刘伶醉酒》一折"惟妙惟肖",足见当时的曲艺已具有较高水平。进入20世纪,湖南的曲艺不但拥有丰富的传统节目,还能及时反映现实生活,逐渐具有鲜明的时代特色。新中国成立后,湖南曲艺(包括少数民族曲艺)在传承创新中得到更大的发展。

二、湖南戏剧与曲艺分类与分布

(一)湖南戏剧分类与分布

湖南地方戏剧种类较多,共有湘剧、祁剧、辰河戏、衡阳湘剧、武陵戏、荆河戏、巴陵戏、湘昆、长沙花鼓戏、邵阳花鼓戏、衡州花鼓戏、常德花鼓戏、岳阳花鼓戏、永州花鼓戏、阳戏、花灯戏、傩戏、苗剧、侗戏等19个剧种,其中,湖南花鼓戏、祁剧、湘剧最为世人所了解,影响力也最大。

花鼓戏是对湖南各地花鼓戏和花灯戏的总称,虽然各个地方的表演形式不同,其中的花鼓戏特色也不一样,但是在大致方向上是一致的,是具有一定共性的,它们各有不同的舞台语言,形成了各自的舞台特色风格。湖南花鼓戏有六个流派,即长沙花鼓戏、邵阳花鼓戏、衡州花鼓戏、常德花鼓戏、岳阳花鼓戏和零陵花鼓戏。其中,长沙花鼓戏因各地民间艺术、民俗和乡音土语的差别,形成了几种艺术流派,如益阳路子、西湖路子、宁乡路子、醴陵路子和长沙路子等。邵阳花鼓戏主要流行于邵阳市和邵东、新邵、邵阳、隆回、洞口、新化等县。衡州花鼓戏是民间小戏剧种,舞台语言同属衡州语系,流行于湘南地区。常德花鼓戏是民间小戏剧种,流行于沅江、澧水流域以及湘北鄂南毗邻地区,盛行于常德一带。岳阳花鼓戏兴起于岳阳、临湘的新墙河流域,流行于湘北的岳阳、临湘、平江、汨罗、湘阴。先前花鼓用祁阳方言演唱,调子用道州方言演唱,后来逐渐融合,都使用零陵官话为其舞台语言。

湘剧是湖南省最主要的地方大戏剧种,民间一般称为大戏班子、长沙班子或湘潭班子。湘剧融合有昆腔、高腔、弹腔及杂曲小调等多种声腔,明初至嘉靖年间,传入湖南的昆腔和弋阳腔与当地方言及民间音乐相结合,形成湘剧。湘剧流行于长沙、湘潭一带,主要流行于"长沙府十二属"。

祁剧又称祁阳班子,民国初年称"祁阳戏",因形成于祁阳而得名祁剧。祁剧的流布区域较为广泛,除湖南的衡阳、邵阳、永州、郴州、怀化等地区拥有祁剧演出班社之外,不少祁剧班社还到外省演出,曾一度形成"祁阳弟子遍天下"的鼎盛局面。

(二)湖南曲艺分类与分布

湖南历史悠久,曲艺资源丰厚。据《中国曲艺志·湖南卷》统计,20世纪90年代,湖南境内仍有40多个曲种流传。目前,代表湖南特色和艺术水平的曲艺品种,主要有弹词、丝弦、顺口溜、单人锣鼓和相声等。少数民族曲种还有侗族的嘎琵琶、雷却、甘结,苗族的排话、古老话等。其中,弹词有长沙、益阳、湘潭、浏阳等支派,丝弦有常德、津市、武冈、辰溪、浏阳等支派。

三 湖南戏剧与曲艺代表作品赏析

(一)湖南戏剧

1. 花鼓戏代表作品

1)刘海砍樵

(1)戏剧简介。《刘海砍樵》发源于湖南常德,它源于湖南民间传说,展示的是一位狐仙胡秀英与砍柴郎刘海之间坚贞的爱情故事。《刘海砍樵》是湖南花鼓戏的代表杰作之一,虽然是地方剧种但影响全国。它的原唱是李左和叶红,但真正让它家喻户晓的是歌唱家李谷一和相声演员姜昆。

(2)收听戏剧表演(请扫二维码)。

2)打铜锣

(1)戏剧简介。《打铜锣》是湖南著名地方花鼓戏,讲述的是林十娘和蔡九哥等在生产队的故事。

(2) 观看戏剧表演视频(上网搜索观看)。

3) 补锅

(1) 戏剧简介。《补锅》是湖南著名地方花鼓戏,于 1965 年发行,主要讲述的是年轻人的爱情观,体现了当时自由恋爱的萌芽以及思想时代的进步。它的原唱是湘籍歌唱家李谷一。

(2) 收听歌曲演唱(请扫二维码)。

4) 刘海戏金蟾

(1) 戏剧简介。《刘海戏金蟾》是湖南著名地方花鼓戏,"刘海戏金蟾"典故出自道教,由传说的辟谷轻身的人物附会而成。金蟾是一只三足青蛙,古时认为得之可致富。寓意财源兴旺,幸福美好。

(2) 观看戏剧表演视频(上网搜索观看)。

5) 讨学钱

(1) 戏剧简介。《讨学钱》又名《张先生讨学钱》,讲述了老师张先生新春的时候去陈家讨要学钱的事。戏文用地道的长沙话唱,幽默、风趣。它的原唱是汪玲陔和张明智。

(2) 观看戏剧表演视频(上网搜索观看)。

2. 湘昆代表作品

1) 牡丹亭

(1) 戏剧简介。湘昆是湖南昆曲的简称,是湖南省的传统戏曲剧种之一。《牡丹亭》是其代表作之一,是 1960 年后由湖南昆剧团先后整理演出的传统剧目之一。

(2) 观看戏剧表演视频(上网搜索观看)。

2) 昭君出塞

(1) 戏剧简介。《昭君出塞》是湖南昆曲中久经磨砺雕镂的折子戏之一,也是昆剧表演精品。

(2) 观看戏剧表演视频(上网搜索观看)。

3. 湘剧代表作品

1) 琵琶行

(1) 戏剧简介。《琵琶行》是湘剧中的著名代表作品之一,其内容源自白居易的乐府诗《琵琶行》。

(2) 观看戏剧表演视频(上网搜索观看)。

2) 谭嗣同

(1) 戏剧简介。谭嗣同,男,字复生,号壮飞,湖南浏阳人,中国近代著名政治家、思想家,维新派人士。他是湘剧《谭嗣同》的取材来源人物。

(2) 观看戏剧表演视频(上网搜索观看)。

(二) 湖南曲艺代表作品

1. 清风亭

(1) 曲艺简介。湖南丝弦的唱腔音乐丰富多彩,根据所用的唱腔体式可分为"牌子丝弦"和"板子丝弦"两类。"板子丝弦"又分为"老路"和"川路"两种声腔风格,"老路"为常德一带流行的本地唱法,风格深沉浑厚,《清风亭》就是其代表性的作品。

(2) 观看曲艺演唱视频(上网搜索观看)。

2. 枕头风

(1) 曲艺简介。《枕头风》是国家二级演员杨建娥于2005年7月执导的常德丝弦,它被评为中国第五届曲艺节精品节目;同年11月,代表湖南省参加由中央文明委、文化部、中央电视台联合举办的全国第四届"四进社区"精品文艺展演,荣获金奖;2006年9月,荣获国家第五届曲艺最高奖——牡丹奖。

(2) 观看曲艺演唱视频(上网搜索观看)。

任务拓展

任务一:湖南××旅行社某导游作为地陪于6月10日接待了一个来自江西的旅游团,团队人数为20人,目的地是长沙、永州、邵阳。在长沙至永州途中,因车程较长,其中一位对湖南戏曲十分感兴趣的客人提出湖南祁阳剧十分有名,而祁阳剧又刚好流行于永州邵阳一带,希望导游能为大家表演一段。如果你是该导游,你会如何为客人表演?

任务二:地陪导游小李接待了一批来自上海的游客,他们的旅游目的地是长沙、常德和张家界,在介绍常德文化时,小李提到了常德丝弦,游客十分感兴趣,让小李即兴来一曲常德丝弦,请问,小李应该如何为客人表演?

项目二 讲"湘"字特色故事

◇ 知识目标

1. 学会讲导游湖南故事的基本技巧。
2. 熟悉湖南经典故事。

◇ 能力目标

1. 学会讲湖南经典故事。

2. 学会在带团中讲故事使游客精神愉悦。

◇素质目标

1. 培养学生对湖南的喜爱和学习的兴趣。

2. 培养学生通过有情节的故事来传播地方文化的意识。

3. 培养学生的语言表达能力。

工作任务一　讲"湘"字最响品牌的故事

任务导入

地陪小张 7 月 10 日接待了一个由国家旅游行业协会组织的多省籍会员组成的旅游团，他们进行的是一次湖南考察之旅，如果你是小张，你会如何通过讲故事介绍湖南？

任务解析

作为湖南地陪导游，小张可以分三步完成该任务。

1. 了解、分析旅游团需求

由于此次接待的旅游团身份特殊，他们是我国各省旅游行业的精英或者同行，因此，不管是在安排行程上、组织活动上还是在导游讲解上，都应该特别注意展示湖南最好的形象，以便他们回去后自发地宣传湖南旅游业的闪光点，同时也可塑造湖南旅游业在全国的良好形象。

2. 讲述"三个一"最响品牌故事

在导游讲解上，因为面对的是行业专家，小张应少使用没有历史依据的、肤浅的导游语言，而应该多介绍一些真正能体现湖南魅力的真实故事，例如湖南"三个一"最响品牌故事，即"一粒种子"——袁隆平的故事、"一座书院"——岳麓书院的故事和"一部电影"——美国电影《阿凡达》取景地故事。在介绍"杂交水稻之父"袁隆平时，可突出他如何在艰苦的条件下坚持自己的道理和梦想，最终实现"一粒种子"的中国梦；在讲岳麓书院的故事时，可选择"程门立雪"这一经典故事，体现岳麓书院"尊师重道"的优良传统，也反映了岳麓书院是理学南传的正宗；在讲解"一部电影"的故事时，导游可通过电影《阿凡达》取景地之争的故事突出张家界的优美风光和在湖南旅游业中的龙头地位。

3. 讲故事后进行互动

讲完"三个一"最响品牌故事后，导游可组织游客进行相关的讨论或者回答游客在听故事过程中积累的疑问。

任务拓展

任务：某日，小王作为地陪带领一批湖北的游客进行了一次长沙—岳阳的二日游，小王在岳阳前往长沙的路上进行了沿途导游讲解，并介绍了湖南，湖南自古有"芙蓉国"的别称，请问导游应该如何介绍"芙蓉国"的典故？

工作任务二　讲"湘"字伟人名人的故事

任务导入

地陪小李于2016年12月26日接待了一个来自陕西的旅游团队，他们的旅游线路是长沙—韶山—花明楼，这是一条湖南经典的红色旅游线路，请问小李在讲解时应如何将三地的精华深入浅出地展示给游客，让游客觉得不虚此行？

任务解析

作为湖南地陪导游，小李可以分五步完成该任务。

1. 与客人交流，了解他们的主要需求

客人是来自拥有革命圣地延安的省份，通过与客人交流和对行程的分析，不难发现，他们此次前来湖南旅游的目的是瞻仰湖南伟人，将时间选择在2016年12月26日，是想与韶山人民共同庆祝毛主席123周年诞辰。

2. 介绍三地概况

在了解游客的意图后，先介绍此次的旅游目的地，即长沙、韶山、花明楼。可简要介绍三地的人口、面积、地形、旅游资源特色等，重点突出这是一条湖南的经典红色旅游线路。

3. 介绍一批"湘"字伟人名人

在介绍完旅游目的地概况后，导游的讲解应进入主题，因为客人来湘的主要旅游目的是瞻仰湖南伟人，因此可重点介绍湖南伟人名人。首先，民间有"炭子冲到韶山冲，风雨潇湘起二龙"的说法，因此，可先介绍此次旅游目的地的两位代表人物，即毛泽东和刘少奇。其次，可根据民间流传的一个很有意思的说法，即以韶山为圆心，100公里为半径，中国近100位影响巨大的人都在这个范围内，例如曾国藩、左宗棠、刘少奇、彭德怀、胡耀邦、朱镕基等，因此，接下来，导游可以简要介绍湖南的这些代表性伟人名人。

4. 突出讲客人喜爱的毛主席的故事

众所周知，韶山因是中华人民共和国的缔造者——毛泽东主席的故乡而享誉国内外，而12月26日正是主席诞辰。因此，导游在讲解时，应突出介绍毛主席，导游可通过讲一些生动、感人的主席生平故事突出领袖的伟大，也让游客得到真正的红色教育。

5. 讲故事后进行互动

讲完故事后,导游可组织红色知识有奖竞答等活动,让游客在参与中学习到更多的知识,同时也融洽客导之间的关系。

任务拓展

任务一:小王作为地陪接待了一个来自北京的旅游团,他们的旅游线路是长沙—娄底,在长沙前往娄底的公路上或者在娄底进行沿途导游讲解时,导游们不得不提的一个人物就是被誉为"湖南第一圣人"的曾国藩。请问,小王应如何介绍曾国藩?

任务二:小李作为地陪接待了一个来自贵州的旅游团,他们的目的地是长沙、张家界、凤凰,来到凤凰,乡土文学之父——沈从文先生故居是必去的景点之一。请问,小李应如何介绍沈从文先生?

工作任务三 讲"湘军"的故事

任务导入

地陪小何于8月10日接待了一个来自上海的文化旅游团队,他们的旅游目的地是长沙,主要考察湖南"湘军"、参观湖南的出版社和电视台。请问小何在讲解中应该如何突出"湘军"这一主题?

任务解析

作为湖南地陪导游,小何可以分四步完成该任务。

1. 与客人交流,了解他们的主要需求

因客人是一个文化考察团,且目的地是湖南省会——长沙,且他们出行的目的是考察湖南"湘军"。因此,导游在讲解中应突出"湘军"这一主题,同时可根据计调设计的旅游行程,并结合湖南的特色,选择合适的内容介绍。

2. 介绍"湘军""电视湘军""出版湘军"情况

了解完客人基本诉求后,可先从曾国藩创办的"无湘不成军"的"湘军"开始介绍,然后引申到湖南最著名的"电视湘军"和"出版湘军"。如,首先介绍曾国藩创办"湘军"的始末,然后介绍"电视湘军"的由来、以《快乐大本营》为中坚的综艺类节目以及热热闹闹、享誉全国的"湖南电视现象",最后可介绍湖南的出版事业。

3. 讲述"湘军""电视湘军""出版湘军"故事

介绍完"湘军""电视湘军"和"出版湘军"的基本情况后,再选择性地讲一些关于三者的故事,加深游客对"湘军"的理解。例如,关于"湘军",可以讲述一些体现湘军精神的"打落牙齿和血吞""屡战屡败、屡败屡战""低调做官、不越雷池"等故事。

4. 讲故事后进行互动

讲完故事后可与游客展开相应的讨论或者解答游客在倾听过程中积累的疑问,提高游客的参与度。

任务拓展

任务:地陪小王接待了一个来自全国各地的散客拼团,他们都是"追星族",对湖南的电视媒体十分感兴趣,对湖南的一些著名主持人,如汪涵、何炅、李湘等十分想了解。请问,小王在接待他们的过程中应该怎样进行讲解?

知识链接

下面介绍一下讲"湘"字故事的技巧。

一、讲稿是关键

故事讲得是否好,讲稿是关键。首先,"湘"字故事应该突出湖南特点;其次,与讲故事一样,应将文稿整理加工,使其变成讲稿。书面文稿常有许多文绉绉的字眼出现,供阅读很好,有利于提高文学素养。但讲故事和写文章不同,讲故事是一种口头文学,应该口语化和大众化。讲故事时,我们要尽量避免过于书面化的语言,除非是一定要掌握的书面词语,最好少用或者不用,改换大众化、容易为游客接受的说法。

二、把握特征,塑造声音形象

讲故事时,为了表现各种不同的人物,就需要声音来造型。通过富有性格特点的语气语调和音色来表现人物的个性,揭示人物复杂细微、丰富多彩的心理活动,力求做到"闻其声如见其人"。所以,我们拿到一个改编后的故事讲稿时,要先分析人物的性格特点,从人物的性格特点中挖掘角色的口气与语调,学会变声,用不同的声音、调门来塑造角色形象,根据人物个性和情节的发展把握节奏的快慢。例如小孩说话声音高而细,吐字靠前,语速较快;老人说话声音低而粗,吐字靠后,语速缓慢;刚直豪爽的人,说话声音厚实,吐字饱满有力;善良柔弱的人,说话声音半虚半实,吐字轻缓。高兴时,声调轻松明快;郁闷时,声调低沉缓慢。这样,游客就能通过声音区分出角色和剧情的变化。

三、注意讲演的结合

讲故事是一门讲演结合的语言艺术。讲故事时,为了内容和感情的需要,我们要用动作、姿态、表情等辅助"讲",讲演结合,绘声绘色,活灵活现,才能把故事讲得生动有趣,引人入胜。表情和动作是一种无声语言,用得好,可以令你的故事精彩感人。讲演结合时,可注意以下几个问题:首先,眼神要跟上,眼神在故事讲述中起到画龙点睛的作用;其次,表情要自然,既要真实感,又要艺术感;再次,动作要大方得体,恰到好处;最后,形体站位有机配合。

(一)"三个一"的最美品牌故事

1. "一粒种子"——袁隆平的故事

袁隆平是一位视科学为生命、以科学为灵魂居所的伟大科学家。为了杂交水稻事业,他几十年如一日,矢志不渝。刚开始研究时,许多人说他是自讨苦吃,他坦然回答:"为了大家不再饿肚子,我心甘情愿吃这个苦。"研究条件的简陋艰苦、文革期间的政治冲击、上千次的试验失败……都没有动摇袁隆平研究杂交水稻的决心。在艰苦的条件下,他患上了习惯性肠胃炎,体重下降20多斤。同事们担心他的身体,但他却毫不在乎地说:"只要杂交稻能够培育成功,就是豁出性命,也心甘情愿!"下面给大家讲讲袁隆平的故事。

袁隆平出生在一个书香世家,他的父亲一直默默地为他规划着一条读名校、再从政的光宗耀祖之路。出乎意料的是,他最终选择了"做一个整天跟泥土打交道的农业科学家"。

大学毕业以后,袁隆平被分配到湘西一个农村教书。这个在地图上找了半天都找不到的地方,却成了他梦想起飞的起点。然而,路从一开始就不平坦。受苏联的遗传学的影响,袁隆平一门心思搞起了"无性杂交"。当时,粮食问题仍然影响着中国人民的基本生存。他说他晚上常常做梦梦见吃肉,醒来只能吃草根树皮。他铁了心,一定要解决粮食增产问题。偶然的一个机会,袁隆平在稻田中发现一株"鹤立鸡群"的稻株。后来,灵感告诉他这是一株天然杂交水稻。通过努力,人工培育杂交稻成功了,袁隆平的梦的火花,在那一刻正式点燃。

发了芽的稻种在广袤的土地上播种了,秧苗在南国的暖风里茁壮成长。1976年到1988年,中国的土地上迎来了"第二次绿色革命"。杂交水稻被称作是"东方魔稻",而袁隆平也被国际同行称为"杂交水稻之父"。

在他的办公室里,书柜上摆满了书,和书柜一样醒目的还有另外一些东西。草帽、毛巾、衬衣,还有一双长筒下田靴。他说:"我不在家,就在试验田;不在试验田,就在去试验田的路上。"

功成名就后,有人劝袁隆平退隐,认为他完全可以"躺在功劳簿上"了。他说,山外青山楼外楼,自然探秘永无休,成功易使人陶醉,莫把百尺当尽头。

袁隆平先生就是这样,将科学精神与人文情怀、专业素养与道德操守、事业追求与社会责任、祖国情节与世界胸怀完美结合的风范,赢得了社会的普遍尊重。

2. "一座书院"——岳麓书院的故事

(1) "道南正脉"与"程门立雪"的故事。

在岳麓书院,有一匾上书"道南正脉"。据说是乾隆皇帝为了表彰岳麓书院在传播理学方面的功绩所赐的,其意思是说岳麓书院所传播的朱张湖湘学是理学向南传播后的正统。

这里的"道"指的是理学。北宋时期,理学在洛阳传播,程颢、程颐兄弟俩都是宋代著名的理学家。当时,福建进士杨时,为了丰富自己的学问,毅然放弃了高官厚禄,跑到河南颖昌拜程颢为师,虚心求教。后来程颢去世后,他自己也已经40多岁了,但仍然立志求学,刻苦钻研,又去到洛阳拜程颢的弟弟程颐为师。

一次，他和朋友游酢一起到程家去拜见程颐，正遇上程老先生闭目养神，这时候，外面开始下雪。两人求师心切，恭恭敬敬侍立一旁，一动不动，不敢发出半点声响。如此等了大半天，程颐才慢慢睁开眼睛，见杨时、游酢站在门外，吃了一惊，说道："啊，啊！他们两位还在这儿没走？"这时，他们脚周围的雪已经积了一尺多厚了，而杨时和游酢并没有一丝疲倦和不耐烦的神情。

当杨时学成南归时，程颐目送并且非常高兴地说："吾道南矣。"

"程门立雪"的故事不仅是一个尊师重教的典故，同时也成了理学南传的一个重要标志，而朱熹、张栻的理学思想是直接继承于杨时的，所以说岳麓书院所传播的思想是理学南传的正统。

这就是"道南正脉"的由来。

（2）重返鹿鸣宴的故事。

在唐代，每年的乡举考试后放榜的第二天，州县的长官都要为得中的举子举行宴会，名为鹿鸣宴。重返鹿鸣会，是指参加鹿鸣会的举人在六十年后再次赴宴。能够重返鹿鸣宴的人是少之又少的，在岳麓书院的历史上，以山长的身份重返鹿鸣宴，罗典是第一人，这个传说发生在罗典重返鹿鸣宴的那一天。

那一天，书院格外热闹，达官贵人、名门望族都前来道贺，并且吟诗作赋一显自己的才华。正当大家乐着的时候，一个乞丐模样的老道想进来，守门的人拦也拦不住，老道来到厅堂，向罗典打了一揖首，说道："众位施主，贫道也来凑热闹。"众人见他这模样，都看不起他，想戏弄他一下，叫他写几个字来看看。老道听了，知道这不是容人之地，一把就捉起堂前的扫把，沾了些黄泥，瞅准赫曦台上的一面白墙，刷！刷！就是两笔，写下了一个丈余高的"寿"字。众人看得目瞪口呆，半天说不出话来，当回过神来的时候，老道已不知所踪了。再看这字，健笔如飞、力透骨肌，知道这定非凡人所能为，罗典后悔不已，托人四处去寻找老道士的下落，但还是无法找到。为了弥补过失，同时也为了对称，罗典便亲自在对面的白墙上补写了一个"福"字，是一笔写成的，但这个"福"字的笔力就无法与"寿"字相比了。这个"寿"字有点像龙蛇缠绕在一起，是"藏龙"的意思，而"福"字则有点像猛虎下山，意为"卧虎"之意，两个字合在一起，也就是在暗示着岳麓书院是个藏龙卧虎的地方。

3. "一部电影"——美国电影《阿凡达》取景地故事

2009年年底，3D大片《阿凡达》的上映引起全球影迷的一片叫好，也引发了一场对"哈利路亚山"原型的争夺战。张家界、黄山两个国内知名旅游胜地也展开了一场"傍大款"的拼抢。

"哈利路亚山"是《阿凡达》中潘多拉星球上的巨石，因含有一种珍稀矿产和奇特的磁场而悬浮在空中。《阿凡达》的故事就是围绕地球人为抢夺潘多拉星球哈利路亚山的矿产展开的，影片中哈利路亚山的神秘、美丽的风光给观众留下了深刻的印象。

张家界旅游局于2010年1月25日公开宣布将其著名景点"南天一柱"（又名乾坤柱）改名为"哈利路亚山"。张家界方面介绍，2008年12月，好莱坞著名艺术设计大师艾瑞克·汉森教授来到了张家界的著名景区袁家界，拍摄了包括乾坤柱在内的张家界峰林镜头，这就是《阿凡达》剧里的"哈利路亚山"的灵感之源。而改名的目的是证明"哈利路亚山"的原型是张家界，还广大观众、网友和游客一个真相，他们用事实捍卫张家界山的权威，用行动营销张家界的旅游品牌,绝非丢掉张家界自己的文化根基去为一部外国影片而"崇洋媚外"。

此外,为了更好地借势《阿凡达》推广张家界,张家界旅游局还专门成立了"张家界市旅游协会阿凡达主题游综合事务办公室",简称"阿办"。

面对张家界大张旗鼓的宣传活动,作为"哈利路亚山"原型争夺战的另一边,黄山风景区就显然失了先机。

通过借势《阿凡达》,张家界森林公园及"乾坤柱"等风景一时间风靡国内外,吸引了大量慕名前来观光的游客。景区的游客接待数量实现了淡季反超的奇迹。数据显示,2010年春节黄金周,较往年同比增长25.87%,旅游门票收入1173.7万元,同比增长50.88%,实现了新年旅游的"开门红"。利用假期到张家界实地目睹"悬浮山"原型,体验"阿凡达之旅"的游人占了近17%。

其实不管争论的结果是什么,借势营销都只是旅游业常用的一种营销手段。

(二)伟人名人故事

1. 毛泽东的故事

(1)牛司令的故事。

毛泽东少年时代和同伴放牛时,经常在山坡上玩耍,一玩起来往往就误了放牛,要么是到了时间牛还没有吃饱,要么是牛跑到人家的田里去啃庄稼。怎样才能既保证放好牛,又让大家玩得痛快?毛泽东和大家商量了一个办法。他把同伴们组织起来分成三班:一班看牛,不让它们吃了庄稼;一班割草;一班去采野果子。每天轮班,今天看牛的,明天割草,后天去采野果子。这样,各人都有自己的工作。

快到晌午的时候,大家都回到了原来聚会的地方。看牛的孩子们,让牛吃得滚圆滚圆的;割草的孩子们,都装满了一大篓子;采野果子的孩子们,从山里带回来大堆大堆美味的野果……这时候,毛泽东就把草和果子拿来,合理地分给每个人。有时不够分了,他就少分一点。而有剩余的草,他就用绳拴起吊在树枝上,谁能跳起来抓着就归谁。和毛泽东一起,不仅能放好牛,而且玩得痛快,因此,小伙伴都乐意同毛泽东一起放牛,称他为"牛司令"。

(2)毛主席读书的故事。

毛泽东在年轻的时候有一个外号叫"毛奇"。毛泽东在第一师范读书的时候,有四句话经常挂在嘴上。他说:"我们都是读书人,读书要为天下奇!""要读奇书,交奇友,创奇事,做奇男子。""读奇书"就是一般的书不读,要读就读一些有大智慧的书;"交奇友",毛泽东果然交了一批奇友——新民学会的那些成员,中央电视台曾放过一个电视剧《恰同学少年》,围绕在他身边的一些慷慨之士,后来大都成了非常著名的人物;"创奇事",他缔造了一个共和国;最后,毛泽东是当之无愧的奇男子。打仗他是一流的军事家,搞理论他是一流的哲学家和思想家,写诗他是一流的大诗人,散文也了不得。20世纪50年代初,大陆在批判胡适的时候,那个时候胡适住在美国,有人就去采访胡适说:"大陆正在批判你的思想,你有什么感想?"胡适说了两句话:第一句,"这证明我的思想还有批判的价值"。第二句,"客观地说,要论大陆白话文写得最好的还是毛润之"。连胡适这个新文化运动的先驱,白话文的大家,都说毛泽东的文章写得好。搞书法,毛泽东的书法是很难学的,自成一体;读历史,毛泽东也是当然的历史学大家;

搞政治就不用说了,是政治领袖;搞国际战略,也是国际的战略大家,包括处理中苏关系、中美关系,从乒乓球这个外交开始慢慢实现。毛泽东他是中国历史上一流的军事家、书法家、诗人、理论家、散文家,又是史学家。所以说,毛泽东年轻时候做奇男子的目标达到了。

2. 刘少奇的故事

刘少奇的廉洁故事

有一次,刘少奇到上海视察工作。他在火车上休息时,摘下手表,放在茶桌上。旅途中,由于火车颠簸,那只上海牌手表滑下茶桌掉进了痰盂里。李太和趁机说:"反正这表也够旧的,早该换新的了。正好到上海,买块新的得了!"刘少奇却摇摇头说:"这表捞出来洗洗还能戴,即使出了毛病,到上海修理正好方便。"李太和帮忙把刘少奇的手表捞出用水洗过后,刘少奇看看这表没出毛病,于是又继续戴上。此后,他一直没有丢弃,直到去世,他还戴着这块从痰盂里捞出来的上海表。

"三年困难时期",粮食与副食品奇缺。一些地方负责人为了照顾中央首长,派人进京送些副食品。针对这种情况,刘少奇叮嘱李太和等工作人员:"能退的坚决退回,实在不能退的,也一定要按价付钱。"李太和说,那一段时间,刘少奇外出无论到哪里,都是自己带上茶叶、烟,不用人家招待,即使是在接见外宾时,出于礼节不能用自带的茶叶沏茶了,但他仍旧吸自己带的一般烟。

刘少奇同志一向平易近人。那年,有位朝鲜国家领导人来中国访问,刘少奇陪同他参观位于天安门广场东侧的中国革命博物馆。为了国家领导人的安全,李太和领着警卫员,把没进馆的群众堵在外面,把进馆的观众拦在一边。见此情景,刘少奇皱起眉头,因陪同贵宾无法脱身,他让王光美转告警卫员:"不要这样做,要让群众继续参观。"

3. 左宗棠的故事

左宗棠收复新疆的故事

帝国主义者对中国的边疆,一直怀有野心,一旦有机会,就想将中国的边疆从中国分裂出去,成为他们的殖民地。

19世纪60年代中期,新疆各族民众在西北回民起义的影响下,发动了反清起义。一些封建主和宗教上层分子便利用反清浪潮,称霸一方,形成了好几个割据势力。占据南疆的民族败类金相印,为了能够取胜,竟向原来藩属中国的中亚浩罕汗国求援。汗国的军事头目阿古柏趁机出兵,占领了喀什噶尔、英吉沙、莎车等地方,后来干脆自立为王,建立了一个名为"哲德沙尔"的汗国,想把新疆从中国的版图上分裂出去。

西北边防危机重重,迫在眉睫,全国民众纷纷要求出兵,收复新疆。可是,在清廷内部,却对要不要收复新疆产生了不同看法。北洋大臣李鸿章竭力反对,他说:"新疆地方大,人又少,每年要花去300多万银两的军费,用这么一大笔钱去换几千里的贫瘠土地,实在是划不来。再说了,与俄国人打仗,我们几乎没有赢的可能。"

但是,陕甘总督左宗棠坚决主张出兵收复新疆,他据理力争道:"新疆是中国的西北门户,如果我们放弃了,那么,非但甘肃、陕西有麻烦,而且蒙古、山西从此也将不得安宁,就连北京城将来也会受到很大的威胁。"

他恐怕别人说自己贪功,所以又特别强调说:"我是一介书生,高官和厚禄,我连做梦也没想过,难道会有立功边疆,望得大恩的打算吗?更何况我已经是快要入土的人了,又怎么能够不自量力,抢挑收复失地的重担呢?只是我考虑到,新疆如果不收回,就会麻烦不断,后患无穷,这点报国忠心,不敢不尽啊!"

经过激烈的争论,朝廷最后接受了左宗棠出兵收复新疆的意见,并在公元1875年5月任命他为钦差大臣,负责新疆军务的统一指挥。这时候,左宗棠已是65岁的老人了,但是他仍不顾年老体弱,亲自出征。

新疆以天山为界,分为南疆和北疆。左宗棠为了速战速决,采取了先围攻北疆,再出兵南疆的策略;而围攻北疆的时候,又集中兵力,首先拿下乌鲁木齐。在他的指挥下,西征军立即向乌鲁木齐挺进。

守卫乌鲁木齐的,是投靠阿古柏的叛将白彦虎。清军的先头部队趁夜发动猛攻,一举占领了乌鲁木齐的外围据点古牧地。阿古柏知道消息后,连忙派兵增援,经过三个多月的激战,清军最终打败阿古柏的援兵,收复了乌鲁木齐,还一口气攻克了昌吉、呼图壁、玛纳斯等地,白彦虎慌忙败逃南疆。

随后,左宗棠马不停蹄,向盘踞南疆的阿古柏军队发起总进攻。清军只花了半个月的工夫,就突破了阿古柏设置的一道道防线,连续攻克达坂、鄯善、吐鲁番、托克逊,消灭敌人一万多。

英国人见势不妙,耍起"调停"花招,想让喀什噶尔变成保护国,并通过清政府向左宗棠施加压力。左宗棠不予理睬,继续追击残敌,阿古柏被打得东躲西藏,最后服毒自杀,他的儿子伯克胡里带残兵败将逃到俄国境内。

就这样,左宗棠前后只用了一年半的时间,就收复了除伊犁以外的新疆全部领土。

4. 黄兴的故事

黄兴仗义揍劣绅

近代民主革命家黄兴青少年时代在家乡湖南善化(今长沙)攻书习武。

他平日为人豪爽,爱打抱不平,常为乡邻排难解纷,因而有任侠之称。一年春天,有个姓曾的劣绅看中了乡邻的一位有夫之妇,为了占为己有,便串通官府,编造罪名,把她的丈夫关进了大狱。黄兴得知此事,怒不可遏。这时,恰逢东村李某娶媳妇。李、黄两家原是远亲,黄兴因而前往祝贺,恰巧,曾劣绅也来了。筵席摆好后,黄兴有意坐在曾劣绅旁。举杯饮酒时,他故意失手翻杯泼湿曾劣绅的衣服。曾勃然大怒,霍地站起说:"谁家犬子,竟敢对老子如此无礼?"黄兴也拍案而起,怒斥说:"我只玷污你衣,你就如此不堪忍受,你以奸计诬人,又霸占其妻,叫别人怎生忍受?"曾劣绅见黄兴当众揭出了自己的癞疮疤,气得就要动武。说时迟,那时快,黄兴扑上前去,一把揪住他的长辫,拖出席间,使出平生力气,拳脚交加,劈头盖脸就是一顿猛揍。曾劣绅狼狈不堪,想去衙门告状,又恐因劣迹太多而败诉,只得忍气吞声,呻吟着叫人抬回家了事。

打这以后,曾劣绅再也不敢横行乡里了。

5. 雷锋的故事

人民的勤务员

从1961年开始,雷锋经常应邀去外地作报告,他出差的机会多了,为人民服务的机会也就多了,人们流传着这样一句话:"雷锋出差一千里,好事做了一火车。"

一次雷锋外出在沈阳车站换乘的时候,一出检票口,发现一群人围着一个背着小孩的中年妇女。原来这位妇女从辽宁去吉林看丈夫,车票和钱丢了。雷锋用自己的津贴费买了一张去吉林的火车票塞到大嫂手里,大嫂含着眼泪说:"小兄弟,你叫什么名字,是哪个单位的?"雷锋回答道:"我叫解放军,家就在中国。"

五月的一天,雷锋冒雨去沈阳,他为了赶早班车,早晨5点多起来,带了几个干馒头就披上雨衣上路了。路上,雷锋看见一位妇女背着一个小孩,手还领着一个小女孩也正艰难地向车站走去。雷锋脱下身上的雨衣披在大嫂身上,又抱起小女孩陪她们一起来到车站。上车后,雷锋见小女孩冷得发抖,又把自己的贴身绒衣脱下来给她穿上,雷锋估计她早饭没吃,就把自己带的馒头给她们吃。火车到了沈阳,天还在下雨,雷锋又一直把她们送到家里。那位妇女感激地说:"同志,我可怎么感谢你呀!"雷锋说:"不要感谢我,应该感谢党和毛主席啊!"

一次,雷锋从安东(今丹东)回来,要在沈阳转车。他背起背包过地下通道时,看见一位白发苍苍的老大娘,拄着棍,背了个大包袱,很吃力地一步步走着,雷锋走上前问道:"大娘,您到哪儿去?"老人上气不接下气地说:"俺从关内来,到抚顺去看儿子!"雷锋一听跟自己同路,立刻把大包袱接过来,用手扶着老人说:"走,大娘,我送您到抚顺。"老人感动极了,一口一个好孩子地夸他。进了车厢,他给大娘找了座位,自己就站在旁边,掏出刚买来的面包,塞了一个在大娘手里,老大娘往外推着说:"孩子,俺不饿,你吃吧!""别客气,大娘,吃吧!先垫垫肚子。""孩子"这个亲切的称呼,给了雷锋很大的感触,他觉得就像母亲叫着自己小名似的那样亲切。他在老人身边,和老人唠开了家常。老人说,她儿子是工人,出来好几年了。她是第一次来,还不知道住在什么地方哩。说着,掏出一封信,雷锋接过一看,上面的地址他也不知道。老大娘急切问雷锋:"孩子,你知道这地方吗?"雷锋虽然不知道地址,但雷锋知道老人找儿子的急切心情,就说:"大娘,您放心,我一定帮助你找到他。"雷锋说到做到。到了抚顺,背起老人的包袱,搀扶着老大娘用地图找了两个多小时,才找到老人的儿子。母子一见面,老大娘就对儿子说:"多亏了这位解放军,要不然,还找不到你呢!"母子一再感谢雷锋。雷锋却说:"谢什么啊,这是我应该做的。"

过年的时候,战友们愉快地在一起搞各种文娱活动。雷锋和大家在俱乐部打了一阵乒乓球,就想到每逢过年过节,服务和运输部门是最忙的时候,这些地方是多么需要人帮忙啊。他放下球拍,叫上同班的几个同志,一起请假后直奔附近的瓢儿屯车站,这个帮着打扫候车室,那个给旅客倒水,雷锋把全班都带动起来了。

雷锋就是选择永不停息地、全心全意地为人民做好事,难怪人们一见到为人民做好事的人就想起雷锋。因为他是我们的好榜样!

(三) 湘军故事

1. "湘军"故事

屡战屡败,屡败屡战

曾国藩认为,小忍小成,大忍大成,富者能忍保家,贫者能忍免辱,父子能忍慈孝,兄弟能忍意笃,朋友能忍情长,夫妇能忍和睦。

从这番理论可见,曾国藩把"忍"看得有多重要。在曾国藩看来,克制冲动,凡事要忍。曾国藩就好像一头倔驴,硬着头皮往前闯,永不言败、永不言退,这是曾国藩和湘军取得成功的一个最重要的原因。

自衡州出师后,曾国藩的湘军与太平军交锋,屡战屡败,而且败得干净利落。

当初曾国藩曾经上书皇帝,批评绿营军无能;长沙练勇期间,他也多次抨击绿营军不行。而今自己组建的湘军也同样战败,他顿感"无颜见江东父老",心灰意冷,几天几夜不吃不喝。

曾国藩再次战败的消息传到长沙,一时间满城风雨。有人幸灾乐祸,极尽嘲讽之能事;有人落井下石,主张弹劾曾国藩,撤销湘军。官场上,飞短流长;社会上,闲言碎语。

面对这一切,曾国藩如坐针毡。最棘手的一件事情就是如何向皇上交代。

他看着幕僚草拟的奏折,上面如实地写下了岳州等地接连吃败仗的情况。当看到奏折中"屡战屡败"一句时,曾国藩灵机一动,拿起笔将"屡战屡败"改成了"屡败屡战"。

咸丰皇帝看了奏折后,对曾国藩虽败仍然战斗的精神非常满意,令其重整旗鼓,继续战斗。

从"屡战屡败"到"屡败屡战",一个"不怕败""败不馁"的英雄形象跃然纸上。有人说,这是曾国藩在玩弄"文字游戏",其实,这是一种精神,是坚忍品质的表现。

2. "电视湘军"的故事

自20世纪90年代以来,"电视湘军"凭借一股敢闯敢拼的精神,在竞争激烈的市场环境中,赢得了一席之地。其中,湖南的娱乐节目,如《快乐大本营》在全国尤具影响,可谓开电视娱乐风气之先。事实上,除了娱乐节目,经过数十年的发展,湖南本土电视剧也收获累累硕果,出现一大批优秀作品,不时在荧屏上刮起阵阵"湖湘风"。譬如,《乌龙山剿匪记》(1987年)当年的热播场景,用"万人空巷"来形容亦不为过,次年,还荣获第8届"飞天奖"三等奖;《还珠格格》(1998年)深受观众喜爱,一播再播,收视率依然居高不下,并获第17届"金鹰奖";《雍正王朝》(1999年)是首部囊括"飞天奖""金鹰奖"和"五个一工程奖"三项国家级大奖的电视剧;《恰同学少年》(2007年)同样荣获三项国家级大奖;《血色湘西》(2007年)风靡大江南北,好评如潮,等等。这些成绩的取得与湖南人"敢为人先、心忧天下"的湖湘精神是直接相关的。接下来给大家说说近年热播的一部电视剧《人民的名义》为何落户湖南电视台的故事。为什么《人民的名义》这部主旋律电视剧会放在湖南卫视播出,而不是中央电视台?

《人民的名义》2016年大年初三开机,5月制片方和湖南卫视的购剧协议就签下来了,当时电视剧都还没杀青,电视剧总制片人高亚麟说:"湖南卫视非常干脆,一共就谈判了两次,前后不超过一个星期。最难得的是湖南卫视在价格上一点儿也不'欺负'新手,1.2个亿的投资最后卖了2.2个亿,投资回报率高达83.3%!"几乎所有的投资人都觉得这种风险高的反腐剧不会赚钱,高亚麟在开机宴上还和其他几家投资人说做好了亏40%的准备,甚至一直到后期发行还有很多行家唱衰他,说"这片子基本废了。"此番湖南卫视颇有点雪中送炭的意味,让这些投资人都赚到钱了。当然,湖南卫视的合同也是十分苛刻的,条件是:2017年1月15日交片,一旦审查不过,超过一天罚五万,连续十天之后,合同就会自动终止。按照重大涉案题材影视项目的审查流程,《人民的名义》拍摄完成之后,先由最高检审查,然后再交由国家新闻出版广电总局审查。一般情况下,一部55集的电视剧全部审查流程走下来可能需要几个月的时间。在审查中起到推进和润滑作用的主要是四个人,编剧周梅森,导演李路,项目牵头方最高检影视中心副主任范子文,还有中央军委后勤保障部金盾影视中心主任李学政。有人称他们为重要"四帮"。后期拍摄完之后高检审查2个多月,国家新闻出版广电总局的审查流程走得非常快。相对而言,这样的审查速度和流程,已经相当迅速。这一过程其实也是湖湘精神的一种体现。

3. "出版湘军"的故事

《大清相国》的故事

《大清相国》是2013年在湖南文艺出版社出版的历史小说,作者是王跃文。长篇历史小说《大清相国》塑造了以陈廷敬为主要代表的大臣群相,反映了一个特定历史境遇中官场人物的人格、道德和行为的艰难选择,再现了300多年前的官场风云。廷敬行走官场50余年生涯,体现他揭时弊、倡清廉、恤百姓,充满着济世救民的理想主义情怀。

说到写作这本书的初衷,王跃文说是自己有一年去山西阳城陈廷敬的故居皇城相府参观游览,听了当地人对这位先贤的介绍,顿生敬仰之心。随后,他查阅了陈廷敬相关的历史资料,读了大量同时期的清代正史和野史、笔记,积累了写作素材,写出了这部小说。

2007年年底,时任北京市市长的王岐山即将上调中央,在向同僚们告别之时,他推荐了两本书,其中之一便是在当年出版的历史长篇小说《大清相国》。

在《大清相国》里,对"清官、好官、能官、德官"提出了"宅心仁厚、精明能干、从善如流、不乏铁腕"的16字标准,这和习近平总书记提出的"信念坚定、为民服务、勤政务实、敢于担当、清正廉洁"20字好干部标准有一定重合。

(四)趣味"湘"字故事

1. 湖南老人与半床被子

2016年10月21日上午10时,纪念红军长征胜利80周年大会在人民大会堂举行。中共中央总书记、国家主席、中央军委主席习近平出席大会并发表重要讲话。这是习总书记在讲话中提及的唯一一个长征故事,它的主人公是一位已离世20多年的湖南老人徐解秀和三位不知道名字的女红军战士。

1934年11月上旬,红军突破国民党第二道封锁线后,中央红军卫生部等驻扎在了湘赣边界的湖南省汝城县文明瑶族乡沙洲瑶族村。

那年冬天的一个傍晚,不幸与队伍失散并迷路的三名女红军战士饥寒交迫,筋疲力尽,跌跌撞撞地来到了沙洲村。她们没有进村,而是敲开了离村几十米的一间破茅草屋。主人是一对年轻的夫妇。女主人叫徐解秀,夫妇刚刚结婚,家里一贫如洗。

主人没问她们是谁,从哪儿来,但他们分明明白什么。于是,他们倾其所有,为饥饿疲惫的客人准备了一顿粗茶淡饭。吃完饭,徐解秀就将三位客人领到了床上。那是一张用楠竹扎成的床架,床上的破席下面垫着稻草,女战士忙将她们唯一的棉被打开……

第二天,天刚蒙蒙亮,徐解秀和女战士同时醒来,她们发现,男主人一直睡在门口的草垛上守护着她们。女战士们的眼睛湿润了,临走时,她们决定把这唯一的一条被子送给徐解秀夫妇,但夫妇俩说什么也不肯接受。他们说:"你们三个人就共着这么一条被子,天寒地冻的,还要赶那么远的路,我们怎能忍心把它收下呢,我们在家里,至少还有一个躲风避雨的地方啊!"

三个红军姑娘怎么也说服不了徐解秀夫妇,于是她们不由分说地把被子往床上一扔,抽身就往外跑,徐解秀赶紧抱起被子,拼命地又追了出去,她们在村口把被子推过来又推过去,僵持不下,这时一个红军姑娘从背包中摸出一把剪刀,她们三个人不约而同对视了一下,坚定地把一条被子剪成了两半。她们拉着徐解秀的手哽咽着说:"大姐,这下你可别推了,这半条你就收下吧,等革命胜利了,我们还会回来看您的。"徐解秀颤抖着双手接过这半条被子,一句话也说不出,泪水唰地流了下来……

徐解秀把三个红军送到村口,望着绵绵群山,崎岖小道,担心红军女战士不认识路,徐解秀叫丈夫再送姐妹们一程,送远一点,送到大山的那一边。她站在村口,依依不舍地目送着丈夫和三个姐妹一步步远去……

习近平用这个故事来讲述中国共产党人的精神。他说:"同人民风雨同舟、血脉相通、生死与共,是中国共产党和红军取得长征胜利的根本保证,也是我们战胜一切困难和风险的根本保证。中国共产党之所以能够发展壮大,中国特色社会主义之所以能够不断前进,正是因为依靠了人民。中国共产党之所以能够得到人民拥护,中国特色社会主义之所以能够得到人民支持,也正是因为造福了人民。"

2. 辣椒的故事

中国人爱吃辣,会吃辣的人不少,但真正会吃辣的应该属于湖南人,宋祖英的那首《辣妹子》传遍大江南北,辣妹子形象深入人心,这就是最好的写照。我们敬爱的毛主席也非常爱吃辣椒,以下为毛主席吃辣椒的三个小故事。

毛泽东在1931年反围剿前夕,约请彭德怀吃辣椒。在两人吃辣椒时,毛泽东说:"游击战是青椒炒肉,溜到肚里辣;运动战是爆烤朝天椒,进口就呛人,从头辣到脚。"彭德怀当即领会毛泽东的意思是从游击战转入运动战,把敌人打个落花流水。

毛泽东爱吃辣椒,在招待秘鲁哲学家麦纳尔卡时谈及辣椒时说:"四川人吃辣椒,不怕辣;江西人吃辣椒,辣不怕;我们湖南人吃辣椒,怕不辣。"

1951年5月,毛泽东在北京听取首批入朝的志愿军四位军长梁兴初、吴信泉、温玉成、吴瑞林和副司令员邓华的汇报。时值中午,工作人员问是否留客吃饭,他说:"我请来的客人,哪有不吃饭之理?四菜一汤,家常便饭。"四菜是回锅肉、炒菠菜、油煎豆腐和竹笋炒肉,都夹有辣椒;还有一大碗酸辣汤,也浮着辣椒。毛泽东又说:"我们六个人,三个湖南,两个老表,还有一位四川的,都喜欢吃辣椒吧!"

项目三　做"湘"字特色游戏

知识目标

1. 了解和熟悉湘字特色游戏的类别及名称。
2. 掌握湘字特色游戏及其他常见游戏的规则和注意事项。

能力目标

1. 能与游客一起做"湘"字语言类游戏。
2. 能与游客一起做"湘"字知识类游戏。
3. 能与游客一起做其他常见游戏。

素质目标

1. 培养学生对湖南方言和文学作品以及相关旅游知识的学习兴趣。
2. 培养学生的团队组织能力和应变能力。

工作任务一　做"湘"字语言类游戏

任务导入

地陪小王接待了一个江西的旅游团,旅游团的行程是长沙—张家界—凤凰,在长沙前往张家界的高速公路上,小王提出因车程较长而进行一个专题游戏,即学讲长沙方言,游客兴致很高。请问,小王应如何组织?

任务解析

作为湖南地陪导游,小王可以分三步完成该任务。

1. 简介湖南方言

导游先为游客介绍湖南方言,可介绍以下内容:湖南方言,也叫作湖南话,不等于湘语。湘语只是本地的代表性方言,其次是西南官话、赣语、客家话。湘语的代表是长沙方言。所谓长沙方言一般是指长沙城区、长沙县大部、宁乡市东北部所使用的语言,而且长沙城区(望城区、岳麓区大部分地区、开福区大部分地区、雨花区东部地区、芙蓉区东部地区)和长沙县方言略有区别。

2. 引导游客学讲长沙方言

导游可引导游客学讲代表性的简单长沙方言,如吃饭、喝茶——恰饭、恰茶,妻子——堂客,睡觉——困觉(gao),这里——国里,忽悠——策,脑袋——脑壳(kuo)……学完简单方言后,还可教游客说说长沙著名的童谣,如《月亮粑粑》。

3. 结束互动时间

导游可根据车程的长短来决定学讲方言的时间,在即将抵达目的地前应结束互动时间,将游客的注意力拉回下一个项目。

任务拓展

任务一:导游小吴在张家界作为地陪接待了一个北京文化团,游客们对土家族文化十分感兴趣,有游客提出让导游带领他们学学简单的土家语言。请问,小吴应该如何组织?

任务二:导游小马接待了一批以文艺工作者为主体的旅游团队,他们的行程是长沙—凤凰,小马在长沙至凤凰的高速公路上提出要玩一个文艺高雅的游戏,即模仿中央电视台一档著名节目——《朗读者》,让游客们都来充当一下朗读者,声情并茂地读一读沈从文先生的《边城》。请问,小马应如何组织?

工作任务二 做"湘"字文化类游戏

任务导入

2016年7月1日,地陪小王接待了一个北京的领导干部团队,旅游团的行程是长沙—韶山,他们此次活动的目的是"缅怀伟人、传承精神",导游为了更好地完成这一任务,她在长沙至韶山的途中为游客准备了一个有奖竞答的游戏。请问,小王应该如何组织这一活动?

任务解析

作为湖南地陪导游,小王可以分三步完成该任务。

1. 简介游戏目的和规则

在长沙至韶山途中,针对本团队此行的目的设计有奖竞答游戏,以更好地促进游客了解红色文化,传承革命精神。导游可准备一些难度适中的红色旅游知识题目和一些能作为奖品的旅游纪念品,引导游客回答问题,并对回答正确的游客给予奖励。

2. 进入游戏实施环节,导游需灵活应变,适当调节气氛

在游戏实施环节,导游一方面可根据相关的题目来进行专题的讲解;另一方面在游客回答问题时应根据游客的实际情况灵活应变,不能强迫游客回答,游客回答错误不应讽刺或者

嘲笑,而应给予适当的引导和正面的鼓励。

3. 结束互动时间

当旅游车即将抵达目的地时,导游应结束游戏,开始介绍目的地概况和相关注意事项。

任务拓展

任务:导游小李作为地陪,带领一个上海的旅游团队进行了为期六天的长韶张凤之旅,旅游即将结束,在从凤凰返回长沙的途中,导游提出来玩一个小游戏,即根据这几天旅游活动的内容来进行一个有奖竞答游戏。请问,小李应该如何组织?

工作任务三　做其他常见游戏

任务导入

近期,湖南××旅行社全程陪同导游员小陈接待了一个赴江西参观的旅游团,行程的第一站是庐山,从长沙前往庐山至少要 6 小时,小陈应该如何带领游客愉快地度过这段车上时间?

任务解析

作为湖南全陪导游,小陈可以分三步完成该任务。

1. 可以带领游客玩一些简单又能调动气氛的游戏

因车程较长,导游的车上活动环节就显得更为重要,导游可根据游客的实际情况选择一些简单而又能调动游客积极性的游戏,如车牌点将、词语接龙、终极密码、解铃还须系铃人等。

2. 介绍游戏规则

选定游戏后,导游应详细介绍游戏规则,以"词语接龙"为例,游客可按座位的顺序说一个词语,词语是有规则的,后一位游客讲的第一个字是前一位游客讲的最后一个字,如苹果—果然,在接龙的过程中,若有游客接不下去或者有重复,就上台表演节目。

3. 进入游戏实施环节,导游需灵活应变,适当调节气氛

在实施环节,导游应注意以下事项:第一,这一游戏比拼的是游客对词语的丰富程度;第二,同音、多音、谐音皆可,停留时间超过 5 秒即算接龙失败;第三,导游应要求游客们认真倾听,每个人都可以当裁判;第四,导游在组织过程中应注意控制好场面,调节好车内气氛。

4. 结束互动时间

应观察游客的精神状态,当他们疲劳时应立即终止活动,让他们稍作休息。当即将到达目的地时,也应及时终止互动,开始介绍相关目的地概况和注意事项。

任务拓展

任务：导游小何作为全陪带领一个长沙的年轻人团队前往贵州旅游，游客大多十分活泼开朗，且是乘坐汽车前往，因车程较长，导游提出带领游客玩一个游戏。请问，小何应该如何组织？

知识链接

一 开展旅途活动的意义

长途旅行中，旅游活动的开展和组织不仅可以活跃气氛，更是增进导游和旅游者感情的桥梁，它不可能有固定的模式，内容的选择和方式的采用均有适时性和针对性，需要导游不断摸索和总结。

二 开展旅途活动的禁忌

旅途活动开展得好，自然妙趣横生，效应良好，但开展得不佳，就会降低旅途活动的功效，甚至产生副作用。因此，在开展旅途活动时，必须注意以下几个问题。

（一）请勿取笑他人

人性中有一种弱点，即大都不愿意被人当取笑的对象，尤其是有心理和生理缺陷的人在这方面特别敏感。但如果导游员能主动把自己当作取笑的对象，那么就能避免暴露上述弱点，比如笑自己的缺点、长相乃至失误，这都可以表达看法，解释误会，消除隔膜。因此，最可靠无误的幽默是自嘲。例如，一位导游员在给游客讲"八仙过海"的故事，为了活跃气氛，当他讲到铁拐李长得比较难看时，说："据说铁拐李是青岛崂山人士，我与铁拐李是同乡，大家看一看，也许会发现我与铁拐李长得有点相像。"客人都大笑起来，但这笑并没有贬低导游人员的人格，而是增添了导游讲解的幽默情趣。

（二）注意适合时宜

有道是"出门观天色，进门看脸色"。组织旅途活动也要注意合适时宜。比如在游客心情不佳、极度悲伤或肝火正旺时，这时组织旅途活动只能给人以强颜欢笑和幸灾乐祸的感觉。

（三）组织旅途活动不要反复

常言道："话说三遍狗也嫌。"一个有趣的活动，一句幽默的话，一个幽默的动作，第一次听（看）觉得新鲜有趣，但如果反复多次，就索然无味了。

（四）自己不可先笑

有的导游员讲笑话或故事时，一边讲一边自己笑，还没有把话讲完，幽默感就已完全消失了，自然难以引起游客的乐趣。因此，在运用幽默时，自己要适当摆出一副庄重的样子。

（五）不可预先交底

有的导游员在讲笑话时，总是喜欢说："我讲一个很好笑的笑话给大家听。听了大家一定会笑得肚子疼的……"想想看，即使这则笑话十分好笑，但经他这么交底，笑料就损失了一半。

（六）杜绝"黄色幽默"和"黑色幽默"

组织旅途活动应该是格调高雅、言行文明、态度乐观、精神健康的。那些充满低级趣味的"黄色幽默"和以玩世不恭的态度嘲笑时世、挖苦他人的"黑色幽默"在旅途活动中都是不可取的。因此，这就要求导游加强思想道德修养，杜绝充斥"黄色幽默"和"黑色幽默"的旅途活动，以崭新的精神风貌面对人生，面对生活，面对游客，用健康的旅途活动创造良好的导游员形象。

三 代表"湘"字特色游戏

（一）学讲湖南五片方言

长沙五片方言包括长益片、娄邵片、辰溆片、衡州片、永全片，以下以"学讲长沙方言"为例，来阐述"学讲方言"游戏规则。

既然游客来到了长沙，导游可以教游客说长沙话。

妹陀——妹子、小姐；恰——吃；傲——不错、好；宝气——骂人的话；堂客——老婆；满哥——年轻男人；何解（o gai）——为什么、怎么了、不服气。

导游还可以教游客唱长沙童谣《月亮粑粑》：

"月亮粑粑，肚里坐个嗲嗲，嗲嗲出来买菜，肚里坐个奶奶，奶奶出来绣花，绣个糍粑，糍粑跌得井里，变只蛤蟆，蛤蟆伸脚，变只喜鹊，喜鹊上树，变只斑鸠，斑鸠咕咕咕，和尚恰菱角，菱角溜溜尖，和尚上嗒天，天上四杂字，和尚犯嗒事，事又犯嗒恶，抓嗒和尚砍一脑一壳。"

（二）湖南景点知识抢答

湖南景点知识抢答是指以游客即将游览或已经游览的景点知识为内容，准备好系列问答题，让游客进行有奖抢答。导游应注意以下几个方面：第一，准备好问题（注意题目难度适中）；第二，准备好抢答奖品（最好是当地旅游纪念品），以调动游客回答问题的积极性；第三，导游可引导游客作答，但不得强迫游客回答，游客回答后应以赞扬和鼓励为主。下面以韶山为例，来阐述"湖南景点知识抢答"游戏规则。

在游客参观完毛泽东同志故居、毛泽东铜像广场后，导游可以考考大家，以下题目回答正确的游客可以赢得一份精美的韶山旅游纪念品。

1. 毛泽东主席的出生日期。（1893年12月26日）

2. 韶山地名的由来。（舜帝的传说）

3. 毛泽东同志酷爱游泳，故居前面的哪口池塘是毛主席少时习武练艺的地方？（南岸

塘)

4. 毛泽东故居大门顶端的"毛泽东同志故居"金字红木匾,是哪位伟人什么时候题写的?(邓小平,1983年4月2日)

5. 毛泽东同志的父母分别是谁?(毛顺生、文七妹)

6. 毛泽东同志生前五次回到家乡分别是哪几年?(1921年、1925年、1927年、1959年、1966年)

7. 为革命牺牲的毛主席的六位亲人分别是谁?(杨开慧、毛泽民、毛泽覃、毛岸英、毛楚雄、毛泽建)

8. 毛主席铜像是哪年运回毛泽东家乡的?(1993年主席100周年诞辰之际)

(注:可根据车程的长短来决定题目的多少。)

(三)其他常见游戏

1. 成语接龙

成语是体现我国文字、文化、文明的一个缩影,成语接龙是中华民族传统的文字游戏。它有着悠久的历史,也有广泛的社会基础,是老少皆宜的民间文化娱乐活动。成语接龙规则多样化,一般先由导游说一个成语,然后游客采用成语字头与字尾相连不断延伸的方法进行接龙,直到回到导游员先说出的第一个成语的第一个字,允许同音、多音和谐音,接不上或接错了或者重复前面游客说出的成语都判为失败。

例如,胸有成竹—竹报平安—安富尊荣—荣华富贵—贵耳贱目—目无余子—子虚乌有—有目共睹—睹物思人—人中骐骥—骥子龙文—文质彬彬—彬彬有礼—礼贤下士—事业有成—成竹在胸。

2. 正话反说

正话反说的游戏规则比较简单,先由导游员对每一位游客说出一个词语或短语,参与者需要将说给自己的短语倒着念给导游听,限时5秒,如导游员说"你好吗?",游客就要回答"吗好你",5秒内失败者,表演节目。为了增加游戏的有趣度,词语的选择是游戏的关键。

例如,狗咬我—我咬狗;武大郎—郎大武;西门庆—庆门西;先拔头筹—筹头拔先;近墨者黑—黑者"莫"近;杀人是我—我是人"渣";清晨我和猪—猪和我"成亲";清晨我上马—马上我"成亲";擒贼先擒王—王擒先贼擒;三下五除二—二除五下三。

3. 数青蛙

数青蛙是个简单易行的游戏,其游戏规则是:从游客中任意一人开始,第一位游客念"一只青蛙跳下水……扑通",第二位游客念"两只青蛙跳下水……扑通、扑通",由此循环下去,有几只青蛙就扑通几声,到了九只的时候可以重新开始。说错或者跟不上节奏者受罚表演节目。

4. 终极密码

选择一位权威游客当裁判,由裁判写出1到100之间任意一个整数数字(交到导游手上,不能公布)作为密码,然后大家轮流说一个数字,由导游给出范围,直到有游客说到裁判出的那个数字,并由这名幸运者表演节目,导游可为其准备小礼品。

例如,密码是 27,然后挨个说数字,有人说 68,导游就要说接下来大家要说 1 到 68 之间的数字,直到找到说出 27 这一密码的幸运者。

5. 替代字快速反应

活动是这样进行的,导游先向游客交代清楚替代的内容,并要求游客迅速记住该内容,如用拳头代表"脑袋",用一个手指代表"鼻子",用两个手指代表"眼睛",用三个手指代表"耳朵",用四个手指代表"嘴巴",用五个手指代表"头发"。游戏开始,导游伸出两个手指,游客马上要指着自己的眼睛不动。指错了予以唱歌或表演节目的"惩罚"。依次第二轮、第三轮进行下去。

6. 唱歌接龙比赛

此游戏适合在偏年轻的团队中开展。让大家按座位顺序唱歌接龙,但是每首歌都必须带一个字(如"爱"字等),并可评出几个奖项鼓励大家。

7. 数车牌尾数点将

此游戏适合在长途行车游客情绪不是特别高时,用来消除大家的疲劳感,转移大家的注意力所做的游戏。按座位顺序来给每个人排个号码(人数较多时可按两个人或多个人一组来排号码)。眼睛注意窗户外面超过的车牌号的尾数,比如尾数为"4",那么就由相对应的第四组来表演节目。此游戏比较轻松又容易调动大家的积极性。

项目四 观"湘"字特色节目

◇ 知识目标

1. 了解湖南特色节目的类型。
2. 熟悉湖南特色节目的艺术特征及文化内涵。
3. 掌握湖南特色节目的代表作品。

◇ 能力目标

1. 能欣赏和介绍湖南各地剧院演出节目的代表作品。
2. 能欣赏和介绍湖南各地实景演出节目的代表作品。

◇ 素质目标

1. 培养学生对湖南娱乐事业的喜爱和学习的兴趣。

2. 培养学生继承和弘扬湖湘文化的意识。

3. 培养学生的艺术审美素养。

工作任务一　观"湘"字剧院演出节目

任务导入

2017年9月5日,湖南××旅行社地陪小王接待了一个上海旅游团,其行程是长沙—花明楼—韶山,时间为两天,住宿长沙。游客来湘当天就提出:"导游,湖南的娱乐事业一直十分有名气,听说湖南电视台的很多娱乐节目都是来源于你们的剧院演出,你晚上能带我们去看一场吗?"请问,小王应如何安排?

任务解析

作为湖南地陪导游,小王可以分四步完成该任务。

1. 调整好行程,订好演出票务

既然是游客主动提出增加计划外的娱乐项目,导游应尽量满足,并做好安排。如调整好在长沙的行程,并联系相关剧院的负责人订好票务,以保证游客能按时观看演出。

2. 带领游客前往田汉大剧院观看《红太阳之夜》

导游可与田汉大剧院票务人员取得联系,订好票务,带领游客前往观看著名的歌舞晚会——《红太阳之夜》。

3. 为游客介绍节目内涵,讲解注意事项

在前往田汉大剧院的途中,导游先为游客介绍《红太阳之夜》的基本情况,如《红太阳之夜》于2013年10月全新改版,它充分利用高清LED屏、激光技术、多媒体数字灯、全息投影等舞台科技,将变幻多端的舞美和热情奔放的歌舞表演完美结合,让观众身临其境般地融入剧情,在感受3D舞美无穷魅力的同时,自发地制造出台上台下激情互动的剧场氛围。它是一台将国际性舞蹈艺术引向人民群众文化艺术实践的晚会,也是一台让任何一位走进田汉大剧院的观众都能轻松愉快、热情释放的晚会。接下来,导游还应为游客讲解观看演出的注意事项,如注意保管好自己的随身物品,在观看过程中切忌大声喧哗,观看完毕后的集合时间和地点。

4. 回酒店

晚会观看完毕后,导游员应有序引导游客登车,前往酒店休息,注意清点好人数,以防发生走失事故。

任务拓展

长沙××旅行社小李带领游客在张家界游览期间,欲带领游客观看著名演出节目《魅力湘西》。请问,小李应如何向游客推介?

工作任务二 观"湘"字实景演出节目

任务导入

2017年8月25日,湖南××旅行社地陪小刘接待了一个北京旅游团,其行程是长沙—张家界—凤凰。其中,张家界的第一站是游览天门山,游览完天门山后,导游顺势提出:"天门山晚上有一场十分精彩的实景演出,不知大家是否愿意前往观看?"请问,小刘应如何促销和组织实景演出?

任务解析

作为湖南地陪导游,小刘可以分四步完成该任务。

1. 促销实景演出《天门狐仙》,订好演出票务

导游在游览天门山时,可伺机向游客推荐由中国实景演出创始人执导的、享誉世界的华人音乐家谭盾担任音乐总监的、将舞台搭建于天门山下峡谷中的、每年3月初—12月初每晚8:20开演的实景演出——《天门狐仙》,若游客同意前往观看,导游应事先订好票务。

2. 为游客介绍演出内容

在前往观看的途中,导游可为游客简单介绍《天门狐仙》的表演内容,如它的全名是《天门狐仙——新刘海砍樵》,故事改编自神话传说《刘海砍樵》,讲述了一段感天动地的人狐之恋。《刘海砍樵》是湖南民间广为流传的一个爱情故事。演出根据对这个经典故事的重新构思、巧妙编排,并在音乐旋律的引领下,层层展开一幅幅绚丽优美、哀婉生动的舞台场景,重新讲述了以砍柴为生的青年樵夫刘海和在天门山中修炼千年的白狐仙之间曲折而又浪漫的爱情经历。

3. 带领游客前往观看,并讲解注意事项

带领游客前往观看,并为游客讲解相关注意事项,如演出开始和结束的时间,贵重物品的保管,集合时间、地点等。

4. 返回酒店

演出结束后,导游应组织游客有序离场、登车,前往酒店休息,注意清点人数,防止游客走失。

任务拓展

2017年7月5日,湖南××旅行社地陪小彭接待了一个杭州旅游团,其行程是长沙—花明楼—韶山。游览完宁乡后,导游向游客介绍道:"杭州有个著名的演出《宋城千古情》,近期,咱们湖南也在宁乡推出了一档千古情系列实景演出,不知大家是否有兴趣呢?"部分游客表示十分有兴趣,请问,小彭应如何安排和推介这一演出?

知识链接

一 导游在促销服务中的作用

导游员是购物、娱乐项目和景区促销中的宣传员,是一个国家旅游地区的名片;导游员也是促销中的倾听者,需要有敏锐的洞察力、极强的忍耐力,倾听客人的意见;导游员更是促销中的管理服务者和消费引导者,引导客人正确消费,带动当地旅游经济的发展。

二 销售自费项目中应注意的问题

近年来,在完成计划内行程后,另外再加一些计划外的景点或娱乐项目已经普遍可见。实际上,这种做法既符合国际惯例,又能使游客的行程更为丰富多彩而为大多数游客所能接受。

站在游客的角度,在有限的时间内,支付有限的费用,得到更多美好的视觉享受,让旅游过程更为充实和美好。站在导游员自身的角度,合理合情合法得到一些正当的收入,实在是皆大欢喜。那么,怎样让这些娱乐服务更为合理合情合法,真正做到皆大欢喜,做到"君子爱财,取之有道"是作为一个合格乃至优秀的导游员应该考虑的问题。

在进行计划外旅游娱乐服务过程中,也就是加点促销中,应注意以下几个方面。

(1)在加点时,一定要注意把握好时间,切忌因为想加点而耽误游客计划内行程,从而引发游客不满、造成投诉的不良后果,甚至给公司造成经济损失。也不能在加点过程中因为时间原因,对服务偷工减料,让游客有吃亏上当的感觉。所以,如果想要进行完美的加点促销活动,一定要严格计算好时间,选择合适的时间做正确的加点活动。

(2)在加点时,一定要有始有终,做好加点过程中的服务和安全保卫工作。切忌在促销时过于热情主动,而一旦加点成功就万事大吉,敷衍了事。在加点过程中一定要做好安全保卫工作,也要尽量选择安全的场所。

(3)加点一定要有计划性、预见性和灵活性,做出科学合理的安排,最好是能准备一些宣传资料、图片、影像资料等辅助手段,并且给客人提供多种项目以供选择,真正让客人感觉到不虚此行。

(4)在加点的技巧方面,一定要注意讲清所加项目中的亮点。切忌单刀直入,让客人有强迫的感觉,一定要含蓄委婉,自然流畅。如张家界导游在游客游览天门山时伺机向游客推出《天门狐仙》的表演,并结合湖南花鼓戏《刘海砍樵》介绍表演的亮点和特色,客人的好奇心被引发出来,大多数会主动提出想去观看,满足自己的猎奇心理。此时,导游的促销达到了"此时无声胜有声"的效果。

(5) 导游的加点过程实际上是一次对当地旅游资源的宣传过程,切忌不按旅行社加点收费标准收取费用,虚高报价。一旦被客人了解到,不仅导游员会被投诉,还会影响当地的旅游声誉。还是那句话,"君子爱财,取之有道"。

三 "湘"字代表演出节目介绍

(一) 剧场演出

1.《红太阳之夜》

《红太阳之夜》演出地点在长沙田汉大剧院,它充分利用高清 LED 屏、激光技术、多媒体数字灯、全息投影等舞台科技,将变幻多端的舞美与热情奔放的歌舞表演完美结合,让观众身临其境般地融入剧情,在感受 3D 舞美无穷魅力的同时,自发地制造出台上台下激情互动的剧场氛围。它是一台将国际性舞蹈艺术引向人民群众文化艺术实践的晚会,也是一台让任何一位走进田汉大剧院的观众都能轻松愉快、热情释放的晚会。

2.《潇湘画卷》

《潇湘画卷》演出地点在长沙田汉大剧院,它是专为展现湖湘文化魅力而特别制作的。它以美妙的舞台设计、清雅的音乐歌舞、加之高端的多媒体技术,在全视角化的舞台上,逐一展现出"长沙江天暮雪""岳阳洞庭秋月""永州潇湘夜雨""衡阳平沙落雁"等潇湘八景的诗情画意,借助幻化灯光映照下的亭台楼榭、轻歌曼舞中的俏丽姑娘、多彩多姿的服装道具,带领着观众畅游在湖湘秀美江天,它既是一台唯美高雅的演出,又是一台陶冶人心的演出,更是一台让人激情奋进的演出。

3.《魅力湘西》

《魅力湘西》演出地点在张家界,它向众人展示了激情洋溢的火鼓、翠翠与天保和傩送的美丽爱情、瑶族特色的求爱方式——爬楼、白族优美的民歌、人类最原始的茅古斯舞、哭嫁以及湘西赶尸等极具民族特色的表演。在保留湘西原生态民俗文化的前提下,它将民族音乐和舞蹈与声、光、电完美结合,让观众欣赏到一台原汁原味的湘西文化大餐。

4.《炭河千古情》

《炭河千古情》演出地点在湖南宁乡,它以西周王朝灿烂的历史文化为背景,以国之重器"四羊方尊"的传奇故事为主线,演出分为《在河之洲》《炭河绝恋》《妲己艳舞》《牧野之战》《爱在宁乡》等幕。在这段故事里,有巾帼红颜的倾国倾城,有生离死别的缠绵悱恻,有家仇国恨的悲愤忧患,有武王伐纣的壮怀激烈,再现了三千年前的那一场爱恨情仇。演出运用声光电等科技手段和舞台机械,上万套舞台机械上天入地,300 位演员倾情演绎,在水陆空三维空间营造出 360 度全景效果,被誉为"一生必看的演出"。

5.《烟雨凤凰》

《烟雨凤凰》演出地点在凤凰森林剧场,它取材自沈从文小说《边城》中翠翠和天保、傩送两兄弟的爱情故事,著名书画家黄永玉题写剧名。全剧共分为对歌、追爱、离别、思念、涅槃、祈福六个篇章,将半实景演出和沈从文先生笔下的人物形象完美结合,不仅是对文学作品的重新诠释,更是以舞台形式展现现代人对于纯美爱情和真善美的无限向往。

(二)实景演出

1.《中国出了个毛泽东》

《中国出了个毛泽东》演出地点在韶山,它以毛泽东同志为中国革命立下的丰功伟绩为线索,分为《走出韶山》《安源煤矿》《秋收起义》《万里长征》《民族抗战》《扭转乾坤》与《开国大典》七个篇章,将毛泽东走出韶山救亡启蒙,领导秋收起义、长征、抗日战争、渡江战役、建国等众多事件有机整合串联,从不同方面展现了伟人风采。

2.《天门狐仙》

《天门狐仙》演出地点在张家界天门山,它是根据刘海砍樵的故事改编,融入了桑植等地的民歌和土家的民风、民俗的歌舞剧。剧中最扣人心弦的就是在白狐仙与刘海盟誓完婚之际,遭到山寨人的坚决反对,要杀死刘海和白狐仙,此时,狐王也知道了白狐仙背叛狐国要处死她。白狐见不能与自己心爱的刘海在一起而伤痛欲绝,但仍不顺服于狐王的淫威。对爱情忠贞的白狐在断崖上与刘海隔山相望,守望千年,最终感动了天地之神,使有情人终成眷属。

3.《边城》

《边城》演出地点在凤凰,它改编自沈从文的同名小说,在浪漫的爱情故事中生动再现了湘西的民俗、民乐、民情,将湘西独有的民俗文化与巫傩文化有机结合起来,为观众送上一道极富文化内涵的视听盛宴,让人全景、深入地领略了湘西的民俗文化。全剧共分六幕及序、尾声,依次为拉拉渡(序)、身世、初萌、端午、灵犀、魂诉、渡缘、等你(尾声)。舞台上演员们身着特色银饰苗服,手持极具苗家文化特色的蜡染布,放射悬垂,水中漂洗;苗家独特的对唱情歌,唱出苗家人热情、淳朴的民风;色彩斑斓浓烈的土家族西兰卡普图案脸谱展示苗族异样的文化色彩,具有强烈的视觉碰撞感。

4.《印象洞庭》

《印象洞庭》演出地点在益阳,它分为上下两大篇章。上篇《碧荷仙子》,展现了晨曦初露之际,芙蓉朝沐、仙女采莲的美丽画卷。下篇《苇荡渔歌》,彩霞、苇影、月夜、渔舟、渔火是这一篇章的关键词。整台演出,阵阵涛声、袅袅炊烟、高亢的渔歌、美丽的渔家女将观众引入梦幻般的洞庭水上生活。恢宏的灯光、唯美的舞美,音乐一起,就让人赞叹连连。演出以天地为画卷、以洞庭做舞台、以湖湘文化为素材,通过实景表演,精彩呈现,营造出如梦似幻的画面意境和令人惊叹的演艺效果,是第一部以洞庭水为主题的大型实景歌舞剧。

5.《飞天·苏仙》

《飞天·苏仙》演出地点在郴州,它由降生、欢歌、善心、重生、感恩五幕及尾声颂歌组成,以郴州本土民间故事"苏仙传奇"为主线,将苏耽出生、神鹿哺乳、孝顺母亲、种橘驱疫、得道成仙的故事融入其中。它融合了许多郴州元素,主打音乐就是以嘉禾有名的伴嫁歌《半升绿豆》为基础,舞蹈融合了郴州傩戏、傩舞的表现手法和形式。如第一幕《降生》,首先映入眼帘的是我们耳熟能详的郴州民歌串编的音乐,通过舞台上花草树木的推进、雾气的喷洒,感受到宛如仙境的飞天山美景。整台演出突出一个"奇"字,奇美的翠江云水、奇特的飞天山色、奇幻的山水福地间降生了一个奇人苏仙。

6.《浏阳河上》

《浏阳河上》演出地点在浏阳,它是长沙首台大型田园实景演出。演出分为《河源·汉宫秋月》《河韵·浏水人家》《河魂·骄杨之恋》《天赐之美》四大主题篇章,数十个美轮美奂的场景,诠释了一个以礼仪为韵致的浏阳河、以天籁为律动的浏阳河、以水墨为底色的浏阳河、以乡愁为归处的浏阳河。演出刷新了"声、光、影、城、河、焰"的全景情境式表演模式。3D楼宇投影、一望无际的金色麦田以及一湾荡漾的水域,都成了《浏阳河上》舞台的组成部分,灯影、水影、楼影、火影、人影,整个演出现场交相辉映成一道最美的湖湘印象。璀璨焰火时而营造出倾泻而下的银色繁星,时而绽放成汉宫礼嫁中的喜庆礼花;而舞台周边的隆平水稻博物馆,也在楼宇投影下巧妙变换各种场景,浏阳河畔的晨夕和四季美景,都变成图案"描绘"于馆身上,让人看得如痴如醉。

7.《桃花源记》

《桃花源记》演出地点在常德。演出以秦溪下游的五柳码头为起点,乘坐造型古朴的渔船,溯秦溪而上,开启"桃花源"寻梦之旅。从"武陵渔人"张网捕鱼的劳作,到"牧童短笛"悠远的牧歌;从"洗衣对歌"乡间生活,到"农耕画卷"的丰收景象;从"村舍夜话"乡野趣事,到"水上婚礼"的奇特婚俗;从"私塾童趣"的玩闹学堂,到"桃花源记"的众人合诵;从"林泉沐浴"的少女清纯,到"落英缤纷"的壮美画面。它是我国首个以溪流为演区、乘船漫游式的大型实景演出,是独特的"河流剧场"。

(四) 代表演出项目促销导游词

(一) 天门狐仙推介词

朋友们,欢迎大家来到拥有世界最长高山客运索道的天门山旅游观光。天门山是座神奇的山,神奇的故事让你惊叹,而今仍流传着千年万年的故事,在我心中最感人的还是人狐奇恋。远古天门山下,山寨中住着勤劳淳朴的土家部落,年轻樵夫刘海近三十岁仍未讨老婆,他早出晚归,心地善良,勤劳朴实,过着快乐独立的生活。在天门山下山寨的不远处是狐狸王国。一日,狐王选妃,选中修炼千年的白狐仙,向其赠送了狐界珠宝,定于三日后娶其为妃,但白狐仙并不想做狐王的王妃,却向往着人间的生活。就在狐王选妃的当日,白狐仙与众姐妹在山中玩耍,不料遇上了一群以捕猎为生的猎手,猎手们正拉弓上箭射向毫无知觉的白狐仙时,刘海砍柴恰从此经过,见白狐有危险立即挺身而出,用自己的身体挡住射手箭头,并大声喊道:白狐快走!白狐与众姐妹安全逃走,而刘海却被丧失捕杀白狐良机的猎手们打晕在地,逃亡远处的白狐见刘海冒着生命危险为救自己被猎手们暴打,这一场景深深打动了白狐,以至于心中对刘海萌芽了爱恋之心。加之刘海心地善良、勤劳朴实的情景在白狐仙眼中沥沥回现,使白狐仙坚定了与贫穷快乐的樵夫刘海共度一生的誓念。就在白狐仙与刘海盟誓完婚之际,山寨所有凡间俗人以"狐狸精,害人精,剥人皮,吃人心"的狐吃人的观念坚决反对他们成婚,并要杀死刘海和白狐仙;此时,狐王也知道了白狐仙背叛狐国和自己,狐王十分气愤,阻止白狐与刘海结婚,并要处死白狐。白狐此时见与自己心爱的人不能生活在一起而伤痛欲绝,但仍不顺服狐王的淫威。怀着对刘海的爱恋和真挚的爱情忠贞,白狐无奈地流下了眼泪,哭声响彻大山和宙宇。此后,白狐与刘海双双坐在天门山下两座奇峰悬崖之上守望,欲眼望穿地守候了一年又一年,两人的感情最终感动了天地之神,两座山峰奇迹般的靠拢,使两个有情人终于相逢生活在一起了,后来还有了一双聪明伶俐的儿女。其故事让天地动容,让世人羞愧,我也被此爱情深深地打动和吸引,暗自决心一定要好好地呵护好自己的爱情,人非狐狸,其情爱还不如狐狸耶?

张家界有着人狐奇恋的故事,这个故事已经传了千百年,故事里忠贞的爱情让张家界人时时牢记在心。张家界的男人们以刘海为表率勤劳一生,深深地爱着自己的女人,把自己心中爱的女人当作当年的白狐仙那样善良美丽的"狐狸精";张家界女人个个像白狐仙那么美丽,像白狐仙那么心地善良,像白狐仙一样爱着自己心中的"刘海哥"。张家界的每个男人都称自己的爱妻是美丽的"狐狸精",时常以"胡(狐)大姐,我的妻呀"来称谓;而女人们喜欢喊自己丈夫为"刘海哥,我的夫呀",他们就这样永恒深情地相爱着。

张家界有着世界绝无仅有的美丽山水,也有着令天地动容的美丽传奇。张家界这一世界绝美的山水由吴冠中先生第一个发现并介绍给全世界人们去观赏,从此张家界的名声风靡世界。今天让天地动容的天门狐仙与刘海的爱情故事让世界著名华人音乐作曲家谭盾先生和中国山水实景演出创始人、《印象刘三姐》的总制作人梅帅元联合以《天门狐仙——新刘海砍樵》音乐剧形式又一次推向文化舞台,于 2009 年 9 月 13 日晚在天门山脚下成功首演,轰动了全球文化界、音乐界和旅游界。演出结束后谭盾先生感慨地说:"今天的演出非常成功,故事和演技感染了在场的所有观众,我们要让发生在张家界天门山脚下的人狐奇恋故事流传千万年。"他风趣地说:"张家界的狐狸精是最多情的,也是美丽的,更是善良的;我所见到的张家界阿妹也像狐仙一样多情、美丽和善良,她们就是昔日白狐仙的化身。相信全球人都会被张家界美丽的山水、传奇的故事、美丽的姑娘所吸引。"

《天门狐仙——新刘海砍樵》目前是世界第一台有完整故事情节的山水实景音乐歌舞剧。舞台选址在天门山风景区山门口内至天门山顶的整条峡谷,总投资达到 1.2 亿元,演员队伍达 530 多人。主舞台以 10000 平方米的玻璃钢打造,是目前世界最大的全景玻璃钢舞台。该幕剧由中国山水实景演出创始人、《印象刘三姐》的总制作人梅帅元担任总导演,获得奥斯卡音乐大奖的华人作曲家谭盾担当音乐艺术总监,著名舞蹈家杨丽萍担任舞蹈总监。全剧共分为四幕:第一场狐王选妃、第二场仙山奇遇、第三场背叛旋风和第四场千年守望。演出通过音乐、歌舞、魔术、杂技、影像等表演形式,融入湘西民族特色,演绎一出古老的传奇爱情故事和奉献魔幻视觉盛宴。剧中,山寨吊脚楼的木门在晨曦里推开,劳作的汉子、打情骂俏的婆娘、快乐单纯的樵夫猎人、美丽多情的洗衣少女、动听的桑植民歌等一幅幅男耕女织的生活画面构成美丽湘西的风情画卷,使观众恍若身临其境,融入其中。整场演出体现人物细节,以个性化的叙事结构给人以亲近感和头尾呼应的完整感。

作为一名有责任感的张家界导游,我觉得自己有义务、有责任,更有信心把这场演出推荐给您,希望您在张家界度过一个愉快而难忘的夜晚,谢谢!

(二)魅力湘西推介词

朋友们,欢迎大家来到美丽而神秘的湘西。大湘之西,数千年前,这块不毛之地就有彭人、茅人、庸人、百濮、百越、巴人等部族在此活动。在秦代,这里设黔中部,汉代设武陵郡,20世纪50年代这里设湘西行署,辖现在的自治州、张家界、怀化以及常德和邵阳部分地区,后来正式分为张家界自治州和怀化三个行政区划。以流域的角度来界定,大湘西是指沅水流域在湖南境内的大部分地区和澧水流域在湖南境内的部分地区。

这是一片广袤神奇的土地,共同拥有这片神奇土地的土家族、苗族、侗族、瑶族、白族等十几个少数民族同胞,他们亲如兄弟,和谐共处,用卓越的智慧和坚韧的意志创造了丰富多彩、神秘传奇的楚巫文化和少数民族文化,他们尊巫信鬼、尚武好战,在军事斗争、生产劳动、婚丧嫁娶等生活中,创造了很多令人震撼的巫术、艺术和绝技,这批无与伦比的非物质文化遗产,是灿烂的中华文化中具有独特魅力的瑰宝。

这是一片英才辈出的土地,从这里先后走出了"世界乡土文学之父"的诺贝尔奖提名者沈从文先生,开国元帅排名第五、红二六方面军的旗帜的贺龙元帅,开国第一大将的粟裕将军,第一个走出国门、在维也纳金色大厅开个人演唱会的华人歌唱家宋祖英,国民政府政务院第一任总理熊希龄先生,著名的画家兼诗人、人称"画坛鬼才"的黄永玉先生……

"若有人兮山之阿,被薜荔兮带女萝。既含睇兮又宜笑,子慕予兮善窈窕。""沅有芷兮澧有兰,思公子兮未敢言。"伟大的爱国诗人屈原,曾在湘西沅水澧水一带游走放歌,并最早把在湘西的见闻写进他的名著《九歌·山鬼》和《湘夫人》中。可以说,湘西文化第一个开创者和布道者就是屈原。正因如此,湘西一直保有和传承着楚巫文化,所以说沈从文先生说过:"屈原虽死了千年,《九歌》的本事还依然如故。"这种巫风助长人们的好奇心理。湘西沅水和澧水流域,夹河高山,群峰竞秀,山山翠碧,山歌多情,自有永恒的魅力;河岸山坡,层层梯田,块块坡土,河岸高处住人家,座座吊脚楼,美得使人发呆;河水清黝,滩多急流,山重水复,峰回路转,船夫艰难的号子声,引起人们无限的遐想。烟云包裹的幽谷叠峰,群鸦乱叫,使人感到无限惶惑,这一切形成了湘西神秘、美丽而又好奇的文化心态。了解这点尤为必要,湘西凤凰有句广告词"远去的家园——烟雨凤凰"也说明了这一点,正因如此,我们才具备了一把开启湘西神秘文化的钥匙。

湘西神秘文化,在于她浓郁的楚巫遗风与奇特的民俗风情,具体表现在湘西的三大古谜:

湘西三大古谜,数赶尸最为神秘荒诞。

湘西人是把祖先背在背上的,"楚信巫鬼,重宗祠。"湘西人认为人死后只有埋入祖先安息之地,才是最大的孝顺。许慎在《说文解字》里对鬼的解释是:"魂之所归,谓之为鬼。""鬼"发的是"归"的音。于是赶尸在湘西应运而生。据说过去出远门做生意或旅行征战的湘西人暴死在外,苦于路远难行,又无钱请人抬尸,于是就请"赶尸匠"把尸体赶回来。当赶尸匠接到赶尸的任务后,首先在家里做一道符,上面有死人的生辰八字、性别、年龄,到达尸体现场后,首先用"九龙水"喷洒尸体,然后用朱砂封住尸体嘴巴、鼻子、耳朵、头心门、前膛心、后膛心、左右手掌心、左右脚掌心这十个灵魂出入之处,防止尸体魂飞魄散。然后用符贴在尸体的额头上,喊一声"起",尸体便会站起来,一蹦一跳前进,且双腿不会弯曲。"赶尸"在湘西既神圣又艰辛,师父招徒弟时,徒弟一定要具备三个条件:一是胆子要特别大,二是方向感要特别好,三是身体要足够强壮。由此看来,湘西赶尸行业是个门槛比较高的特殊行业。不过,20世纪70年代以后出生的人已经很少有眼福看到真正的赶尸了,因为在"文革"期间,当时把这些不能解释的现象全部定义为迷信,全盘否定,强制性地废除了,好多赶尸匠都把这种民间绝活带进了坟墓。现在要看赶尸的情景再现,只能去武陵源的大型旅游演艺剧场《魅力湘西》篝火晚会了。

湘西三大古迷中,最传奇的当属放蛊了。

放蛊在我们湘西只有女人才会。湘西女子将蜘蛛、蜈蚣、蝎子等有剧毒的虫子抓来,放置在一个大器皿当中,让其相互吞食,最后活下来的一只最具毒性,将其捣烂,再配上许多稀奇古怪的东西,比如湘西独有的致人幻觉的鹤рос草、含羞草根压出的毒汁、曼陀罗花。制成的成品是粉末状或油状。蛊毒可以通过饮食、呼吸甚至涂在皮肤上渗入人的血液中,进入身体后,它是具生命力的,受下蛊人的控制四处乱窜,不解蛊的活人可能会送命。所谓"唯系铃人可以解铃"(沈从文语),要解蛊就必须由下蛊人收蛊。湘西放蛊大概是无助的湘西女人捍卫婚姻、捍卫家庭,抑或捍卫爱情的"连心药"吧,沈从文先生对放蛊做了这样的评价:"背后隐藏了动人的悲剧,同时也隐藏了动人的诗。"这可能也是湘西的"凄馨美"的一种另类体现吧。

湘西三大古迷中,最具巫风傩韵的当属辰洲符。

沈从文在《沅陵的人》中认为:"辰洲符主要的工具是一碗水,一切病痛统统由这一碗水解决,一个死尸的行动,也得用水迎面而解。"辰洲符的核心内容为符、诀语、字号,外加一碗水。它们四者同时使用,水是它们的黏合剂,辰洲符里的特技表演中许多惊险节目,气功大师是不敢做的,比如滚榨刺、趟火槽、上刀梯、踩犁头。以"踩犁头"为例,烧得通红的铧片丢纸即燃,谁敢赤足行走?而巫师只需念"辰洲符",然后画符,喷水,在巫师足下,踩的好像不是铧片而是冰冷的石块。辰洲符到底为何有法力,到现在仍是不解之谜,这可能就是湘西永恒的神秘魅力吧。

朋友们,古人云,读万卷书,行万里路,大家今天来到美丽而神秘的湘西,是带着一种求新猎奇的心态来的,任何一种旅游,离开文化便索然无味。尤其是湘西这片神秘、神奇得不可思议的地方,有着浓郁的楚巫文化和奇特的民俗风情,可以说湘西在沈从文的文章里,在黄永玉的画里,在宋祖英的歌里,在《湘西剿匪记》湘西汉子的呼啸里,也在《边城》翠翠黝黑的眼珠里,在《芙蓉镇》姜文与刘晓庆相濡以沫的爱情里,也在《那山,那人,那狗》刘烨与陈好相恋的篝火晚会的对歌里。同时湘西也将以《魅力湘西》晚会的形式,立体地展现在每一位朋友的眼里、心里!美丽而神秘,这就是湘西的魅力!在大家的"吃住行游购娱"中,给大家在娱乐方面的安排,就是我们湘西最具特色的一台大型篝火晚会《魅力湘西》。《魅力湘西》是湘西的一张名片,是"国家文化产业示范基地",并于2010年代表湖南参加上海世博会,多次被中央电视台报道。《魅力湘西》晚会长达两个半小时,分为室内室外两个部分,着重体现了湘西土家族、白族、苗族、侗族、瑶族五大少数民族奇特的民俗风情和湘西独特的楚巫神秘文化。其中室内部分分为浪漫湘西、神秘湘西、快乐湘西、激情湘西四个章节,室外部分则为大型歌舞晚会,主题曲《魅力湘西》由宋祖英主唱,部分插曲由湘籍歌唱家汤灿、陈思思、张也演唱,四大湘女同唱魅力湘西,一时传为旅游界文化盛事。在我以前服务过的游客中,他们一致认为魅力湘西要比他们看过的《印象刘三姐》《宋城千古情》要好看得多,在去年张家界首届中国旅游文化节民族演艺节目评比中,《魅力湘西》更是获得金奖,而银奖分别是《印象刘三姐》和《丽水金沙》。作为一名有责任感的湘西导游,我很热爱自己的家乡,也更觉得自己有义务、有责任,更有信心把这台节目推荐给您,总之一句话:"给我一份信任,回报您十分精彩!"在此本导游预祝大家在我们湘西度过一个终生难忘的魅力湘西之夜!谢谢!

模块八
展望湖南

湖南是旅游资源大省,同时也具有建设成为旅游强省的良好的产业基础。目前湖南旅游业对 GDP 的综合贡献达到新高度,旅游税收贡献取得新进展,就业带动效应较好,旅游服务质量游客满意度得到新提升,接待游客数和旅游收入实现新增长。同时,旅游总收入、接待旅游人次、旅游及相关产业增加值占比等指标,均优于全国平均水平。湖南在建设世界旅游目的地和软、硬件服务设施建设方面将取得突出成效。

项目一 推介湖南向世界展开旅游新蓝图

◇ 知识目标

1. 了解世界旅游目的地的基本特征和湖南打造世界旅游目的地的基础条件。
2. 了解湖南打造世界旅游目的地的思路、定位和战略重点。

◇ 能力目标

能向客人推介湖南打造世界旅游目的地的情况和前景。

◇ 素质目标

培养学生对湖南旅游产业的自信与热爱。

◎ 任务导入

地陪小王于 2018 年 9 月 15 日接待了一个特殊旅游团,他们是旅游专家考察团,他们来湘的目的就是为了考察湖南打造世界旅游目的地的情况和前景,其旅游线路是长沙—桃花源—张家界—怀化。在旅游期间的沿途导游中,小王应如何向领导们推介湖南向世界展开旅游新蓝图的情况?

任务解析

作为湖南地陪导游,小王可以在沿途通过开展专题旅游活动的形式分三步完成该任务。

1. 简介世界旅游目的地的基本特征

介绍世界旅游目的地的六个基本特征:具有国际吸引力、高品位的旅游资源,具有发达立体的交通网络体系,具有鲜明突出的城市旅游形象,具有发达完善的旅游公共服务设施,具有成熟开放的国际交流功能,具有先进完善的旅游信息标识系统。

2. 介绍湖南打造世界旅游目的地的基础条件

重点介绍湖南打造世界旅游目的地的现有基础和优势,包括经济社会发展和旅游产业发展基础和资源地理区位、文化底蕴、生态环境优势。

3. 介绍湖南打造世界旅游目的地的总体思路和定位

总体思路:以"世界知名、世界市场、世界水平、世界眼光"为总体着眼点,以"国际化、创意化、品牌化、现代化"为城乡发展目标导向,以彰显湖湘文化为核心支撑,以打造"文化休闲型"专业旅游为功能导向。

定位:建设具有湖湘地域、以历史文化为主、融自然山水为一体、国际一流的旅游目的地,实现历史文化与自然山水双轮驱动,使其成为展示湖湘文化的重要窗口阵地。

4. 介绍湖南打造世界旅游目的地的战略目标

以中国建设世界强国目标为导向,通过大力发展全域旅游,提升湖南旅游业综合竞争力。经济目标是打造万亿旅游产业,社会目标是建设人民群众美好生活的幸福产业,生态目标是两型旅游示范区,力争到2035年旅游产业综合实力位居全国前列,将湖南建设成为世界著名旅游目的地。

湖南省旅游业发展主要经济规模指标预测是旅游总收入跨越三个台阶:2020年10000亿元,2025年15000亿元,2035年27000亿元。

5. 结合游览的线路介绍湖南旅游业分发展重点、行动计划

导游可结合本次游览的长沙—桃花源—张家界—怀化线路向专家们介绍湖南建设成为世界著名旅游目的地的行动情况,如长沙湖南博物馆、铜官窑、桃花源、张家界、芷江受降等,加深专家们对湖南打造世界旅游目的地的认识。

6. 期待专家们的支持并结束专题活动

结合湖南业发展中存在的瓶颈,期待专家们的支持,最后在即将到达目的地时,结束专题活动。

项目二　宣传旅游满意在湖南

◇ 知识目标

了解湖南"坚持综合监管,打造旅游满意在湖南"的情况。

◇ 能力目标

能从不同角度简要分析提高旅游满意度的方法。

◇ 素质目标

培养学生对服务湖南旅游产业的热情。

◎ 任务导入

地陪小李于 2018 年 9 月 20 日接待了一个前往长沙参观的 VIP 团,该团出行的目的是专门考察湖南旅游服务情况,小李应该如何向游客宣传?

◎ 任务解析

面对此情此景,小李可以分以下四步向游客宣讲。

1. 介绍湖南满足民生需求,提高居民满意度

打造"旅游满意在湖南"的重要基础是民生需求得到满足。只有站在民生的角度,了解全域旅游发展过程中居民的心态,满足其需求,才能提高民众满意度。

2. 介绍湖南强化行业监督,规范旅游市场

打造"旅游满意在湖南"的重要保障是旅游市场的有序进行。要完善法律制度,强化执法力度,严格依照《旅游法》,整顿"零负团费""挂靠承包""游客不文明"等现象,大力展开"诚信旅游活动",倡导诚信守法经营,引导游客明白消费,全面提升旅游管理服务水平。

3. 介绍湖南打造文明安全的旅游环境

(1) 加大引导力度,提高旅游从业人员素质。强化职业道德教育,树立人人都是旅游形象,处处都是旅游景点的意识。全方位与市场接轨,提高窗口行业的服务质量,加强对导游、领队的管理,开展各类岗位培训,开设普通话培训班以及英语等常用外国语种培训班,引导从业人员文明服务、爱岗敬业。提高普通群众的整体素质,大力引导旅游地的人民群众,当好东道主,喜迎八方客,做好湖南旅游发展的"活名片"。

(2) 强化安全保障,确保旅游市场安全无事故。旅游、安监、交通、消防等相关职能部门都加强了行业监管,常态性地开展安全隐患大排查,督促、指导各旅游企业对特殊岗位操作人

员进行严格培训,实行持证上岗,杜绝非岗位人员擅自上岗。加强了对交通运输企业、重点车辆船舶以及重点路段和水域的安全监管,严查各类交通违法违规行为。经常组织对游船、缆车、索道等游客运载工具及带有危险性的旅游项目和设备安全情况的检查,达不到安全要求的一律停止运营。各类风景名胜区、公园、游乐园控制好了高峰时段游人总量,严防了拥堵、踩踏事件的发生。

4. 介绍湖南塑造旅游目的地良好形象,提升游客满意度

打造"旅游满意在湖南"的重要手段是旅游目的地良好形象的塑造与游客满意度的提升。只有从游客视角出发,不断了解并满足游客的需求,才能打造"旅游满意在湖南",从而推动湖南全域旅游的发展和世界旅游目的地的打造。

知识链接

一 湖南省旅游业"十三五"发展规划纲要

湖南省旅游业"十三五"发展规划纲要详见湖南省旅游发展委员会官网。

二 湖南省旅游业发展主要经济规模指标预测(见表8-1)

表8-1 湖南省旅游业发展主要经济规模指标预测

指标	2020年	2025年	2035年
接待人数	9亿人次	12亿人次	15亿人次
旅游总收入	10000亿元	15000亿元	27000亿元
旅游业对GDP综合贡献率	12%	15%	20%

三 湖南省旅游业发展质量指标预测(见表8-2)

表8-2 湖南省旅游业发展质量指标预测

指标	2020年	2025年	2035年
国家等级景区总数	400家	600家	700家
年收入过亿元旅游企业	30家	50家	100家
入境旅游人数	400万人次	1000万人次	2000万人次
千亿旅游产业市州数量	3个以上	8个以上	12个以上
百亿旅游产业县(市)区数量	20个以上	50个以上	80个以上
AAAAA级景区数量	12家以上	15家以上	20家以上
国家级旅游度假区数量	3家	5家	10家
旅游特色小镇	100个	150个	300个
全域旅游示范区(县)	30个以上	50个以上	70个以上

续表

指　　标	2020年	2025年	2035年
游客满意度指数	80％以上	85％以上	90％以上
国家公园数量	1个	3个	5个
旅游营地数量	100个	200个	300个
过夜率	30％	35％	40％
旅游直接从业人员数量	200万人	300万人	450万人

（四）文明旅游教育

湖南享有"惟楚有材，于斯为盛"的美誉，现在正建成健康湖南、富庶湖南、和谐湖南、文明湖南、宜游湖南。省会长沙"五脉"（文脉、史脉、地脉、水脉、商脉）齐聚，宜游指数节节攀升。尤其是湖南积极推动文明旅游教育"进社区、进学校、进企业、进家庭"之后，湖南文明旅游成为亮点，五色旅游（绿色生态旅游、红色革命文化旅游、蓝色水上休闲旅游、古铜色湖湘文化旅游、金黄色宗教文化旅游）全线升温。湖南文明旅游程度的提升，取决于多种因素，在其中最根本的是抓住了文明旅游教育这出重头戏，使大家的文明旅游意识内化于心，外化于行。

如何开展文明旅游教育呢？第一，要建立文明旅游教育的长效机制；第二，要构建文明旅游教育平台；第三，要开展分类教育、引导。这样，为了加强全社会的文明旅游教育，就要建立实施文明旅游教育的良好氛围和工作机制，推动文明旅游教育的制度化、经常化和社会化，促进文明旅游程度的大幅度提升。

任务拓展

地陪小张接待了一个从新加坡来的旅游团。他们此次湖南之行的线路是长沙—韶山—张家界—凤凰。如果你是导游员小张，在沿途导游中你会如何介绍湖南的国际旅游资源？如何介绍湖南是世界旅游目的地？又怎样表现让客人"满意在湖南"？

参考文献

[1] 聂荣华,万里.湖湘文化通论[M].长沙:湖南大学出版社,2005.

[2] 许菊云.新时期湘菜的发展与创新[J].中国餐饮业发展战略研究,2003(5).

[3] 周志宏.酒店概论[M].长沙:湖南大学出版社,2009.

[4] 湖南省旅游局.导游基础知识[M].长沙:湖南人民出版社,2014.

[5] 湖南省全国导游人员资格考试教材编写组.湖南导游基础知识[M].湘潭:湘潭大学出版社,2016.

[6] 全国导游人员资格考试教材编写组.全国导游基础知识[M].北京:旅游教育出版社,2016.

[7] 全国导游资格考试统编教材专家编写组.全国导游基础知识[M].北京:中国旅游出版社,2017.

[8] 刘路平,等.湘西文化揭秘[M].北京:作家出版社,2006.

[9] 曾艳,濮元生,等.模拟导游实训教程[M].北京:中国轻工业出版社,2014.

[10] 朱汉民.湖湘文化通史[M].长沙:岳麓书社,2015.

[11] 范诚编.走玩湘西[M].北京:昆仑出版社,2015.

[12] 刘路平,等.湘西文化揭秘[M].北京:作家出版社,2006.

[13] 湖南省旅游局编.湖南导游词[M].长沙:湖南科学技术出版社,2011.

[14] 马本立.湘西文化大辞典[M].长沙:岳麓书社,2000.

[15] 傅角今.湖南地理志[M].长沙:湖南教育出版社,2008.

[16] 湖南省旅游局.人文潇湘·好奇[M].长沙:湖南地图出版社,2011.

[17] 上海唐码城邦咨询有限公司北京分公司.湖南自助游[M].北京:人民邮电出版社,2010.

[18] 李朝全.诗歌百年经典(1917—2015)[M].北京:中央编译出版社,2016.

[19] 王紫根.毛泽东书典[M].武汉:湖北人民出版社,2011.

[20] 欧阳斌.最美湖南:锦绣潇湘的诗意解读[M].长沙:湖南人民出版社,2013.

[21] 芙蓉之国湖南编写组.芙蓉之国湖南(一)[M].北京:中国旅游出版社,2015.

[22] 王习加.长沙史话[M].北京:社会科学文献出版社,2014.

[23] 刘艳华.后现代社会下城市旅游的发展:以新特区湖南株洲为例[J].商场

现代化,2008(14).

[24] 黄正泉,等.从现实走向理想:长株潭都市文化生态研究[M].北京:北京理工大学出版社,2011.

[25] 《尚游旅图》编委会.行摄中国风光游[M].北京:星球地图出版社,2016.

[26] 《中国森林公园游》编辑部.中国森林公园游:自助旅游完全手册[M].北京:当代中国出版社,2009.

[27] 国家文物局.2011中国重要考古发现[M].北京:文物出版社,2012.

[28] 万里.湖湘文化辞典[M].长沙:湖南人民出版社,2011.

[29] 中共中央党史研究室科研管理部.全国重要革命遗址通览(第二册)[M].北京:中共党史出版社,2013.

[30] 易永卿,等.蚩尤与梅山文化[M].长沙:岳麓书社,2008.

[31] 华济时.湖南旅游文学概观[M].湘潭:湘潭大学出版社,2010.

[32] 何新波,游碧景.湘景[M].长沙:湖南科学技术出版社,2012.

[33] 易斌.文脉、史脉、地脉与湖南旅游产业的融合研究[M].北京:旅游教育出版社,2014.

[34] 《现在就开始》丛书编委会.中国自助游:现在就开始[M].北京:旅游教育出版社,2015.

[35] 雷晚蓉.娄底旅游文化[M].长沙:湖南大学出版社,2013.

[36] 周紫云.生态康养旅游初探[J].旅游管理研究,2017(18).

[37] 李先跃.湖南经典导游词[M].北京:旅游教育出版社,2008.

[38] 周世荣.湖南陶瓷[M].长沙:中南大学出版社,2010.

[39] 湖南省文化厅.湖南民间歌曲集成(全四册)[M].长沙:湖南文艺出版社,2008.

[40] 彭静.从文化衍生的角度看湖南民歌的演进[J].艺术评论,2010(6).

[41] 李湘.浅析湘中东部几首民歌的文化背景、审美与演唱技巧——以《放风筝》《洗菜心》和《思情鬼歌》为例[J].中国音乐,2009(3).

[42] 贾敏,谢丹.试析湖南民歌的艺术特色[J].非遗保护,2017(8).

[43] 中国戏曲志编辑委员会.中国戏曲志·湖南卷[M].北京:文化艺术出版社,1990.

[44] 李跃忠.湖南地方戏曲生存现状探析[J].湖南工业大学学报(社会科学版),2012(2).

[45] 谭文鑫,张吕.论湖南电视剧的湖湘文化特质[J].百家论坛,2016(3).

[46] 江波.模拟导游[M].长沙:湖南大学出版社,2009.

[47] 朱晔.导游业务及实训教程[M].西安:西安交通大学出版社,2010.

教学支持说明

一流高职院校旅游大类创新型人才培养"十三五"规划教材系华中科技大学出版社"十三五"规划重点教材。

为了改善教学效果,提高教材的使用效率,满足高校授课教师的教学需求,本套教材备有与纸质教材配套的教学课件(PPT电子教案)和拓展资源(案例库、习题库、视频等)。

为保证本教学课件及相关教学资料仅为教材使用者所得,我们将向使用本套教材的高校授课教师免费赠送教学课件或者相关教学资料,烦请授课教师通过电话、邮件或加入旅游专家俱乐部QQ群等方式与我们联系,获取"教学课件资源申请表"文档并认真准确填写后发给我们,我们的联系方式如下:

地址:湖北省武汉市东湖新技术开发区华工科技园华工园六路

邮编:430223

电话:027-81321911

传真:027-81321917

E-mail:lyzjjlb@163.com

旅游专家俱乐部QQ群号:306110199

旅游专家俱乐部QQ群二维码:

群名称:旅游专家俱乐部
群　号:306110199

电子资源申请表

填表时间：_____年___月___日

1. 以下内容请教师按实际情况填写，★为必填项。
2. 根据个人情况如实填写，相关内容可以酌情调整提交。

★姓名		★性别	□男 □女	出生年月		★职务	
						★职称	□教授 □副教授 □讲师 □助教

★学校		★院/系	
★教研室		★专业	
★办公电话		家庭电话		★移动电话	
★E-mail（请填写清晰）		★QQ号/微信号	
★联系地址		★邮编	

★现在主授课程情况	学生人数	教材所属出版社	教材满意度
课程一			□满意 □一般 □不满意
课程二			□满意 □一般 □不满意
课程三			□满意 □一般 □不满意
其他			□满意 □一般 □不满意

教材出版信息				
方向一	□准备写	□写作中	□已成稿	□已出版待修订 □有讲义
方向二	□准备写	□写作中	□已成稿	□已出版待修订 □有讲义
方向三	□准备写	□写作中	□已成稿	□已出版待修订 □有讲义

请教师认真填写表格下列内容，提供索取课件配套教材的相关信息，我社根据每位教师/学生填表信息的完整性、授课情况与索取课件的相关性，以及教材使用的情况赠送教材的配套课件及相关教学资源。

ISBN（书号）	书名	作者	索取课件简要说明	学生人数（如选作教材）
			□教学 □参考	
			□教学 □参考	

★您对与课件配套的纸质教材的意见和建议，希望提供哪些配套教学资源：